労働法の基礎構造

西谷 敏 著
Nishitani Satoshi

Grundstrukturen des Arbeitsrechts

法律文化社

はしがき

　雇用・労働をめぐる環境は大きく変化しつつある。その背景には，いうまでもなく経済のグローバル化や情報通信技術の発展があるが，その行く末は定かでない。ボルツのいう「自明性の喪失自体が，まったく自明になっている」時代（村上淳一訳『意味に餓える社会』3頁）なのかもしれない。

　こうした背景のもとで，労働法の規制緩和を含む「改革」の議論がさかんである。雇用・労働の環境変化を理由とする「改革」論は，一見すべてもっともらしく見える。しかし，熟慮を経ることなく打ち出されて実行される「改革」は，守るべき貴重な価値まで捨て去る危険がある。

　他方，労働法全体のあるべき方向よりも，現行法を前提とした細かな法解釈に沈潜する傾向も広く見られる。それもまた時代の不確実性の反映であろう。こうした時代には，実務だけが確実らしく見え，実証主義が繁栄するからである。しかし，現行の法律と判例に視野を限った作業は，労働法理論の精緻化をもたらしうるとしても，その全体としての後退と変質に対して無力である。

　今必要なのは，歴史的に形成されてきた労働法の基礎構造を解明し，かつ労働法がいかに変わろうとも守らなければならない基本的な価値と原則を確認することである。そうした作業によって「改革」論を測る座標軸を確立することが，議論を地についたものにする不可欠の前提条件ではないか。

　本書は，こうした問題関心から，労働法の基礎理論にかかわる12の問題をとりあげて論じたものである。第10章は既発表の論文に大幅に加筆したものであるが，それ以外は新たに書き下ろした。取り上げた問題は，上記の関心からして重要と思われるが，通常の体系書や教科書では十分には論じられていないテーマである。そこには，基礎法学的な議論（歴史，比較法，法社会学など）と法解釈にかかわる議論が含まれているが，もちろん労働法上の重要問題がすべて網羅されているわけではない。

　標題のドイツ語訳にあたっては，「基礎構造」を単数形と複数形のいずれにするか迷った（ドイツ語ではどちらもありうる）が，労働法がいくつかの部分構造から成り立っていることと，それが動態的に変化するものであることを考慮

i

して，複数形（Grundstrukturen）を用いることにした。

　私は，かねてより，研究者生活を終えるまでに労働法の基礎理論に関する多少ともまとまったものを書いてみたいと思っていた。さまざまな機会に論じてきた基礎理論にかかわる自分の考え方をある程度整理し，かつこれまで十分検討できなかった問題についても一応の考え方を示しておきたいと思ったのが主な理由である。同時に，労働法の形成をめざして基礎理論の解明に情熱を燃やした先人たちの業績を，現在の時代状況との関連で位置づけ直して，今後の議論への橋渡しにしたいという気持ちもあった。本書によって一応自分なりの課題を果たしたことになるが，なお不十分な点が多いことは自覚している。本書で論じた個々の論点についてはもちろん，本書の基本的なスタンス自体についても異論が出されることが予想される。ただ，本書がいささかでも労働法の基礎理論への関心を喚起し，建設的な議論を誘発することができれば，これに勝る喜びはない。

　龍谷大学名誉教授・萬井隆令氏は，本書の原稿に目を通して大小さまざまなアドバイスを下さった。意見の相違もあったが，指摘はすべて有益であった。もつべきものはよき先輩である。

　本書の編集を担当して下さった法律文化社の秋山泰さんは，ともすれば自信をなくして筆が滞りがちになる私を暖かく励まし，また懇切丁寧に編集作業を進めて下さった。本書の完成が少しの差で秋山さんの退職に間に合わなかったのが心残りであるが，秋山さんには今後のご活躍を祈念しつつ心からの感謝をささげたい。秋山さんの退職後，ご多忙のなか自ら編集作業を引き継いで本書を完成させて下さった法律文化社・田靡純子社長にも心から御礼を申し上げたい。

2016年4月

西 谷　　敏

▶西谷敏『労働法の基礎構造』目 次

はしがき
凡　例

第1章　労働法の本質と発展 …… 1

はじめに …… 1

I　労働法の成立と本質的性格 …… 3
1　労働法の成立　2　労働者保護法の本質的性格　3　団結権保障法の性格

II　労働法展開の政策的要因 …… 9
1　社会政策本質論争から見る二つの要因　2　「総資本の理性」の意義と限界　3　労働運動と社会運動

III　労働政策と法 …… 16
1　議会制民主主義と労働法　2　法の拘束性と安定性　3　立憲主義と労働法

IV　労働法の柔軟化と規制緩和論 …… 20
1　規制緩和論とフレクシキュリティ論　2　企業の環境変化と労働法の柔軟化論——ドイツの議論

V　グローバル化と労働法 …… 24
1　国際的な労働法の推進　2　グローバル化と規制緩和　3　グローバル化時代の労働法

おわりに …… 30

第2章　市民法と労働法 …… 32

はじめに …… 32

I　市民法と社会法（労働法）の異質性 …… 33
1　法における人間像の議論　2　日本における議論の受容　3　労働法の独自性と戦後労働法学

iii

Ⅱ　労働法独自性論への反省と批判 …………………………………… 39
　　　　1　市民法と労働法の経済的基礎　　2　異質性の意味　　3　基盤の変化　　4　渡辺洋三の労働法学批判
　　Ⅲ　現代市民法論と労働法 ………………………………………………… 46
　　　　1　渡辺洋三の新理論　　2　現代市民法論の継承と発展　　3　「市民社会」論の展開と市民法論　　4　現代市民法における労働法

第3章　民法と労働法 …………………………………………………… 56

　　はじめに ……………………………………………………………………… 56
　　Ⅰ　市民法と民法（典） …………………………………………………… 56
　　Ⅱ　ドイツに見る民法と労働法 …………………………………………… 58
　　　　1　ドイツ民法典と雇用　　2　民法と労働法の関係
　　Ⅲ　フランスにおける民法と労働法 ……………………………………… 64
　　　　1　民法典と役務賃貸借　　2　労働法の成立と発展
　　Ⅳ　日本における民法と労働法 …………………………………………… 67
　　　　1　民法上の雇傭（雇用）　　2　雇用と労働契約　　3　労働契約に関する法的規整　　4　民法の社会化と労働法　　5　法解釈における民法と労働法　　6　民法と労働法の立法論

第4章　労働法の基本理念 ……………………………………………… 82

　　はじめに ……………………………………………………………………… 82
　　Ⅰ　法意識と法理念 ………………………………………………………… 83
　　　　1　法意識と法理念の相互関係　　2　労働法における法意識と法理念
　　Ⅱ　生存権の理念 …………………………………………………………… 86
　　　　1　生存権と生存権的基本権　　2　生存権と労働法
　　Ⅲ　人間の尊厳の理念 ……………………………………………………… 94
　　　　1　沼田稲次郎の人間の尊厳論　　2　人間の尊厳理念の根拠　　3　人間の尊厳論の実定法上の意義
　　Ⅳ　自由と自己決定 ………………………………………………………… 101

   1　労働法における自由の再発見　　2　自己決定権　　3　自由の理念
への逆風
 Ⅴ　平等と差別禁止……………………………………………………………114
 Ⅵ　労働権とディーセントワークの理念………………………………………115

第5章　労働法における公法と私法……………………………118
 はじめに………………………………………………………………………118
 Ⅰ　公法・私法二元論の再検討………………………………………………119
   1　憲法の基本的性格　　2　民法学等における公法・私法協働論
 Ⅱ　労働者・使用者間における基本的人権の効力……………………………123
   1　ドイツにおける第三者効力論　　2　日本における解釈
 Ⅲ　労働者保護法の私法的効力…………………………………………………127
   1　問題の所在　　2　取締法規をめぐる民法学の議論　　3　ドイツに
おける議論の発展　　4　日本における法解釈
 Ⅳ　公法的・私法的規定の解釈…………………………………………………143

第6章　労働契約と労働者意思………………………………………144
 はじめに………………………………………………………………………144
 Ⅰ　戦後労働法学における労働契約……………………………………………146
   1　労働条件の集団的決定　　2　地位設定契約論　　3　自由意思の虚
偽性
 Ⅱ　労働契約の意義………………………………………………………………152
   1　企業と労働契約　　2　労働契約の現実的機能　　3　労働者の合
意・同意と自由な意思
 Ⅲ　強行法規と労働者の意思……………………………………………………162
   1　労働者意思の否定とその正当化根拠　　2　労働者意思の組入れ
 Ⅳ　集団規範と労働者の意思……………………………………………………167
   1　労働協約の規範的効力と限界　　2　就業規則と労働契約

V 「枠」内での個別合意……………………………………………………174
        1　労働条件変更等と合意　　2　個別合意の成立　　3　不更新条項の法的効力

第7章　「労働者」の統一と分裂……………………………………184

    はじめに……………………………………………………………………184
    I　正規・非正規労働と標準的労働関係………………………………187
        1　正社員と標準的労働関係の意義　　2　日本の非正規雇用　　3　非正規雇用の法政策
    II　正社員の多様化………………………………………………………202
        1　一般労働者と管理職　　2　多様な正社員（限定正社員）　　3　高度プロフェッショナル労働制（ホワイトカラー・イグゼンプション）
    III　「労働者」の範囲……………………………………………………208
        1　現代における労働者概念論の意義　　2　労働者概念論の性格　　3　労働者概念の相対性　　4　非労働者の保護

第8章　労働組合と法…………………………………………………216

    はじめに……………………………………………………………………216
    I　労働組合の生成………………………………………………………217
    II　労働組合の特質………………………………………………………218
        1　労働組合の経済的機能　　2　要求実現の手段　　3　労働組合の代表性　　4　労働組合と従業員代表制
    III　労働組合への法の対応………………………………………………231
        1　積極的承認の意義　　2　積極的承認と国家政策　　3　基本的人権と労使関係
    IV　労働組合における個人と集団………………………………………236
        1　団体としての労働組合の性格　　2　個人主義と集団主義の一般的背景　　3　労働組合における集団主義とその変容

第9章 労働法における法律，判例，学説……246

はじめに……246

I　判例の拘束力……247

II　労働法における立法と司法……248

　1　違憲立法の審査　2　立法と司法の役割分担　3　判例法理の明文化

III　判例と学説……265

　1　法学と裁判実務　2　判例に対する学説の影響　3　学説の判例への接近

おわりに……273

第10章 労働法の解釈……275

はじめに……275

I　法解釈論争から利益衡量論へ……276

　1　法解釈論争の意義　2　利益衡量論とその批判

II　利益衡量論と労働法の学説・判例……281

　1　労働法学と利益衡量論　2　労働判例の解釈方法　3　一貫した方法の欠如か利益衡量論か

III　法解釈方法論から見た労働法の特質……294

　1　労働法と利益の衡量　2　労働法の特質と利益衡量論

おわりに……300

第11章 労働関係の法化と紛争解決……303

はじめに――「法化」の光と陰……303

I　労働契約の性質と労働関係の法化……305

II　日本的企業社会と法化……307

　1　日本的企業社会の特質　2　法化の進行　3　法化の限界

III　法化の諸形態……311

　　　　1　規範・ルールの種類　　2　実体型　　3　手続型と法の手続化
　　　　4　使用者の裁量型
　　Ⅳ　労働紛争とその法的解決……………………………………………316
　　　　1　公的紛争解決制度の意義　　2　労働紛争の類型と特徴　　3　紛争
　　　解決の方法

第12章　労働法の将来……………………………………………323

　　はじめに……………………………………………………………323
　　Ⅰ　労働の意義と労働権……………………………………………323
　　　　1　労働の意義　　2　労働権の保障
　　Ⅱ　雇用の保障と職の保障…………………………………………326
　　Ⅲ　法体系における労働法…………………………………………329

　事項索引　333

凡 例

【1】 主要法令

均等法	雇用の分野における男女の均等な機会及び待遇の確保等に関する法律（男女雇用機会均等法）
高年法	高年齢者等の雇用の安定等に関する法律（高年齢者雇用安定法）
国公法	国家公務員法
最賃法	最低賃金法
職安法	職業安定法
パート(労働)法	短時間労働者の雇用管理の改善等に関する法律
地公法	地方公務員法
派遣法	労働者派遣事業の適正な運営の確保及び派遣労働者の保護等に関する法律（労働者派遣法）
労安法	労働安全衛生法
労基法	労働基準法
労契法	労働契約法
労組法	労働組合法

【2】 主要文献

荒木・労働法	荒木尚志『労働法〔第2版〕』（2013年，有斐閣）
菅野・労働法	菅野和夫『労働法〔第十一版〕』（2016年，弘文堂）
西谷・個人	西谷敏『労働法における個人と集団』（1992年，有斐閣）
西谷・規制	西谷敏『規制が支える自己決定——労働法的規制システムの再構築——』（2004年，法律文化社）
西谷・人権	西谷敏『人権としてのディーセント・ワーク——働きがいのある人間らしい仕事——』（2011年，旬報社）
西谷・組合法	西谷敏『労働組合法〔第3版〕』（2012年，有斐閣）
西谷・労働法	西谷敏『労働法〔第2版〕』（2013年，日本評論社）
毛塚古稀	山田省三・青野覚・鎌田耕一・浜村彰・石井保雄編『労働法理論変革への模索〔毛塚勝利先生古稀記念〕』（2015年，信山社）
菅野古稀	荒木尚志・岩村正彦・山川隆一編『労働法学の展望〔菅野和夫先生古稀記念論集〕』（2013年，有斐閣）
角田古稀(上)(下)	山田省三・石井保雄編『労働者人格権の研究〔角田邦重先生古稀記念〕(上)(下)』（2011年，信山社）
西谷古稀(上)(下)	根本到・奥田香子・緒方桂子・米津孝司編『労働法と現代法の理論〔西谷敏先生古稀記念論集〕(上)(下)』（2013年，日本評論社）

【3】 主要判例集・雑誌

刑集	最高裁判所刑事判例集	労経速	労働経済判例速報
民集	最高裁判所民事判例集	労民集	労働関係民事裁判例集
判時	判例時報	季労	季刊労働法
判タ	判例タイムズ	労旬	労働法律旬報
労判	労働判例		

第1章
労働法の本質と発展

はじめに

　労働法の歴史は決して古くない。労働法の端緒であるイギリス最初の工場法の成立から数えて約200年、ドイツにおいて労働法の概念が成立してから約100年、そして日本で本格的な労働法が成立してようやく70年である。いかに計算しても、何千年もの歴史をもつ民法や刑法に比べて労働法の「新しさ」は顕著である。労働法は、資本主義発展の一定の段階で一定の条件のもとに成立したのであり、民法や刑法のように社会秩序の維持にとって普遍的に必要であることが証明されたわけではない。

　したがって、労働法は、グローバル化を背景とする資本主義の展開過程のなかで、次第に衰退し、もしくは変質していく可能性がないとはいえないのである。1980年代から欧米諸国を席捲し、日本でも90年代から浸透してきた規制緩和論は、国家の規制を受けない市場の自由に最大の価値を置く考え方であるが、その論理は労働の分野にも適用され、各国の労働法に多大な影響を及ぼしてきた。しかし、ドイツのハナウがいうように、規制緩和論が、市場に対する規制は使用者の経済活動を阻害するもので労働者にとっても有害だとする「新たな哲学」にもとづくものだとすれば、規制緩和論の行き着く先は、論理的には、労働法のできる限りの後退、さらにはその解体の要求でしかないことになる。あるいは、労働法という概念は維持されても、その中味が変質させられる可能性もある。[2]

---

1) ペーター・ハナウ・藤原稔弘訳「雇用促進のための労働法の規制緩和」日本労働研究雑誌442号（1997年）74頁。
2) もちろん、個々の労働法的規制が時代遅れになり、新たな経済的変動に対応できないために緩和が必要になることはありうる。その意味で、個々の規制緩和と規制緩和「論」は厳密に区別されるべきである。

また，ヨーロッパでは，労働法の部分的な柔軟化と労働法・社会保障法による労働者への保障を結合した新たなコンセプトがフレクシキュリティ（flexicurity）の名のもとに主張され，部分的に実施されている。フレクシキュリティとは，いうまでもなく，柔軟性（flexibility）と保障（security）の合成語である。これは，後述のように，柔軟な労働法制，生涯教育，積極的労働市場政策，社会保障制度の四つの要素から成る包括的な政策体系と理解されるが，そこにおいて柔軟な労働法制（たとえば解雇制限の緩和）が重要な役割を果たす限りにおいて，規制緩和論と通底するところがあるし，実際に力関係によってはそうした要素だけが一面的に強調される可能性もある。したがって，フレクシキュリティ政策も，そのあり方次第では，規制緩和論と同様に，各国の労働法を衰退もしくは変質させる可能性があるといわなければならない。

　しかし，労働法の衰退もしくは変質とは何か。それは，多数の労働者や社会全体にとって何を意味するのか。それらを考えるには，その前提として，そもそも労働法とはいかなる法なのか，労働法はいかなる要因によって成立し発展してきたのか，労働法が今後も必要だとすればいかなる理由によるのか，等々を明らかにしなければならない。これらの原理的考察を抜きになされる政策論は，浅薄なものに終わらざるをえないであろう。労働法学も，法解釈論の枠に閉じこもるのではなく，将来の労働法をめぐる議論に積極的に関与すべきであるという主張は正しいが[3]，まずは，その前提となる基本的な問題を解明することが労働法学の不可欠の課題である。

　本書全体がそうした原理的考察を目的としたものであるが，とりわけ本章では，労働法の本質的な性格とその発展傾向を社会政策本質論争を手がかりにして考えることにしたい。

---

[3] ローリッツは，ドイツの労働法学は現行法の解釈にだけ関心を向けがちであるが，労働法の将来について考えるという任務を政治家や経済学者だけに任せてはならないと述べる（Loritz, Anforderung an die Arbeitswelt von morgen, ZfA 2013, SS. 336, 372）。

I　労働法の成立と本質的性格

1　労働法の成立
(1)　「労働法」の概念

　主要先進国のうち，最初に「労働法」(Arbeitsrecht)の概念を用いたのはドイツである。ドイツでは，この概念は1873年頃から文献で見られるようになるが，遅くとも第一次大戦前の1912年頃には広く普及していたといわれる[4]。ジンツハイマーとポットホフが編者となって1914年に創刊した雑誌「労働法」が，「現業労働者，職員，官吏の全勤務法のための年鑑」という副題をもっていたことから明らかなように，当時の「労働法」概念は，それまでしばしば用いられていた「労働者法(Arbeiterrecht)」とは異なり，現業労働者のほか職員や官吏も視野に入れた広い概念であった。そこではまた，個別的労働関係法のみならず，集団的労働法もその構成部分をなしていた[5]。1919年のワイマール憲法157条2項は，「共和国は統一的労働法を制定する」と宣言し，ここに初めて「労働法」の語が憲法典に登場したのである。

　フランスでは，1910年から1927年にかけて，労働者法に関する諸法規を一つの労働法典にまとめる作業が展開された。もっとも，労働法に相当する法分野は一般に「産業立法」と呼ばれ，法学部の講義科目で初めて「労働法」の名称が用いられるのは1954年のこととされる[6]。イギリスやアメリカでは，「労働法」概念の導入はもっと遅く，また労働者保護法が未成熟であることもあって，個別的労働法と集団的労働法を統一して「労働法」ととらえるという発想そのものが十分に定着しているとはいえない。このように，いずれの国でも「労働法」概念の歴史は浅く，そのことは，その存在の不確実性と一定の相関関係にある

---

4)　Rückert, "Frei" und "sozial": Arbeitsvertrags-Konzeptionen um 1900 zwischen Liberalismus und Sozialismus, ZfA 1992, S. 237.
5)　ジンツハイマーの労働法構想においては，労働協約法制が欠かせなかった (Sinzheimer, Über den Grundgedanken und die Möglichkeit eines einheitlichen Arbeitsrechts für Deutschland (1914), in: Sinzheimer, Arbeitsrecht und Rechtssoziologie. Gesammelte Aufsätze und Reden, Bd. 1, 1976, S. 57f.)。
6)　中村睦男『社会権法理の形成』(1973年，有斐閣) 160頁。

と思われる。

(2) 工場法の成立と発展

しかし、ここでの本質的な問題は、「労働法」の概念そのものではない。労働法という概念が未だ存在せず、あるいは普及していない時期にも、労働法の性格をもつ数多くの法律もしくは判例法理が存在したのであり[7]、労働法の歴史は当然こうした法律や判例にまで遡らなければならない。とりわけ工場法の歴史が重要である。いずれの国においても、名称はともかく、工場その他の事業場における労働条件（とくに労働時間）の最低基準を設定し、職場環境の改善を図る法律が制定されるが、それが労働法の端緒であり、それは多くの国で現在も労働法の中核をなしている。

イギリスにおける最初の工場法は、1802年の「徒弟の健康と道徳のための法律」であるが、すべての種類の工場に適用され、監督制度も備えた本格的な工場法が制定されるのは1833年のことである。18世紀後半から産業革命の時代に入ったイギリスでは、19世紀初頭以来、工場法による保護を必要とするほどの劣悪な労働条件と労働環境が蔓延していたわけである。

工場法はその後各国に普及していったが、それは、いずれの国でも工場における年少者と女性を保護対象とする法律から出発し、次第にその範囲を成年男子にも拡大するという経過をたどった。労働者保護法は、その後、現業労働者だけでなく事務職員などのホワイトカラー層も包摂するようになる。ホワイトカラー労働者の増加と地位の低下に対応するものである。こうして次第に全労働者を対象とする労働者保護法が各国で確立し、労働法の支柱となっていく。日本では、1911年の工場法（1916年施行）がその端緒であるが、それを部分的に継承しつつ、日本国憲法の理念のもとに大幅に拡充したのが1947年の労働基準法であり、それが現在でも労働者保護法の中核となっている。

---

7) ジンツハイマーが1914年の論文で統一的な労働法の必要性を主張したとき、その時々の必要に応じて制定されてきた分散的な労働法規を統一することが、その重要な動機であった（Sinzheimer, a.a.O.(5), S. 36ff.）。

2　労働者保護法の本質的性格
(1)　従属性の認識

　工場法を端緒とする労働者保護法は、労働条件や職場環境に関する一定の基準を設定し、監督制度と罰則の適用によって使用者にその遵守を強制する。つまり、その本質は使用者に対する「規制」にあるといってよい。

　こうした法的規制の前提には、労働の諸条件は、形式的には対等な立場にたつ労働者と使用者の自由な契約によって決定されるが、実際には、両者の支配・従属関係のゆえに、使用者によって一方的に決定されるとの認識がある。労働者の従属性のゆえに労使対等決定の形式の陰で使用者の単独決定が貫徹されるとの認識こそが、労働法的規制を支える最も重要な根拠である。ここにいう従属性とは、労働が使用者の指揮命令のもとになされること（いわゆる人的従属性）と、労働者と使用者の地位が非対等であること（いわゆる経済的従属性）という二つの要素が結合した状態を指す。[8]

　こうした意味での従属性が続く限り労働法は必要であり、従属性が解消されれば労働法の存在根拠は失われる。仮に労働者と使用者の関係が実質的にも対等であるとすれば、当事者の契約の自由こそが適正な労働条件を実現する最適な方法だからである。[9] 労働法分野の規制緩和論が自らの立論を根拠づけるために、労働者の従属性を否定するか少なくとも過小に評価しようとするのはそのためである。[10] 結局、労働者の従属性が存在するのか否か、その程度がいかなるものかが、労働法の必要性を決する最大のポイントなのである。[11]

---

[8]　これらの二つの要素の基礎に労働者の階級としての地位があると考え、「階級的従属性」を強調する考え方、また、労働者が使用者の企業組織に組み込まれるという「組織的従属性」を強調する考え方などがあるが、本文で述べた二つの従属性こそが最も基本的である。

[9]　当事者の対等性を前提とした一般の契約関係に対しても、たとえば公序良俗違反の法律行為を無効にするといった規制（民法90条）は適用される。しかし、それはいわば例外的な法の介入であり、当事者の支配従属関係を前提とした労働者保護法的介入とは質的に区別されるべきである。

[10]　西谷・個人55頁以下、西谷・規制125頁以下参照。

[11]　労働法による規制は「人為」であるから、客観的に従属性が深刻になりつつある状況下でかえって「規制」だけが後退していくという、労働者にとって最悪の事態は考えられる。1990年以降の「平成不況」の時代に起きた事態はそれに近い。

(2) 単独決定の規制

このように，労働者保護法は，従属的関係の下では労働条件は事実上使用者によって一方的に決定される（少なくともそれが通常である）という認識にもとづいて，最低基準の設定によって使用者の単独決定を規制することを目的とする。労働者保護法のターゲットはまぎれもなく使用者である。しかし，使用者に対する規制は，当然労働者にも反射的効果を及ぼさざるをえない。とくに労働条件が労働者と使用者の合意（労働契約）によって決定されるタテマエをとり，かつ労働者保護法に私法的強行性が認められる場合には，労働法による規制の効力は形式上も労働者に及ぶことになる。

規制緩和論は，しばしばそのことを根拠として，過剰な規制は労働者の自由な働き方を制約すると批判する。そのことは抽象的，形式的には正しい。しかし，労働者が健康を害するほど長時間働く自由，生活を維持しえないほどの低賃金で働く自由，あるいは劣悪な職場環境で働く自由なるものは，果たして尊重するに値するであろうか。労働法的規制によって制限される「自由な働き方」なるものは，大部分の場合，労働者が望むはずもない観念的な自由にすぎない。規制緩和の要求は，基本的には使用者の自由の拡大を目的としており，労働者の「働く自由」という論理は，通常は労働契約の形式に着目したレトリックにすぎないのである。[12]

3 団結権保障法の性格
(1) 労働者保護法との異質性と共通性

労働者保護法と並ぶ労働法のいま一つの柱は，団結権保障法（集団的労働法，労働団体法とも呼ばれる）である。労使関係に対する国家法のかかわり方という観点からみれば，労働者保護法と団結権保障法は対照的である。労働者保護法

---

12) もちろん，がんじがらめの規制が労働者に不利に作用することはありうる。たとえば，母性保護のために妊娠中の女性の就業を制限することは，その期間中の収入確保やキャリア形成の点で，女性にとってかえって不利益と受け取られることがある。労基法は，こうしたことを考慮して，産前休業，産後6〜8週間の就業禁止の解除，妊娠中の軽易作業への転換，変形労働時間における時間制限，時間外労働の禁止について，労働者の「請求」を要件としている（労基法65条・66条）。この問題については，本書第6章Ⅲ2参照。

が労働者・使用者関係に直接,強権的に介入するのに対して,団結権保障法は,労使関係への国家の不介入(労使「自治」の保障)を基本とするからである。国家法は,付随的に,使用者による団結権侵害を排除して正常な労使関係の維持・発展を助成したり(とくに不当労働行為制度),労使交渉の結果(労働協約)を法的に裁可してその安定的な妥当を担保したり,紛争の解決に助力を与えるといった役割を果たすが,団結権保障法の最も中心的な要素は,国家の不介入による労使「自治」の保障である。

しかし,労使自治は,客観的には,使用者による労働条件の単独決定を制限するという意義をもつ。すなわち,個別労働契約の次元では,労使対等決定の形式のもとで事実上使用者の単独決定(Alleinbestimmung)が貫徹するので,そうした現実をふまえ,労使の集団的な共同決定(Mitbestimmung)によって,その単独決定を制約しようとするのが集団的自治(とくに労働協約)である。[13] それは,個別契約の次元では形骸化せざるをえない契約自由を集団的次元で回復しようとする点では,労働者保護法とは異質であるが,使用者の単独決定の規制という客観的な意義において両者は共通する。国家法は,ここでは,労働者保護法のように,使用者の単独決定を直接規制するのではないが,共同決定による単独決定の規制を保障し促進することによって,間接的に使用者の単独決定を規制する。

このように,労働者保護法と団結権保障法とは,外見上,国家による労使関係への介入と不介入という正反対の性格をもつが,使用者による事実上の単独決定の規制という客観的意義において共通する。両者が労働法という統一的な概念の下に包摂されうるのは,単に両者がいずれも「労働」にかかわるという外的な理由によるのではなく,両者の内的な共通性が労働法の統一性を支えているのである。

---

13) これは,ドイツ労働法の創始者というべきジンツハイマーのとっていた立場である。西谷敏『ドイツ労働法思想史論——集団的労働法における個人・団体・国家——』(1987年,日本評論社)181頁以下,214頁以下参照。こうした立場は,戦後西ドイツにおいても継承されている(Däubler, Grundrecht auf Mitbestimmung, 1973, S. 8f.; Belling, Das Günstigkeitsprinzip im Arbeitsrecht, 1984, S. 18f.)。日本においても,すでに戦前から団結権は同様の観点から説明されていた(末弘厳太郎『労働法研究』〈1926年,改造社〉32頁以下)。

労働法は，その目的からすれば，従属労働によって生活する者の人間の尊厳に値する生活を保障するための法と規定しうるが，その最も中心的な手段は，使用者の単独決定の規制である[14]。もっとも，通説が労働法の第三の領域と位置づける雇用保障法（労働市場法）[15]は，国家や人材関係私企業を主たるアクターとするものであり，使用者への規制は付随的である。しかし，この領域は，各種の労働者保険法とともに，労働法の外郭に位置づけられるべきであり，使用者の単独決定の規制こそが労働法の核心であるという事実を変えるものではない。雇用保障法を労働法の領域に取り入れることに異論はないが，そのことによって，労働法の核心部分の性格が曖昧にされることがあってはならないと考える。

(2)　労働者保護法と団結権保障法の比重

　労働者保護法と団結権保障法は，労働法にとって不可欠な二本柱とみなされてきた。団結権保障にもとづく集団的労使関係には弾力性のメリットがあり，労働者保護法には安定性のメリットがある。いずれをどの程度重視するかは，国によって，時代によって異なっている。集団的労使関係が広い範囲の労働者をカバーして適切に機能している場合には，労働者保護法の果たすべき役割はそれに応じて低下する。この場合，労働者保護法が労働条件規制のために過剰な役割を果たすならば，労使自治を阻害するものとして非難される。逆に集団的労使関係が適切に機能しない場合には，労働者保護法に大きな役割が期待される[16]。

---

14)　なお，労働契約も，国家法や集団的協定の支援を受けて，労働条件の対等決定というその本来の趣旨に即して適切に機能することが期待される。そして，実際にそれに近い機能を営む場合には，やはり使用者による単独決定を制約する役割を果たすことになる。このように考えると，労働者保護法，労使自治（団結権保障法），労働契約の三つが，使用者の単独決定を制約する可能性をもつ要素であり，これらをいかに適切に組み合わせて体系を構築するかが労働法の基本的な課題となる（西谷・規制247頁以下参照）。

15)　菅野・労働法は第2編を，荒木・労働法は第4部を「労働市場（の）法」にあてており，西谷・労働法は第3部を「雇用保障法」にあてている。

16)　たとえばドイツでは，賃金水準の決定は労働協約の最も重要な課題と考えられていたため，長らく法律による最低賃金制度は忌避されてきたが，使用者の使用者団体からの脱退，外国人労働者の流入，労働組合の組織率の低下といった要因によって労働協約の機能が後退するなかで，労働組合も最低賃金制を要求するようになり，ついに2014年↗

このように，これら両者の役割分担は，抽象的な理論によるよりも，集団的労使関係が現実に果たしている，また果たしうる役割の客観的認識にもとづいて判断されるべき問題である。集団的労使関係が本来の役割を十分に発揮していない場合には，労働者保護法が，その硬直性というデメリットにもかかわらず，使用者の単独決定を規制して適切な労働条件を確立するために重要な役割を担うほかない[17]。集団的労使関係が本来果たすべき役割を理由にして労働者保護法の抑制ないし後退を主張するのは，日本の規制緩和論の常套手段であり，学説の立法論にも少なからぬ影響を及ぼしているが，集団的労使関係が十分に機能していないことが明らかな日本の状況では，そうした主張は空虚であり有害である。

II　労働法展開の政策的要因

1　社会政策本質論争から見る二つの要因

　マルクスの『資本論』に，「資本は，労働者の健康と寿命にたいしては，それを顧慮することを社会によって強制されるのでなければ，なんら顧慮しない。」[18]との有名な一節がある。つまり，個別資本は，競争原理によってひたすら利潤の増加を追い求め，労働者を可能な限り低い賃金で，可能な限り長い時間働かせるべく強いられるので，なんらかの社会的強制が働かない限り，自ら雇用する労働者の生命・健康には関心をもたないというのである[19]。

　ここでいう社会的強制とは，労働運動による直接的な抵抗と国家法（労働法）

　　に最低賃金法（Mindestlohngesetz）が制定され，2015年から時給8.5ユーロの全国・全産業一律の最低賃金制度が導入された（経緯と法律内容については，Wank, Der Mindestlohn, RdA 2015, S. 88ff.; Waltermann, Aktuelle Fragen des Mindestlohngesetzes, AuR 2015, S. 166ff. 参照）。

17)　詳しくは西谷・規制315頁以下参照。
18)　マルクス・長谷部文雄訳『資本論第1部』（1964年，河出書房）221頁。
19)　実は，それは個別資本にとっても必ずしも合理的とはいえない。なぜなら，「労働力」に対する濫用と喰潰しは，労働者の逃亡の増大，新規募集の困難，それに要する費用の増大，労働者の定着性の極度な減退をもたらすからである。しかし，すべての個別資本が合理的行動をとるわけではない（大河内一男『社会政策（総論）［改訂版］』〈1963年，有斐閣〉23頁以下）。

による規制である。社会的強制が働かない労働関係は「原生的労働関係」と呼ばれるが，企業が労働運動や労働法による社会的強制を受けない場合に，労働者が生命・健康を犠牲にした働き方を強いられる可能性があることは今日でも変わるところがない[20]。

労働運動による資本への直接的な圧力が社会的強制になることは理解しやすいが，もう一つの社会的強制である国の社会政策（とくに労働者保護法）がなにゆえに成立し発展してきたのかは，検討を要する問題である。労働日（労働時間）に関する『資本論』の叙述もさまざまな解釈の余地を残している。資本主義国家はなにゆえに個別資本を規制する社会政策を展開せざるをえなかったのか。この問題をめぐって一時期，社会政策学において活発な論争が展開された。いわゆる社会政策本質論争である。

論争は，大河内一男[21]と岸本英太郎[22]を代表とする両陣営の間で展開された。これら両者の見解の相違を明確にするために，まず日本にも大きな影響を与えた東ドイツの理論家クチンスキーの見解を引用しておこう。

クチンスキーは，法律によって労働時間の上限規制がなされた要因として，労働者階級の闘争に対して譲歩がなされたことと，労働時間の延長が最大限度に達し，それ以上の延長が資本制の基礎すなわち労働者階級の生存を脅かすに至ったことの二つをあげ，そのうえで，二つの要因の関連は国によって異なると論じた[23]。たとえばフランスでは，労働者階級の抵抗が決定的な役割を演じ，イギリスでは二つの要因が同じ大きさの役割を果たし，ドイツでは労働者の抵抗はわずかな役割しか果たさなかったという[24]。

---

20) 若年労働者を使いつぶす「ブラック企業」の実態は，そのことの例証である（今野晴貴『ブラック企業――日本を食いつぶす妖怪――』〈2012年，文春新書〉参照）。「ブラック企業」がブラックとなるのは，基本的には，社会的強制（労働組合の存在，労働法の遵守，企業の社会的評価など）が働かないからである。したがって，現在の「優良企業」も，社会的強制が弱まったり，社会的強制を上まわる強い力（激しい競争など）が加わると，いつブラック化しないとも限らないのである。
21) 大河内一男は，多くの著書で同様の見解を展開しているが，ここでは，大河内・前掲注19) による。
22) 岸本英太郎『窮乏化法則と社会政策――社会政策から社会保障へ――』（1955年，有斐閣）。
23) Kuczynski, Die Theorie der Lage der Arbeiter, 1968, S. 106f.
24) Kuczynski, a.a.O. (23), S. 107.

大河内一男は，これらの要因のうち，後者を社会政策成立の決定的な要因と見る。大河内によれば，個別資本による労働力の「喰潰し」を放置するならば，国民経済総体として労働力の摩滅と著しい不足に直面し，それはさらに世代間の再生産も妨げる。そこで，「社会的総資本」は，個別資本による労働力の濫用を抑制して，「産業社会総体が，不断に一定量の『労働力』を確保し，長期にわたって安定した『労働力』の供給を保証し得るように配慮しなければならない」[25]。ここでいう「社会的総資本」とは，「いわば資本制的産業社会の悟性」，「総体としての資本の理性」[26]であり，それは現実には近代国家によって代表される。「国家は，社会的総資本または総体としての資本の意志の執行人たる実体において，近世社会政策の主体として登場するのである」[27]。

　これに対して，岸本英太郎は，資本のあくなき搾取に対する労働者階級の抵抗こそが社会政策を生み出した主たる要因だとする。「労働者階級の抵抗なしには標準労働日は成立しない。この抵抗が存し，その発展が見透され，これを意識することなくして，資本家階級やその国家が標準労働日を実施することはない。この意味から考えれば，増大する労働者階級の抵抗こそ労働時間短縮の決定的な根拠である」[28]という。

　岸本は，労働運動の力がなくても社会政策が成立しうるとするクチンスキーの理論は決定的に誤っていると批判したが[29]，そこでは大河内理論が強く意識されていたことは明らかである。岸本によれば，労働運動の抵抗なしに労働時間が短縮されることはありえず，ドイツや日本のように，労働運動と労働時間短縮の関連が稀薄に見える場合でも，労働者の抵抗が大きくなることが明らかに予想され，「諸外国の歴史に照らして譲歩した方が資本家階級及びその国家にとって有利だと考えしめるような事情」があってはじめて時間短縮がなされる。あくまで労働運動の抵抗という要素が労働時間短縮にとって不可欠だとするのである。こうした議論の前提には，賃金（およびそれに密接に関係する労働条件）は，労働者階級の抵抗がない限り，必然的に労働力の価値以下に低下し，

25）　大河内・前掲注19) 28頁。
26）　大河内・前掲注19) 28頁。
27）　大河内・前掲注19) 22頁。
28）　岸本・前掲注22) 50頁。
29）　岸本・前掲注22) 51頁。

その意味で労働者は絶対的に窮乏化していくという理論[30]があった。

　大河内も，労働時間法をはじめとする社会政策の定立にあたって労働運動の力が寄与したという事実を無視するわけではない。しかし，大河内においては，労働運動は，労働力の持続的な確保という総資本の意志が国家的意志として具体化されるに際してのひとつの媒介項にすぎない。社会政策は，「たとえ資本に対する労働の反抗や闘争が存在しない場合にも，なおかつ，総体としての資本にとっての経済内的な必要という点から，必然的に出現せざるを得ない」のである[31]。

　それでは，社会政策の一内容と認められる団結権保障政策についてはどうか。岸本においては，それは労働者保護法と一体のものと把握され，社会政策が労働者階級の抵抗に対する譲歩であるとの主張を強固に裏づけるものであった。これに対して，大河内は，団結権保障についても，「社会的意識をもち，且つ一定の自主的組織をもつに至った『労働力』を，合理的に資本の手に確保し，それを保全する手段がはじめて得られたことになる」として，あくまで「労働力」の観点から説明しようとする。社会政策の道義論と政治論をともに排して，それをあくまで社会科学的にとらえようとする大河内の方法論的な姿勢[32]がこうした立論の基礎にあったのであろう。しかし，労働運動の法的な承認をも「労働力」の観点から説明しようとするのはいささか強引であった[33]。

2　「総資本の理性」の意義と限界

　こうした社会政策本質論争にどれだけの意義があったのかについては，当の社会政策学界から深刻な疑念が出されている[34]。たしかに，この論争には，「社

---

30)　岸本・前掲注22) 4頁以下。
31)　大河内・前掲注19) 75頁。
32)　大河内・前掲注19) 64頁以下。ここには，経験的知識と価値判断の峻別を力説したウェーバーの強い影響がみられる。もっとも，大河内は，価値の社会性，歴史性を考慮した価値序列の存在を肯定しており，ウェーバーの「没価値論」から距離を置いている（大河内・前掲注19) 58頁以下）。
33)　なお，労働運動，とくに団体交渉権の承認を価値法則の貫徹という資本制社会に内在する論理から説明する渡辺洋三の見解（第2章Ⅱ4）には，大河内に通じる発想が見られる。
34)　隅谷美喜男『労働経済論』（1969年，筑摩書房) 7頁以下，208頁以下，氏原正治郎↗

会」政策をもっぱら「労働」政策の問題として論じる狭さがあったし、労働政策の成立と発展の要因という、本来歴史的・実証的に論じられるべき問題をあまりにも理論的・図式的に論じるという偏向もあった。しかし、資本主義国家は何ゆえに各資本を規制する工場法などの労働政策を打ち出したのかという問題設定は重要であり、それをめぐってなされた議論には、労働法の発展を考えるうえで参考にすべきさまざまな論点が含まれていたと考える。

　個別資本による労働力の食い潰しが長期的に労働力を枯渇させ、持続的な労働力確保に支障を生じさせる可能性があるのは事実である。「総資本」がそのことを危惧して、工場法などの社会政策によって個別資本を規制しようとすることも十分考えられる。とくに初期の工場法の成立については、その要因を「総資本の理性」に求めた大河内理論は卓見であったといえよう。

　こうした「総資本の理性」は、とりわけ賃金や労働時間が労働者の生存と再生産に必要な水準を下まわり、「労働力」の長期的な確保が危うくなるような状況において発揮される。しかし、逆にいえば、労働者保護法の内容が改善され、労働条件が労働者の生存と再生産に必要な最低基準を超えて向上してくるに従って、総資本にとって、労働力政策の必要性は相対的に低下することになる。高度に発展した産業社会においては、必要とされる労働力も高度化するということを考慮に入れるにしても、「総資本の理性」による労働法の発展には大きな限界がある。さらに、後述のグローバル化の進展は、生産拠点の海外移転や外国人労働者の導入といった新たな形態の労働力確保政策を可能にする点と、政策形成における多国籍企業の発言力を強化する点において、従来以上に

　「冗舌的社会政策論──社会科学的認識の原点に帰れ──」社会政策学年報16集『社会政策と労働経済学』（1971年、お茶の水書房）137頁以下、岡田与好『競争と結合──資本主義的自由経済をめぐって──』（2014年、蒼天社出版）166頁以下など。

35）社会政策の概念は、国によって、時代によってさまざまな意味で用いられるが、大きくは、ドイツ流の労働問題重視型（Sozialpolitik）とイギリス流の福祉重視型（social policy）に分けられるという（成瀬龍夫『総説現代社会政策』〈2011年、桜井書店〉15頁以下）。この分類からすれば、論争はドイツ型社会政策を前提としてその枠内で展開されたことになる。

36）大河内は、「労働力」は固定したものではなく、社会的に豊かな規定を受けつつ成熟していく（たとえば労働時間については「物理的限界」のほか「道徳的限界」も問題となる）ものであるとして、労働者組織が確立した後の社会政策を説明しようとする（大河内・前掲注19）204頁以下、214頁以下）。

「総資本の理性」の働きを狭隘化すると考えられる。

3　労働運動と社会運動

　団結権保障法はもちろん，労働者保護法についても，その発展を推進してきた基本的な力は労働運動にあったというべきであろう。それは，たとえば労働時間短縮の歴史から明らかである。

　メイデイの起源となった1886年シカゴ・ヘイマーケット広場事件の発端が8時間労働制を要求するストライキであったことはよく知られている。この頃から，労働運動は，8時間労働制を求める国際的な運動を展開していった。そして，1917年のロシア革命の後，革命政府が直ちに8時間労働制を宣言したことは，革命の危機に瀕していたヨーロッパ諸国に大きな衝撃を与えた。1919年にILO（国際労働機関）が設立され，その第1号条約において「工業的業種における8時間労働制」が規定されたことには，こうした背景があった。

　さらに，第二次大戦後の急激な労働時間短縮は，労働者の生命・健康の保持とは別個の視点から要求され，実現されてきた。1960年代の週40時間を求めるヨーロッパの時短運動は，週休2日制（週40時間＝8時間×5日）を求めるものであり，明らかに労働者の家族的生活の確保を最大の眼目にしていた。さらに，週35時間制（7時間×5日）をめざして1980年代に展開された激しい闘争は，長期不況のなかで雇用を確保するための仕事の分かち合い（ワークシェアリング）を目的とするものであった。[37]こうしたねばり強い運動の結果として，多くのヨーロッパ諸国の労働時間は週40時間を下まわるようになっていったのである。[38]

　このように，労働時間短縮の進展は，単なる「労働力」の維持・確保の観点によるものではない。もともと8時間労働制の要求には，「8時間の休息（睡眠）と8時間の自由時間」との発想（一日三分法）が含まれており，それはすで

37）　この時期のドイツの時短闘争については，和田肇『ドイツの労働時間と法――労働法の規制と弾力化――』（1998年，日本評論社）2頁以下参照。

38）　EU労働時間指令（2003/88/EC）によれば，残業を含めて週48時間が労働時間の上限とされている。そこでは，労働者の健康保持が目的として掲げられているが，その経過をみれば，明らかに労働者の家族的生活の保障やワークシェアリングの観点が含まれている（西谷・人権239頁以下参照）。

に労働力確保の視点を超えるものであったが，その後の時間短縮は，労働者の家族的生活の保障やワークシェアリングの観点から要求され，激しい闘争を経て実現されたものである。年間3労働週の年次有給休暇制度の保障（ILO 132号条約）なども，労働者の人間的な生活の確保を目的とするものであり，単なる「労働力」の観点によるものではない。

　もちろん，先進諸国におけるこうした労働法の発展は，経済の持続的な成長（それはしばしば開発途上国の犠牲のうえに実現した）という条件に支えられたものである。しかし，経済の成長は当然に労働条件の改善や労働者権の確立をもたらすわけではない。大幅な時間短縮などの成果は，経済成長という条件下での，労働運動・社会運動の多大な努力の成果であることを銘記すべきである。

　このように，社会政策＝労働法を推進してきた基本的な力は労働運動・社会運動に求めるべきであるが，その運動を「労働組合」の運動と理解するならば，狭きに失するであろう。

　まず，フランスなどの国では，労働組合よりもストライキのための一時的結合であるコアリシオン（coaltion）が先行し，それが労働組合の結成に至るという経過をたどった。フランスでは，現在でもストライキをはじめとする運動は，活動家としての組合員の呼びかけに多くの非組合員が応じるという形で展開されている。[39]

　また，労働組合に限らず，政党などのさまざまな政治団体，労働者教育協会，人道支援団体，各種市民団体などが社会政策（労働者保護法）の確立に寄与した事実も軽視すべきではない。労働組合の影響力が全体として低下傾向にある今日，労働法発展の社会的推進力としては，各種のNPOなどにも大きな役割が期待される。

　さらに，8時間労働制が普及してきた経験から明らかなとおり，社会主義の成立とそこにおける労働法制の発展が資本主義国の労働法に多大な影響を及ぼしてきたことも重要である。資本主義国における労働運動が――革命によるにせよ漸進的な社会改良によるにせよ――社会主義を理想としそれへの移行をめ

---

39) 大和田敢太『フランス労働法の研究』（1995年，文理閣）11頁以下，田端博邦『グローバリゼーションと労働世界の変容――労使関係の国際比較――』（2007年，旬報社）24頁以下。

ざす姿勢を保持している限り，資本主義国家はたえずそれへの警戒を怠ることができず，社会主義国と自国の労働条件や労働者権の差異を意識しなければならなかった。それは，資本主義国家において，労働者保護法改善への持続的な圧力として作用した。社会主義崩壊の1990年以降，各国の労働法は明らかに大きな推進力を失ったのである。

社会政策本質論争における「労働運動への譲歩論」がいう「労働運動」は，このような広い意味において理解されるべきであり，それを構成する諸要素のうちいかなる部分がいかなる役割を果たすかは，労働組合，政党，社会的諸団体の具体的な状況によって規定されるのである。

III　労働政策と法

1　議会制民主主義と労働法

これまで，労働法，とりわけ労働者保護法の成立と発展を国家政策の観点から見てきたのであるが，労働法の成立・発展を「法」の側面から考察することも重要である[40]。

近・現代の民主的法治国家においては，国の社会政策は基本的には議会の制定する法律を通じて実現される[41]。そこで，社会・労働運動は，議会への影響力行使を通じて社会政策の形成・発展に関与しうるのである。

労働・社会運動の力が議会を通じて法に反映されるチャンネルは多様である。すなわち，①ゼネスト，大規模デモなどの大衆行動，②労働者政党の活動や議会内ロビー活動，③労働政策を審議する公的な機関への労働者代表の参加，④労働立法を争点とする議会選挙，などである。もちろん，複数のチャンネルを通じた運動があいまって労働立法の制定・改廃に結実する場合も多い。

---

40)　労働法の成立・展開に際しては，もちろんその他のイデオロギーも重要な役割を果たす。沼田稲次郎『労働基本権論——戦後労働法史のイデオロギー的側面——』（1969年，勁草書房）3頁は，望ましい労使関係像，期待される労働組合像，民主主義，福祉国家などのイデオロギーが狭義の法的イデオロギーよりも労働法の制定・妥当を強く規定する，と述べる。

41)　社会政策が判例によって成立し，発展することもあるが，判例法主義の国でも社会政策は立法の形で実現することが多い。

資本主義国家は，当然，新たな労働立法に反対し既存の規制の緩和を要求する資本家団体から強い圧力を受ける。しかし，議会制民主主義のもとでは，国家はたえず国民多数の支持の調達に意を用いなければならず，少数者＝資本の利益に適う政策も，公共性の外観を装わなければ実現が難しい。現代資本主義国家は，こうした基本的な矛盾をかかえているのである。そこで，労働立法に向けて労働者・国民による社会的な圧力が高まった場合，国家がそれに応じることは，民主主義的システムの正統性を担保するために不可避となる。社会政策に向けての労働者・国民の要求を無視することは，ストライキなどの抗議行動を惹起して社会秩序を混乱させるだけでなく，議会制民主主義そのものの危機を招くのである。

　したがって，資本主義国家の社会政策が運動に対する譲歩であるという場合，その「譲歩」は，具体的な運動への個別的な対応に限られるわけではない。むしろ，運動への「譲歩」そのものが，民主的システムの構造的な宿命なのである。資本主義国家は，いかにして国民・労働者の要求を反映する社会政策＝労働法を，資本の利益を大きく損なうことなく実現するか，いかにして資本の利益となる社会政策を，あたかも労働者の利益のためであるかのような装いで実現するかに腐心する。現代国家における労働法政策は，基本的にこうした二重性を内包している。

　しかし，こうした国家の労働法政策における本質と外観の矛盾は，民主主義が一応正常に機能するからこそ生じるのであり，議会制民主主義が形骸化していけば，この矛盾は解消し，国家の労働政策は資本の利益を直截に表現したものとなる。労働・社会運動の後退のみならず，議会制民主主義の形骸化も，労働法を後退させる重要な要因なのである。

2　法の拘束性と安定性

　法は，各国の歴史，社会，文化に刻印された固有の体系性をもっている。社会政策を法を通じて展開することは，国家法体系のなかに労働者保護という新たな要請を持ち込むことを意味する。それは容易な道ではなかった。

　たしかに，公法は，国家政策が直接反映する領域であり，政策立法のリストに労働者保護法を加えることは，法体系上はさほど強い抵抗感なしに実現する

ことができた。しかし，19世紀私法は，フランスでは民法典により，ドイツでは法学により，強固な体系を形成しており，社会政策的要請をそこに持ち込むことには大きな困難が伴った。リュッケルトが1900年前後のドイツにおける労働契約をめぐる論議について詳述しているように，労働問題・社会問題の解決を求める社会的・政治的勢力と私法（学）の間には鋭い緊張関係が存在していた[42]。市民法から労働法（社会法）へという法思想の転回は，すでに19世紀後半より徐々に進行していたが，労働法が私法を含む全法体系のなかで確固たる地位を占めるためには，1918年のドイツ「革命」などによる法思想全体の根本的な転換を必要としたのである。

　このように，法は固有の体系性をもつがゆえに，社会政策を労働法の形で実現するには特有の困難がつきまとうが，その反面，一旦社会政策が法体系に埋め込まれると，そこに独特の安定性が生じる。法律改正のためには，当然議会の多数の支持を得なければならないし，改正手続はしばしば煩雑である。

　たしかに，労働法は，法のなかでも政策的色彩の強い領域である。とくに技術性の顕著な分野（労働安全衛生法など）では法改正は頻繁である。しかし，労働法の多くの領域では，政策の変更について関係当事者の鋭い利害対立や見解の相違が生じる。こうした問題領域では法律改正は容易ではなく，強い反対を押し切って法律改正を強行することは，時に政権の命とりともなる。

　こうして政策が法の形態をとる場合には一種の慣性原理が働き，その改正には多大なエネルギーが必要となる。国が一定の社会政策の実施にあたって，法律以外の形態（命令，規則，指針，行政指導など）を好むのはそのためであり，日本ではそうした傾向がとくに顕著である。しかし，法律以外の形態，とりわけ行政指導のような手法は，明確性，透明性，安定性という労働法の定着に不可欠な要請に反し，全体として労働法の機能を後退させるおそれがある。労働法分野ではとくに，法化（legalization, Verrechtlichung）が重要な意義をもつ

---

42) Rückert, a.a.O. (4), S. 225ff. 自ら社会民主主義者であり，ドイツ労働契約法の基礎を築いたロトマールも，法と現実の明確な区別を説き，労働契約における労働者保護という社会的要請を実現するために，もっぱら良俗違反の法律行為を無効とする民法典138条に依拠したのである（Rückert, a.a.O. (4), S. 249）。既存の私法体系を重視するロトマールのこうした姿勢を当時のジンツハイマーも評価していたことについては，島田裕子「ジンツハイマーと労働の法体系」季刊労働法247号（2014年）203頁以下参照。

のである（法化については第11章参照）。

3　立憲主義と労働法

　立憲主義にもとづく近代憲法は国の立法権を拘束するので，なんらかの形で国の社会政策を根拠づける規定を含む20世紀型憲法のもとでは，社会政策＝労働法が憲法上の基礎を得ることになり，それは一層の安定性を獲得する。社会政策にかかわる憲法条項は，直接国に社会政策立法の制定を義務づけるまでの効力をもたないとしても，社会政策立法に対して憲法の実現としての意味を付与してそれを促進するし，社会政策立法の廃止・後退を制約する。

　もちろん，憲法上の「根拠」規定のあり方は多様であり，それが国の社会政策立法をどの程度拘束するかは憲法解釈の問題ともなりうる。ドイツ基本法20条1項の「社会国家」規定や，フランス1946年憲法前文の「各人は，労働をする義務と雇用を得る権利を有する」といった抽象的な宣言は，どの程度国の社会政策立法を拘束するのか一義的に明確とはいえないが，それでも，これらの諸規定を根拠として成立し定着してきた重要な社会政策立法を合理的な根拠なく廃止することは，これらの規定を根拠とする批判を浴びることになる。

　日本の場合には，社会政策が国民・労働者の基本的人権と関連づけられている点に大きな特徴がある。労働法は，生存権規定（25条1項）もしくは個人の尊重・幸福追求権規定（13条）および労働基本権の保障（28条）に強固な根拠をもっているが，さらに，賃金や労働条件の基準の法定を国に義務づける規定が存在する（憲法27条2項）。この規定は，こうした法律によって所有権（29条1項）と職業選択の自由（営業の自由。22条1項）を一定程度制約することを許容すると同時に，一定の労働者保護法の制定を国の責務とするという二重の意味をもつと解される。そのことの帰結として，労働者保護法は，過剰であってはならない（過剰禁止）と同時に，過少であってもならない（過少禁止）という要請が生じる。後者の観点からして，一旦制定され妥当している労働法的な規制を合理的な根拠なしに廃止ないし緩和することは，憲法違反の疑いを招くことになる。[44]

---

43)　国際比較からみて，こうした規定は珍しいと指摘されている（樋口陽一ほか編『注釈日本国憲法上巻』〈1984年，青林書院〉627頁［中村睦男］）。
44)　西谷・規制268頁以下，西谷・労働法25頁以下。

こうして，新自由主義的な規制緩和は，日本では憲法問題となりうるのである。

IV　労働法の柔軟化と規制緩和論

1　規制緩和論とフレクシキュリティ論

　労働法は，労働者保護法にしても団結権保障法にしても，使用者の単独決定の規制を通じて，労働者の人間らしい生活を保障することを主たる目的とする。これに対して，1980年代以降各国で強まってきた労働分野の規制緩和論は，市場原理，すなわち法による規制を受けない使用者の自由な裁量に最大の価値を置くものであり，労働法とは敵対的な関係に立たざるをえない。規制緩和論の浸透によって，実際に労働法は相当大きく変えられてきた。

　また，規制の緩和のみを一面的に主張する規制緩和論とは異なり，総合的政策として打ち出されてきたフレクシキュリティ論も，国によっては労働法を相当程度変えてきたし，今後も変える可能姓がある。フレクシキュリティについては，デンマークとオランダのモデルが有名であるが，欧州委員会は，これらの経験をふまえて，2007年に「柔軟性と保障を通じてより多くの，より質の高い雇用を保障するフレクシキュリティの共通原則」を提案し，加盟各国での国内法化を求めた。ここでフレクシキュリティとは，①柔軟で信頼できる労働契約，②労働者の就労可能性を高める包括的な生涯学習戦略，③失業から新しい職への転換を促進する積極的労働市場政策，④所得支援，就労支援，労働市場の流動性を連携させる現代的な社会保障制度の四要素を組み合わせた総合的な政策体系である。その中軸は，職の保障（解雇制限）から雇用の保障への転換にある。[45]

　フレクシキュリティの代表的なモデルの一つはデンマークのそれである。[46]このモデルの特徴は，緩やかな解雇制限と，失業者に対する手厚い生活保障およ

---

45)　欧州委員会のフレクシキュリティの考え方については，若森章孝『新自由主義・国家・フレキシキュリティの最前線──グローバル時代の政治経済学──』（2013年，晃洋書房）149頁以下，柳沢房子「フレキシキュリティ──EU 社会政策の現在──」レファランス2009年5月号81頁以下参照。

46)　デンマーク・モデルについては，若森・前掲注45) 158頁以下，柳沢・前掲注45) 86頁以下参照。

び職業訓練の組み合わせによる雇用の流動化にある。その前提は，弾力的な労働市場と，国民の高い負担にもとづく高福祉であり，これらの政策は政府，労働組合，使用者団体の合意にもとづいて実施されている。

　もう一つの代表的なモデルは，オランダのそれである[47]。オランダ・モデルは，やはり政府，労働組合，使用者団体の三者の合意にもとづいて，賃金の抑制と，パート労働の促進による労働時間短縮によって失業率を大幅に低下させたことで知られている。パート労働者とフルタイムの賃金および社会保障における均等扱いを前提としたワークシェアリングを中核とするものである。

　EUの推奨に応じて各国でフレクシキュリティを国内法化していく場合，その内容は，各国の歴史的，経済的，社会的諸条件に応じて多様でありうる。また，国内法化にあたっては，政労使の合意が必要となるが，労働組合と使用者団体の要求は当然鋭く対立する可能性がある。フレクシキュリティを構成する諸要素のうち，使用者団体が「柔軟性」（解雇制限の緩和，非典型雇用の自由化など）を求め，労働組合が「保障」（職の保持と社会保障制度の整備など）を要求するのは当然である。フレクシキュリティは，本来対立する「柔軟性」と「保障」の妥協を図るものであり，具体的な制度においていずれの要素がどの程度の比重をもつかは，とくに労使の力関係に左右される[48]。

　フレクシキュリティ論は，たしかに，市場原理主義にもとづく労働法の一面的な規制緩和の主張に比較すれば，より包括的な構想であり，激動する経済情勢のなかで労働者の雇用の保障をめざすものとして，その評価は慎重になされるべきである。とくに，それは，労働法のみならず，教育政策，積極的労働市場政策，社会保障政策といった幅広い政策領域にまたがっており，そうした広い視点から評価される必要がある。しかし，現実には，フレクシキュリティの名の下に，労働法の柔軟化，とりわけ解雇制限の緩和と労働者の非正規化が一

---

47)　オランダ・モデルについては，長坂寿久『オランダモデル――制度疲労なき成熟社会――』（2000年，日本経済新聞社），柳沢・前掲注45) 90頁以下，水島治郎『反転する福祉国家――オランダモデルの光と影』（2012年，岩波書店）参照。

48)　若森・前掲注45) 149頁以下，177頁以下は，欧州委員会が「柔軟性」と「保障」の対立的性格を覆い隠し，「柔軟性」と「保障」が相互促進的であり，労使双方にとってメリットがあるとしている点，そして実際には「柔軟性」に比重をかけている点を批判する。

49)　とくにデンマーク・モデルでは顕著である。フレクシキュリティと解雇規制の関係↗

面的に促進される可能性もあり，その場合には，その政策は規制緩和論に大きく接近する[50]。

2　企業の環境変化と労働法の柔軟化論──ドイツの議論

デンマークやオランダのような包括的なモデルにもとづく雇用・労働制度のパラダイム転換を図るのではなく，伝統的な労働法制度を基本的に維持しつつ，部分的な弾力化を図ろうとしている国もある。その代表的な国はドイツである。

ドイツにおける労働法弾力化の主張については，80年代から90年代にかけての政策と議論を紹介したことがあるが[51]，その後，弾力化もしくは柔軟化を求める議論は一層強くなり，2003～2005年のハルツ改革に至った[52]。四つの部門から成るハルツ改革には，解雇制限の緩和（適用除外の拡大），有期雇用制限の緩和，派遣労働の自由化，ミニジョブ・ミディジョブの制度化（社会保険料の減免）などの措置が含まれていたが，それは必ずしも労働法の骨格部分を変えたわけではなく，その後も柔軟化の要求は収まっていない。最近のローリッツやハンス・ハナウの論文を手がかりに，その柔軟化の主張を聞いてみよう[53]。

まず，労働法の柔軟化が必要とされる背景的事情としてグローバル化があげ

　については，濱口桂一郎「解雇規制とフレクシキュリティ」季刊労働者の権利270号（2007年）42頁以下参照。

50)　ヨーロッパにおいても，フレクシキュリティに対してさまざまな対抗戦略が打ち出されている。これについては，矢野昌浩「労働法・社会法理論のレジティマシー──議論の整理のために──」法律時報86巻4号（2014年）7頁，同「労働市場への社会的包摂とディーセント・ワーク──『ポスト・フォーディズムと社会法理論』に関する論点整理──」法律時報85巻3号（2013年）7頁以下参照。

51)　西谷敏「ドイツ労働法の弾力化論（一）～（三）」法学雑誌39巻2号（1993年），42巻4号（1996年），43巻1号（1996年）。

52)　ハルツ改革の内容については，名古道功「ドイツにおける労働市場改革立法」労働法律旬報1571号（2004年）18頁以下，橋本陽子「第2次シュレーダー政権の労働法・社会保険法改革の動向──ハルツ立法，改正解雇制限法，及び集団的労働法の最近の展開──」学習院大学法学会雑誌40巻2号（2005年）180頁以下参照。その評価については，モニカ・ゾンンマー「ドイツ・ハルツ改革の功罪」（http://www.jil.go.jp/foreign/labor_system/2014_10/german_01.html），橋本陽子「ハルツ改革後のドイツの雇用政策」日本労働研究雑誌647号（2014年）51頁以下参照。

53)　Loritz, a. a. O. (3), S. 335ff.; Hanau (Hans), Wirtschaftsrisiko und Spielräume für Flexibilisierung, ZfA 2014, S. 131ff.

られる。グローバル化による企業間競争の激化は，二重の意味で労働法の柔軟化を求める。第一に，各国の企業は，世界の投資家にとって魅力的でなければならず，労働法による過剰な労働者保護は投資を呼び込む際の障害となる。第二に，企業は厳しい競争や経済変動のなかで，いつ危機に見舞われるかもしれない。経営危機はもはや例外的事態ではないのであり，たえずそれに備えて柔軟性を確保しておかなければならない。

　柔軟性には，外的柔軟性と内的柔軟性とがある。外的柔軟性とは，主として雇用量の弾力的な調整であり，解雇の容易化，有期雇用労働者・派遣労働者の利用，請負契約・労務供給契約にもとづく人の利用がその手段となる。そのためには，労働法の改革も必要である。ドイツでは，ハルツ改革で一定の柔軟化の措置がとられたが，まだ不十分であり，一層の柔軟化が要求される。こうした外的柔軟化は，標準的労働関係にある労働者の減少を意味しうるが，「標準的労働関係からの訣別か？」とするヴァルターマンの批判に対して[54]，ローリッツは，ドイツでは，標準的労働関係にある労働者はなお66％を占めており，1998年から10年間でわずか3％しか減少していないという数字をあげ，「標準的労働関係からの訣別」というべき状態ではないと反論する[55]。

　内的柔軟化とは，賃金，労働時間などの労働条件について変更を容易にすることである。集団的次元では，すでに1980年代から，労働協約における開放条項（事業所協定によって協約基準を下まわることを許容する条項）や[56]，一般的労働条件（労働契約にもとづいて従業員一般に適用される労働条件）を事業所協定によって一律に引き下げることの可否が問題となってきた[57]。個別労働関係においては，使用者の一方的な変更権を認める労働契約条項の是非およびその範囲が問題となっている。具体的には，賞与などの付加給付に付される撤回留保条項や任意

---

54) Waltermann, Abschied vom Normalarbeitsverhältnis? Gutachten B zum 68. Deutschen Juristentag, 2010.
55) Loritz, a.a.O. (3), S. 341f.
56) 西谷・前掲注51)（三）2頁以下。最近の傾向については，山本陽大『現代先進国の労働協約システム──ドイツ・フランスの産業別協約──（第1巻ドイツ編）』(2013年，労働政策研究・研修機構) 31頁以下，岩佐卓也『現代ドイツの労働協約』(2014年，法律文化社) 43頁以下参照。
57) 米津孝司「ドイツ労働法における集団的自治と契約自治」角田古稀（上）269頁以下参照。

留保条項，労働条件の一部分の解約を認める部分解約などの許容範囲である。連邦労働裁判所は，こうした条項がとりわけ約款にもとづいて導入されている場合に規制を加え，撤回可能部分が全収入の25％以内にとどまる場合にのみ許されるといったルールを確立し，議論を呼んでいる[58]。

　これらの議論から明らかになることは，ドイツでは，30年にも及ぶ労働法柔軟化の要求にもかかわらず，なお職の「保障」を中核とする制度が基本的には堅持されていること，議論は立法論とともに，立法論よりも振幅の狭い法解釈論の次元で展開されており，とくに連邦労働裁判所による裁判官法と多数の学説が，使用者の決定権の拡大による柔軟化に対する慎重な姿勢を崩していないこと，一部学説による柔軟化の要求はそれゆえにこそ執拗になされていること，などである。しかし，こうした柔軟化要求は，経済のグローバル化を背景とした企業経営の不安定化（の可能性）を主要な論拠にしているだけに，今後のドイツ経済の動向によっては，次第に力を得て労働法に大きな影響を及ぼす可能性がないとはいえない。

　いずれにせよ，こうした労働者権保障と柔軟化要求の緊張関係をめぐる議論が，法律的規制網の整備を前提として，労働協約と事業所協定の二元的決定システムによって強固な労働者権を確立し，さらに私的自治の原則を堅持しているというドイツの事情を背景としてなされていることに留意すべきである。法律による規制も労働組合による集団的規制も，さらには労働契約による歯止めも不十分であり，使用者がきわめて広範囲の裁量権をもつ日本においては，決して同一次元で論ずべきではない。

V　グローバル化と労働法

1　国際的な労働法の推進

　「グローバル化」の言葉が巷に氾濫しているが，その意味内容は必ずしも明確ではない。ドイツの社会学者ベックは，「グローバル化」（Globalisierung）の

---

[58] Bayreuther, Vorbehalte in der arbeitsrechtlichen Vertragsgestaltung - Wie viel Flexibilität soll das AGB-Recht zulassen?, ZfA 2011, S. 45ff.; Hanau, a. a. O. (53), S. 144ff.; Reinfelder, Individualrechtliche Fragen der Flexibilisierung des Arbeitsentgelts, AuR 2015, S. 300ff.

語は,「最も頻繁に使用もしくは濫用され,最も稀にしか定義されず,おそらく最もミスリーディングな,最も漠然とした,そして政治的に最も効果のあるスローガンである」と述べる[59]。こうした用語の問題を意識して,自然現象としてのグローバル化とアメリカ主導のイデオロギーとしての「グローバリズム」を区別する見解もある[60]。しかし,ここでは,「グローバル化」を,カネ,モノ,ヒト,情報の国境を越えた移動(ボーダーレス化)の急速な進展と理解し,資本の海外移動,生産(工場)の海外移転,販路の海外展開,労働力の移動などが労働法にいかなる影響を及ぼすかを考えることにしたい。

　労働法＝社会政策は基本的には一国の政策＝法として発展してきたが,国際的な次元での相互の影響関係は早い時期から顕著であり,その意味では労働法は当初からグローバルな面をもっていた。国際的な影響関係は,たとえばヨーロッパ諸国間の影響,社会主義ソ連から資本主義諸国への影響,80年代の欧米諸国から日本への影響などのように事実上のものもあるが,ILO（国際労働機関）が設立された1919年以降はその影響は公式のものとなった。実際,ILOが条約・勧告を通じて各国の労働法に及ぼしてきた影響には特筆すべきものがある[61]。そして,第二次大戦後には,労働法分野においても重要な役割を果たす国際機関として国際連合が加わった。1966年の二つの国際人権規約（社会権規約＝A規約と自由権規約＝B規約）および1979年の女子差別撤廃条約は,日本の労働法制にも少なからぬ影響を及ぼした。さらに,二国間,多国間の経済連携協定（EPA）や自由貿易協定（FTA）に労働条項が挿入され,労働法の展開に影響を及ぼすことがありうる。

　国際機関が国際的労働基準の確立に努力する目的について,1944年のILO憲章（フィラデルフィア宣言）前文は,「世界の平和及び協調が危くされるほど大きな社会不安を起こすような不正,困苦及び窮乏を多数の人民にもたらす労働条件」の改善が急務であることと,「いずれかの国が人道的な労働条件を採用しないことは,自国における労働条件の改善を希望する他の国の障害とな

---

59) Beck, Was ist Globalisierung? 1997, S. 42.
60) 平川克美『グローバリズムという病』(2014年,東洋経済新報社) 9頁以下。
61) とくに日本との関係については,中山和久『ILO条約と日本』(1983年,岩波新書) 参照。

る」ことをあげている。適正な労働条件の確立を通じての世界平和・協調と，公正な国際競争の実現がその目的である。

　しかし，経済の発展に応じて次第に強まり，とりわけ1990年以降，社会主義崩壊を背景として一層強化されたグローバル化の動きは，こうした国際機関の努力とはまったく逆に，各国の労働法的規制を解体する方向で作用してきた。

2　グローバル化と規制緩和

　カネ，モノ，ヒト，情報が自由に行き交い，経済取引を展開するグローバルな世界は，自由な市場原理が支配する空間である。そこには国家による規制は及ばず，国家に代わって市場を適切にコントロールする機関も形成されていない。むしろグローバルな世界の主役は多国籍企業であり，それは何物にも制約されない自由な市場を求める。

　国家は，依然として，民主主義の原理にもとづいて国民の福祉の増進のために存在するというタテマエをとるが，その実際の機能はますますグローバルな多国籍企業の利益に従属させられる。しかし，それは決して，多国籍企業にとって国家が不要であることを意味するのではない。一旦経済的困難が生じれば，国家は国家システムと国際システムの破綻を防止するという名目で，財政出動によって資本を全面的に支援する。国民・労働者に対しては市場主義にもとづく自己責任論によって最大限の負担を押しつける国家は，資本に対しては国家社会主義的に対応する[62]。ジャネットも，「銀行が倒産するとき，失業が急増するとき，大規模な是正措置が求められるとき，『協調主義市場国家』などあり得」ない。「あるのはわれわれが18世紀以来知っている国家だけ」である，と述べる[63]。

　市場の最大限の自由を求めるグローバル資本主義は，使用者への規制を本質とする労働法とは基本的に矛盾する。多国籍企業は，国家を支配し，「市場の自由」を旗印に労働法の解体を要求する。とりわけグローバル経済の盟主アメ

---

62) ウルリッヒ・ベック・島村賢一訳『ユーロ消滅？──ドイツ化するヨーロッパへの警告』(2013年，岩波書店) 10頁。
63) トニー・ジャネット・森本醇訳『荒廃する世界のなかで──これからの「社会民主主義」を語ろう』(2010年，みすず書房) 215頁。

リカは，自らが労働法的規制も経済的規制もミニマムにする国であるから，アメリカ的基準を国際標準にすることは，他国の労働法的規制を攻撃する論理となる。またヨーロッパ，アメリカ，日本などが加盟するOECDは，各国の経済成長を促すという観点から規制緩和に傾斜した立場をとり，各国の政策に重要な影響を与えている。

　また，各国は，グローバル資金の自国企業への投資を呼び込むために，企業の利潤率の上昇をめざし，その障害となりうる労働法の後退を求める。ローリッツがいうように，「投資家は残念ながら労働法に興味をもたない」からである。「世界で一番企業が活動しやすい国に」というスローガン（安倍晋三首相）は，決して日本の専売特許ではない。しかし，グローバル化の進展のなかでかえって閉鎖的なナショナリズムを強める労働者・国民も，自国の経済競争を有利に導くために「行きすぎた」規制の是正を要求する。新自由主義的な経済政策の世界的な広まりのなかで追い詰められた社会的弱者が，「自己の苦境の原因を『よそ者』や隣国の行動に求め，幻想的な『国民的一体性』に救いを求める傾向が強まっている」のである。

　さらに，「総資本の理性」と「労働運動への譲歩」という，労働法の発展を推進してきた二つの要因はいずれもグローバル化のなかで作用しにくくなっている。労働力の持続的確保に向けた「総資本の理性」は，工場の海外移転や外国人労働力の導入という新たな解決の道を見出したために，国内の労働条件水準の維持・改善に強い関心をもたない。また，労働運動は，多国籍企業が主導するグローバルな経済競争の激化のなかで全体として力を弱めてきた。団結権・団体交渉権を前提とした高い賃上げが国内需要を喚起し，それが生産の一

---

64) アメリカは，日本に対しても，日米構造協議，年次改革要望書（最近では「2015年米国通商代表（USTR）外国貿易障壁報告書」），在日米国商工会議所意見書（最近では2014年6月2日意見書）などを通じて，さまざまな分野の規制緩和を要求してきた。そこには，派遣法の規制緩和や解雇制限の緩和も含まれている。

65) Loritz, a.a.O. (3), S. 370.

66) 塩川伸明『民族とネイション──ナショナリズムという難問──』（2008年，岩波新書）146頁。

67) ILOの発表によれば，世界金融危機後の2008年から2013年にかけて，世界48カ国の労働組合の平均組織率は2.3％低下し，労働協約が適用される労働者の比率は平均4.6％低下したという（http://www.ilo.org/tokyo/information/pr/WCMS_417397/lang--ja/index.htm）。

層の拡大につながるといった高度成長期のフォーディズムは、グローバル化時代には機能しなくなった。グローバル競争の激化という条件下では、国内の高賃金は内需を喚起するよりも、国際競争における不利なコストとみなされるからである。各国の労働運動は後退し、労働運動の国際的な連帯も容易に進まない。こうして、労働運動によって推進されてきた労働法も、新たな担い手を見出さない限り、後退していく危険性がある。

3 グローバル化時代の労働法

　グローバル化の進展は、以上のように、さまざまな要因を媒介として労働法的規制を緩和させようとする。それは、全体として、各国の労働条件基準を下方に平準化させる強い圧力として作用する。たしかに、2008年の国際金融経済危機を契機として、質の高い雇用こそが経済成長の鍵であり、先進諸国はそうした方向で共同歩調をとるべきであるとする風潮も芽生えている。しかし、とりわけ経済の停滞、高失業率、財政危機に悩まされている国では、高すぎる労働条件やゆきすぎた労働者保護が経済の硬直化をもたらしているとの規制緩和イデオロギーが浸透しやすく、それが実際に労働法に深刻な影響を及ぼしている。

　しかし、労働運動の力によって歴史的に形成された労働者権と労働条件基準は、労働者生活の一部となり、前述の法の慣性原理にも支えられ、簡単に崩壊するものではない。ヨーロッパ先進国の労働者権と労働条件は、グローバル化による強い引き下げ圧力を受けながらも、なお相当程度の水準を維持してい

---

68) 田端・前掲注39) 36頁以下。
69) 2006年には、国際自由労連、国際労連、そしてその他の8つの国際組織が合同して国際労働組合総連合（ITUC：The International Trade Union Confederation）が結成され、そこには、世界の163国・地域の334組織を通じて、1億7,600万人の労働者が加盟している（2015年1月現在）。その最大の課題は、グローバル化を変革し、働く者に役立つそれを追求することであり、具体的な課題として、中核的労働基準の適用の実現、人権・労働組合権の確保、多国籍企業問題対策、労働災害防止、児童労働撲滅、HIV／エイズ対策、貧困撲滅などが掲げられている（以上、HP）が、その現実的な成果は未知数である。
70) とくにG20 ピッツバーグ・サミット首脳声明（2009年）やG20 サンクトペテルブルク・サミット首脳宣言（2013年）などでこのことが強調されている（内容については、外務省HP 参照）。

る。

　この点は，とくに労働時間の水準について顕著である。ヨーロッパ諸国では，たしかに1980年代に週35時間制に向けて怒濤のように進行した時間短縮の波は一旦おさまり，その反動も生じてはいるが，週労働時間はおおむね40時間以内に押さえられ，時間外労働を含めて週48時間というのが EU 指令の定める限度時間となっている[71]。原則的限度時間は週40時間であるものの，時間外労働協定の締結によって事実上きわめて長い残業の実態が蔓延している日本[72]と EU 諸国を比較すれば，その相違はあまりにも明らかである。

　現在，国家レベルの労働法の水準を維持しようとする力と，グローバル化を背景とした規制緩和の力とがせめぎ合っている。グローバルな規制緩和圧力に対抗するには，本来であればグローバルな規制の仕組みが構築されるべきである。しかし，ILO や国連などの国際機関は，その継続的な努力にもかかわらず十分な力は発揮しえていないし，それは，主要国家の協力なしに，グローバルな次元で自由に行動する多国籍企業を効果的に規制する力を身につけることはできないであろう。

　そうした状況の下で，従来の労働条件や労働者権を保持するためには，各国において，グローバル化の圧力に抗して必要な労働法的規制を維持し強化するという地道な努力を積み重ねることが重要である。少なくとも，「世界で一番企業が活動しやすい国」という発想は，グローバルな次元における底なしの労働条件引き下げ競争を誘発するものであり，労働法的規制の水準が甚だしく低い日本では最も不適当である。日本とヨーロッパ諸国の間に，労働時間，年次有給休暇，雇用平等などの労働者権の水準に絶望的ともいえる隔絶があることを見ると，むしろ「ヨーロッパに追いつき，追い越せ」という，60年代日本のスローガンがなおリアリティを失っていないようにさえ思われる。

　とはいえ，労働者権や労働条件におけるヨーロッパ的水準も決して安定した

---

71)　「労働時間の編成の一定の側面に関する欧州会議および閣僚理事会の指令（2003/88/EC）」。

72)　日本では，週60時間以上労働する労働者が，30歳台男性の17％に達するという数字がある（『過労死等の防止のための対策に関する大綱』〈2015.7.24閣議決定〉）。週60時間以上とは，厚生労働省が設定した月80時間以上の時間外労働という過労死基準を超える長時間労働である。

ものではない。その不安定性をもたらしているヨーロッパ「危機」の原因は，ギリシャ等の金融危機，過激派による無差別テロ，難民の流入問題など多様であるが，少なくともその一因は，ヨーロッパ経済がアメリカや日本との厳しい競争にさらされていることにある。労働者権等における日本の低水準がヨーロッパ的水準の引き下げ圧力として作用しているのである。そうした状況においては，「ヨーロッパに追いつき，追い越せ」という発想はあまりにナイーブである。ヨーロッパ的水準との格差を縮めることは，日本の労働者にとって必要というだけでなく，グローバルな次元での労働者権の維持・確立のために日本が果たすべき国際的責務と考えるべきであろう。

おわりに

　各企業が厳しい競争環境のなかで経営上の柔軟性を必要とし，労働法もそうした要請をある程度考慮すべきであることは疑いない。あらゆる変化を拒否する硬直的な労働法は，重要な労働法的原則を守りえないだけでなく，経済変動の濁流に呑み込まれて自らが流れ去ることになりかねない。労働法は，適度の弾力性を内包する場合に初めて，経済事情の変化のなかで本来の機能を果たすことができる。

　また，情報通信技術（Information and Communication Technology, ICT）の発展やモノのインターネット（Internet of Things, IoT）の標語で表される「第四の産業革命」が労働形態と労働者生活を大きく変えるのはほぼ確実であり，労働法はそれへの対応も迫られる。[73]

　しかしながら，労働は人々が生きていくために不可欠な営みであり，そのあり方は社会の基本的構造を規定する。経済がいかなる展開をとげようと，産業構造や生産技術がいかに変化しようと，働く者とその家族の福祉が最も基本的な目標でなければならないとすれば，決して変わってはならない労働のあり方

---

[73]　インターネットの普及は労働者の労働形態を変え，またテレワークを可能にしたが，さらにスマートフォンの普及は仕事と私的生活の境界そのものを曖昧にする傾向がある（坂本有芳「ICT 高度化が就業者の仕事・家庭生活に及ぼす影響」日本労働研究雑誌663号（2015）34頁以下参照）。

があるはずである。雇用と職の安定，一定の長さの労働時間，他の労働者と理由なく差別されない安定した収入，人間的な職場環境などは何よりも優先的に実現されるべき課題であり，経済や雇用環境の変化を理由にないがしろにされてよいものではない。そして，こうした人間的な雇用・労働条件は，使用者の単独決定の規制を本質とする労働法によってこそ保障される。

単独決定の規制といっても，それは，決して使用者の権限を否定するわけではない。使用者には，法律の枠内で，労働者集団もしくは個人との合意によって労働条件等を弾力的に決定する自由があるし，さらに集団的・個別的合意に抵触しなければそれらを単独で決定する自由もある。規制は「枠づけ」であって，「否定」ではないのである。

規制緩和論や労働法柔軟化論が明示的・黙示的に求めているような，いかなる業種と規模の企業でもいかなる経済的変動にも対応できる法制なるものは，そもそもありえないか，仮にありうるとしても，もはや労働法の名に値しないであろう[74]。労働法は，適度な弾力性を保持しつつも，人間らしい労働とそれを基礎にした社会の健全な発展のために，規制すべきものは断固として規制しなければ，その存在根拠を疑われざるをえないのである。

---

74) それは，もとより労働法をいかに理解するかにかかわっている。私は，前述のように，使用者の単独決定の規制にその本質的な特徴を見ているが，さらに，「個人としても社会集団としても労働者の自由人権や生活利益の具体的な保障を原理とするのが労働法の基本的性格」として，ファシズム国家において労働法は「崩壊」したとする見解（沼田稲次郎「労働法の基礎理論──社会変動と労働法学──」沼田稲次郎ほか編『労働法事典』(1979年，労働旬報社) 6頁) に共感を覚える。

第2章 市民法と労働法

はじめに

「市民法と労働法」は，戦後日本の労働法学において，ドイツ労働法の強い影響のもとでさかんに論じられたテーマである[1]。それは，労働法を市民法と対置させることによってその独自の性格を明確化し，法体系における労働法の地位を確立しようとする問題意識に導かれた議論であった。この議論において労働法と対比された「市民法」（bürgerliches Recht）とは，19世紀ヨーロッパで普遍的となった，民法を中心とする法領域もしくは法思想をさす。市民法は，その後の法発展のなかで様々な修正を受けるが，現在もなお全法体系の基層をなしている。したがって，市民法と労働法の関係の解明は，現在でも，労働法の性格を明確化するために重要な意義をもつ作業である。

市民法と労働法に関する議論においては，市民法の抽象性，形式性が批判され，労働者の具体的生活実態を考慮に入れた労働法の意義が積極的に評価された。しかし，法学界において，次第に「市民法のルネサンス」ともいうべき現象が広がってくる。すなわち，現代の法思想上の問題性を，諸個人の自由・平等という本来市民法に含まれていた積極的な理念が資本主義の発展にともなって歪曲され後退してきた点に見出し，市民法の理念を現代において再評価し再

---

1) 沼田稲次郎『市民法と社会法』(1953年，日本評論新社)，津曲蔵之丞「市民法と労働法」労働法講座1巻（1956年）51頁以下，片岡曻「労働法における人間」季刊労働法48号（1963年）〔若干修正のうえ同『労働法の基礎理論』〈1974年，日本評論社〉1頁以下に収録。ここでは同書によって引用する〕，峯村光郎「市民法と社会法」新労働法講座1巻（1966年）3頁以下，蓼沼謙一「市民法と労働法」『現代法と労働法学の課題（沼田還暦記念・上）』（1974年，総合労働研究所）304頁以下，浅井清信「市民法と労働法」現代労働法講座1巻（1981年）2頁以下。なお，西谷敏「現代市民法と労働法」前田達男・萬井隆令・西谷敏編『労働法学の理論と課題（片岡曻先生還暦記念）』（1988年，有斐閣）45頁以下も参照。

確立しようとする志向である（現代市民法論）。従前の議論において19世紀市民法と対立的にとらえられた労働法は，こうした現代市民法論においては，むしろ市民法理念の実現に寄与すべき重要な法分野と位置づけられる。他方，労働法は，市民法と労働法の異質性を否定し，19世紀的市民法の全面的復活を図る規制緩和論と対決しなければならない。こうした複雑な関係の解明が本章の主たる課題である。

なお，いうまでもなく，市民法の中心となる法領域は民法であり，民法と労働法の関係は，「市民法と労働法」問題の重要な構成部分である。ただ，それは実定法上の解釈論や立法論に関係する独自の意義をもつので，第3章で改めて検討することにする。

I　市民法と社会法（労働法）の異質性

1　法における人間像の議論

日本における「市民法と労働法」論に決定的な影響を与えたのは，著名な法哲学者ラートブルフの「法における人間」（1926年）と，ドイツ労働法の創始者というべきジンツハイマーの「法における人間の問題」（1933年）である。いずれも講演記録である。

ラートブルフは，人間像の転換こそが法の歴史のエポックを示すとの命題をたて，自由で独立し，他の諸個人と対等の立場で取引を行う経済人（homo oeconomicus）を主体として措定する自由主義的な市民法と，法主体の知的，経済的，社会的な力関係の差異を考慮に入れ，また孤立した人間ではなく，集団人を前提とする新たな法思想を対置した[2]。

ラートブルフの議論の特徴は，人間像の変化にみられる「市民法から社会法へ」の流れを法思想全体の傾向としてとらえる点にあった。彼によれば，こうした傾向は民法の領域にとどまらず，民事訴訟法，刑法，公法の領域でも観察される。しかし，新たな法思想を典型的に表現する領域として労働法が考えられていたのは明らかである。

---

2) Radbruch, Der Mensch im Recht (1926), in: Radbruch, Der Mensch im Recht - Ausgewählte Vorträge und Aufsätze über Grundfragen des Rechts, 1957, S. 9ff.

ジンツハイマーもまた，ラートブルフと同じく，法における人間像がその法の性格を決定づけるとの命題から出発する。彼は，市民法における抽象的な類的存在と，労働法における階級的存在を対置する。階級的存在としての人間のメルクマールは自由ではなく従属性である。ジンツハイマーによれば，市民法においては「自由」（意思）が決定的な役割を果たすが，労働法において決定的なのは，支配と従属という人間の「状態」である。また，労働法において基本的重要性をもつ権利は，抽象的な自由ではなく，人間の一定の物質的な要求を満足させる現実の生存を決定することである。それゆえ，市民法の中核が所有権（Eigentum）であるのに対して，労働法の中核は人間権（Menschentum）である[3]。

　ジンツハイマーの議論は，ラートブルフの議論を継承したものであるが，両者の間に看過しえない相違もみられる。

　第一に，ラートブルフが全領域における法思想の転換を問題にしたのに対して，ジンツハイマーは，考察の範囲を人間の生活（Dasein）にかかわる法秩序に限定する。問題とされるのは市民法，労働法，経済法である。

　第二に，ジンツハイマーが考察対象を「法秩序」あるいは「法の存在秩序」に限定したのに対応して，「法における人間」が論じられる場合の「法」はより実体的なものとなっている[4]。

　第三に，彼は，市民法から労働法への発展の先に「経済法」という新たな概念を提示した。これももちろん理念型ではあるが，その素材をなしているのは，当時すでに明確に姿を現していたファシズムとボルシェヴィズムである。彼は，人間の生存にかかわる法が，労働法の限界を超えて，さらにこの両者にみられる「経済法」へと発展している事実を観察するのである。

　留意すべきは，これら両者の議論がいずれも法現象の展開を客観的に記述するものであったことである。もちろん，ドイツ労働法の創始者ともいうべきジ

---

3) Sinzheimer, Das Problem des Menschen im Recht (1933), in: Sinzheimer, Arbeitsrecht und Rechtssoziologie － Gesammelte Aufsätze und Reden, Bd. 2, 1976, S. 53f.

4) 彼の考察対象がこのような「法の存在秩序」であるとすれば，彼のいう bürgerliches Recht の訳語として「市民法」が妥当なのか，むしろ「民法」と訳すべきでないか，という問題が生じる。しかし，彼は，ウェーバーの「理念型」概念を用いて，市民法，労働法，経済法を把握し，その展開過程を問題にしているので，やはり「市民法」と訳すのが適切であろう。

ンツハイマーが市民法から労働法への発展を肯定的にとらえていなかったはずはないが、そのことは先に紹介した講演では必ずしも前面に出ていない。また、ジンツハイマーは、将来の法秩序における人間像について、次のような展望を述べていた。「その発展理念から帰結される人間像は、これらの法秩序［市民法、労働法、経済法］のいずれかに埋没するのではなく、これらすべての法秩序の諸特徴を総括するものである。それは、経済法から、すべての経済的諸力を経済的全一体に直接結びつけるという思想を引きだす。それは、労働法から、この結合と統一における個々人のための、生活・労働空間の保障という思想を引きだす。最後に、それは、市民法から、自律的な個人領域という思想を引きだす。つまり、そこにおいて、人間が自分にのみ属し、人間を貫く精神的諸力に属するような個人領域という思想である」と。つまり、彼は三つの法秩序の発展過程を客観的に叙述したうえで、今後のあるべき姿として三つの法秩序の「総合」を志向していたのである。

これは、たしかに単なる記述を越えた彼の価値観の表明である。しかし、その「総合」の意味や、「総合」のうえに形成される新たな人間像の内容は十分に展開されているわけではない。講演が行われた1933年は、ファシズムとボリシェヴィズムの行方が不透明な激動の時代であり、こうした抽象的な展望を具体的な法秩序として構想する客観的条件が欠けていたし、ユダヤ人としてオランダでの亡命生活をよぎなくされたジンツハイマーには、そうした作業に従事する主体的条件も欠けていた。

2　日本における議論の受容

市民法的人間像を自由・対等な抽象的人格と見、現実の従属的かつ集団的関係を視野に入れる労働法的人間像をそれに対置するラートブルフとジンツハイマーの議論は、戦後労働法学[7]に多大な影響を及ぼした。両者の議論は、上述の

---

5) この講演は、1933年のナチスの政権掌握とともにドイツからの亡命を強いられ、アムステルダム大学に法社会学講座の担当者として招聘されたジンツハイマーが就任に際して行ったものである。そのためもあってか、この講演で、彼は意識的に法社会学的な立場を強調し、法の発展傾向の客観的叙述に自己限定している。

6) Sinzheimer, a.a.O. (3), S. 68.

7) 片岡曻『現代労働法の展開』（1983年、岩波書店）第1章第2節（9頁以下）は、「戦

ように,法的人間像の転換を通して観察される法思想の変化・発展を客観的に描き出そうとするものであったが,戦後日本の労働法学がそれを継承し,自らの理論の基礎に据えたとき,市民法から労働法への発展は,客観的に観察される傾向であるのみならず,達成されるべき目標としての意味ももっていた。労働関係をも抽象的人格間の単なる取引関係ととらえる市民法の一元的支配を打破し,労働法を独自の法領域として確立しようとする労働法学は,人間像を媒介として市民法と労働法を対置するラートブルフとジンツハイマーの議論に格好の典拠を見出したのである。

　こうした戦後労働法学の姿勢を最も明確に打ち出したのが片岡曻であった[8]。片岡は,ジンツハイマーが民法および労働法における人間像に与えた規定を基本的に承認しうるとし[9],その議論をとくに団結権に即して敷衍する。片岡によれば,あらゆる社会関係を平等かつ個別的な人格の自由な合意に還元しようとする市民法を前提とする限り,「労働者の階級的地位に直接的根拠をもち,かつ階級主体としての労働者の直接の表現ともいうべき団結は,とうていその存在を認められる余地がない」[10]。というのは,団結は,その存在構造そのものが個々の労働者に対する外的強制を含み,またその活動において第三者に影響を及ぼさざるをえず,さらに団結は資本制生産関係そのものに内在する矛盾の根本的克服をも指向するからである。こうして,「民法的人間像と団結において表現されるところの労働法的人間像との間には,つきつめていって,超えるこ

　　後以降『高度成長』の過程に至る間にほぼその骨格を形成してきたわが国の労働法理論」を「戦後労働法理論」と呼び,その特徴として,①労働者の階級的従属性と生存権理念を重視し,労働法の独自性を強調したこと,②団結権を重視し,団体法の優越性を承認したこと,③労働組合の法的実践を重視したこと,をあげている。籾井常喜「プロレイバー的労働法学に問われているもの」前田ほか編・前掲注1)77頁は,その内実はプロレイバー的労働法学の理論志向を特徴づけるものとする。「戦後労働法理論」と「プロレイバー的労働法学」は,いずれも曖昧な概念ではあるが,ここでは厳密な定義を差し控え,戦後から高度成長期まで優勢であった労働法学の傾向を「戦後労働法学」と呼んでおく。

8) 片岡・前掲注1)1頁以下。
9) もっとも,片岡はジンツハイマーの見解を全面的に支持するわけでなく,若干の留保を付している。とくに,経済法に関するジンツハイマーの議論には相当強い違和感を抱いていたようである(片岡・前掲注1)15頁以下)。
10) 片岡・前掲注1)17頁。

とのできない分裂ないし断絶が存在している」。そのことは，とりもなおさず，団結の承認を不可欠の基礎とする労働法と民法との間に，「鋭い原理的対立の関係」が存在することを意味する。

片岡は，こうした立場を前提として，「近代法秩序は，労働法の成立によって，抽象的自由の原理が一元的に支配する世界から，相対立する異質的原理の相剋を内包する矛盾的世界へと転化・発展する」と述べる。このように，市民法と労働法の関係が「超えることのできない分裂ないし断絶」あるいは「相対立する異質的原理の相剋」であるとすれば，労働法上の諸問題の解釈にあたって，可能な限り市民法的な原理の適用が排斥され，生存権を基礎とする労働法の論理が貫徹されるべきことになる。片岡は，こうした立場から，たとえば解雇事由に関して，解雇権濫用説ではなく正当事由説を積極的に支持し（第3章Ⅳ5(2)），また民法上の雇傭と労働法上の労働契約を峻別するのである（第3章Ⅳ2(2)参照）。

3 労働法の独自性と戦後労働法学

もちろん，戦後労働法学は，ラートブルフとジンツハイマーの議論の理解や，市民法と労働法の関係について，こうした片岡の見解で統一されていたわけではない。しかし，戦後労働法学は，全体として，市民法に対する労働法の独自性を強調する傾向が強かったのは明らかである。その背景には，次のような事情があった。

日本では，労働法は戦後ようやく本格的な発展を開始したが，労働法を新た

---

11) 片岡・前掲注1) 21頁。
12) 片岡・前掲注1) 22頁。
13) 片岡曻「労働法と市民法——労働法的人間像と解雇理論——」法哲学年報（1963年下）［同『労働法の基礎理論』〈1974年，日本評論社〉97頁以下に収録。以下の引用は同書による］。
14) 基本的な立場において片岡の対極にある吾妻光俊も，「労働法の体系は，市民法の体系のたんなる修正にとどまるものではなく，その独自の規制の対象をもち，独自の法構造ないし法概念を内包する」と述べていた（吾妻光俊『新訂労働法』〈1963年，青林書院新社〉40頁）。これに対して，石井照久は，労働法の自立性と特異性を指摘しつつ，「労働法は従来の市民法秩序を修正しつつ，市民法秩序とともに全体として資本制法秩序の体系のうちに調和的に織りこまれているものである。」とする（石井照久『労働法総論』〈1957年，有斐閣〉148頁）。

な法領域として確立するためには，いうまでもなく労働法の独自性を明確にすることが不可欠であった。加えて，日本民法は，ドイツの民法典（BGB）以上に市民法的であった。日本民法は雇用に関してわずか9か条の規定を用意するにすぎず，雇用契約の法的扱いは基本的には契約法の一般的諸規定に委ねていた。他方，日本では戦後の早い時期に，労働組合法と労働基準法という労働法分野の包括的な法律が制定され，市民法（民法）と労働法の相違は法典のうえでも明らかであった（第3章Ⅳ2(1)参照）。

また，大多数の労働者・国民が極貧生活を強いられた戦後期には，市民法的な自由よりも社会法的な生存権の保障が労働者・国民にとって切実な関心事であり，生存権保障のための法制度・理論の確立が急務と考えられた。さらに，当時労働法学が直面した理論的課題は，市民法の枠を越えて展開しつつあった労働運動の諸活動（生産管理，スクラム・ピケッティング，職場占拠など）を法的に根拠づけることであった。広汎な世論の支持を受けたそうした運動を法的に正当化する法理こそが正義に適うと考えられ，市民法の枠にとらわれない労働法理論の確立が追求された。これらすべての事情が，市民法と労働法の相違ないし異質性を強調させる要因になったのである[15]。

そして，市民法と対置させられた労働法は，①労働者の従属性を前提とし，②生存権の理念を基礎として，③とりわけ団結権＝集団主義によって労働者の地位向上を図ることを使命とする法分野と理解された。こうして，労働者の従属性，生存権，集団主義の三位一体を骨格とする戦後労働法学が形成されるのである[16]。

---

15) 西谷敏「日本における市民法と労働法──歴史的展開と展望──」日独労働法協会会報14号（2013年）1頁以下，Nishitani, Bürgerliches Recht und Arbeitsrecht in Japan, in: Düwell/Löwisch/Waltermann/Wank (Hrsg.), Das Verhältnis von Arbeitsrecht und Zivilrecht in Japan und Deutschland, 2013, S. 5ff.

16) 西谷敏「〈記念講演〉労働法における人間像を考える」法学雑誌54巻4号（2008年）1698頁以下参照。

II　労働法独自性論への反省と批判

1　市民法と労働法の経済的基礎

　ラートブルフやジンツハイマーが法的人間像を媒介として描き出した市民法から社会法への法思想の発展は、いずれの資本主義国でも明らかに歴史的事実として存在した。その発展は、資本主義の経済構造に基礎をもっているからである。

　資本主義においては、商品生産が支配的生産関係を形成し、労働力をも商品化する。商品交換＝等価交換は、いうまでもなく商品所有者が自由で相互に対等であることを不可欠の前提とする。あらゆる経済外的束縛から解放されて自由になった諸個人が自己の才覚によって自由に他の商品所有者と対等の立場で契約関係をとりむすぶことによって商品交換関係が成立する。労働者も労働力商品の所有者として市場に登場する。19世紀の市民法は、こうした経済全体を覆う商品交換過程を反映した法形態であり、同時にそれによって商品交換過程を法的に担保する役割を担うものであった。[17]・[18]

　しかし、商品交換過程が価値増殖過程と表裏一体をなしているのが資本主義経済の今ひとつの特徴である。資本が労働力商品を購入するのは、まさに生産過程における価値増殖のためである。価値の増殖は、労働力に対してその価値以下の賃金しか支払われない場合はもちろん、価値に見合った賃金が支払われる通常の場合にも生じる。いずれにしても、個別資本は、資本主義的な競争原理のため、生み出される剰余価値の最大化を志向する。そこで、商品交換＝労

---

[17]　詳しくは、沼田・前掲注1）16頁以下参照。また、商品交換過程と法主体、法規範の関係を詳細に論じたパシュカーニス・稲子恒夫訳『法の一般理論とマルクス主義』（1958年、日本評論社）第4章（113頁以下）参照。

[18]　人間の諸関係を自由で自律した諸個人のとりむすぶ契約によって説明するという発想は、近代社会に特有のものであり、そこでは、政治的社会も自由・平等な市民相互の契約（社会契約）によって説明される。これは、本来、小規模自営業者という実在の階層をモデルとして形成された理論であった（典型的にはロックの「労働に基礎をおく所有」の概念。松下圭一『ロック「市民政府論」を読む』〈2014年、岩波現代文庫〉154頁以下参照）が、次第に抽象化され、自然法論とも結びついて市民（成年男性に限定されていたが）をすべて包含する一般理論となる。

働力の等価交換の背後で展開される現実の労働関係は，使用者による単独決定と労働者への人格的支配にもとづく従属的関係とならざるをえない。賃金は傾向的に低下し，長時間労働が蔓延し，職場環境は悪化する。

このように，労働者と使用者が対等の立場でとり結んだはずの労働契約が支配従属関係の基礎になるという矛盾は，資本主義社会の基本的な特質に由来する。労働関係を自由な法人格の対等な契約関係として把握する市民法は，ある種のフィクションではあるが，それは形式上対等な関係の背後にある支配従属関係を視野の外に置いたものであり，現実に存在しないものを存在するがごとく描いたわけではない。しかも，このフィクションは決して無意味であったとはいえない。市民法は，労働者をも自由で対等な人格ととらえることによって，支配従属という労働関係の現実を覆い隠す役割を果たしたけれども，そのフィクションは同時に，自由・対等のタテマエから乖離する支配従属の現実をたえず批判的に見直す視点と根拠を提供したからである。

しかし，労働者状態の悪化に伴い，市民法のフィクションと現実の乖離があまりに拡大すると，法は社会関係を規整する能力を喪失する。市民法への不信は法への不信となり，法秩序は動揺する。こうした事態に直面した国家は，市民法の修正によって，法への信頼を取り戻すことをよぎなくされる[19]。

19世紀の後半から各国で起こったのは，そのような事態であった。この頃，資本主義の成熟，とりわけ独占資本主義の成立とともに，資本によって搾取・収奪される労働者の窮状がさらに顕著なものとなり，それが労働者の抵抗を呼び起こした。いずれの国でも「労働者問題」ないし「社会問題」が深刻な政治問題となる。各国は，労働者保護法の新たに制定もしくは強化，あるいは社会保険法の創設によってこうした問題に対応しようとした。労働者の自主的な団結への寛容な態度が浸透するのもこの時期である。これらの動きの背景には，労働力の摩滅をおそれる「総資本の理性」もなくはなかったが，労働運動への譲歩が主たる動因であった（第1章Ⅱ参照）。

このように，社会法は，市民法があえて視野の外に置いた社会階層の生活実態を法的視野にとらえて対策を講じるものである。その典型である労働法は，商品交換過程の裏面である価値増殖（搾取）を軽減し，また労働過程における

---

19) 沼田・前掲注1) 46頁以下。

非人間的な酷使を緩和しようとする。それは，市民法の適用を部分的に排除し，またそれを修正する（労働者保護法や団結の承認）。それが「市民法から社会法へ」といわれる現象の意味である。

2 異質性の意味

市民法と社会法の関係が以上のとおりであるとすると，両者が異質な面をもっているのは明らかである。しかし，両者を理念的な対立関係にあると見るのは適切とは思われない。

改めて確認するならば，ラートブルフやジンツハイマーにおいては，市民法的人間像は，人を契約主体としての側面において抽象的にとらえた法的人格（Person）であり，そこでは，労働者も使用者と同様に，自由で対等な人格であった。これに対して，社会法（労働法）における人間は，市民法が視野の外に置いた従属性と集団性の現実を法的視野に入れた具体的人間（Mensch）であり，両者は抽象と具体の関係にあったのである。

本来，抽象と具体とは，同一次元で対立するものではないし，一方が他方を否定するというものではない。抽象と具体とは，同一物の見方の相違である。つまり，一個の労働者という存在が，市民法的にみれば自由・平等な契約主体となり，労働法的には使用者に従属する具体的人間となる。[20] 労働法は，労働者の従属性や集団性という社会的実態を法的視野にとり入れる点に特徴をもつが，そのことによって労働者が抽象的には自由・平等な法的人格であることまで否定するわけではない。

ラートブルフやジンツハイマーが「市民法から社会法へ」というとき，考えられていたのは，決して「市民法」の否定のうえに「社会法」が登場したということではない。それは，形式的・抽象的な「市民法」が一元的に貫徹する時代から，労働関係の現実を法的視野に入れた社会法・労働法が登場して，市民法と併存する時代へと発展してきたことを意味するものであった。その新たな時代における市民法と社会法・労働法の関係はいかにあるか，あるべきかにつ

---

[20] もっとも，ここでいう「具体的」とは「個別具体的」の意味ではない。労働法における「具体的」人間は，階級ないし階層としての労働者の特徴を備えた人間のことであり，多様な労働者の平均にすぎず，その意味ではなお抽象的である。

いて，ラートブルフは語るところがなかったし，ジンツハイマーも抽象的な展望を述べるにすぎなかった。しかし，いずれも市民法の単純な否定ないし排除を考えていたわけではないことは明らかである。

　片岡は，労働法の特質を強調するあまり，抽象と具体の関係を原理的対立に置き換え，市民法と労働法の共通性と連続性を否定するに至ったのだと思われる[21]。片岡ほど明確でなかったとしても，同様の発想は，多かれ少なかれ戦後労働法学に共通する特徴であった。

3　基盤の変化

　日本において，市民法と労働法の対立関係が重視され，労働法の独自性が一面的に強調されたことは，戦後の様々な事情を背景とすることであり，それなりの必然性があったといえる。しかし，それが結果として労働法理論にある種の歪みをもたらすことになったのは否定できない。すなわち，労働法における労働契約の軽視，労働契約における労働者意思への無関心，労働関係における労働者の個人的自由の軽視，団結権論における過度の集団主義などである[22]。

　第二次大戦後の諸条件を背景とするこうした議論は，高度成長期以後の社会状況の激変のなかで大幅な見直しを迫られることになった。1955年頃から始まる経済の高度成長は，国民の生活水準を向上させ，労働力不足は労働者の従属性をある意味で軽減させた。労働者の階級意識は次第に後退し，労働者は生活水準の向上と並んで，精神的充足や自己実現——つまり個人的「自由」——への関心を強める。それは，生存権意識の後退とパラレルな関係にあった。また激しい争議の敗北後に形成された安定的労使関係は，少数派労働者に対する労使一体の攻撃を伴うものであり，労働組合という集団が当然に正統性をもつと

---

21)　もっとも片岡は，後にその立場をある程度修正したと見られる。たとえば片岡曻著・村中孝史補訂『労働法（1）［第4版］』（2007年，有斐閣）331頁は，労働者団結の法認と労働法の登場は，「市民法原理に対する修正的契機としての意義を有するものであって，その否定を意味するものではない。すなわち，市民法の個人主義的自由の原理を前提としつつ，それのもたらす社会的弊害を矯正しようとするところに，今日の労働法のもつ現実的意義がある」と述べる。

22)　西谷敏「現代労働法学の理論課題」法の科学8号（1980年）42頁以下，西谷・個人3頁以下。

の確信を動揺させることとなった[23]。

こうした事情は，従属性，生存権，集団主義の三位一体としての労働法理論にさまざまな角度から見直しを迫ることになる。戦後労働法学は市民法に対する労働法の独自性を強調しすぎたのではないかとの反省が生まれる。労働法と市民法は，たしかに想定される人間像は異なり，それに対応して異質な性格をもつ法領域ではあるが，両者は原理的に対立しあうのではなく，自由・平等という共通の理念に立脚していると見るべきではないか。労働法は，労働者の従属性と集団性を視野に入れて，自由・平等の理念の実質的な実現を図る点に特徴をもつ法領域と見るべきではないか。こうした問題意識が次第に浸透してくるのである[24]。

4　渡辺洋三の労働法学批判

(1)　批判の焦点

市民法と労働法の異質性を強調した戦後労働法学を別の角度から厳しく批判したのが渡辺洋三である。渡辺の労働法学批判は，必ずしも上述のような脈絡でなされた批判ではなかったし，多少一面的でもあったが，戦後労働法学に対するラディカルな問題提起として労働法学に衝撃を与え，労働法学が自らのあり方を反省する一契機になったと思われる。

幅広い関心から各法分野に対して鋭い問題提起を行っていた渡辺は，1960年代に一連の労働法学批判[25]を展開した。論点は多岐にわたっていたが[26]，批判の中

---

[23]　西谷・個人22頁以下参照。
[24]　西谷・前掲注22) 54頁以下，西谷・前掲注1) 52頁以下，西谷・個人22頁以下，50頁以下，浅井・前掲注1) 16頁以下，本多淳亮『労働法総論』(1986年，青林書院) 22頁以下。なお，沼田稲次郎による人間の尊厳理念の強調もそうした傾向を後押しするものであった。この点については，第4章Ⅲで詳しく検討する。
[25]　渡辺洋三「法社会学と労働法」野村平爾教授還暦記念『団結活動の法理』(1962年，日本評論社)，同「法社会学と労働法学」法律時報1962年9月号，同「労働法の基本問題」社会科学研究18巻1号 (1966年) [いずれも渡辺洋三『法社会学の課題』〈1974，東京大学出版会〉に収録。引用はこの文献による]。
[26]　渡辺の労働法学批判は，労働法学には，法解釈のための社会関係の調査はあっても，「法現象の社会法則を探求する社会科学としての法律学」である法社会学への関心が稀薄であること，現実の労働組合が，法則的に団結の必然性よりも分裂の必然性を内包していることを労働法学が見過ごしていること，等に向けられていた。これらの批判に↗

心は，労働法学が労働法の独自性のみを強調し，市民法との共通性を軽視しているという点にあった。

渡辺によれば，労働法学は，市民法原理を修正するものとして生存権の意義を強調するが，資本主義社会では，労働者の生存権は，労働力商品の販売という形においてしか実現しえないという歴史的制約を受けている。つまり，「生存権原理は，即自的には，労働法の原理たりえ」ず，「労働法は資本主義労働法である限り，労働力商品交換の法であり，法学的には財産法の範疇に入る」という。[27] たとえば，労働組合の基本的機能は団体交渉を通じて労働力商品に関する価値法則を貫徹させること（賃金＝労働力の価格を労働力商品の価値に一致させること）であり，したがって労働法が労働組合に団体交渉権などの労働基本権を保障するのは，市民法を修正するのではなく，市民法（価値法則）を貫徹させるにすぎない。このように，資本主義において生存権を理念とする労働法が成立しうるのは，「異なった両階級が共通に承認する論理のわく組み」によるほかない[28]が，労働法学はこれまで労働法の独自性のみを強調し，「市民法にも労働法にも共通するブルジョア法一般の属性」を過小評価しがちであったと批判する。[29]

しかし，渡辺が，市民法を狭義の商品交換の法とする理解を前提としつつ，生存権原理や労働法をも市民法として理解しようとするのは一面的であった。生存権原理が狭い意味の市民法原理と対立的な側面をもつのは，ラートブルフ・ジンツハイマーを継承した戦後労働法学の強調したとおりである。上述のように，資本主義的経済関係が商品交換過程とともに価値増殖過程を含むがゆえに，その矛盾の激化とともに国家は狭義の市民法の修正をよぎなくされ，労働法を生み出したのである。市民法と労働法はともに資本主義経済を基礎とするが，それは渡辺のいうような商品交換過程の反映ということだけで説明できるものではない。渡辺が，労働法は市民法原理を貫徹させるものだというと

　労働法学が応えることによって，60年代から70年代にかけて活発な議論が交わされた。この問題については，西谷敏「労働法・法社会学論争の教えるもの」戒能通厚・原田純孝・広渡清吾編『日本社会と法律学――歴史，現状，展望（渡辺洋三先生追悼論文集）』（2009年，日本評論社）704頁以下参照。

27）　渡辺・前掲注25）167頁。
28）　渡辺・前掲注25）161頁。
29）　渡辺・前掲注25）143頁。

き，団体交渉が念頭に置かれていたが，それは本来多様な機能を営むはずの団体交渉のとらえ方において一面的であり，また労働法のもう一つの重要な柱である労働者保護法を視野の外に置く点でも一面的であった。

(2) 批判の背景

それでは，渡辺はなぜこのような労働法学批判を展開したのか。

1960年代までの戦後期日本にあっては，今日からは想像しがたいほど，労働者・国民や知識人の間に社会主義を待望する声が広がっていた。[30] 対立は，資本主義における改良の積み重ねによって漸進的に社会主義に移行する（構造改革論）か，社会主義の実現には体制変革＝革命が必要と考えるかにあった。当時の渡辺の最大の関心事は，社会主義への道をめぐるこの激しい路線対立のなかで，資本主義法のイデオロギー性，限界を客観的に（つまり渡辺のいう「法社会学的」に）分析することを通じて，革命の必然性を論証することであった。こうした渡辺の目からみて，市民法とは異質な労働基本権や生存権の意義を強調する労働法学の立場が，資本主義法における社会法（労働法）と社会主義法との境界を曖昧にし，資本主義における改良を通じて社会主義に漸次的に移行しようとする構造改革論につながる危険があると映じたのである。

しかし，労働法学にとっても，労働法が資本主義法としての限界をもち，社会主義法と異質なものであるのは自明のことであった。[31] そして，多くの労働法学者は，当時の知識人の一般的傾向と同じく，社会主義の実現を希求していた。ただ，労働法学にとっての差し迫った関心事は，日常的に生起する労使間の激しい闘争を適切に解決するための法理論を創造して提供すること，そして，労働法理論を通じて労働者の権利意識，階級意識を覚醒させることであった。そのことは，体制変革をめざす基本的姿勢と決して矛盾するものではないと考えられていた。その意味で，労働法学にとって，渡辺の批判はその核心部分では受け入れられるものではなかったのである。[32]

---

30) 沼田稲次郎「労働法における法解釈」（1956年）『沼田稲次郎著作集 2 巻』（1976年，労働旬報社）336頁は，資本主義の崩壊とプロレタリア革命の成就とは必然的であり，「今日ではかかる認識は深浅の差こそあれ保守的な人達をも含めて少なくとも知識人には疑いない真理だと考えられているといってよいかもしれない」と述べる。

31) 沼田・前掲注１）12頁以下，片岡・前掲注１）27頁以下，浅井・前掲注１）17頁など。

32) 労働法学による反論は数多く，論点も多岐にわたっているが，とくに座談会「日本↗

ただ，渡辺の労働法学批判が，労働法学に強い刺激を与え，戦後の労働法学のあり方をより客観的に反省させる契機となったのは事実である[33]。その反省は，明示的には市民法と労働法の関係には及んでいなかったが，資本主義法としての労働法という側面をより強く意識させ，市民法・労働法の一面的な対立論を反省させる一契機になったといえるかもしれない。

III　現代市民法論と労働法

1　渡辺洋三の新理論
(1)　市民法とブルジョア法の再定位

　日本の社会・経済体制をめぐる課題は，60年代の高度成長期を経て大きく変化した。日本やヨーロッパ諸国の高度成長は，資本主義経済体制の下でも労働者・国民の生活がある程度豊かになりうることを明らかにした（「福祉国家」）が，それは同時に，社会主義への情熱が沈静化していくことをも意味した。さらに，日本では，経済的繁栄の陰で，人々の人間疎外，公害による環境破壊，管理国家化の進行，軍国主義復活の危険性などが深刻な問題と意識されるようになり，全体として，基本権人権，民主主義，平和という憲法的価値への関心が高まっていく。

　渡辺洋三の市民法論は，こうした背景のもとで大きく転換された。1960年代の渡辺にとって，市民法はブルジョア法的に歪曲された法であり，市民法の発展よりも社会主義によるその克服が主たる課題であった。しかし，70年代以降，渡辺は，市民法とブルジョア法を対抗的なもの，相互に矛盾するものととらえ，ブルジョア法（およびその発展形態としての現代ブルジョア法）を批判する尺度として市民法を再定位するという立場をとることになる[34]。

　渡辺の新たな見解によれば，市民法は，「自己の労働に基礎を置く所有制度を土台とする商品交換法の体系」であり，市民法の担い手としての市民は，「自

　　　「労働法学の方法論と課題」季刊労働法45号（1962年），特集「労働法学の方法と課題」学会誌労働法24号（1964年）参照。
33)　その代表的な成果は，片岡曻『現代労働法の理論』（1967年，日本評論社）である。
34)　渡辺洋三『法社会学とマルクス主義法学』（1984年，日本評論社）14頁。

己の労働のうえに財産を築く勤労市民」のことである。そして，自己の労働にもとづいて取得した財産に対する権利である市民的財産権は，「人間の生存の根本的条件にかかわる基本的人権である」。これに対して，ブルジョア法は，他人の労働に対する支配と搾取にもとづく所有権法の体系であり，資本主義的財産権は，人間の生存の抑圧のうえに成り立つブルジョア的財産権である。市民法を出発点とする資本主義法の発展は，ブルジョア支配の確立とともにブルジョア市民法に転化し，さらにブルジョア現代法へと変質する[35]。こうした状況のもとで，市民法の基本的理念を基準として，ブルジョア現代法を批判し，市民法の現代的復権を図るのが最重要課題だとするのが，70年代以降の渡辺の市民法論である。

　こうした渡辺の新たな市民法論（現代市民法論）は，19世紀から20世紀にかけての資本主義の一般的発展傾向をふまえたものであるが，同時に，市民革命を経ないことから，市民法に内在する民主主義的法原理を欠落させたままブルジョア的法原理が支配的になるという戦後日本の特殊な状況への批判にもとづいていた。渡辺は，こうした現状に対して，戦後改革の象徴ともいうべき日本国憲法の立場に立ち返り，「現代ブルジョア法批判の尺度として，それが切りおとしてきた市民法にもともと内在する民主主義的法理の原点をあらためて見直し，そこから問題を組み立て直す必要がある」と考えたのである[36]。

(2)　生存権と労働法の位置づけ

　とくに本章の主題との関係で重要なのは，生存権と労働法の位置づけである。渡辺は，本来の市民法を自己の労働に基礎を置く所有制度ととらえ，そこに勤労市民の生存権原理が内在していたとみることから，「現代法における新しい生存権の展開は，ブルジョア法によって歪められた本来の市民法の，現代における復権」として，また「労働に基礎を置かないブルジョア的所有制度から，自己の労働に基礎を置く所有制度への現代における再転換[37]」と理解しうるとする。この「復権」ないし「再転換」は，かつて市民的人権の担い手であり

---

35)　渡辺・前掲注34) 17頁以下。
36)　渡辺・前掲注34) 96頁。
37)　渡辺・前掲注34) 21頁。

えたブルジョアジー(小生産者を含む)がその市民的性格を棄てた現代において,「それに代わる新しい市民社会の担い手として労働者階級を主体とする勤労者が,それにふさわしい現代市民社会をつくりなおす(それこそが,民主的変革である)ことを意味する」のである。

　渡辺が,市民法の「復権」の例としてあげるのは,労働法分野では再び団体交渉である。渡辺によれば,団体交渉は,「本来の合意原則が市民法のブルジョア化によって形骸化し,歪められたものを,本来の合意原則に立ちもどらせるためのものであるという点では,本来的にすぐれて市民法的なもの」であり,「労働法の法理も,新しい段階における市民法原理の復権」だという。渡辺が団体交渉を重視する姿勢は一貫しているが,60年代の渡辺が団体交渉を資本主義法の限界という脈絡でとらえたのに対して,ここでは団体交渉とそれを中心とする労働法が市民法原理の復権として積極的に評価されている。

(3) 「市民法」論の軌跡

　渡辺の「市民法」論は,積極的評価(戦後期)→ブルジョア法としての把握にもとづくイデオロギー批判(60年代)→再評価(70年代以降)という軌跡をたどって展開してきた。その背景には,60年代の経済成長を経て社会主義の展望が遠のくのみか,福祉国家の裏面としての管理国家化や軍国主義的復活の危険が増し,総じて民主主義,人権が危機にさらされるという70年代以降の時代状況があった。渡辺は,市民法=ブルジョア法のイデオロギー批判から,憲法的価値の実現へと戦略目標を変えたのである。それは,大きな歴史の流れからいえば「後退」であったといえなくはない。しかし,その「後退」は,新たな前

---

38) 渡辺・前掲注34) 21頁。
39) 渡辺・前掲注34) 56頁以下。
40) 渡辺は,自分の市民法論は時代によってその重点の置きどころを変えてきたとして,それを三つの段階に分けている。第一は,「戦前の前近代的市民社会的法関係を批判し克服するという観点から,市民革命に原点をもつ近代市民社会的法関係を積極的に評価し,そのわが国への導入と定着をはかることをめざして市民法論を展開した(民主化=近代化)」という戦後改革の時期,第二は,「戦後日本の『市民社会』の形成が同時に独占資本の支配を強化するという,これまでみられなかった新しい現象」のなかで,現代法認識のための法社会学的課題として,「現代独占の支配に組み込まれた市民法(戦後ブルジョア市民法)批判」に取り組んだ1960年代,そして,第三が市民法を再評価した70年代以降である(渡辺・前掲注34) 94頁以下)。

進の橋頭堡を築くための後退であり、さらにまた、客観的には、社会主義においても自由、平等、民主主義などの理念が普遍的意義をもつことを認識させる契機ともなった。[41]

もともと資本主義体制の本質を洞察してその変革を展望しつつそれを批判すること（イデオロギー批判）と、資本主義法における憲法的価値を擁護しその実現のために努力すること（内在的批判）は決して矛盾するものではない。[42]その意味では、60年代から70年代以降にかけての渡辺の市民法論の変化は、渡辺自身がいうように、たんなる重点の置き方の移動にすぎなかったともいえる。生存権よりも人間の尊厳理念を重視し、労働法における自由・自己決定の意義を強調する労働法学の理論的展開（第4章Ⅲ，Ⅳ）についても同様の位置づけが可能であろう。こうした転換の意義は、時代の急激な変化を背景として、社会が法学に要請する課題自体が大きく変化してきたという事実との関係を抜きにして評価できるものではない。[43]問題は結局、時代の流れを見きわめつつ、人々の最大の幸福という法の究極の理念を実現することを自己の最も重要な課題とみなすような法学者の姿勢をいかに評価するかに帰着するのであろう。

2　現代市民法論の継承と発展

1970年代からの渡辺の議論は、「市民法論」もしくは「現代市民法論」とし

---

41) たとえば、藤田勇『自由・平等と社会主義――1840年代ヨーロッパ～1917年ロシア革命――』（1999年，青木書店）は、その研究目的を、「『自由・平等』問題の、あるいは、『自由と民主主義』問題の社会主義的解決の思想的・実践的営為の歴史的考察」と規定する（5頁）。また、労働法を、「国家の階級的基盤のちがいをこえて、労働者の人間の尊厳に値する生存を保障する……法の一形態」ととらえ直す沼田稲次郎の新たな立場（沼田稲次郎「労働法の基礎理論――社会変動と労働法学――」沼田稲次郎ほか編『労働法事典』〈1979年，労働旬報社〉5頁以下）も、同様の脈絡で理解することができる。

42) 沼田稲次郎『労働基本権論――戦後労働法史のイデオロギー的側面――』（1969年，勁草書房）19頁は、「支配階級の生み出すさまざまなイデオロギー相互間の論理的矛盾を批判すること」を「内在的批判」とし、内在的批判を伴わないイデオロギー批判は説得力に乏しいが、内在的批判に止まる限り、イデオロギー批判の真義が見失われるとする。

43) こうした理論の転換は、現象的には「近代化路線への転換」といえなくはないが、それを「唯物史観法学の自滅」とする評価（毛塚勝利「解説1・戦後労働法学と蓼沼法学――総括と継承」『蓼沼謙一著作集Ⅰ労働法基礎理論』〈2010年，信山社〉550頁）には賛成できない。

て多くの論者によって継承された。代表的なのは，清水誠である。清水は，市民法論を，「近代市民社会の基本原理である，すべての人の自由，平等，友愛という理念を思考および行動の基準として貫徹させつつ，そこにおける法制度，法体系を理解し，運用しようとする理論的志向」と定義する。

清水における「市民法」は，このような理論的志向から逆に照射された概念である。そこでは，私法のみならず，公法上の諸原理，すなわち憲法における立憲主義，国民代表制，法治主義，権力分立主義，基本的人権の保障，裁判の独立，地方自治，軍事力の市民による統御など，また刑法における罪刑法定主義，適正手続の保障，弁護権の尊重，拷問の禁止，無罪推定の原則なども，それを構成する要素とされている。

ここでは，ラートブルフの法的人間像論と同様に，市民法がきわめて広い法分野にまたがる基本的な法理念ととらえられている。しかし，ラートブルフにおける「市民法」が抽象的な人格を主体とする法的世界として社会法（労働法）と対置させられたのとは異なり，清水における市民法は，自由，平等，友愛という19世紀市民法の理念を現代社会のなかに実現しようと意図する，まさに「現代市民法論」と呼ぶべきものであった。したがって，社会法（労働法）の位置づけも当然に大きく異なる。清水は，社会法の理論に，「資本主義社会のなかで市民社会と市民法の理念の最大限の実現を期するという実践的課題」を課すということ以上に，社会法や労働法について論じているわけではないが，そこでは渡辺と同じく，社会法・労働法が「市民法」と対置させられるのではなく，その重要な構成部分として位置づけられていることは明らかである。

現代社会における市民法の意義を再評価したうえで，その視点から現代法を分析し，またそれを基点に法の改革（立法論，解釈論を含む）を志向する法理論を現代市民法論と呼ぶとすれば，それに属すると考えられる論者と文献は枚挙にいとまがない。もとより論者の専門領域の相違も反映して，その細部におい

---

44) 清水誠『時代に挑む法律学――市民法学の試み』（1992年，日本評論社）1頁以下。
45) 清水・前掲注44）7頁。
46) 清水・前掲注44）9頁。
47) 原島重義『市民法の理論』（2011年，創文社）第一部，吉田克己『現代市民社会と民法学』（1999年，日本評論社）第2章，広渡清吾『比較法社会論研究』（2009年，日本評論社）第Ⅹ～Ⅻ章，池田恒男・高橋眞編著『現代市民法学と民法典』（2012年，日本↗

ては興味深い相違も見られるが，ここでは先を急ごう．

3 「市民社会」論の展開と市民法論

　渡辺，清水などの市民法論は，市民法が本来内在させていたはずの自由，平等，友愛，民主主義の理念がきわめて不十分にしか定着しなかった日本の状況を強く意識した議論であった．しかし，1989年頃から欧米諸国でも，こうした議論と問題意識を共有する「市民社会」（civil society）論が展開されるようになる．ここでいう civil society は，論者によって若干の相違はあるが，概ね，国家でもなく企業でもない，公的関心から活動し発言する市民の自由な団体のことをさす．それをめぐる議論が盛んになったのは，東欧革命の過程でこれらの団体が大きな政治的役割を果たしたことや，各資本主義国において市民団体が世論形成に重要な役割を果たすようになってきたことによる．[48]

　もともと「市民社会」の概念は多義的であった．19世紀的市民法の経済的・社会的な基礎も「市民社会」（bürgerliche Gesellschaft）であるが，この概念自体が両義性をもっていたとされる．つまり「市民社会」は，自由な市民が自治的に形成する結社・コミュニティの意味と，資本主義経済の支配するブルジョア社会の意味をもっていた．[49] 伝統的な「市民社会」がこうした両義性をもつことから，civil society に対応する概念として，bürgerliche Gesellschaft の代わり

　＼評論社）所収の諸論稿，吉村良一『市民法と不法行為の理論』（2016年，日本評論社）第1部第1編第1章，篠原敏雄『市民法学の可能性』（2003年，勁草書房），同『市民法学の輪郭』（2016年，勁草書房）など．

48）山口定『市民社会――歴史的遺産と新展開』（2004年，有斐閣）1頁以下，植村邦彦『市民社会とは何か――基本概念の系譜』（2010年，平凡社）12頁以下参照．

49）bürgerliche Gesellschaft のこの両義性は，Bürger の概念自体が，市民層（Bürgertum. 英語の bourgoisie と middle class の中間にあたる）に属する人々と，"citizen" すなわち，権利と義務の両面においてあるコミュニティの構成員である者全体とを指すということに由来している（ユルゲン・コッカ著・松葉正文・山井敏章訳『市民社会と独裁制――ドイツ近現代史の経験――』〈2011年，岩波書店〉7頁以下参照）．歴史的には，「市民社会」は，コミュニティもしくは国家の意味で用いられる傾向が強かったが，ヘーゲルやマルクスが資本主義社会の意味で用いるようになったとされる（植村・前掲注48）第3，4章参照）．このように，「市民社会」にも元来二つの意味があったが，そこに市民の自発的結社を「市民社会（civil society）」ととらえて評価する議論が加わることによって，「市民社会」は三つの意味をもちうることになった（吉田・前掲注47）107頁以下参照）．

に，Zivilgesellschaft（Bürgergesellschaft）の語が用いられることが多い。これも日本語では「市民社会」と訳されるが，この概念は，前者とは異なり，労働・資本・商品市場を通じて操作される経済の領域は含まない。たとえばハバーマスは，その厳密な定義は難しいとしつつ，「少なくともその制度的な核心は，自由な意思にもとづく非国家的かつ非経済的な結合」にあるとし，その例として，教会，文化団体，学会，独立メディア，スポーツ・余暇団体，討論クラブ，市民フォーラムと市民団体，職業団体，政党，労働組合，代替施設をあげている[50]。彼は，これらの諸団体に，市民における自由な政治文化の形成と，権力を持たない政治的公共圏の担い手の制度化（交流と組織化の形態）を期待するのである[51]。

この新たな「市民社会」概念は，上記の諸団体の果たしている役割を記述するにとどまらず，これらの活動への積極的な評価を前提として，そうした諸団体を通じた公論の形成に健全な民主主義の発展を期待するという規範的意味づけを与えられることも多い[52]。そこでは，「市民社会」の担い手たる「市民」にも，規範的な意味が与えられる。政治学者・山口定は，そうした意味での「市民」を，「自立した人間同士がお互いに自由・平等・公正な関係に立って公共社会を構成し，自治をその社会の運営の基本とすることを目指す自発的人間型」と定義する[53]。

このように，自立した市民が自由・平等な権利主体として，また民主主義の担い手として，憲法の想定する社会の実現に主体的に参加していくという展望は，まさに渡辺，清水等の現代市民法論の描いたところであった。現代市民法

---

50) Habermas, Strukturwandel der Öffentlichkeit(Suhrkamp, 1990), Vorwort zur Neuauflage 1990, S. 46.
51) Habermas, a.a.O. (50), S. 45.
52) 山口・前掲注48) 12頁は「課題」概念もしくは「目標概念」とする。また，広渡清吾「変革の戦略としての市民社会論」中村浩爾・湯山哲守・和田進編著『権力の仕掛けと仕掛け返し』(2011年，文理閣) 15頁以下参照。
53) 山口・前掲注48) 9頁。その際，山口は「市民」概念がきわめて多義的であることを前提としている。彼は，ウェーバーによる四つの Bürger，すなわち，①有産市民層＝階級＝ブルジョアジーとしての「市民」，②都市自治の担い手としての「市民」，③公民権の保持者＝国家公民としての「市民」，④教養市民層，を紹介したうえで，「市民」は，さらに，⑤「生活世界」を拠点とする「市民」，⑥「地球市民」ないし「世界市民」，⑦「市」に住んでいる住民，を意味しうるとする（山口・前掲注48) 30頁以下）。

論と新たな市民社会論とは，資本と国家の巨大な力が，支配下のマス・メディアを通じて「世論」を操作して政治決定を左右しようとする現代社会において，自由・平等な市民が自発的結社やフォーラムを通じて対抗世論を形成しようとする運動に期待するという点で，基本的な問題意識を共有しているのである[54]。

4 現代市民法における労働法
(1) 市民法の復権としての労働法
　古典的市民法と労働法の関係は，本来は，同一平面上の対立ではなく，抽象と具体の関係において整理されるべきであったが，戦後日本の諸事情のもとで，実際にはその対立面が強調されてきたのは前述のとおりである。それに対して，市民法の基本精神を現代社会に活かそうとする現代市民法論においては，労働法はその重要な一環としての新たな位置づけを与えられる。渡辺は，人権の歴史を生存権の発展という統一的な観点から理解することによって，労働法の法理を新たな段階における市民法原理の復権ととらえた。渡辺によれば，労働法が対立するのはブルジョア的市民法のブルジョア的側面であって，市民法一般ではない。むしろ労働法原理は，そのブルジョア的側面を修正することによって，市民法的側面を継承し，現代に発展させるものなのである[55]。

　団体交渉・労働協約を市民法的な合意原則の復活として把握するのは，ジンツハイマーなどの理解と共通する。たしかに，渡辺のように，そのことを理由として労働法全体を市民法原理の復活ととらえるのはいささか牽強付会の感があった。また，その他の現代市民法論においても，労働法の位置づけは必ずしも明確ではない。

　にもかかわらず，労働法を新たな市民法理念のなかに位置づけることによってそのあり方を再考するという発想は，労働法学にとっては新鮮であった。それは，沼田稲次郎における人間の尊厳論の提唱（第4章Ⅲ）とあいまって，労働法における市民法的要素の「再発見」の傾向を促したのである。

(2) 現代市民法の一環としての労働法
　労働法を現代市民法のなかに位置づけることは，労働法の特殊性を一面的に

---

54) 山口・前掲注48) 71頁以下も，現代市民法論との問題意識の共通性を指摘する。
55) 渡辺・前掲注34) 57頁。

強調するそれまでの態度に反省を迫る契機となった。それは，もちろん（古典的）市民法との対抗関係のなかで独自の法領域として労働法を確立しようとしてきた労働法学の努力と成果を否定するものではない。19世紀的市民法の全面的復活を志向する規制緩和論は，労働法と敵対的関係に立たざるをえない（第1章「はじめに」）。労働者・使用者関係が支配従属の関係である以上，両者の形式的対等性を前提とした市民法が多くの部分で修正されるべきは当然である。

しかし，その修正とは，単純に労働法の原理が市民法（民法）を排除するというものではない。市民法と労働法が抽象と具体の関係として整理されるとすれば，労使の対等決定という本来の市民法的原則を現実の労働環境のなかで具体的に実現することも労働法の重要な使命となる。言い換えれば，労働法における人間は，使用者に対する従属的な関係にありながら，なお少しでも自由で対等であろうと努力する人間であり，労働法はそうした努力に援助を与えることをも一つの任務とする[56]。労働法にこうした新たな視角を提供したのは，現代市民法論の重要な功績である。

さらに，労働法を現代市民法の中に位置づけることは，労働法においても生存権のみならず自由の理念が重要な意義をもつことを教える結果となった。それは，労働者の従属性・生存権・集団主義を三位一体の主柱とする戦後労働法学に，多くの点で再検討を迫る契機となったのである（詳しくは第4章Ⅳ参照）。

(3) 市民と労働者

現代市民法論は，また，現代社会における「市民」と「労働者」の関係の再検討を促す。

労働契約は，自由な市民であるはずの労働者が自己の労働力の利用を一定時間使用者に委ねることを内容とする契約である。つまり，労働関係において「労働者」として現れる者は，他面において「市民」である。この「労働者」＝「市民」は，消費者，社会保障の受給権者，地域住民，納税者，有権者などさまざまな側面をもっている。そして，これらの多様な側面が実は労働関係上

---

56) この点で，「『権利のための闘争』を担おうとする弱者，その意味で，『強者であろうとする弱者』，という擬制のうえにはじめて，『人』権主体は成り立つ」という見方（樋口陽一『国法学――人権原論［補訂］』〈2007年，有斐閣〉69頁）は重要である。

の諸問題とも密接に関係するのである。

　伝統的な労働法学は，労働者を階級として，もしくは企業社会の構成員として把握する傾向が強く，その「市民」としての側面には必ずしも強い関心を向けなかった。それは，戦後初期に広く浸透していた労働者の階級的把握を反映したものであり，さらには，労働者（とその家族）を企業社会の構成員と理解する日本的企業社会の現実を法理論に投影するものでもあった。現代市民法は，こうした見方にも反省を迫る意味をもっている。

　さらに，「市民」を基点として考えるならば，「市民」を構成する社会階層の80％以上は労働者およびその家族である。労働のあり方を抜きにして「市民」について語りえないのは当然である。要するに，「労働者」は「市民」であり，「市民」の大多数は「労働者」なのである。

　こうしたとらえ方は，いくつかの重要な問題を提起する。日本において山口定が定義したような「市民」が成長していない大きな原因は，その大多数を占める労働者が「会社人間」から脱していないからではないのか。そうだとすると，労働のあり方を改革しない限り，「市民」の成長は期待できないのではないか。公務員攻撃にみられる公務員労働者と「市民」の対立の相当部分は，実は労働者内部の対立ではないか。「市民」の立場にたつ労働者・労働組合の諸活動は，労働法的にいかなる位置づけを与えられるのか。労働者の利益を代表する労働組合と市民団体の関係はどのように理解されるべきか，等々である[57]。それは，労働法の範囲を越える問題を含むが，労働法の分野においても多くの新たな検討課題を提起するものである。

---

[57] 西谷敏「『市民』としての労働者と，「労働者」としての市民」広渡清吾・浅倉むつ子・今村与一編『日本社会と市民法学——清水誠先生追悼論集』（2013年，日本評論社）571頁以下参照。

第3章
民法と労働法

はじめに

　19世紀市民法の中核にある法領域は民法であった。法における人間像を媒介として市民法から社会法への変化を論じたラートブルフは，公法や刑法などにおける変化も視野に入れており，そこでは市民法は私法と公法の双方をとらえる理念であった。しかし，市民法の理念を最も典型的に表すのが民法であることに変わりはない。そのことは，「市民法」と訳される bürgerliches Recht が「民法」をも意味しうることからも明らかである。1896年に制定され，1900年に施行されたドイツ民法典は，Bürgerliches Gesetzbuch（BGB）である。

　市民法は，前述のとおり，資本主義経済における商品交換過程を反映した法であり，資本主義法一般に共通する普遍性をもっている。これに対して，民法は，市民法理念を根底にふまえつつも，それぞれの国の歴史，伝統，社会的諸事情を反映して成立・展開する法であり，そのあり方は多様である。民法の基礎となる民法典そのものが，制定時の諸々の事情を反映した歴史的産物であり，国によってその性格を異にし，またその後の社会的・経済的諸事情の変化に対応してしばしば改正もされてきた。さらに，法領域としての民法は，民法典を基礎としつつ，諸々の特別法の制定や判例法の蓄積によって，19世紀の市民法から相当離れて独自の発展をとげている。したがって，法体系における労働法の位置の明確化という関心からは，民法典と現代民法の相違を意識しつつ，それらと労働法の関係を考察することが必要となる。

I　市民法と民法（典）

　各国の民法典は，19世紀市民法の理念を基底にふまえつつ，成立当初から国

による大きな偏差を示していた。1804年のナポレオン民法典は，比較的市民法の考え方に忠実であった。それは民法にとどまらず，全法体系の基礎としての性格をもっていた[1]。

これに対して，100年近く後の1896年に制定されたドイツ民法典（BGB）は，1871年の第二帝政の成立を前提とした，帝国内での私法秩序の新たな統一という使命を帯びており，各政党の政策やプロイセンを始めとする各邦の思惑に左右されつつ成立した[2]。その際，独占資本主義段階の激しい経済変動がもたらした各種の社会的矛盾は，さまざまな利益団体の要求を民法典に向けさせることになった。成立した民法典は，たしかに19世紀の理想とされた市民法的理念を基調としていたが，一方では前近代的な家父長制的要素を残し，他方では部分的に労働者状態を考慮に入れた社会法的要素を含んでいた。

労働法とのかかわりでは，1887年の第一草案に加えられたギールケやメンガーらの批判が有名である。当時の代表的なゲルマン法学者ギールケは，形式的に自由で対等な抽象的諸個人のみを視野に入れた第一草案はあまりにローマ法的であり，社会階層の現実や集団の実在を無視するものとの批判を加えた[3]。またメンガーは，いわゆる法曹社会主義の立場から，同じく第一草案が労働者階級の実情に無関心であることを批判した。

民法典編纂者は，民法典はあくまで一般法たるべきであり，各社会層から出される要求には特別法によって対応すべきであるとの基本的立場は崩さなかったが，第一草案への批判は，その後の司法庁準備委員会決議もしくは帝国議会の動議を経て，民法典のなかに部分的に取り入れられることになった。労働との関係では，使用者の安全配慮義務に関する規定（618条）と，使用者が住み込み労働者の疾病時に看護義務を負うとする規定（617条）が注目される[4]。

---

1) ナポレオン民法典の性格については，水林彪「近代民法の本源的性格——全法体系の根本法としてのCode civil——」民法研究5号（2008年）参照。また，同「近代民法の原初的構想——1791年フランス憲法律に見えるCode de lois civilesについて」民法研究7号終刊（2011年）参照。
2) ドイツ民法典の成立過程については，石部雅亮「ドイツ民法典編纂史概説」石部雅亮編『ドイツ民法典の編纂と法学』（1999年，九州大学出版会）3頁以下参照。
3) 西谷敏「O.v.ギールケ『私法の社会的任務』」日本労働研究雑誌432号（1996年）68頁以下参照。
4) これらの規定の成立過程と意義については，高橋眞『日本的法意識論再考——時代／

さらに，いずれの国でも，民法典成立後の激しい環境変化は，民法に大きな変容を迫ることになった。それは，特別法の制定や民法典改正により，また判例（裁判官法）の発展によってもたらされた。とりわけ，民法が消費者，借家人など，社会的弱者と総称される人々の具体的な生活実態を視野に入れ，それらの保護を図るための条項をもうけ，またそうした法理を発展させてきたことが重要である。こうした法の保護的介入は，自由で対等な法的人格を想定する市民法の予想しないところであり，民法の変質（民法の社会化）を示すものである。

　こうした事情からすれば，法体系における労働法の位置を見定めるためには，抽象的な市民法と労働法の同質性ないし異質性について論じるだけでは明らかに不十分である。それぞれの国における民法典が労働（雇用関係）をいかに扱ってきたか，そして，その後の民法の発展，とりわけその社会化が労働法との関係でいかなる意味をもっていたかが考察されなければならない。

II　ドイツに見る民法と労働法

1　ドイツ民法典と雇用
(1)　民法典における労務供給契約と労働契約

　ドイツ民法典には，労務供給契約（Dienstvertrag）に関する20か条（611条〜630条）の規定があった。Dienstvertrag は雇用契約と訳されることもあるが，ドイツ民法典にいうそれは，医師と患者の関係や弁護士と顧客の関係など，日本では有償委任・準委任契約に分類される契約を含んだ広い概念である。立法過程では，社会民主党から「労働契約」の概念を用いることが主張されたが，それはあまりに狭すぎるとして，労務供給契約について規定されることになったという経緯がある[5]。

　労務供給契約のうち，一方当事者（労働者）が他方当事者（使用者）の指示に従属して（人的従属性）労務を提供する形態が労働契約（Arbeitsvertrag）であり，

　　＼の法の背景を読む──』（2002年，ミネルヴァ書房）78頁以下参照。
 5)　Rückert, "Frei" und "sozial": Arbeitsvertrags-Konzeptionen um 1900 zwischen Liberalismus und Sozialismus, ZfA 1992, S. 230.

労働法規の適用対象となるのは労働契約もしくはその当事者である。したがって，ドイツでは，労務供給契約から労働契約をくくり出す基準の明確化が重要な課題となり，その基準が「従属性」（Abhängigkeit）に求められた。この「従属性」の意味内容に関する華々しい論争は，日本でも早くから紹介されている。[6]

　民法典の労務供給契約に関する規定のなかには，一定の労働者保護の観点にもとづく条項が含まれていた。民法典は当初から決して労働法と無縁ではなかったのである。その背景には，資本主義の発展がもたらした労働者階級の窮状，1878年の社会主義取締法（Sozialistengesetz）による弾圧にもかかわらず伸張を続けてきた社会民主党や労働組合の勢力，そしてこうした事情をふまえたローマ法的な市民法への批判があった。

(2)　統一的労働法典の約束

　しかし，ドイツ民法典は，前述のように，基本的には一般法としての性格を維持していた。そこで労働問題は特別法で扱うこととされ，そのことは法典成立時の付帯決議にも明記された。[7] 労働法に関する独自の法律的整備は，民法典成立にあたって立法者に課された重要な課題であった。民法典の制定に際して労働立法の必要性が強く意識されていたことは，日本民法との比較において注目すべき事柄である。

　しかも，立法者に期待されたのは，単に現実的必要に応じて個別問題ごとに労働法規を整備するにとどまらず，統一的な労働契約法典を編纂することであった。ドイツでは，統一的な労働法典もしくは労働契約法典の作成が一貫して重要な課題であり，政治的な画期のたびにその約束がなされた。[8] たとえば，

---

6) 津曲蔵之丞『労働法原理』（1932年，改造社）第四章第二節（114頁以下）。
7) 付帯決議は，「ある者が自己の精神的もしくは肉体的労働力の一部分を他人の家内共同体や経済的もしくは工業的企業のために約定賃金と引き換えに提供することを義務づけられる契約は，ドイツ帝国についてできる限り速やかに統一的に規律される」と述べる（Stenographische Berichte über die Verhandlungen des Reichstags, IX. Leigislaturperiode 1896, SS. 3842, 3846）。
8) ワイマール時代のジンツハイマーは，統一的労働法典の意義として，第一に，すべての労働法的規定が一つの共和国法に統合されること，第二に，労働法がすべての労働者（特別の規定を必要とする若干の例外は除くが）について一般化されること，第三に，労働法の各部分が一つの精神によって内的に結合されること，をあげている（Sinzheimer, ↗

ワイマール憲法157条2項は，統一的労働法典の制定を共和国の任務と宣言したし，1990年の東西ドイツ再統一を基礎づけた統一条約は，全ドイツ立法者の任務として，「労働契約法，日曜・祝日労働の許容を含む公法的労働時間法，特別の女性労働保護を可及的速やかに新たに統一法典化すること」を宣言した（30条1項）。

そして，こうした付託にもとづいて，過去にいくつかの労働契約法草案が作成された。1923年の労働契約法草案，1938年の労働関係法草案，1977年の労働契約法草案，1992年ドイツ労働法統一研究会が作成した労働契約法草案[9]，そしてヘンスラーとプライスによる労働契約法草案[10]である。しかし，労働者と使用者の利害が相反し，研究者の見解も大きく対立しうる労働契約法の分野において新たな包括的な法典を作成することは至難の業であった。過去の試みがすべて失敗に終わったのは故のないことではない。ドイツ労働法は，現在もなお統一的な法典をもたず，個別的な立法と判例法理から成り立っているのである。

(3) 民法改正と労働法

労働法を構成する個別立法の一つが民法典である。制定当初から一定の労働者保護規定を含んでいた民法典は，その後何度か改正され，労働契約の原則に関するいくつかの条項を受容することになった。主なものは，雇用における男女平等原則（611a条，611b条。後に一般均等待遇法の制定にともなって削除），労働者の権利行使を理由とする報復の禁止（612a条），経営移転に際しての権利・義務の承継に関する規定（613a条），危険負担における使用者責任の規定（615条），労働者の義務違反についての使用者の証明責任の規定（619a条），解約・解雇に関する一連の規定（620条〜623条）である。また，2001年の債務法改正によって民法典に挿入された約款規定の一部が労働契約関係にも適用されるようになった[11]。

↘Grundzüge des Arbeitsrechts, 2.Aufl., 1927, S. 45f.）。

9) 大沼邦博・村中孝史・米津孝司「ドイツ統一労働契約法（草案）1〜12」法律時報65巻3号（1993年）〜66巻3号（1994年）で訳出されている。

10) Henssler/Preis, Entwurf eines Arbeitsvertragsgesetzes, 2015.

11) 民法典における消費者の定義規定（§13 BGB）からすれば労働者も消費者となる。連邦労働裁判所は実際そうした前提にたち，労働者にも民法の消費者保護の規定が適用されうることを前提として，適用の妥当性を個別的に検討するという立場をとる↗

2 民法と労働法の関係

このように，ドイツ労働法は，民法典の諸条項を構成要素として取り込んでいる。ドイツにおける民法と労働法の関係に関する議論は，このことを前提として理解されるべきである。法における人間像を媒介として市民法と労働法の異質性を強調してやまなかったジンツハイマーでさえ，民法からの労働法の解放には限界があることを指摘し[12]，また1927年の体系書では，労務供給契約に関する民法の規定を一般労働法ととらえ，労働法解釈におけるその適用を当然の前提としていた[13]。

ドイツにおいても，労働法解釈にあたって民法の適用を可能な限り排除しようとする議論がなかったわけではない。たとえばガミルシェクは，1962年の論文において，「労働法は，それに故郷（Heimatstätte）を提供しなかった民法典から解放され，固有の規範，固有の諸原則，固有の解釈ルールをともなった独自の領域となった」と述べた[14]。民法典は，基本的には，「われわれが予め労働法的に許容でき正当と感じていた結果が民法典から引き出される場合にのみ」援用されるのであり，民法典がそのような解決をもたらさない場合（たとえば瑕疵ある労働契約について不当利得法の適用が指示されるような場合）には，われわ

＼（Löwisch/Caspers/Klumpp, Arbeitsrecht, 9.Aufl., 2012, S. 6）。

12) 彼は，将来の労働法の構想において，一般民法からの可能な限りの解放を主張しつつ，労働法における一定の関係（人格，意思表示，代理など）は一般民法の拘束を受けざるをえないので，さしあたり完全な解放は無理であると述べている（Sinzheimer, Über den Grundgedanken und die Möglichkeit eines einheitlichen Arbeitsrechts für Deutschland (1914), in: Sinzheimer, Arbeitsrecht und Rechtssoziologie. Gesammelte Aufsätze und Reden, Bd. 1, 1976, S. 49f.）。

13) Sinzheimer, a.a.O. (8), S. 44f. これは，彼の労働契約観の当然の帰結であった。彼は，「労働法がとらえる労働契約は，債権関係であるだけでなく，人法的関係（personenrechtliches Verhältnis）でもある」として，労働契約を複合的性格をもつ契約と見ていた（Sinzheimer, Grundzüge des Arbeitsrechts, 1.Aufl., 1921, S. 18）。米津孝司「ドイツ労働契約法理における法的思考」西谷古稀（下）485頁以下（注2）も，ジンツハイマーなどのワイマール期労働法学者が，労働関係を債権関係としてもとらえていたことを強調する。

14) Gamillscheg, Mutterschutz und Sozialstaat, in: Festschrift für Molitor, 1962, S. 78f. vgl. auch derselbe, Gedanken zur Rechtsfindung im Arbeitsrecht, in: Festschrift für Hans Schmitz, 1967, Bd. I, S. 70f. 同じく民法に対する労働法の独自性を強調するものとして，Schnorr von Carolsfeld, Die Eigenständigkeit des Arbeitsrechts, RdA 1964, S. 297ff.; Müller, Die Ressortierung der Arbeits- und Sozialgerichtbarkeit, RdA 1966, S. 289ff. 参照。

れは正当にも民法典から離れて固有の労働法的解決を見出すのである。彼は，このような民法典からの訣別は，決して私法からの訣別ではなく，古くなった法律からの訣別にすぎないという。しかし，圧倒的な多数説は，民法は労働法の基礎であり，労働法の領域における民法典の適用を当然のこととしていた。[15]

　この通説の立場を詳細に根拠づけようとしたのはリヒャールディである。彼は，労働法の民法典からの解放に反対する論拠として次のような事柄をあげている。[16]第一に，労働法の独自性を強調して労働法を民法から解放しても，労働法の評価基礎が不明確であれば，裁判官の法発見を信頼するほかないことになり，民法からの解放は「法律からの解放」になりかねない。第二に，民法典は，たしかに集団的労働法を視野に入れていないが，個別労働契約関係を契約類型の一つとして規律している（もちろん不十分な点はあるが）。第三に，社会的思想を実現すべきことは，労働法の領域だけでなく，民法の適用領域においても問題となる。たとえば，契約の形骸化は大量販売や借家関係においても問題となるし，「労働者」に属さないけれども同様の保護を要する多くの人々が存在する。したがって，必要なことは，労働法を民法から独立させることではなく，むしろ労働法と民法の共通性を前提として，労働法分野の法理によって民法解釈論に刺激を与えることである。要するに，「社会国家思想が全私法秩序内で妥当すべきであるとすれば，労働法の独自性という命題はもはや現代の要請ではない」[17]のである。

　こうした見方からすれば，労働法上の諸問題に関して民法典の規定が適用されるのが原則であることとなる。[18]しかし，労働法上の諸問題について，民法に規定が欠けている場合や，民法に依拠することが不当な結果を導く場合があり

---

15) たとえばレーヴィッシュは，1869年北ドイツ連邦営業法105条１項が労働法分野における個別契約の自由を最初に宣言して以来，私的自治が民法と労働法の共通の基礎であったとする（Löwisch, Das Verhältnis von Arbeitsrecht und Bürgerlichem Recht in Deutschland, in: Düwell/Löwisch/Waltermann/Wank (Hrsg.), Das Verhältnis von Arbeitsrecht und Zivilrecht in Japan und Deutschland, 2013, S. 21）。

16) Richardi, Arbeitsrecht und Zivilrecht, ZfA 1974, S. 3ff.

17) Richardi, a.a.O. (16), S. 25.

18) Richardi, Der Arbeitsvertrag im Zivilrechtssystem, ZfA 1988, S. 254 は，民法的諸原則を適用する場合ではなく，むしろ適用しない場合に，その正当性の根拠が証明されるべきであるとする。

うるのは当然であり，そこに判例法や個別立法の意義がある。たとえばクレッバー[19]は，判例が，民法による解決では不十分であると考え，独自の法理を発展させた例として，労働契約が無効である場合の賃金請求権（民法では不当利得返還請求権のみ），使用者の明示的意思表示なしに事業所慣行が使用者の義務となること，労働者の損害賠償責任の限定，争議中の労働関係をあげている。また，民法に規定が欠けているので立法的解決が必要になった例として，集団的協定（労働協約と事業所協定）による労働関係の内容決定の問題，また裁判官による法創造が必要になった例として，争議行為の適法性基準をあげている。

しかし，クレッバーもまた，労働法が民法と深い結びつきをもつのは当然であるとする[20]。なぜなら，労働契約は民法上規定される労務供給契約の一種であるし，労働協約も一般民法でとらえられる構造をもっているからである。こうして，労働法は，細部の修正と細部の補充をともなった民事法（Zivilrecht）と性格づけられる。しかも，彼によれば，労働法における民法からの逸脱について，労働法的な特則を解釈学的に評価すべき統一的な思考様式は確立されておらず，むしろ労働法的な解決は「島民生活（Insuranerleben）」の状態にあるという。しかし，彼は言う。「労働法が法教義学的な鋳型から形成されていないことは，労働法学の弱点ではない。それはこのように生きていくことを学んだのだ。しかし，[労働法の] 島々を一瞥すれば，労働法が一般民法に近いことがいかに重要であるかが明らかになる。民法教義学は労働法の繋留点（Anker）なのである」と。

このように，ドイツの通説は，民法（典）に対する労働法の独自性よりも，両者の強い結びつきを強調する傾向にある。それは，民法典が制定当初から一[21]

---

19) Krebber, Der Einfluß der Rechtsdogmatik auf Wissenschaft und Praxis des Arbeitsrechts, in: Stürner (Hrsg.), Die Bedeutung der Rechtsdogmatik für die Rechtsentwicklung, 2010, S. 179ff. （セバスチャン・クレッバー・根本到訳「労働法における学問と実務への法解釈学の影響」松本博之・野田昌吾・守矢健一編『法発展における法ドグマティークの意義──日独シンポジウム──』〈2011年，信山社〉321頁以下）。

20) Krebber, a.a.O. (19), S. 293（邦訳・前掲注19）336頁）。

21) ドイツでは，法学部における労働法担当者は，1968年の27人から2009年の96人に増加している。このうち，労働法と民法を兼担する者は，1968年に27％であったが，2009年には87％となっている。こうした数字をあげて労働法の地位の低下，民法への接近を指摘する者がある（Rehder, Rechtsprechung als Politik, 2011, SS. 249f., 324）。しかし，複数科目の担当はドイツの法学部の伝統であり，労働法担当者が民法を兼担するのはさほど不思議なことではない。この事実に深い意味を認めるべきではあるまい（Düwell, Die↗

定の労働者保護的規定を含んでおり、その後も労働法的発展の受け皿の役割を果たしてきたこと、同時に、統一的な労働法典もしくは労働契約法典を制定する試みがことごとく挫折してきたことを考慮すれば、よく理解しうる考え方である。こうした事実を前提として、労働法上の諸法規のうち労働契約にかかわる部分を民法典に組み込むべきであるという立法論さえ主張されている[22]。その主張者レーヴィッシュは、さまざまな技術的な理由をあげたうえで、「労働契約法について民法典で規整することは、労働者がようやく『民』法が適用される市民の仲間入りをすることを意味する[23]」と述べている。

III フランスにおける民法と労働法

1 民法典と役務賃貸借

1804年ナポレオン民法典では、労働契約は、賃貸借に関する章（第3編第8章）のなかの「仕事および勤労の賃貸借」の一部として、「役務賃貸借（louage de services）」（1779条1号）と性格づけられた。しかも、この役務賃貸借に関する条文はわずか2か条しかなかった。その一つは、「役務は、時間によって、または特定の事業についてでなければ、約束することができない」として、労働者の終身にわたる奴隷的拘束を禁止した1780条、もう一つは、賃金の額や前払い等について書証がなく争いがある場合には、「雇い主の確言が信じられる」と規定する1781条であった。しかも後者は、雇い主に一方的に有利であるとの批判を受け、1868年に削除された[24]。そして、この時期の民法学者は、役務賃貸借にはほとんど関心を示さなかったようである。

　＼Praxis des Arbeitsrechts - Akteure und Rechtsentwicklung, in: Düwell u.a. (Hrsg.), a.a.O. (15), S. 135）。とはいえ、労働法担当者の大部分が民法を兼担しているという事態は、日本と大きく異なるところであり、ドイツにおいて労働法と民法が共通の基盤をもつことを反映しており、また共通の基盤を再生産する役割を果たしているといえよう。

22）Löwisch, Kodifizierung des Arbeitsvertragsrechts im Bürgerlichen Gesetzbuch, ZfA 2007, S. 1ff.; derselbe, a.a.O. (15), S. 37ff.

23）Löwisch, ZfA 2007, a.a.O. (22), S. 4.

24）この問題については、野田進「労働契約理論における民法の一般原則——フランスでの議論の軌跡——」阪大法学149・150号（1989年）199頁以下、本久洋一「フランスにおける『労働契約』の誕生・準備的諸考察」早稲田法学会誌43巻（1993年）385頁以下参照。

労働関係を役務の賃貸借として法律構成することは，ローマ法の伝統を継承したものであるが，論理的には，役務の賃貸人である労働者を自由で対等な契約当事者とみなし，労働に対する諸々の前近代的規制を排除することを含意していた。その意味で，この法律構成は，市民法原理のフランス的な表現形態であったといえる。役務賃貸借に関する民法典の規定の乏しさは，労働者・使用者関係から生じうる諸問題の法的解決を契約法の一般的諸規定に委ねたことを意味する。いずれにせよ，フランスでは，19世紀末に至るまで労働契約の概念は成立せず，労働者・使用者関係を独自に扱う法理は存在しなかった。

　しかし，フランスでも独占資本主義の成立とともに労働者問題が深刻化し，労働運動の昂揚とあいまって，ようやく19世紀末頃から，「社会連帯主義」の思想に支えられて，本格的な労働者保護法の展開が始まり，また団結権保障(1884年) が実現した。こうした状況のなかで，労働者・使用者関係を役務の賃貸借ととらえる見方が次第に強く批判されるようになり，労働契約の概念が形成されてくる。

　とりわけ労働者保護法の発展とともに，その適用範囲を確定するために，「労働者」，「労働契約」の概念の明確化が必要となった。たとえば，1898年労災責任法1条は適用対象を「労働者」と規定したが，その「労働者」とは学説上「労働契約によって雇用される者」と理解されたから，「労働契約」の概念規定が課題となった。学説は労働契約の特質として，使用者の指揮命令に対する労働者の従属，すなわち「法的従属性」を基本的なメルクマールとしたのである。

2　労働法の成立と発展

　このように，フランスの労働法，とくに労働者保護法は，民法典における雇用契約に関する規定の実質的な欠如ゆえに，ドイツの場合以上に，民法典と無

---

25)　もっとも，そのことは労働関係に関して，市民法原理が全面的に貫徹していたことを意味するわけではない。とくに解約証明のある労働者手帳をもたない労働者の雇い入れを禁止する法制 (共和暦XI年芽月22日の法律) は，労働者による役務提供の義務履行を行政的に監督する意味をもっていた。この点については，本久・前掲注24) 417頁以下参照。
26)　矢部恒夫「フランス法における労働契約概念について」法学雑誌28巻1号 (1981年) 194頁以下。
27)　中村睦男『社会権法理の形成』(1973年，有斐閣) 194頁以下。

関係に発展を開始した。19世紀末以来の諸々の法令は，1910年から1927年にかけて編纂された労働法典にまとめられる。新たな労働法的規整は基本的には労働法典に取り入れられ，労働法の発展は労働法典の豊富化という形で進行していく。とはいえ，労働法典は労働契約にかかわるすべての問題について網羅的に規定しているわけではないので，フランスにおいても，ドイツにおけると同様，労働法と民法の関係が問題とならざるをえなかった。

ただ，フランスにおける議論の特徴は，労働法の独自性の主張が労働契約概念の衰退ないしそれからの訣別という色彩を色濃くもっていたことである。[28] とくに，第二次大戦後いち早く労働法の独自性の主張を打ち出したポール・デュランは，労働者・使用者関係の主たる淵源を労働契約ではなく，労働関係ないし企業制度に求めるが，そこでは当事者の自由な意思に代わって，労使の組織協同体的関係や企業長の固有の権限（規則制定権限，指揮命令権限，懲戒権限）が規定的な意義をもつとされる（労働契約の意義が完全に否定されるわけではないが）。こうした労働関係や企業の組織的な性格の強調は，当然に，強度に意思主義的なフランス民法典から距離をとるべきとの主張につながる。[29]

これに対して，学説はデュランの見解を一斉に批判する。批判的学説は，企業制度論を一応評価して労働契約論に結びつけようとするカメルランク等の流れと，企業制度論を全面的に否定するリオンカーン等の流れに分かれるが，[30] とくにリオンカーンは，企業共同体論が労働者と使用者の基本的な利益対立を覆い隠すこととなる点を批判し，また人間の自由な意思ないし合意の意義が評価されるべきであるとする立場から，労働契約こそが労使関係の真の法源であると主張した。[31]

---

28) 野田・前掲注24) 203頁以下，三井正信「フランスにおける労働契約概念の形成とその展開（下）」季刊労働法145号（1987年）202頁以下参照。
29) デュランの企業制度論の内容と批判については，とくに三井正信「戦後フランスにおける労働契約衰退論についての一考察（一）（二）」法学論叢125巻4号，126巻2号（1989年）参照。デュランは，ドイツのギールケ，ジーベルト，ニキシュ等の人的共同体理論や編入説から強い影響を受けたとされる（（二）56頁以下）。
30) 詳しくは，三井正信「フランス労働契約理論の現代的展開」（一）広島法学14巻2号（1990年），（二）14巻3号（1991年）参照。
31) フランスの場合も，労働契約の相当部分は法律および労働協約によって決定される（身分規程 statut）ので，それと労働契約の関係が問題となるが，労働契約は，①労働／

その後，議論は，労働関係論の成果をある程度評価しつつも，労働契約のもつ優越的な地位を説く立場に収斂されていったとされる。しかし，労働法上の個別問題について労働法典に規定が存在しない場合，その法的処理にあたって民法の一般原則をどのように評価するのか，つまりいかなる場合に一般原則に立ち返り，いかなる場合にそれから離れて労働法独自の解決を図るのか，について当然見解は対立する[32]。労働法典の編纂も，労働法と民法（一般法）の関係に決着をつけたわけではないのである。

IV　日本における民法と労働法

　日本における民法と労働法の関係を考察するにあたっては，上述のドイツやフランスの法状況を参照しつつ，日本民法における「雇用」の位置づけ，労働立法の展開，民法の社会化現象をそれぞれ確認したうえで，これらの総合考慮にもとづいて判断しなければならない。

1　民法上の雇傭（雇用）[33]

　日本の民法典は，1890年の旧民法の施行をめぐるいわゆる法典論争を経て，1896年（親族，相続は1898年）に制定され，1898年に施行された。フランス法の影響を強く受けていた旧民法に比較して，ドイツ民法（第一・第二草案）の影響が強いが，フランス法の影響も残っており，イギリスなどその他の国々からの影響も見られるという[34]。いずれにしても，市民法的性格の強い「借物」の法典

　　　　者としての地位獲得の基準，②当事者の選択の自由，③身分規程の個別的適用，④身分
　　　　規程よりも有利な労働条件決定の可能性，において意義をもつとされた（三井・前掲注
　　　　30）（二）56頁）。
　　32）　野田・前掲注24) 220頁は，民法典と労働法の関係に関するフランスの議論が，「大時
　　　　計の振子のように大スケールの軌跡を示した振幅運動」と表現する。なお，三井・前掲
　　　　注30）（三）広島法学14巻4号（1991年）355頁以下は，フランスの労働契約論が1980年
　　　　以降，労働法柔軟化の波のなかで新たな混迷状態に陥っているとする。フランスの労働
　　　　契約については，さらに，大和田敢太「フランスの労働契約」本多淳亮先生還暦記念『労
　　　　働契約の研究』（1986年，法律文化社）508頁以下参照。
　　33）　もともと民法典では「雇傭」の表記が用いられていたが，2004年の口語化の際に「雇
　　　　用」と改められた。ここでは，便宜上，「雇用」に統一する。
　　34）　民法典の制定過程については，広中俊雄・星野英一編『民法典の百年』第1巻（1998↗

であった。[35]

　日本民法は，第三編債権・第二章契約の第八節を「雇用」にあてているが[36]，そこにはわずか9か条（623条～631条）の規定しかない。それらはいずれも，対等な契約当事者としての労働者と使用者の双方に適用される規定である。

　もちろん，それが現実に一定範囲で労働者保護の役割を果たしうることは否定できない。たとえば，「使用者は，労働者の承諾を得なければ，その権利を第三者に譲り渡すことができない。」とする625条1項は，使用者が労働者を出向させるには労働者の個別的同意もしくはそれを法律上正当とする明確な根拠を必要とするという判例法理の基礎となった[37]。また，労働者にとってきわめて重要な意味をもつ退職の自由は，民法627条1項によって根拠づけられている。しかし，これらは，基本的には労働者の市民的自由の確保を目的とする規定であり，また，それに対応する権利・自由は使用者にも保障されている。労働者の従属性や生活実態を考慮した保護規定は，民法には皆無といってよいのである[38]。

　このように，日本民法の雇用に対する態度は，フランス民法典ほど極端に無関心ではないが，ドイツ民法典ほど労働者保護に関心を示しておらず，いずれにしても立法過程でこの問題について活発に議論された形跡はない。日本民法は，ドイツ民法とほぼ同じ時期に制定されたが，その頃日本は日清戦争を経てようやく産業資本主義が本格的に発展しようとする段階であり，労働者問題や社会問題が国の政策的対応を必要とする喫緊の課題とはみなされていなかったのである[39]。

　　年，有斐閣）3頁以下（小柳晴一郎），『新版注釈民法（1）』(1988年〈改訂版2002年〉，有斐閣）総説Ⅲ9頁以下（谷口知平・石田喜久夫）など参照。

35）　大村敦志「民法と民法典を考える──『思想としての民法』のために」民法研究1号（1996年）64頁以下は，継受法と在来法の二重構造を認めつつ，「借物」が日本に根づいて「本物」になってきたことを強調する。

36）　民法制定段階における「雇用」の理解については，水町勇一郎「民法623条」土田道夫編『債権法改正と労働法』(2012年，商事法務）2頁以下参照。

37）　新日本製鐵（日鐵運輸第二）事件・福岡高判平11.3.12労判847号18頁，同・最二小判平15.4.18労判847号14頁。

38）　草案では弱者保護が十分でないという批判に対して，起草者の一人・梅謙次郎は，貧民保護は必要であるが，それは民法ではなく，時々の特別法で規定すればよいと応えた。広中・星野編・前掲注34）26頁（小柳）。

39）　星野英一『民法のすすめ』(1998年〈第12版，2008年〉，岩波新書）200頁は，フラ／

それにもかかわらず，日本民法の，とくにその債権法の部分は，2004年の口語化のための改正（2005年4月1日施行）を別として，まったく改正されないまま今日に至っている。ようやく2015年に債権法を中心とする民法改正案が上程されたが，雇用に関してはごく小幅の改正しか提案されていない。この点，ドイツ民法典の労務供給契約の部分が，現実の要請に応じてしばしば改正されてきたのと対照的である。「労働法は民法に故郷をもたない」とのガミルシェクの評価は，ドイツ民法についてはともかく，日本民法にはまちがいなく妥当するというべきである。

2　雇用と労働契約
(1)　労働法制の整備

　こうして，日本では，労働法は当初から民法とは別次元で発展するほかなかった。すでに第二次大戦以前から，工場法，健康保険（労災補償を含む）などの労働者保護法規が制定され，各種の労働組合法案が立案されたりしたが，労働法の本格的な発展のためには第二次大戦後の占領期を待たなければならなかった。

　第二次大戦後の労働法は，たとえばドイツのそれと比較して，集団的労働関係法と個別的労働関係法の各領域について，包括的な内容をもつ基本的な法律が早い時期に制定された点に特徴がある。集団的労働法の分野では，1945年に労働組合法（1949年に全面改正）が制定され，1946年制定の憲法28条によって憲法上の基礎を与えられた。個別的労働法の分野では，憲法27条2項の付託にもとづいて1947年に労働基準法が制定されている。

　労働基準法は，労働関係の基本的な準則や多様な労働条件基準を定めた法律であり，その規定は公法的効力のみならず私法的効力も有することが明記された（13条）。それは，統一的な労働法典ではないにしても，それに近い性格をもっていた。こうした制定法の状況は，民法との関係における労働法の独自性をドイツの場合以上に強く意識させる条件となった。市民法と労働法の理念的

　　ンス民法典が人権宣言に適合すべきものとして制定されたのに対し，日本民法典は，わ
　　が国が独立して世界諸国と対等の地位を保つために「富強」になることの手段として制
　　定されたことを指摘し，この違いこそが近代国家としての日本を象徴するという。

対立を理由として，労働法分野における民法の適用を拒否する見解さえ有力に主張される状況であった。

(2) 雇用と労働契約の異同

　民法と労働法の関係は，雇用と労働契約の異同という問題に鮮明に表われる。実定法上労働契約の概念が確立されていなかった第二次大戦前から，すでに雇用と労働契約の関係をめぐって一定の議論があったが，両者の関係に関する議論は，労基法が「労働契約」のタイトルの下で一連の重要な事項を規定して以来，実際上の意味をもつようになった。

　雇用と労働契約の関係については，同一説と峻別説が対立し，やがて同一説に収斂されていったと整理されている。しかし，同一説と峻別説を同じ平面で対立する見解として整理しうるかどうか疑問がある。同一説とは，雇用と労働契約を契約類型としては同一のものと解する立場である（契約類型論）が，峻別説における峻別の力点は，必ずしも契約類型の相違にあったわけではない。むしろ，法体系全体における両契約の位置づけ，両契約を法的に規整する理念の相違が主要な問題であった（本質論，理念論）。

　たしかに，峻別説の代表とされる片岡昇の議論は，労働契約および労働関係を個別的合意の要素と従属的・組織的要素の二重構造においてとらえる議論として展開されるが，片岡が最も強調したかったのは，「労働契約概念は，民法的雇傭契約における自由の原理が，労働者の団結の法認を通じて労働者の生存権の確保という観点から修正を余儀なくされ，かつそれによって滲透をうけるところに成り立つ」という点であった。片岡にとって，こうした意味で雇用と労働契約は本質的に異なるものであるが，類型上の相違の有無，つまり，雇用

---

40) とくに片岡昇「労働法における人間」季刊労働法48号（1963年），同「労働法と市民法——労働法的人間像と解雇理論——」法哲学年報（1963年下）［いずれも同『労働法の基礎理論』〈1974年，日本評論社〉に収録］。

41) 学説の展開については，石田眞「労働契約論」籾井常喜編『戦後労働法学説史』（1996年，労働旬報社）615頁以下，石田信平「労働契約論」季刊労働法246号（2014年）213頁以下，水町・前掲注36）2頁以下参照。

42) 水町・前掲注36）10頁以下。石田眞・前掲注41）621頁以下も参照。

43) 片岡昇『団結と労働契約の研究』（1959年，有斐閣）213頁。同旨，蓼沼謙一「働く者の生活と現代法」（1965年）『蓼沼謙一著作集1・労働法基礎理論』（2010年，信山社）14頁以下。

と労働契約の範囲の広狭などは主たる関心事ではなかった[44]。そして，このような理念や規整原理の相違であれば，同一説とされる沼田や蓼沼がすでに指摘し強調していたところでもある[45][46]。したがって，峻別説に対する下井などの批判に対して，片岡や本多が規整理念の相違を強調して反論したことは[47]，峻別説の立場としては一貫していたということができる[48]。雇用と労働契約の関係については，類型論と本質論（理念論）を区別して議論を整理すべきであろう。

　私見では，契約類型としては，民法上の雇用と労働法上の労働契約の間に基本的な差異はないと解すべきである。上述のように，ドイツでは，民法典が有償委任契約を含む広い労務供給契約（Dienstvertrag）について規定しているため，労務供給契約から労働法の適用対象たる労働契約（Arbeitsvertrag）を切り出す作業が必要であり，その際，労働契約のメルクマールが労働の従属性（とくに人的従属性）に求められた。日本においても，民法制定過程では，医師，弁護士，教師などの「高等な労務」も雇用の対象に含まれると理解され，そうした見解が第二次大戦までは有力であったとされるが[49]，第二次大戦後は，日本民法は有償委任を「委任」のなかに位置づけており（受任者の報酬について規定する648条参照），「雇用」は，相手方の指揮命令に従って労務を提供する契約であるとの認識が一般的となっている[50]。つまり，人的従属性は，労働契約のみの特徴ではなく，請負・委任から雇用を区別するメルクマールでもある。また，請負もしくは委任（準委任）の形式をとった契約関係も，その実態が雇用とみなされる場合には，雇用に関する民法の規定の適用を受けると解すべきである。そのように考えれば，雇用と労働契約の間に，契約類型としての基本的な

---

44) 同じく峻別説に分類される本多淳亮「労働契約と賃金」季刊労働法25号（1957年）87頁以下も，類型論には関心を示していない。自ら峻別説に立つことを明言する萬井隆令も，問題とすべきは，「大多数の典型的な労働者像を前提とした労働契約概念の特性・特質」であるとする（『労働契約締結の法理』〈1997年，有斐閣〉27頁）。
45) 沼田稲次郎『労働法論序説』（1950年，勁草書房）162頁以下。
46) 蓼沼謙一「労働関係と雇傭契約・労働契約（二）」討論労働法38号（1955年）6頁以下。
47) 下井隆史「労働契約と賃金をめぐる若干の基礎理論的考察」（1970年）〔同『労働契約法の理論』（1985年，神戸大学研究双書刊行会）に収録〕3頁以下。
48) 片岡曻「労働契約論の課題」季刊労働法別冊1号（1977年）39頁，本多淳亮『労働契約・就業規則論』（1981年，一粒社）5頁。
49) 水町・前掲注36）5頁以下。
50) 我妻栄『債権各論・中巻2』（1962年，岩波書店）540頁以下。

相違はないということになる。

　しかし，国家法が同一の契約類型をいかなる視点でとらえ，いかなる法理念にもとづいて法的規整を加えるかはそれとは別個の問題である。この点，民法は，雇用を，対等な法的人格間の労務提供と賃金の交換を目的とした契約関係として把握し，契約関係に対する介入は最低限のものにとどめているが，労働者と使用者の地位の非対等性という意味での従属的な関係を形成する契約として労働契約を把握する労働法は，労働契約に対して，生存権ないし人間の尊厳理念にもとづいてさまざまな法的規整を加えるのである。

　ただ，労働法においても，労働者と使用者が本来対等の立場にたって契約を締結し，契約内容を決定すべきであるとの理念は，労基法2条1項で宣言された重要な要請である。この点の理解については，時代的制約にもより，上記の峻別説のみならず，同一説もまた問題をはらんでいたというべきであろう。

3　労働契約に関する法的規整

　労基法制定以後，労基法の周辺にいくつかの法律が制定されていったが，労働契約の成立，展開，終了などに関するルールは長らく法定されず，その扱いは判例法理に委ねられた。裁判所は，民法原理の妥当を一応前提として，雇用に関する規定や民法の一般条項を労働関係特有の諸事情と結びつけて解釈することによって，判例法理を形成してきた。解雇権濫用法理，就業規則法理，採用内定・試用の法理，配転法理，出向法理，懲戒権濫用法理などである。これらの判例は，しばしば学説からの厳しい批判に遭遇したが，それが労働法の形成に重要な役割を果たしたことは否定できない（第9章Ⅱ2参照）。しかし，判例法は明確性や公示性において大きな限界をもっているため，労働契約に関する諸々のルールを制定法で規定することが求められるようになってきた。[51]

　労働契約に関する法的規整においてまず問題となるのは，それをいかなる法

---

[51]　早い時期のものとして，沼田稲次郎「労働権保障法の体系的展望——労働基準法のhorizonを越えて」（1976年）［沼田稲次郎著作集第7巻（1976年，労働旬報社）に収録］がある。また，議論がさかんになった90年代前半の文献については，石田眞・前掲注41）656頁注58参照。

律の形で規定するかである。労基法には，制定当初から労働契約に関する一定の規定が含まれていたが，公法・私法の性格を併有する同法の性格上，純粋に私法的な契約法のルールをそこに盛り込むのは不適当であった。たしかに，2003年の労基法改正に際して，純粋の私法的ルールである解雇権濫用法理を定める規定が労基法に挿入された（18条の2）が，それは，こうした条項について他に適当な受け皿がないがゆえの便宜的な措置であった。この規定は，2007年に労働契約法（以下，労契法）が制定されたときに，労契法16条に移された。

受け皿といえば，解雇権濫用法理を定める規定を民法の雇用に関する部分に挿入するという方法がなかったわけではない。この条項の私法的性質からいえば，その方が整合性がとれたともいえる。しかし，民法改正が法務省の管轄事項であるという問題を別としても，雇用契約の解約について労働者と使用者の双方に解約の自由を認めた民法に，解雇（使用者による解約）を制限する条項を挿入することは体系上の違和感をもたらしたことと思われる。解雇権濫用法理は，すでに解雇に関していくつかの規定をもうけていた労基法に明記する方がまだ抵抗感が少なかったのであろう[52]。

こうした事情からして，就業規則，配転，出向，有期労働契約，懲戒処分などの諸問題に関する判例をふまえて，労働契約にかかわるルールを制定法化しようとする場合，独自の法律（労働契約法）を制定することは必然的であった。これらの規定をすべて民法の雇用の節に挿入することは，雇用に関するドイツと日本の民法規定の相違を考慮すれば，ドイツの場合以上に受け入れがたい提案であったであろう。

こうして，2007年に労働契約法が制定された。この法律は，きわめて貧弱で統一性がとれておらず，労基法との関係も不明確で，しかも労働者保護の観点が不十分であるなど，内容的に大きな問題を残している[53]。2012年改正によって

---

52) 理論上は，ドイツの解雇制限法（Kündigungsschutzgesetz）のような法律を新たに制定することは可能であったが，政治的にはその条件はなかった。なお，ドイツでは，解雇制限法は，常時雇用される労働者が5人以下の事業所には適用されない（解雇制限法23条1項2文）。同法の適用を受けない労働者の解雇は，民法典の労務供給契約の解約に関する規定と一般条項の適用を受けるにすぎない。
53) 同法の問題点に関する私見については，西谷敏「労働契約法の性格と課題」西谷敏・根本到編『労働契約と法』（2011年，旬報社）1頁以下参照。

有期労働契約にかかわる条項が挿入されたが，法律の基本的な問題は解消されていない。こうした結果になった主たる原因は，判例法理を確認するとのスタンスから出発しつつ，労働者側と使用者側のいずれかが難色を示す条項を削除していくという法案作成の方法にあった。労使間の合意もなく，労働法学者のコンセンサスも不十分なまま，法律の制定を急いだ点に根本的な問題があったというべきである。労働契約法といった法律は，ドイツの経験からみても，性急に制定するのに最も不適当な法律なのである（労働契約法については，さらに第9章Ⅱ3参照）。

　こうして日本では，労働契約の法的規整について，ドイツとフランスのいずれとも異なる状況が生じた。すなわち，ドイツのように民法典が労働契約に関する規整の受け皿となっているわけでなく，またフランスの労働法典のような，依拠しうる充実した法規も存在しないということである。「民法と労働法」に関しては，こうした法典の状況を前提として論じられるべきである。

4　民法の社会化と労働法

　市民法的性格が濃厚な日本の民法典は，第二次大戦後に第一編総則の第一章通則と親族編・相続編について改正がなされ，2004年に現代語化のための改正がなされたのを除いて，基本的に現在まで妥当している。しかし，現代の民法は，民法典を基礎としつつも，さまざまな特別法と判例法理によって補充されており，これらの法律や判例を視野に入れなければ理解できない。そして，特別法には，借地借家法や消費者契約法などの社会法的な法律が含まれ，同様の理念にもとづく判例法理も少なくない。法領域としての民法は，もはや19世紀的意味での市民法とはいえないのである。

　こうした発展は，そこで想定される人間像に即していえば，「理性的・意識的で強く賢い人間から弱く愚かな人間へ」の変化として把握することができる[54]。ちょうど市民法の基本原理を修正して労働法が生成してきたように，市民法の修正のうえに現代民法が形成されてきたのである（民法の社会化）。

　このことは，民法と労働法が新たな次元で共通性を獲得したことを意味す

---

[54]　星野英一「私法における人間――民法財産法を中心として――」岩波講座『基本法学1・人』（1983年）144頁。

る。民法と労働法は，抽象的には市民法を共通の基盤にするが，同時に，市民法があえて無視した弱者の社会的状況を視野に入れてその法的保護を図る方向で発展してきたという点でも共通の性格をもつに至ったのである。[55]

　しかしながら，労働法が対象とする労働関係と，民法が保護対象とする「弱者」の法律関係の相違も無視することはできない。

　第一に，労働者の従属性は，単なる情報と地位の不均等にとどまるものではなく，労働契約締結過程（労働条件の決定）における従属性（経済的従属性）と，指揮命令への服従という人的従属性が結合した独特のものである。たとえば，労働条件の引き下げへの同意を迫られた労働者が，拒否した場合の解雇やいじめ等をおそれて同意してしまうといったことは，他の関係には見られない事態である。労働関係には，消費者契約などとは異質な，独特の人格的要素がしみついているのである。[56]

　第二に，労働者は労働力の売り惜しみができないという意味で労働契約の締結そのものを事実上拒否しにくいが，消費者は，通常は買わない自由あるいはいかなる業者・メーカーの商品を購入するかの自由をもっている。この相違は，契約の規制方法の相違をもたらす。すなわち，契約の締結過程や内容に関する消費者等の保護は，契約の効力を否定すれば実現される場合が多いが，労働契約の規制においては，むしろ労働関係を存続させつつその内容を適正化することが中心的な課題となる。

　第三に，労働法が対象とする労働関係は，有効な労働契約の存在を前提とするとは限らないという点でも特徴がある。たとえば労働者保護法の一定の条項は事実上の指揮命令関係（たとえば派遣先と派遣労働者の関係，偽装請負における発注企業と「請負」企業労働者の関係）があれば適用されるし，使用者としての団体交渉応諾義務も，直接的な労働契約関係なしに発生することがありう

---

55) ドイツにおいても，保証人契約，婚姻，消費者契約，リース契約，定型的な賃貸借契約などに関して契約当事者の非対等性が問題とされるようになり，また民法典305〜310条で厳しい約款規制（2002年1月1日施行）がなされた。これらによって民法が労働法に接近したと指摘されている（Düwell, a.a.O. (21), S. 151）。

56) 労働契約における人格的要素を強調する見解として，吉田克己『市場・人格と民法学』（2012年，北海道大学出版会）第11章（229頁以下），吉村良一『市民法と不法行為法の理論』（2016年，日本評論社）89頁以下参照。

る。

　こうした相違を考慮するならば,「民法の社会化」を理由として, 民法と労働法の境界を曖昧にするような法制や理論は適当とはいえない。もちろん, 両者の共通性にかんがみて, 一方の法原則を他方に準用することは可能であり, 望ましい場合が多い。たとえば, 消費者契約法における約款に関する条項は労働契約に準用することができるし[57], 労働法上確立されてきた法原則（解雇権濫用法理, 安全配慮義務など）を労働関係以外の法的関係に適用ないし類推適用することが妥当な場合もある。しかし, こうした民法と労働法の部分的な「交流」を越えて両者の一体化を図ることは, 労働法の独自性を見失わせ, その発展を阻害するものと思われる。

5　法解釈における民法と労働法

　民法と労働法の関係をいかに理解するかは, 法解釈の方法にも重要な影響を及ぼす。とりわけ労働関係上の法的問題に関して労働法に独自の規定が欠けている場合, 解釈者はいかなる態度をもって法解釈をなすべきかという問題がある。以下においては, 代表的な三つの方法の批判的検討を通じて, あるべき法解釈方法への接近を試みたい。

(1)　労働法＝特別法論

　ある問題について労働法上の規定が欠けており, 依拠すべき判例法理も形成されていない場合, 関連する民法規定の適用によって問題を解決しようとする態度がありうる。それは, 労働法が民法の特別法である以上当然のことであると説明される。

　たしかに, 労働法はある意味では民法の特別法である。たとえば解雇予告期間に関する民法の規定（627条1項）と労基法の規定（20条）は, まさに一般法と特別法の関係で説明される。しかし, 労働法が一般的に民法の特別法であるとして, 労働法規の明文の規定や判例法理がない場合に直ちに一般法＝民法を

---

[57]　2015年に国会に提出された民法改正案には, 定型約款に関する条項が含まれており（548条の2〜4）, この条項と就業規則等との関係は重要な検討課題である。たとえば, 土田道夫編『債権法改正と労働法』（2012年, 商事法務）174頁以下［土田道夫］, 野川忍「労働条件の形成と変更——約款・事情変更原則等を中心に——」日本労働法学会誌123号（2014年）39頁以下参照。

適用しようとすることは,妥当とは思われない。

　労働法は,すでに制定法と判例法を素材として体系性を備えた独自の法領域として成立していると考えるべきである。したがって,既存の制定法や判例法理に直接依拠しうる条項ないし法理が欠けている場合にも,直ちに民法に立ち戻るのではなく,まずは法の欠缺があることを認め,労働法の理念をふまえて,結果的妥当性と体系的整合性を総合考慮のうえ法創造がなされるべきである。その際,民法の一般条項はもちろん,その他の諸規定も適用されることは当然ありうるが,それはあくまで労働者保護などの労働法的理念にもとづくスクリーニングを経て労働法分野に持ち込まれるべきである。たとえば,業務遂行過程において故意・過失によって使用者または第三者に損害を与えた労働者は,民法上は債務不履行もしくは不法行為として加害行為と相当因果関係のある全損害の賠償責任を免れないが,そもそもすべての場合に労働者に賠償責任を負わせるべきかどうかが問題となるし,労働者が賠償責任を負うべき場合にも,その全額を賠償させるのは社会的に不当な結果を招く可能性があり,労働法的な修正が必要となる。

　労働関係に対する民法規定の適用にあたってこうしたスクリーニングが必要であるということは,労働法がクレッパーのいうような,民法の大海に点在する「島」といったものではないことを意味している（本章Ⅱ2参照）。仮に,労

---

58) 菅野・労働法21頁は,「労働法上の修正原理・規定がないかぎり契約法（民法）の原理（契約の自由,信義則,公序など）と法規定に服する」と述べる。ここでいう「修正原理・規定」が既存の法律や判例法理だけを意味するとすれば賛成できない。

59) なお,石井照久『新版労働法』(1971年,弘文堂)21頁は,労働法の発達を理由として簡単に「市民法理論への訣別」を説くことは誤りであるとし,労働法の理論は,「市民法理論を通して,その上にでる」べきものとする。ここでは,「上にでる」ことの具体的な意味内容が問題となる。また,下井隆史・保原喜志夫・山口浩一郎『労働法再入門』(1977年,有斐閣) 3 頁は,「法理論構築の努力の過程で……実定法上の根拠や私法の一般理論との関連等も強く意識しながら,法的論理構成の厳密さを追求」したとし,自分たちは,「民法理論はブルジョワ法理論であり労働法とは無縁のものである,という考え方に組みしない」と述べている。この言説そのものの当否は別として,同書における具体的な法解釈は過度に民法ないし市民法理論に傾斜しているように思われる。

60) 判例も事情に応じて損害の一部についてのみ労働者の責任を認めるという態度をとっている（たとえば茨城石炭商事事件・最一小判昭51.7.8民集30巻7号689頁）が,明確な基準が設定されているわけではない。判例の傾向については,細谷越史『労働者の損害賠償責任』(2014年,成文堂)157頁以下参照。

働法的な特則を解釈学的に評価すべき統一的な思考様式は確立されていないというクレッバーの命題が正しいとすれば，民法条項を労働契約関係に適用する際になされるべきスクリーニングの基準も明確にならないからである。労働法は，統一的な理念にもとづいて体系をなす独自の法領域であり，民法などの他分野の規定は，この理念にもとづく評価を経て初めて労働法分野に適用ないし類推適用しうると解すべきである。

(2) 原理的対立論

　市民法と労働法の原理的対立を強調する議論は，個別問題の解決にあたって，基本的に民法規定の適用を排除しようとする。

　たとえば解雇事由の制限が好例である。民法には，期間の定めのない労働契約について，当事者による解約の自由を認める規定が存在し（627条1項），労働法の諸法規には，差別的解雇や報復的解雇（労基法3条，労組法7条1号，労基法104条2項など）を別として，解雇事由を制限する規定は存在しなかった。戦後初期には，近代社会においては市民法における取引の自由が貫徹するので解雇は自由である[61]，あるいは市民法体系と労働法体系は作用する平面を異にするから，やはり解雇は自由である[62]といった理論も見られたが，解雇について，権利濫用禁止の一般条項（民法1条3項）の適用まで否定する議論は早々に影響力を失った。そこで，学説においては，解雇権濫用説と解雇には正当な事由が必要とする正当事由説が対立することになった[63]。

　この両説の対立には，民法と労働法の関係をどう見るかの相違が反映していた。解雇権濫用説は，民法627条1項にもとづく使用者の「解雇権」を一応観念し，そのうえで権利濫用禁止の一般条項を労働者の生存権を考慮しつつ適用することによって問題を解決しようとする。解雇権濫用論も，例外的な事例についてのみ濫用を認めるものから，生存権の考慮によって広く濫用を認め，事実上正当事由説とさほど異ならないものまで広い幅があるが，論理的に民法上

---

61) 三宅正男『就業規則』（法学理論篇110）（1952年，日本評論社）16頁以下，同「解雇」石井照久・有泉亨編『労働法演習』（1961年，有斐閣）190頁以下。
62) 吾妻光俊『解雇』（1956年，勁草書房）16頁以下，57頁以下。
63) 学説の発展については，米津孝司「解雇権論」籾井常喜編『戦後労働法学説史』（1996年，労働旬報社）657頁以下，森戸英幸「労働契約の終了（一）」季刊労働法163号（1992年）159頁以下参照。

の「解雇権」を出発点とする点に特徴がある。

　これに対して，正当事由説は，生存権をふまえた法創造によって，「使用者は正当な事由がある場合に限り，労働者を解雇することができる」との命題を立てるのであり，純粋に労働法の次元において問題を解決しようとする。とくに，市民法と労働法は原理的な対立関係にあり，現行法体系には「相対立する異質的原理の相剋」が含まれると見る片岡昇は，自己の見解の典型的な帰結として解雇に関する正当事由説をあげる。[64]

　しかし，正当事由説の当否は別として，[65]市民法と労働法を原理的な対立の関係において把握するのは適切とは思われない。労働法における人間像は，使用者に対する従属性を特徴とするものの，抽象的には自由で平等な市民法的人間像を基礎とするのであり，民法と労働法の間には多くの共通性が存在すると考えられるからである（第2章Ⅱ2参照）。

　民法と労働法の関係は，問題ごとに具体的に検討すべきであるが，少なくとも契約の一類型である労働契約に対して民法の債権法に関する諸条項の適用をアプリオリに排除する根拠は乏しいといわざるをえない。また民法の一般条項[66]（権利濫用，信義則，公序良俗違反など）は，労働法を含む私法一般の基礎にある法原則と考えるべきであり，それが民法典に規定されているからといって市民法あるいは民法とのみ結びつけて理解されるべきではないであろう。それは，労働法規の欠缺を埋め，労働関係上の法的問題に実態に即した合理的な解決を与えるための法創造にとって普遍的な基礎をなすのである。

(3) 相互浸透・融合論

　市民法と労働法は原理的に対立するが，接点領域においては両者は相互浸透し融合するとの立場から，そこでは労働法理念によって修正された民法条項が適用されると主張する見解がある。[67]

---

64) 片岡『労働法の基礎理論』前掲注40) 126頁以下。
65) 正当事由説をとる見解として，さらに米津・前掲注63) 657頁以下，同「解雇法理に関する基礎的考察」西谷ほか編・前掲注53) 261頁以下参照。もっとも，解雇権濫用法理が労契法16条に明記されたことから，法解釈として正当事由説を根拠づけるのは相当困難になったと思われる。
66) 浅井清信「市民法と労働法」現代労働法講座第1巻（1981年）20頁以下。
67) 島田信義『市民法と労働法の接点』（1965年，日本評論社）35頁以下。

この見解は，たとえば，使用者の責に帰すべき事由にもとづく休業の場合の賃金請求権と休業手当の関係という，以前激しく争われていた問題につき独特の解決を与える。後に判例によって支持されることになる多数説によれば，労働不能に際して労働者が賃金全額の請求権を失わない旨規定する民法536条2項は，使用者に故意・過失もしくは信義則上それと同視すべき事由が存在する場合に限り適用され，使用者にそこまでの責任はないが，一応使用者の責任範囲に属すると見られる事由による休業の場合には，労働者は労基法26条にもとづき平均賃金の60％に相当する休業手当を請求しうるにとどまるという[68]。

　これに対して，相互浸透・融合論は，賃金のような商品交換の領域では民法の規定が適用されるべきであるが，その民法条項は労働法理念の浸透を受け，大きく修正されたものと理解すべきであるとし，結局，民法536条2項の債権者の帰責事由が，労基法26条に関する通説的見解と同じく，使用者として不可抗力を主張できないすべての事情を含むとの結論に至るのである[69]。

　こうした方法が妥当な結果をもたらすことは少なくないであろう。ただ，原理的に対立する民法と労働法が何ゆえにその接点領域において相互浸透・融合するのかという疑問は残る。また，労働法的に修正された民法規定の適用という方法がいつでも可能とはいえない。上記の例については，たしかに民法536条2項は，労働不能の場合の賃金請求権の問題をも想定した規定と解しうるから，それを労働法的に修正するという解釈は可能であるが，労働関係を想定したと解される民法規定が存在しない場合には，むしろ法の欠缺を正面から認め，労働法理念のスクリーニングをかけつつ民法その他の諸条項を参照して，法創造に努めるというのが正道のように思われる[70]。

---

68) ノース・ウェスト航空事件・最二小判昭62.7.17民集41巻5号1283頁。
69) 島田・前掲注67) 145頁以下。
70) 野田進「労働契約法と債権法との関係性──総論的課題の考察──」日本労働法学会誌123号（2014年）11頁以下は，フランスの議論をも参考にしつつ，労働契約にかかわる解釈問題に対する態度として，労働法独自の理念を重視する態度（travailliste）と契約法としての一貫性を重視する態度（civiliste）とを対照させる。そして，こうした規範選択を決定する真の対立軸は，プロレーバー対非プロレーバーではなく，実用主義（pragmatisme）対理論追求主義（théoricien）にあるという。

6 民法と労働法の立法論

　以上のような理解からして，将来にわたって労働法の独自性が維持されるべきことは明らかである。労働関係において他の諸関係とは異質な労働者の従属性が解消されない限り，労働法の固有の意義は失われないからである。民法改正論に関係して，民法における雇用の規定と労働契約法の関係が一つの論点となるが，労働契約法の規定を民法に吸収するというような，ドイツのレーヴィッシュの提案に相当する案には賛成できない[71]。それは，労働法の独自性を見失わせるし，労働契約に関する規定と労働基準法との関連を稀薄にするおそれがあるからである。

　将来は，労働契約法を全面的に改正して，労働契約に関する法的規整は労働契約法において体系的に行うべきである。その際，労働基準法と労働契約法の関係を再検討して整理する必要がある。労働契約に関係するが公法的規制が必要な事項については，労基法に規定を残し，もしくは新たな規定を設ける必要があるが，いかなる事項について公法的規制が不可欠なのか改めて検討する必要がある。民法典の雇用の条項については，そのまま残すという方法もあるが[72]，労働契約法に移して民法典には参照条項を残すという方法もありうる[73]。これは，民法典をいかなる性格をもつ法律と位置づけるかという基本問題と同時に，請負，委任などの契約の主体であり，しかも労働法上の「労働者」とはいえないが，「労働者」と同様の保護を要する者についていかなる形で規定するかという問題にもかかわっている（第7章Ⅲ4参照）。いずれにしても重要なのは，労働契約法を，労働契約に関する包括的かつ透明性の高い法律に抜本的に改正することである。

---

71) 野田・前掲注70) 8頁以下は，立法のあり方として，まず，労働契約に関する規定を労契法に統合する説と，民法と労契法に振り分ける説を区別したうえで，これを雇用契約と労働契約の同一説と峻別説を組み合わせて，「同一説・統合説」，「同一説・分離規定説」，「峻別説・分離規定説」，「峻別説・統合説」の四つの考え方がありうるとする。ここでは，レーヴィッシュのような案は視野に入っていないようである。

72) 和田肇「思想としての民法と労働法」法律時報82巻11号（2010年）10頁。

73) 山川隆一「雇用の規定を残す必要はあるか——労働契約法との関係をどう考えるか」椿寿夫他編『民法改正を考える』（2008年，日本評論社）312頁は，雇用関係に関する民法上の規定を労働契約法に統合する方が問題は少ないとする。

第4章
労働法の基本理念

はじめに

　本章では，労働法の基本理念について，戦後日本におけるその推移に留意しながら考察を加える。

　ここでいう「基本理念」とは，法のあるべき姿を示し，具体的な立法と，裁判および学説による法解釈とを方向づける基本思想のことである。「法の理念」は，より抽象度の高い概念として，「法の正不正や合理性を判断する究極の規準となり，その形成・実現つまり法的実践の指導原理となるもの[1]」と定義される場合もある。ラートブルフが，法の理念（Rechtsidee）を，正義，合目的性，法的安定性の三つに定式化したことはよく知られている[2]。

　それに対して，ここでいう基本理念は，ラートブルフのいう「正義」の概念に対応し，また，多義的な「正義」の概念のうち，「社会関係又は制度の正当性を判定する実質的な価値規準[3]」の意味での「正義」に関係する。団結権の理念，生存権の理念，人間の尊厳の理念などの形で用いられ，これを「思想」と言い換えることも可能である[4]。

---

1) 加藤新平『法哲学概論』（1976年，有斐閣）432頁。
2) ラートブルフ・田中耕太郎訳『法哲学』（1961年，東京大学出版会）207頁以下。
3) 加藤・前掲注1) 439頁。
4) 毛塚勝利「解説1・戦後労働法学と蓼沼法学——総括と継承」『蓼沼謙一著作集Ⅰ労働法基礎理論』（2010年，信山社）567頁以下は，こうした「理念」の用い方に反対する。それによれば，近代市民社会の「法の理念」は普遍的な自由・平等であり，その理念をそれぞれの生活関係で実現していく市民社会の経済システムの「法原理」とは峻別すべきだとし，そのことが「戦後労働法学の総括と継承を行ううえでもっとも肝要」（568頁）だとする。しかし，たとえば自由・平等と生存権の関係はより複雑であるし，その議論が人間の尊厳理念を軽視している点においても支持できない。沼田稲次郎『労働基本権論——戦後労働法のイデオロギー的側面——』（1969年，勁草書房）4頁は，「労働政策や労働法に対し規定的な影響を与えた原理あるいは理念——基礎的なイデオロギー的↗

法における実質的な正義（実質価値）の問題は，突き詰めていくと，自然法と実定法の関係という法哲学上の大問題に到達する。法実証主義，とりわけ制定法実証主義の立場からは，こうした実質的価値をめぐる議論そのものが無意味なものともみなされうる。しかし，われわれはさまざまな実質価値を実定法化した日本国憲法をもっているのであり，そうである以上，実証主義の立場からしても実質的価値の問題を避けて通ることはできない。つまり，法的な議論においては憲法が選択した実質価値は大前提であり，その枠内でいずれの価値をどの程度重視するのかが問題となるにすぎない。そこで，労働法の基本理念の問題は，立法や法解釈によって労働法を形成していくに際して，憲法で規定された基本的人権のうち，いずれをどのように理解し，その相互関係をいかに位置づけるべきかの問題に帰着する。

　もちろん，法の理念がすべての個別問題を演繹的に決定するわけではない。理念は，それぞれの領域において，下位の法理念や法原則などによって具体化されなければならず，またそれが特定の結論と結びつくために，何らかの政策的考慮が介在する場合が多い。しかし，立法や法解釈の基本的方向を見誤らないためには，個別問題を論じるにあたってもたえず法の理念を明確化し，それとの関係を意識し続けることが必要である。理念なき法学は羅針盤のない航海に等しい。

I　法意識と法理念

1　法意識と法理念の相互関係

　歴史的に法理念はさまざまに変遷してきた。その変遷をうながした究極の要因は法意識の変化である。国家が法規範を定立し，それの遵守を権力的に強制しようとしても，その内容が国民の法意識によって受容されるのでなければ，法が実効性をもって安定的に社会を規整する力を保持することはできない。そのことは，とりわけ近代以降の民主主義体制において顕著である。民主主義

　＼命題——を主としてとりあげた」として，原理と理念をとくに区別していないが，私はそうした用語法に従っている。
5)　青井秀夫『法理学概説』（2007年，有斐閣）204頁。

は，選挙で国民の代表を選出することで終わるわけではない。したがって，立法は，国家意思の発現であるものの，同時に，多かれ少なかれ国民の法意識によって規定され制約を受ける。裁判も，同じく国家の司法作用であるが，そこでなされる法解釈においては結果的妥当性の考慮が不可欠であり，ある解釈が結果的に妥当かどうかは，ある程度まで国民の意識に依存するのである。

　しかし，法は，国家が一定の目的のために定立する規範である以上，たとえその時点で国民全体の法意識によって受容されなくても，貫徹されるべき場合がある。とりわけ，憲法上明記された基本的人権は，国民の法意識との間に齟齬があってもその適用が控えられることがあってはならない。憲法規範の適用が法意識に妥協するのではなく，法意識が憲法規範に近づくよう変革されるべきなのである。

　1946年に日本国憲法が制定されたとき，基本的人権条項のすべてが国民の法意識の明確な支持を受けていたわけではない。長年前近代的な天皇制国家イデオロギーの支配を受けてきた多数の国民の法意識と，西欧近代の価値を基軸とする憲法の基本理念との間に一定の乖離が生じるのは当然であった。しかし，それにもかかわらず，憲法が最高法規として法秩序全体を支配するためには，国民の法意識によって支持されなければならなかった。憲法と法意識の隔絶を放置するならば，憲法に則した立法・法解釈は国民から疎遠なものとなり，逆に法意識に即した立法・法解釈は憲法から乖離したものとなるからである。

　国は当初，憲法の普及のための啓蒙活動に熱心に取り組んだが，やがて憲法改正論が勢いを増すなかで，その熱意は急速に冷めていった。現行憲法の遵守・定着と憲法の改正とは法的には別次元の問題であるが，現実には，憲法の改正をもくろむ為政者に，憲法の誠実な遵守と普及の努力を期待することは困難である。憲法の定着のためのさまざまな啓蒙活動は，有力な法学者などの知識人が担うこととなった。法体系の頂点にある憲法が国民の間に定着することが実定法学にとっても重要な課題であったというだけではない。長い抑圧と戦争の惨禍を経て制定された日本国憲法への知識人たちの熱い共感が彼らの啓蒙活動を支えていた。[6]国民意識を啓蒙し，憲法を定着させることは，社会の近代

---

6)　我妻栄，宮沢俊義といった日本の代表的な法学者が，いわゆる逆コースのなかでの／

化＝進歩のために不可欠と考えられたのである。

　法規範（法理念）と法意識は，法規範が法意識を前提とし，法意識が法規範によって形成されるという意味で相互規定的であるが，最高法規である憲法に関しては，立憲主義，法治主義を前提とする限り，国民の法意識が憲法に適合させられるべきである。法意識の変化は憲法の適用において考慮されるにとどまる。[7]

2　労働法における法意識と法理念

　法規範と法意識の相互関係は，基本的には労働法にも妥当する。戦後労働法学は，労働者・国民の間に，労働基本権をはじめとする重要な法理念，法原則を浸透させることを自らの重要な課題とした。ところが，新たな法領域としての労働法分野の基本理念は一義的に明らかであるわけではない。労働法における中心的な法理念はなにか，憲法28条の保障する労働基本権はいかなる権利であり，いかなる理念に支えられているのかは，憲法やその他の法規の解釈を通じて初めて明らかになる。そして，法解釈は，上述のように労働者・国民の法意識に規定される側面をもつ。

　つまり労働法学は，労働者・国民の法意識に一定程度規定されつつ，労働者・国民の意識を憲法適合的に変革するという課題を背負うことになった。労働者・国民の意識は，固定的に前提とされるべきものではなく，かといって単なる働きかけの対象であるわけでもない。それは，法解釈を規定しつつ，法解釈を含む法的実践によって規定され変革されるべき意識である。そして，解釈者がある法解釈をもって労働者・国民の意識に働きかけ，その方向で法意識が変

　　＼改憲の目論見に反対して，「護憲」の立場で積極的に行動していたこと（憲法問題研究会編『憲法読本（上）（下）』〈1958年，岩波新書〉参照）は記憶にとどめられるべきである。この研究会には，その他，湯川秀樹，務台理作，大内兵衛，大河内一男，丸山眞男，末川博，恒藤恭など各分野を代表する錚々たる知識人が参集していた。法学者のみならず，多くの社会科学・自然科学分野の研究者や知識人にとっても，自由や民主主義の観念を国民の間に定着させ，憲法改悪に反対する力を強めることは喫緊の課題だったのである。

7）　もちろん，長期にわたって憲法と国民意識の乖離が埋められない場合には，憲法自体の改正は避けられない。しかし，憲法違反の法律等によって既成事実をつくり出したうえで，それを理由とする改憲に世論を誘導するような政権の態度は，明らかに立憲主義に違反する。

革されるならば，それがいずれは実定法（立法と判例）に影響を与え，それが法解釈の正しさを立証する。それが，沼田稲次郎に代表される戦後労働法学の法解釈理論の基本であった（第10章Ⅰ1参照）。こうした方法をとる場合，労働法学はたえず労働者・国民の意識を変革の立場から観察し，それを考慮しつつ法理論を創造することを求められる。

戦後70年の間に，社会，政治，経済の状況は一変したが，こうした法学方法論そのものは現在でも妥当と考えられる。したがって，労働法における基本理念についても，たえず労働者・国民の意識の変化を考慮しながら吟味しなければならない。

Ⅱ　生存権の理念

1　生存権と生存権的基本権
(1)　生存権の意義

日本では，長らく，労働法における最も重要な法理念を生存権に求める考え方が支配的であった。そうした発想には相当の根拠があったが，大きな問題点も含まれていた。

生存権の思想を，何よりも人間の生存自体になんらかの価値を見出し，「人間を人間として認めねばならぬ」という思想として広く理解するならば，その歴史は中世のトマス・アクィナスにまで遡ることができる。[8]

しかし，近代市民社会が開花し，すべての「市民」が形式上自由を謳歌するなかでこそ深刻になってきた貧困や生命・健康の危機を意識して生存権が論じられるのは，19世紀後半以降のことである。日本に大きな影響を及ぼしたのは，オーストリアの社会民主主義者・アントン・メンガーの生存権論である。[9]
メンガーは早くから日本でも翻訳・出版された『全労働収益権史論』[10]において，社会主義の究極の目標として考えうる経済的基本権として，「全労働収益権」

---

[8]　小林直樹『憲法の構成原理』(1961年，東京大学出版会) 293頁以下参照。

[9]　メンガーの基本的な立場とそれに対するエンゲルスの批判については，西谷敏「法曹社会主義（エンゲルス）」マルクス主義法学講座8『マルクス主義古典研究』(1977年，日本評論社) 202頁以下参照。

[10]　メンガー著・森戸辰男訳『全労働収益権史論』(1969年，弘文堂書房)。

(自らの労働がもたらす全収益を受け取るすべての個人の権利）とならんで「生存権」をあげ，それを「彼の生存に必要な物財および労務が，他人の緊切の度少ない欲望の充足に供せられるにさきだち，現存資料に応じて彼に分与されることを要求する権利」と定義した。そして，1919年のワイマール憲法151条1項は，こうしたメンガーなどの生存権論の影響のもとに，「経済生活の秩序は，万人に人間に値する生存（menschenwürdiges Dasein）を保障するという目的をもち，正義の諸原則に適うものでなければならない。」と規定して，史上初めて実定法上生存権の保障を宣言するのである。

こうしたメンガーの生存権論やワイマール憲法の規定は，日本でも第二次大戦前から，経済学者・福田徳三，法学者・牧野英一，法哲学者・恒藤恭などによって精力的に紹介され，生存権思想の重要性については多くの知識人の間で共通理解が形成されていた。日本国憲法において25条1項の生存権条項が規定されるにあたっては，社会党の「新憲法要綱」や，メンガー『全労働収益権史論』を訳した森戸辰男（当時社会党議員）が重要な役割を果たしたとされるが，その素地は，すでに生存権思想を肯定的にとらえる戦前来の知識人の雰囲気のなかに形成されていたのである。

このように，日本では戦前から生存権や社会権に親和的な思潮が有力であり，それが戦後における生存権理念の定着に大きな役割を果たしたといえる。しかし，生存権・社会権への共感は，自由権や個人の意思に対する消極的評価の裏返しでもあり，そうした自由への消極的姿勢も——憲法の制定による「解放」の雰囲気にもかかわらず——戦後にまで継承されたのである。

---

11) メンガー・前掲注10) 14頁。
12) 中村睦男・永井憲一『生存権・教育権』（1989年，法律文化社）12頁以下［中村睦男］参照。
13) 中村・永井・前掲注12) 30頁以下［中村］参照。
14) 笹倉秀夫『法哲学講義』（2002年，東京大学出版会）163頁は，原島重義「わが国における権利論の推移」（1976年）（同『市民法の理論』〈2011年，創文社〉445頁以下）を引用しつつ，牧野英一，平野義太郎，末川博，我妻栄らは，ドイツ留学の経験を通じて，最初から古典的な自由主義的民法学に対する懐疑的な立場を植え付けられたとする。彼らにおいては，「自由権よりも社会権，個人の意思よりも社会的見地，規範よりも政策的判断を重視する立場が濃厚であ」り，それが東大民法学（星野英一，平井宜雄，加藤一郎）の伝統になったという。

(2) 生存権的基本権論

　憲法の制定後ほどなくして憲法における基本的人権条項を整理して，その性格を定式化したのは民法学の我妻栄であった。我妻は，基本的人権を，法の下の平等，思想・表現の自由，結社の自由，職業選択の自由，財産権などの自由権的基本権と，生存権，教育を受ける権利，勤労権，労働基本権などの生存権的基本権とに分類し，自由権的基本権が国家権力の制限によって実現されるのに対して，生存権的基本権の特徴は，国家権力の積極的な配慮・関与によって実現される点にあるとした。そして，憲法は自由権的基本権を中心内容とする19世紀型から，生存権的基本権を含む20世紀型憲法に発展したと論じた。もちろん日本国憲法は20世紀型憲法に位置づけられる。

　このように基本権を二分してとらえる発想は広く学界の支持を得て，日本における通説を形成するに至った。しかし，我妻の基本権二分論には検討を要するさまざまな問題が含まれていた。

　それはまず，自由権的基本権と生存権的基本権を機械的に分けたために，生存権的基本権に含まれるはずの自由の契機が無視ないし軽視されたことである。それはとりわけ労働基本権のとらえ方に大きな歪みを生じさせた。この点は後述する。

　より根本的な問題は，我妻が生存権的基本権を，したがってまた20世紀型憲法を協同体思想によって説明している点である。我妻によれば，20世紀型憲法の思想においては，「国家を一の協同体（Gemeinschaft）と観念し，国家と個人（全体と個）との内面的・有機的結合を理想とする。したがって，その確認・保障する基本的人権は，国家の積極的な配慮と国民の積極的な努力とによって，相協力して実現されるべき国民の基本的な権利・義務である」。我妻は，ここでいう協同体とは，決してナチスのような全体主義ではなく，シュタム

---

15) 我妻栄「基本的人権」国家学会雑誌60巻10号（1946年）63頁以下，同『新憲法と基本的人権』（1948年，国立書院）［いずれも後に我妻栄『民法研究Ⅷ』〈1970年，有斐閣〉57頁以下，89頁以下に収録。引用はこの文献による］。

16) 「労働基本権」の概念は多様な用いられ方をするが，憲法28条の団結権等（労働三権）をさす場合が多いので，ここでもその意味で用いることにする。

17) 我妻・前掲注15）168頁以下。

18) ナチスも協同体の重視を標榜するが，我妻によれば，それは個人の価値を否定する↗

ラーのいう「自由に意欲する人間の協同体」だと説明する[19]。「要するに，この『協同体』においては，全体としての国家と，構成員としての国民とが有機的に結合し，国民一人一人の文化的発展がすなわち国家全体の文化的向上となり，同時に，国家全体の文化的発展がすなわち国民一人一人の文化的向上となる，という関係に立つものである」[20]。

　生存権という権利の保障責任を国家が負うことをいかに根拠づけるかは重要な論点であり，たしかに協同体思想はそのひとつの説明の仕方ではあろう。しかし，それは唯一可能な説明ではない。社会国家的な国家観や社会契約説的な国家観から国家の生存権保障責任を導くことも可能であり，むしろその方が自由の理念を損なうことなく生存権の根拠を説明する一般的な考え方である。しかし，我妻は，生存権の根拠を協同体思想に求めただけではなく，自由権的基本権を含む20世紀型憲法全体の基礎づけとして協同体思想を強調する。協同体思想は，自由権的基本権との関係では，公共の福祉によるその制限を積極的に肯定することにつながる。それは，中村睦男の批判するとおり，国家の積極的役割を無前提に肯定し，権力と自由との永遠の緊張関係を没却するものというほかない[21]。

　我妻自身が，1947〜48年の段階における自らの議論を後に次のように振り返っている。この本を書いた段階では，「日本国憲法に示された自由権的基本権と生存権的基本権とを協同体理念によって統合し，わが国をして平和な福祉国家たらしめることは案外近い将来に期待することができると考えた」[22]。この叙述から，協同体理念による国家と国民の有機的結合が，我妻が描く理想的な国家・社会像であったことがわかる。しかし，事態は占領軍総司令部の逆コース，国民の政治意識の沈滞，保守政党の長期政権，国民一人一人の福祉の停滞という形で進行する。「かような情勢の下で，自由権的基本権の調整を説き，協同体理念の高揚を主張することは，大きな危険をはらむであろう。私はいま

　　＼全体主義であって，協同体主義ではないという（我妻・前掲注15）174頁）。
19)　我妻・前掲注15）172頁。
20)　我妻・前掲注15）173頁。さらに245頁以下も参照。
21)　中村睦男「歴史的・思想史的にみた『社会権』の再検討」法律時報43巻1号（1971年）9頁。中村は，こうした発想を「上からの社会権」ととらえ，「下からの社会権」をそれに対置する。
22)　我妻・前掲注15）はしがき3頁。

痛切にそのことを感じている[23]」というのが我妻の反省の弁である。

今日，我妻のこの反省が当時よりも一層切実な意味をもっているのは明らかである。我妻の基本的人権理論は，こうした論者自身の反省とともに受け取られ評価されなければならない。

2 生存権と労働法
(1) 生存権と個別的労働関係法

憲法25条1項の生存権がそれ自体としていかなる法的効果をもつかはともかく，それが労働法の最も重要な基本理念であることは，戦後のある時期までまったく疑われなかった。市民法が抽象的な自由・平等にのみ目を向け，労働者の現実の従属状態とそこから生じる生存の危機を無視したこと，そのことへの批判から労働法が生まれたことを考えるならば，労働法学が市民法とは異なる基本理念として生存権に依拠したことはよく理解できる[24]。

労働者保護法の中核である労働基準法は，その冒頭で，「労働条件は，労働者が人たるに値する生活を営むための必要を充たすべきものでなければならない」（1条1項）と宣言している。「人たるに値する生活」という表現は，ワイマール憲法151条1項の menschenwürdiges Dasein を意識したものであるが，「健康で文化的な最低限度の生活」（憲法25条1項）とあえて区別する趣旨で選択された表現ではない[25]。労働基準法は，憲法27条2項の付託によって制定された法律であるが，同条同項は25条1項の生存権理念を労働関係において具体化するための国の責務を定めた規定であるから，生存権理念と労基法との直接的関係

---

23) 我妻・前掲注15)はしがき4頁。
24) ジンツハイマーも，市民法の中心が所有権（Eigentum）であるのに対して，労働法の中心は人間権（Menschentum）であることを強調していた（Sinzheimer, Über den Grundgedanken und die Möglichkeit eines einheitlichen Arbeitsrechts für Deutschland (1914), in: Sinzheimer, Arbeitsrecht und Rechtssoziologie. Gesammelte Aufsätze und Reden, Bd. 1, 1976, S. 41; derselbe, Das Problem des Menschen im Recht (1933), in: Sinzheimer, Arbeitsrecht und Rechtssoziologie. Gesammelte Aufsätze und Reden, Bd. 2, 1976, S. 60)。
25) 厚生労働省労働基準局編著『平成22年版労働基準法上』(2011年，労務行政) 64頁。この表現の発案者・寺本課長は，「社会生活一般の最低限度より，働く人の労働条件は本来高かるべきもの」との意味合いをこの表現に込めたとされる（松本岩吉『労働基準法が世に出るまで』〈1981年，労働行政研究所〉117頁以下）。

は明らかであった。

「健康で文化的な」という表現は，労働者・国民の精神的な充足の要求を十分にとらえきれないという問題意識から，憲法25条1項の生存権よりも13条の「個人の尊重」（もしくはそれと等値される「人間の尊厳」）を労働法の最も重要な理念と見る発想が出てくるのは後のことである。

(2) 生存権的基本権としての労働基本権

憲法上の人権を二分してとらえる場合，28条の労働基本権は生存権的基本権に位置づけられてきた。実際，我妻は，「労働者の団結権は，国家の干渉・制限を排斥する自由権的基本権なのではなく，国家の積極的関与によって保障される生存権的基本権」[26]だと明言する。我妻は，その理由として，労働組合に与えられた公共的任務（労働協約の締結，経営参加，国の行政機関への代表参加）をあげ，また使用者が労働者の団結と団体交渉を阻止することのないように国家が事実上関与すべきことをあげる。

しかし，国家の積極的関与を労働基本権の本質とみるこの議論には根本的な問題がある。団結権等は，当初は国家法によって禁止され，やがて国家からの解放が実現し，その後にはじめてその他の効果（使用者による妨害の排除，一定の免責）が付与されることによって，積極的承認といえる段階に至るのである[27]。この積極的承認の措置のなかに国家の積極的関与が含まれるとしても，それはあくまで団結等の国家からの自由を前提としてのことである。我妻の議論では，国家からの自由という契機が完全に欠落している。我妻の説明は，国家の役割に焦点をあてて基本権を二分したうえで，それぞれの基本権を二つの類型に分類して説明しようとしたために，労働基本権の性格を歪曲する結果になったのである。

ところが，労働基本権を生存権的基本権と理解する考え方は，広く労働法学にも浸透していった。ただ，そこでは，我妻のように労働基本権が国家の関与と関連づけられるのではなく，労働基本権と生存権とは，目的（生存権）のための手段（労働基本権）という関係で結合された[28]。団結権やストライキを伴う団

---

26) 我妻・前掲注15) 179頁。
27) 西谷・組合法21頁以下参照。
28) 野村平爾『日本労働法の形成過程と理論』（1957年，岩波書店）21頁は，団結権や

体交渉権を，労働者の根源的な自由によってではなく，また対等の立場にたった労使交渉の促進という観点からでもなく，生存権を実現するための手段ととらえた点に，比較法上類例を探すのが困難な戦後労働法学の特徴があった。

　それは，我妻理論の影響というよりも，むしろ戦後期の特殊な労働者意識を反映したものであったといえよう。沼田稲次郎は，そのことを次のように説明している。本来，生存権思想は，自由権の楽園（産業資本主義の自由放任主義）のなかで発生する窮乏に対する抗議に刺激されて生じるものであるが，ブルジョア革命の思想的洗礼を受けず，自由権の楽園が少なくとも勤労諸階層に対して一度も花開かなかった日本では，このような形での生存権思想は生まれえなかった。自由権思想がいびつであることによって，生存権思想もいびつにならざるをえなかったのである。日本では，自由権をも極度に否定した政治的・社会的支配からの敗戦・占領によるドラスティックな解放が，戦災と荒廃した経済状況・極貧生活のもとで行われたので，「戦争とファシズムの否定の原理として自由権と生存権が併立的に，むしろ直接的には後者の優位の自覚を伴って登場した」のである，と。

　こうした状況において，基本的人権は，戦争責任を負うべき日本の政府，支配階級を攻撃する法的手段として付与された権能と理解され，ある種の特権意識と結びついていた。したがって，労働基本権を支える意識も，自由権的というよりも前自由権的（特権意識と結びついていたから）であり，また極度の貧困をもたらした戦争責任者への責任追及と結びついた生存権意識を基礎にしていた。こうした意識が，団結権を自由権よりは生存権と結びつける学説の基礎にあった，と沼田はいう[30]。

　労働基本権を生存権実現の手段とみる発想は，戦後初期においては，労働組

　　団体行動権は，生存権や労働権との関係で「一つの手段的な権利」であると明言する。石井照久『労働法総論』（1957年，有斐閣）310頁も，「労働三権は，いずれも労働者の生存確保のための手段（基本的手段ではあるが）」とする（同『新版労働法』〈1971年，弘文堂〉70頁も同旨）。
29）　沼田・前掲注4）43頁以下。
30）　沼田自身は，団結権を生存権実現の手段と規定してしまうことには賛成できないとしつつ，団結権を生存権的基本権に位置づけることには賛成している（沼田・前掲注4）47頁）。

合の活発な活動を正当化する役割を果たした。当時は，生産管理，スクラム・ピケッティングや職場占拠などの争議戦術，ストライキ中の賃金支払い，組合業務専従者の給与の会社負担など，後にほぼすべて違法の烙印を押されることになる労働組合の行動や労使慣行が広がっていたが，こうした活動は「生存権実現の手段」と把握されることによって初めて正当化することができた。文字どおり最低限の生活への権利と理解された「生存権」の理念は，それ自体として，市民法的な規範や原則を打ち破るだけの迫力を備えていたのである。したがって，高度成長のなかで労働者の生活水準が相対的に向上し，「生存権」の理念が次第に色あせていくにつれて，それが激しい団体行動等を正当化する力を失っていくのもやむをえないことであった。

　さらに，労働基本権を生存権実現の手段とみる発想は，別の角度からも反省を迫られることとなった。労働者の労働基本権が生存権実現という目的を達成するための「手段」にすぎないとすれば，論理的には，それに代わる他の手段（代償措置）さえ用意すればそれを禁止しても憲法違反とはいえないことになる。実際，最高裁は，そのことを一つの論拠として，官公労働者の争議行為全面禁止を合憲と論じたのである。[31]

　こうした最高裁の論理に対して，労働基本権は生存権実現の手段であるにしても唯一の手段であるとして，争議行為の全面禁止の違憲性を論じることはできなくはないが，争議行為が「唯一の」手段か否かといった議論は，必ずしも問題の本質をついたものではない。そこで学説は，改めて争議権あるいは労働基本権の性格をその本質にさかのぼって解明するという課題に直面することとなった。代償措置論を論拠とする争議禁止合憲判決を一つの契機として，学説は労働基本権の根源にある自由権的要素に関心を向けることになる。[32]

---

31) とくに全農林警職法事件・最大判昭 48.4.25 刑集27巻 4 号547頁，全逓名古屋中郵事件・最大判昭 52.5.4 刑集31巻 3 号182頁。

32) 籾井常喜『ストライキの自由』(1974年，労働旬報社) 64頁以下，中山和久『ストライキ権』(1977年，岩波書店) 130頁以下，片岡曻「労働基本権の性格」『労働法の争点〔新版〕』(1990年，有斐閣) 8 頁以下など。労働法学における議論の経過については，浜村彰「団結権論」籾井常喜編『戦後労働法学説史』(1996年，労働旬報社) 121頁以下，清水敏「争議権論」同書482頁以下参照。憲法学では，樋口陽一ほか『注釈日本国憲法上巻』(1984年，青林書院) 632頁以下〔中村睦男〕，伊藤正己『憲法〔第 3 版〕』(1995年，弘文堂) 215頁，内野正幸『社会権の歴史的展開』(1992年，信山社) 10頁など。

たしかに，労働基本権には一般の自由権を越える効果（とくに争議行為の民事免責）が認められており，それが労働基本権の生存権的側面と称されることがある。また組織強制（ユニオン・ショップ協定）を合憲とする判例の立場を前提として，結社の自由（憲法21条1項）とは異なる団結権の独自の性格を強調するのが多数説の立場である[34]。しかし，労働基本権を生存権実現の手段とみる発想は明らかに後退しつつある。それは，労働法における生存権理念そのものの後退とも密接に関連している。

III　人間の尊厳の理念

1　沼田稲次郎の人間の尊厳論
(1)　国際思潮としての「人間の尊厳」

　労働法学においては，1970年前後から徐々に戦後労働法学への反省の機運が高まってきた。その理論的転回の音頭をとったのは，他ならぬ戦後労働法学の理論的指導者・沼田稲次郎その人であった。1969年に発表された『労働基本権論』[35]は，「戦後労働法史のイデオロギー的側面」という副題が示すとおり，戦後の一時期まで支配的であり，労働基本権論をも色濃く染め上げていた生存権思想のイデオロギー的検討，すなわちその現実的基盤の解明を目的とするものであった。しかし，その時点で沼田自身はそれに代わる基本理念について明確な結論を得ていたわけではない。沼田は，1980年に，「人間の尊厳の理念を社会的発言の中心に据えるまでには，かなり時間を要した」と述べている[36]。

　「人間の尊厳」（human dignity）は，1945年の国際連合憲章，1948年の世界人権宣言，1966年の二つの国際人権規約（A規約，B規約）などで強調されるキーワードである。国際社会は，二度の世界大戦が無数の人間の殺戮をもたらし，とくにファシズムの狂気が人間の尊厳を根底から否定したという経験を経て初めて人間の尊厳の重要性に想到し，それを普遍的な価値として宣言したのであ

---

33)　日本食塩事件・最二小判昭50.4.25民集29巻4号456頁。
34)　菅野・労働法33頁，荒木・労働法546頁注59）など。労働基本権の性格に関する私見については，西谷・組合法35頁以下参照。
35)　沼田・前掲注4）。
36)　沼田稲次郎『社会的人権の思想』（1980年，日本放送出版協会）13頁。

る。その意味で，それは普遍的でありかつ歴史的な理念である。日本では，憲法がこの概念を用いていないことや国際法上の諸文書が憲法学において必ずしも重視されていないこともあって，この概念をめぐる議論が必ずしも活発とはいえない。しかし，沼田はこの理念の重要性に着目し，それを浸透させることこそが民主的な日本社会の建設にとって決定的に重要だという認識に至るのである。

(2) 「人間の尊厳」論の特徴

沼田は，この理念の重要性を痛感した契機について次のような事柄をあげている[37]。すなわち，①一般的背景としての1960年代の繁栄豊富化とそのなかでの深刻な人間疎外の諸現象，②具体的には1963年の三井三池炭鉱三川坑の炭塵爆発と同日の国鉄鶴見駅の惨事の衝撃，③朝日訴訟闘争，とりわけ控訴審段階における政府側証人の証言における人間への冷たさ，④大学紛争に現れた思想状況の多極化，である。これらの事実や沼田自身の説明から，沼田における「人間の尊厳」の理念の特徴として，以下の諸点をあげることができよう。

第一に，沼田は「人間の尊厳」をまずは実定法上の概念として設定したわけではない。この理念には，国家法も国際法も越える一種の現代的自然法のような位置づけが与えられている。それは，大戦の惨禍を経験した世界に急速に広まった時代思潮が国際文書に取り入れられたものである。沼田の関心はこの理念を日本社会に浸透させること自体にあった。この点で，沼田は法律家である前に思想家であった。法とのかかわりでは，「この理念の性格と論理とを究明し，法の世界の規範的構造のなかに，いかにとらえて総合的機能を営ましめるか[38]」が課題であると沼田は述べている。

第二に，1960年代の高度成長期における経済的繁栄と人間疎外が人間の尊厳理念と密接にかかわっていることである。労働者・国民の生活水準の向上は生存権理念を色あせたものとし，深刻な人間疎外は生存権理念を超える問題と感じられた。のみならず，高度成長は全体として労働者階級を保守化させ，社会の根本的変革の展望は次第に遠のいていった。そうした事態に直面した鋭敏な知識人・社会科学者は，新たな戦略をたてる必要に迫られた。渡辺洋三は市民

---

37) 沼田・前掲注36) 13頁以下。
38) 沼田・前掲注36) 5頁。

法論の現代的復活に方向を見出した（第2章Ⅲ1）が，沼田は人間の尊厳理念の普及に将来をかけたのである。

毛塚勝利は，沼田の理論的転換を「唯物史観法学の自壊[39]」と評する。たしかに，人間の尊厳という普遍的な理念の強調が，沼田自身のそれまでの階級史観と異質な側面を含むことは否定できない[40]。しかし，それが唯物史観と根本的に対立するものかどうかは今後なお検討されるべき課題であり，「自壊」というきめつけは性急と思われる。

第三に，沼田にとって，1963年の二つの巨大な事故がその「発足点」になっているという事実である。多数の人命の喪失という圧倒的な事実に接して，人が改めて「人間なるものの尊さ」を感じるのは，人間の自然な感情であろう。第二次大戦の惨禍を経験した国際社会も同様の思いをつのらせたに相違ない。そのことは，東日本大震災と福島原発事故を眼前にした者にはよく理解できる。そうした「人間なるものの尊さ」を表現するのに，「健康で文化的な」生活では決定的に不十分である。「人間の尊厳」の理念には，大量の人命の喪失を経て初めて人が真に自覚しうる，人間性への深い思いが込められている。

第四に，朝日訴訟が与えた影響が指摘されているように，この理念が社会保障法と結びつけられている点も注目される。このことは，沼田の視野が労働運動（労働者階級）から社会保障運動へ，そしてより広く生活保障運動へ，さらには社会的人権を実現する社会・国家・国際社会にまで広げられていったことを意味している。しかし，社会保障法の分野では，25条1項の「健康で文化的な最低限度の生活」で十分ではなかったのだろうか。沼田は，最低生活保障としての生存権という理念よりも，一層広くかつ深い理念として人間の尊厳を社会保障法の基礎に据える必要を感じたのだと思われる[41]。それはとりもなおさず，

---

39) 毛塚・前掲注4）567頁。

40) 沼田は，労働法は国家の階級的基盤のちがいを越えて，労働者の人間の尊厳に値する生存を保障する法の一形態ととらえるべきだと主張する（沼田稲次郎「労働法の基礎理論——社会変動と労働法学——」沼田稲次郎ほか編『労働法事典』〈1979年，労働旬報社〉5頁）。1979年の時点では衝撃的であったこのテーゼは，社会主義体制の崩壊後四半世紀を経過した今日，ほとんど違和感なく受け止められる。時代の転変の急を思い，沼田の先見の明に驚くほかない。

41) 沼田稲次郎「社会保障の思想」沼田稲次郎・松尾均・小川政亮編『社会保障の思想と権利』（1973年，労働旬報社）31頁は，第二次大戦後の「世界人権宣言」における人↗

「生存権」理念がその狭さのゆえにいささか色あせてきたことの反映であった。

最後に，沼田が一貫して個人としての人間の尊厳と併せて，社会としての人間の尊厳を強調していたことの意味が問題となる。実定法上は，個人としての人間の尊厳は憲法13条の「個人の尊重」，社会としての人間の尊厳は「公共の福祉」と関係づけて説明される。

しかし，人間の尊厳は，そもそも一人一人の人間がかけがえのない存在であるとの認識にもとづく概念であり，個人優位の思想である。たとえば（西）ドイツ基本法1条1項が，「人間の尊厳（Die Würde des Menschen）は不可侵である。それを尊重し保護することは，すべての国家権力の義務である」と規定するとき，その「人間」とは，たとえ社会的関係の中でとらえられるにしてもまずは個人である。そして，その個人は社会権力（諸集団）との関係においても国家との関係においても優越的価値をもつのであり，国家の究極の正統性は，個々人の自由を保障する秩序を形成するところにあるとされる。[42]

これに対して，沼田のいう社会としての人間の尊厳においては，「社会」が主体である。それは必ずしも，個々の人間の尊厳が実現される諸条件を整備した社会という意味ではない。社会としての人間の尊厳は，たとえば，「社会的人権というものは，社会としての人間の尊厳の実現と相互媒介的な個としての人間の尊厳の実現を志すこと」である，[43]とか，「ファシズムとの闘いを通して自覚せられた人間の尊厳の理念は，人間の人格的・精神的発展を要請しており，それを個人のみならず社会――国家及び国際社会を含んで――の課題たらしめた」[44]といった文脈で語られる。

要するに，沼田は，人間の尊厳という概念によって，個人のあり方と同時に社会のあり方を指示しようとしたのである。ここでは，個人としての人間の尊

　間の尊厳の思想，すなわち，「抽象的な自由に止まるのではなく，豊かな生活に裏づけられたより広大な自由を確保するという発想には，すでに最低生活保障としての生存権といった考え方は克服せられている」と述べる。

42) Nipperdey, Die Würde des Menschen, in: Nipperdey/Scheuner (Hrsg.), Die Grundrechte, Bd. 1, 1954, S. 10f., 西谷敏『ドイツ労働法思想史論――集団的労働法における個人・団体・国家――』（1987年，日本評論社）472頁以下。
43) 沼田・前掲注36) 32頁。
44) 沼田・前掲注36) 34頁。

厳に至高の価値を見出し，社会・国家を究極的にはその手段とみなすような発想から距離が置かれているように思われる。しかし，個人と社会を並列に置くならば，社会と個人の緊張関係が後景に退き，個人レベルにおける人間の尊厳の不可侵性が相対化されることになるのではないだろうか。いずれにしても，「社会としての人間の尊厳」の意味内容，そしてそれと「個人としての人間の尊厳」との具体的な関係は，沼田自身によって十分には説明されないままであった。

2　人間の尊厳理念の根拠

上述のように，沼田自身はまずは一つの思想として「人間の尊厳」の重要性を強調したが，それをいかに法的議論に取り入れるかという問題意識ももっていた。それでは，人間の尊厳は法的にはいかなる意味内容をもつか。沼田は，「人間の尊厳の理念は，自由意思主体としての個人の自由人権を再確認するというだけではなく，社会的人間の社会的権利を再確認するものでもあるが，さらに市民的人権も社会的人権もそれに根源するような理念として創造的に自覚されてくる」と述べている[45]。いささか難解な表現であるが，要するに，人間の尊厳の理念は，自由権と社会権を包摂し，しかも根源において両者を支える理念であるということであろう。

そのうえで，人間の尊厳の憲法上の根拠については，「13条は人権体系の基本たる人間の尊厳の理念を個人の尊重という第一の原理によって示し，公共の福祉という社会の原理，いうなれば社会としての人間の尊厳の理念の下に国政の行われるべきことを明らかにしたもの[46]」とする。ここでは，人間の尊厳が人権体系の基本とされ，憲法13条の「個人の尊重」規定によってその旨が宣言されたと解されている。

しかし，このように憲法13条の「個人の尊重」と「人間の尊厳」理念を重ね合わせて理解する見解は，憲法学では有力ではあるものの，異論もある[47]。とく

---

45)　沼田・前掲注36) 22頁。
46)　沼田・前掲注36) 46頁以下。
47)　議論の状況については，西谷・規制164頁以下，中村浩爾『民主主義の深化と市民社会』（2005年，文理閣）214頁以下参照。

にホセ・ヨンパルトは,「個人の尊重」がアメリカ憲法の個人主義に淵源する規定であって,人間の尊厳とは異質であることを力説する[48]。樋口陽一もまた,沼田のように,人間の尊厳を13条の個人の尊重と重ね合わせて人権として把握するのではなく,「人」権＝「強い個人」の自己決定という形式と,「人間の尊厳」という実質との緊張の問題と位置づける。すなわち,樋口は,「身分制と宗教の拘束から解放された個人を論理的前提に置いた上で,その個人の意思にもとづく自己決定を可能にする法形式としての『人権』,自己決定によって確保されるべき実質としての『人間の尊厳』,という用語の使い方をしている」と説明する[49]。

たしかに,自己決定と（狭義の）人間の尊厳の緊張関係を見過ごすべきではないが,その自己決定の権利そのものをも（広義の）人間の尊厳によって根拠づけることは可能と考えられ,その意味で沼田の見解を支持しておきたい。

3　人間の尊厳論の実定法上の意義

人間の尊厳理念を強調した沼田の意図は,上述のとおり,第一次的にはその理念を個人,社会,国家,国際社会に浸透させること自体にあったが,それは実定法の解釈においても重要な意味をもたざるをえない。労働法の領域についていえば,人間の尊厳理念の強調は,労働法の最も根底にある理念を生存権ではなく,生存権と自由権のさらに基礎にある人間の尊厳理念に求めることを意味するが[50],それは労働法における生存権理念の相対化と自由の理念の再評価につながる。

それはまず,自由権的基本権と生存権的基本権を二分する我妻以来の見解を克服して,各基本権をその性質に即して把握するという理論的努力に有力な根拠を与えることとなった。とくに,労働基本権を単なる生存権実現の手段では

[48) ホセ・ヨンパルト『人間の尊厳と国家の権力』（1990年,成文堂）57頁以下,同『法の世界と人間』（2000年,成文堂）149頁以下。
49) 樋口陽一『国法学――人権原論［補訂］』（2007年,有斐閣）44頁注1。
50) なお,生存権と自由権の保障を含む人間の尊厳理念の実現は,労働法の領域で完結するものではない。社会保障法のほか,住宅,教育,税制,消費者保護,環境などの問題を総合的に考慮しない限り,人間の尊厳を制度的に保障することにならない。労働法は,こうした生活保障体系の一環と位置づけられる（第**12**章Ⅲ参照）。

なく，自由権を核とし，さらにそれを越える効果を付与された独特の基本権ととらえ，自由権を越える部分を労働者の「関与権」によって根拠づけようとする新たな試みは[51]，労働基本権の究極の根拠を憲法13条に求めることから引き出されるものであった[52]。

人間の尊厳理念は，さらに，従来生存権優位の考え方のもとにともすれば軽視されがちであった自由の理念を浮かび上がらせ，それが労働法分野でも重要な意義をもつとの認識を浸透させることに寄与した[53]。それはまた，従来労働法には無縁と考えられていた自己決定の視点を労働法に持ち込む接続点ともなった。これらの点については，次節で検討することになる。

こうして，労働法における人間の尊厳理念の強調は，生存権と自由権との，また市民法と労働法との新たな次元での結合を志向させることとなった。この点について，人間の尊厳論は，市民法と労働法の相違を無視するもので，戦後労働法学の遺産をなきにするに等しいとの批判があるが[54]，その批判はあたらない。第一に，もともと市民法と労働法とは原理的対立の関係というよりも抽象と具体の関係にあり，労働法においても市民法の理念（自由・平等）は重要な役割を果たすべきものであった（第2章Ⅱ2）。第二に，人間の尊厳理念を根底に据える新たな試みも，市民法と労働法の相違を無視するのではなく，その相違を十分ふまえたうえで両者の適切な総合をめざすものである（第3章Ⅳ5，6参照）。それは戦後労働法学の遺産の否定ではなく，必要な修正を伴う継承と発展というべきものと考えている。

---

51) 西谷・組合法38頁以下，西谷・労働法518頁以下。
52) これに対して，片岡曻・大沼邦博『労働団体法上巻』（1992年，青林書院）48頁以下は，労働基本権の究極の価値原理は憲法25条の生存権にあるとしたうえで，ただ，それは「同時に人間の尊厳（憲法13条）に定礎された理念」であるとし，自己決定―関与権の契機もこうした脈絡において把握しようとする。
53) 同じく，生存権と自由権を包摂する理念として人間の尊厳をとらえ，その視点から戦後労働法学を見直そうとするものとして，遠藤昇三『「戦後労働法学」の理論転換』（2008年，法律文化社）5頁以下参照。なお，本書では立ち入ることができないが，最近注目されている労働者の人格権（角田邦重『労働者人格権の法理』〈2014年，中央大学出版会〉参照）も，人間の尊厳理念を基礎に据えることによって適切にとらえることができる。
54) 毛塚・前掲注4) 551頁。

IV　自由と自己決定

1　労働法における自由の再発見

　近代憲法における自由（権）の価値については，今さら多くを語る必要はあるまい。ここでは，「法の存在意義を人間のヨリよき生活と関連づけて考えるならば，自由はつねに，法が実現を計るべき（唯一ではないが最も主要な）価値」であり，「自由の価値は，それ自身の固有かつ絶対的な論理をもつ」という小林直樹の言葉を引いておけば十分であろう。また，自由が国家権力との対抗関係で問題となるだけでなく，社会あるいは中間団体との関係でも守られるべきことは，すでに19世紀半ばにJ. S. ミルが力説したところである。

　ところが，戦後日本の労働法学においては，自由権もしくは自由の理念の重要な意義が語られることは少なかった。それは，戦後労働法学にとって，自由は市民法の中心的理念であり，独自の法領域としての労働法の確立のためにむしろ制約されるべき理念だったからである（第2章Ⅰ3参照）。労働法学がまず念頭に置いた自由は，経済的自由，すなわち所有と契約の自由であり，これらは生存権理念にもとづく団体行動によって広く制約されて当然と考えられた。もちろん，労働組合も企業内外における言論活動や街頭デモの形態で自由（権）を享受したが，これらの行動は，自由権というよりも団体行動権の行使として生存権と関連づけて理解された。他方，労働者個々人の自由，たとえば労働組合に加入しない自由などは「かなり贅沢な自由」として切り捨てられ，個別的労働関係における自由はしょせん形式的・虚偽的なものとみなされた。

　しかし，経済の高度成長を背景とする労働者意識や労使関係の変化のなかで，状況は大きく変わってくる。高度成長によってある程度の生活の安定を得

---

55)　小林直樹『法理学上巻』（1960年，岩波書店）171, 172頁。
56)　ミル・斉藤悦則訳『自由論』（2012年，光文社古典新訳文庫）182頁以下。
57)　東洋陶器本訴事件・福岡地小倉支判昭23.12.28労裁資3号125頁。
58)　丸山眞男に従って，自由の観念を「拘束の欠如としての感性的自由」と「自己決定としての理性的自由」に分ける（丸山眞男「日本に於ける自由意識の形成と特質」丸山眞男集第3巻（1995年，岩波書店）153頁以下）とすれば，当時の労働法学においては，前者の意味における自由が強く意識されていたといえる。

た労働者は，物質的要求と同時に，精神的充足への要求を強めるようになる。物質的要求が前面に出る時期には同一の階級に属する同質の集合人とみなされた労働者は，自己充足的価値観を強めるにしたがって，個性の発揮，すなわち自由と自己決定を求めるようになる。労働者の服装の自由，企業内での表現行為，私的領域での自由（残業拒否を含む）への要求が強まり，労働者をその私生活を含めて支配下に置こうとする企業社会との間で緊張関係が生じる。

他方，労働組合が全体として労使協調の傾向を強めるにしたがって，労働における対立は労働組合と使用者の間でよりも，労働組合の内部において目立つようになってきた。少数派組合員は，組合の統制処分によって抑圧され，使用者からはさまざまな人権侵害を受けた。[59] その中で，組合内部における組合員の自由や企業内での労働者の自由が関心を惹くようになる。労働組合の団体行動についても，上述のとおり，とりわけ官公労のスト権とのかかわりでその自由権的側面が重視されるようになってきた。

また，労働者・使用者間の個別労働紛争が次第に労働法学の関心を集めるようになってくる。採用内定，本採用拒否，配転・出向，思想による賃金差別，男女差別などに関する裁判例が蓄積され，活発に論じられるようになる。全体として，労働者が多様化する一方，労働組合の問題解決能力が低下するなかで，個別労働紛争が法的な次元に登場する頻度が増してきたのである。こうした個別紛争の「法化」の進展（第11章Ⅱ2参照）もまた，労働法における労働契約の――したがってまた個人的自由の――意義を再認識させるものであった。[60]

私が，これらの諸事実を指摘して，労働法理論が大きく転換されるべきことを最初に主張したのは，1980年のことである。私は，人間の尊厳の理念を援用して，「労働法における人間像はもはや，階級的・人的・経済的等々の従属性においてのみ捉えられるべきではなく，それ自体自由意思を有しかつそれを使用者に対してある程度までは現実的に主張し得る主体的人間として，また団結による保護を享受するだけの受動的人間ではなく，自らの自発性に基づいて主

---

59) 西谷敏「企業内における人権抑圧の論理――その法理論的検討――」科学と思想37号（1980年）39頁以下。

60) 西谷敏「「《法律時評》労働契約論と労働法の再構築」法律時報66巻2号（1994年）2頁以下。

体的に仲間と団結をなす人間として把握される必要がある」と述べた。沼田は，60年代以降の諸状況の変化，とりわけ労働者・国民の意識状況と既存の法理念（とくに生存権の理念）の乖離を意識して，新たな法理念を模索するなかで人間の尊厳の理念に行き着いたが，私も，沼田の理論的展開の影響を受けて，労働者・国民の意識の変化や法的場面に登場する問題の性格の変化をふまえて，それに対応すべく労働法の基本理念や労働者像の転換が必要と考えてきたわけである。それは，いうまでもなく，労働法の基本理念は労働者・国民の意識変化をふまえて，たえず現実的妥当性を考慮しつつ吟味されるべきであるとの既述の方法論（本章 I 2）にもとづくものであった。

2　自己決定権

(1)　自己決定権の性格

日本で自己決定（self-determination）の語が用いられるのは，1980年代以降のことである。主としてアメリカからの影響による。しかし，理念ないし思想としての自己決定は19世紀中葉のミルにさかのぼるとされる。ミルが，「自由の名に値する唯一の自由は，他人の幸福を奪ったり，幸福を求める他人の努力を妨害したりしないかぎりにおいて，自分自身の幸福を自分なりの方法で追求する自由である」と述べるとき，この自由はまさに今日にいう自己決定なのである。

したがって，一般的な自由権を保障することのうちに自己決定の承認が含まれていると解することもできる。しかし，自己決定を固有の権利として承認することには，より積極的な意味が含まれているとの見方もある。いずれにしても，自己決定権の発想は，個々人の決定をその内容のいかんを問わず尊重する

---

61)　西谷敏「現代労働法学の理論的課題」法の科学 8 号（1980年）55頁。
62)　これについては，西谷・個人50頁以下，西谷・規制211頁以下，西谷敏「〈記念講演〉労働法における人間像を考える」法学雑誌54巻 4 号（2008年）1698頁以下。
63)　その先駆的業績は，山田卓生『私事と自己決定』（1987年，日本評論社）である。
64)　ミル・前掲注56) 36頁。
65)　笹倉秀夫『法哲学講義』（2002年，東京大学出版会）146頁は，自己決定「権」は，各人が自己の意思と責任で生きていくという生き方への支援を含む点と，民主主義，情報公開を必要とする点において，単なる自由の保障を越える意味をもつとする。

というものである。それは個々人の生き方に関係するが、なんらかの具体的な生き方に価値を認めるというのではなく、個々人が自分の判断に従って生きるという生き方そのものを肯定するわけである。

　大塚久雄、丸山眞男、川島武宜等の戦後啓蒙主義者が強調した個人の「自律」も、今日いわれる自己決定とほぼ同義であったと見られるが、これらの論者における「自律」は自己目的ではなく、その目的は社会変革にあったと指摘されている。当時は、人々が前近代的なイデオロギーの影響を脱して自律的に判断すれば社会変革を選択するであろうとの楽観論が広がっていたために、自律と社会変革を結びつけることができたのであろう。今日はこの結びつきは自明のことではなく、むしろ逆方向に作用することも多い。しかし、社会変革は、いかなる形態によるものであれ、自らの頭で考え自ら判断する市民（労働者を含む）によって担われるほかないのであり（この点については、第8章Ⅳ3(2)参照）、また、自己決定を尊重しない新たな社会は、決して苦労して実現するに値するものではない。その意味で、なんらかの意味で社会が変革されるべきものとすれば、その過程においても結果においても、自己決定の尊重は不可欠である。

　自己決定権は基本的には決定内容のいかんを問わないが、それはまったく無制限というわけではなく、とりわけ人間の尊厳の観点からする制約が問題となる。この点について、樋口陽一は、自己決定という決定の仕方（いわば入れ物）と人間の尊厳という実質内容（いわば中味）が緊張関係を保ちながら共存しているとみる。ドイツ基本法の構造に即していえば、人間の尊厳（1条1項）という最高の価値の下に、自己決定（＝人格展開の自由）（2条1項）が位置するがゆえに、自己決定は人間の尊厳の観点からする制約を免れないと説明することもできるであろう。

　憲法学の通説は、各人が自己にかかわる問題について自ら決定できる権利という意味で自己決定権の概念を用いる。自己決定権を一定の法的効果を伴う

---

66) 小田中直樹『日本の個人主義』（2006年、ちくま新書）136頁以下。
67) 西谷・規制176頁以下参照。
68) 樋口陽一『憲法という作為──「人」と「市民」の連関と緊張』（2009年、岩波書店）140頁以下。
69) 佐藤幸治『日本国憲法論』（2011年、成文堂）188頁、芦部信喜（高橋和之補訂）『憲法［第六版］』（2015年、岩波書店）126頁以下。

「権利」と理解する場合には，そうした限定が必要なのであろう。しかし，自己決定（権）を一つの理念としてとらえる場合には，自己にかかわるが他人にもかかわる事項への参加・関与も射程に入ると考えるのが自然である。そうした自己にも他人にも関係する事項は世の中に無数に存在する。そこで，自己決定の理念は，最狭義の自己決定権を中心として，契約，団体内の意思決定への参加，住民投票による自治体運営への参加，地球環境問題への関与等々へと同心円的に広がっていくものと整理することが可能である。[70]

自己決定をこのように広い意味で理解するならば，そこには私的自治が重要な領域として含まれる。逆にいえば，民法上の大原則である私的自治は，憲法上の自己決定権（の理念）に基礎を置くものとして把握される。ドイツのフルーメは，「私的自治は人間の自己決定という一般原則の一部分である」として，私的自治の根拠を基本法2条1項の人格展開の自由（その基礎には基本法1条1項の人間の尊厳規定がある）に求めているが，当事者の意思を重視するそうした見解は，日本でも多くの支持者を見出している。[71] これらの見解の基礎にあるのは，もとより法技術的考慮などではなく，契約当事者の意思や自己決定を尊重すること自体の積極的な意義（憲法的価値）である。[72] 他方，これらの意思主義[73]

---

70) 西谷・規制184頁以下。同様に自己決定（権）を広く他者との関係や社会への関与にまで拡大して把握する見解として，吉村良一『市民法と不法行為法の理論』（2016年，日本評論社）13頁以下，吉田克己『現代市民社会と民法学』（1999年，日本評論社）259頁以下，笹倉・前掲注65）146頁以下がある。こうした角度から法学の課題を整理して入門書としたものとして，西谷敏・笹倉秀夫編『新現代法学入門』（2002年，法律文化社）参照。

71) Flume, Allgemeiner Teil des Bürgerlichen Rechts II. Das Rechtsgeschäft, 3.Aufl., 1979, S. 1. ドイツではこれが通説的理解であるとされる（米津孝司「ドイツ労働法における集団自治と契約自治」角田古稀（上）279頁注29）。

72) 原島重義「約款と契約の自由」現代契約大系1『現代契約の法理（1）』（1983年，有斐閣）52頁，石田喜久夫『民法秩序と自己決定』（1989年，成文堂）34頁，山本敬三『公序良俗論の再構成』（2000年，有斐閣）22頁以下，吉村・前掲注70）1頁以下，13頁以下，77頁以下，吉田・前掲注70）96頁以下。

73) しかし，サヴィニーやそれを継承するフルーメの「古典的私的自治論」は，自己決定にもとづく法律関係の設定行為と，法秩序によって限界づけられる設定された法律関係とを区別するという重層構造をもっていたのであり，決して意思至上主義ではなかったと指摘されている（児玉寛「古典的私的自治論の法源論的基礎」原島重義『近代私法学の形成と現代法理論』〈1988年，九州大学出版会〉119頁以下，同「法律行為と法秩序」私法53号〈1991年〉212頁以下）。

と称される潮流に対して批判的な民法学者も多い。こうした対立の基礎には，公共性と個人の意思の関係，法解釈の方法，公法と私法の関係などに関する見解の相違があり，対立の根は深い。私は別article で，そうした議論を簡単に紹介したことがあるので，ここでそれを繰り返すことは避けたい。ここでは，労働法における自己決定を問題にする私見は，民法学における意思主義の流れと共通する志向にもとづくものであること，それだけに民法学における意思主義への反対論は私見にも向けられざるをえないこと，を確認しておくにとどめる。

(2) 労働法における自己決定論の意義

私は，1980年以来，労働者の自由な意思を重視する必要を説いてきたが，1989年の法哲学会での報告で「自己決定」の概念を使用してから，労働者の自己決定権について論じるようになった。労働者の自由な意思とは結局は自己決定（権）のことにほかならないと考えたからである。

なぜ労働者の自己決定権か。端的にいえば，自己決定権の理念は，憲法13条の個人の尊重（人間の尊厳）・幸福追求権の不可欠の構成要素であるからであり，労働者もまた一個の人間として，また一人の市民として，当然その権利を享有すべきだからである。労働者は，使用者に対する従属性のゆえにさまざまな国

---

74) 星野英一「意思主義の原則，私的自治の原則」『民法講座1民法総則』(1984年，有斐閣) 380頁以下，平井宜雄『注釈民法（3）』(1973年，有斐閣）第4章の前注，内田貴『契約の再生』(1990年，弘文堂)，同『契約の時代』(2000年，岩波書店)，同『制度的契約論――民営化と契約――』(2010年，羽鳥書店)。

75) 笹倉・前掲注65) 161頁以下は，意思主義＝自己決定論を批判する民法学について，次のような問題点を指摘する。①求められるべきは個人の自己決定と公共善であるのに，批判学説は，個人の意思か公共善かという二者択一論をとっている。②「意思から理性へ」というのはトレンドへの追随である。③法解釈方法論として利益衡量論をとっており，権力（裁判）を規制する「法の枠」を軽視している。④民法学は，全体として憲法13条から出発するという発想が弱く，公私二元論，紛争の効果的防止というテクノクラート的発想に陥っている。⑤ドイツの古典的民法学を，意思のみを絶対視した極端な個人主義の理論だと見ているが，それは正しくない。

76) 西谷・規制186頁以下。

77) 私見に対する内田貴の批判については，注85) 参照。

78) 西谷・前掲注61)。

79) 西谷敏「労働法における個人・団体・国家――自己決定理念の意義を中心として――」法哲学年報1989『現代における〈個人―共同体―国家〉』(1990年，有斐閣) 42頁以下。

80) とくに西谷・個人77頁以下，西谷・規制211頁以下。

家的保護を必要とするが，それにもかかわらず，現行法上，成熟した判断能力をもつ人格と想定されている。その労働者を単なる保護の客体ととらえ，その自由な意思主体としての側面を否定することは，明らかに憲法の基本理念に背馳する。企業社会は，現実には雇用の入口から出口まで使用者の単独決定が支配する社会であるが，それゆえにこそ，労働者の自己決定の実現が意識的に追求されるべきなのである。

　しかし，労働者の自己決定権がいかに重要であるにしても，それはあくまで包括的人権としての個人の尊重（人間の尊厳）・幸福追求権の一環であり，自己決定権のみが労働法において基本的な意味をもつというわけではない。労働法における最も基本的な理念は人間の尊厳であり，自己決定権は，生存権，労働権などと並ぶの下位の理念のひとつである。

　自己決定（権）を，自己にのみかかわる領域における決定権から発しつつ，様々な形で他者とかかわる領域における決定参加（権）へと同心円的に拡大していくものととらえる私見からすれば，労働法においても，自己決定は，純粋に私的な領域（終業時間後や休日の過ごし方，年次有給休暇の利用目的など）を越えて，私的領域と職業的領域の区分にかかわる領域（時間外労働義務，転勤），私的領域の問題であり職場環境にも関係する領域（職場における服装等），使用者と対等の立場で決定すべき領域（労働契約），職業生活からの離脱（退職），団体の構成員としての参加（労働組合への自由な加入とそこでの意思決定への参加）など，さまざまな局面で問題となる。自己決定理念の意義と射程距離は，それぞれの次元における問題の性格と，他者（使用者，労働組合など）の法益との関係を考慮しつつ検討されるべきある。

　とりわけ問題となるのは，労働契約における自己決定の契機である。人的従属性（使用者の指揮命令への服従）と経済的従属性（地位の非対等性）を基本的特徴とする労働関係において，労働者の自己決定を実現することは容易ではなく，その実現には，国家および労働者集団（とくに労働組合）の助力が必要である。国家による最低基準の設定自体が，自己決定にもとづく私的自治の基盤をなすが，国家法はさらに労働者の真意のできる限りの現実化に向けて，さまざまな助力を与えるべきである（詳しくは，第6章Ⅲ，Ⅴ参照）。

　ここに，労働者の自律・自己決定と国家による保護との緊張関係が生じる。

それは，労働者を，使用者に従属しつつ，国家法等の助力も受けてできる限りの自律をめざして努力する人間ととらえる私見の帰結であるが，こうした論理は二つの方向から批判される。ひとつは，労働者の従属性を強く意識して，自己決定論の危険性を指摘するものであり，いまひとつは，逆に，国家機関の手を借りて自己決定を論じる私見をパターナリズムとし，むしろ自己決定の徹底（自ら労働組合を組織することを含めて）を主張する見解である。私見が，自己決定と国家法の保護という二律背反とも見える二つの契機の両立を志向するものである以上，これら両面からの批判が生じるのは当然のこととも言える。しかし，逆にいえば，こうした批判は，従属性＝保護の必要性と自立＝自己決定という二つの契機のいずれかを無視ないし軽視するものではないか，との反批判を免れないであろう。

　とくに，国家法による保護と自己決定の矛盾を指摘する見解には一言しておかねばならない。労働法の特徴は，個人―使用者―国家の三者関係が問題とな

---

81) この点については，吉村・前掲注70）87頁以下による整理を参照。

82) 石田眞・和田肇「労働と人権」法の科学29号（2000年）38頁以下。中島徹『財産権の領分――経済的自由の憲法理論――』（2007年，日本評論社）89頁以下も，憲法学等における自己決定論が新自由主義に無防備であることを批判する。この点については，本節3(2)参照。

83) 大内伸哉「労働者保護手段の体系的整序のための一考察」日本労働法学会誌100号（2002年）25頁以下。大内はまた，「侵害された自律のために他律的介入を許容するという逆説的な理論構造」を問題視する（大内伸哉「労働契約における対等性の条件――私的自治と労働者保護――」西谷古稀（上）420頁）。

84) これは，労働者を法主体と認めることと，労働者の具体的な実態を直視してその権利・利益を擁護することの間にある緊張関係ともいえる。この点については，矢野昌浩「労働法の規制緩和と労働者の法主体性――A. シュピオの所説から――」早稲田法学75巻3号（2000年）189頁以下参照。

85) 内田貴は，労働者の自己決定について，集団的規制や国家法（裁判所を含む）の助力も得て，慎重に扱うべきことを主張する私見に対して，「ここまで，個々の労働者の現実の意思決定の価値を希釈化するなら，制度的契約論が主張するような，個別当事者の意思を集約し代表しうる主体（労働契約の場合は労働組合や従業員代表）が関与しうる制度的仕組みによる契約の適正さの確保とどれほどの違いがあるのか」と問う（内田貴『制度的契約論』前掲注74）107頁）。これに対しては，いかに諸制度のバックアップを必要とするにしても，なお労働者の自己決定の核心部分を保障することに意味があること，そして，内田が想定する労働組合や従業員代表が適切な労働者利益代表として機能していない現実があることが，労働法学が苦心を強いられる一つの理由であること，を指摘しておきたい。

る点にある。こうした関係においては，労働者の自己決定を実質的に保障するためには，国家による使用者への規制（労働者の保護）が不可欠である。国家と個人の二者関係においては正面から衝突しかねない保護と自己決定とは，使用者をはさむ三者関係においては，矛盾しないのみか，むしろ保護が自己決定の前提となるという意味で不可分なのである。[86]

それでは使用者の自己決定は尊重しなくてよいのか。そもそも法人企業については個人に保障されるのと同一の意味での人権を語るべきではないし，[87]それを別としても，使用者は，労働関係において基本的にはすでに十分な自己決定権を享受していると考えられる。労働法の基本的な役割は，使用者の単独決定（自己決定）を規制することを通じて，労働者の人間の尊厳にふさわしい労働条件や職場環境を保障することにある。しかも，使用者に対する規制には，憲法27条2項が明記する「勤労条件の基準」の法定のみならず，必要な場合には，労働契約の締結強制を含むと考えるべきである。[88]すでに現行法上，採用差別の禁止（均等法5条，雇用対策法10条），有期契約の更新拒否の制限（労契法19条），高年齢労働者の継続雇用等の義務づけ（高年法9条1項），違法派遣に際しての直接雇用申込みみなし制度（派遣法40条の6）などによって，労働契約締結の強制または事実上の強制が制度化されているが，法解釈においても，使用者の採用の自由を理由として，契約締結の事実上の強制（たとえば，偽装請負の場合におけるユーザー企業と「請負」企業労働者の黙示の合意による労働契約の成立）に過度に消極的になるべきではない。

3　自由の理念への逆風

1970年頃からの労働法理念の展開過程は，生存権理念の相対化と自由・自己決定権の重視の傾向として総括することができる。しかし，1990年代初頭のバ

---

86) このことは，ドイツにおける基本権保護義務論によって最もよく根拠づけられる。基本権保護義務については，西谷・規制190頁以下，山本・前掲注72）199頁以下，小山剛『基本権保護の法理』（1998年，成文堂）4頁以下など参照。
87) 樋口陽一『憲法［第三版］』（2007年，創文社）182頁以下は，「法人の人権」ではなく，「法人からの人権」が問題とされるべきであるとする。
88) 鎌田耕一「労働法における契約締結の強制——労働者派遣法における労働契約申込みみなし制度を中心に——」毛塚古稀521頁以下参照。

第4章　労働法の基本理念　109

ブル経済崩壊とその後長期間続いた平成不況は，こうした法理念の状況に再び大きな変化をもたらした。この時期の特徴であるワーキング・プアの増大による「貧困の発見」と規制緩和政策の進行は，いずれも自由・自己決定の理念への逆風となった。

(1) ワーキング・プア問題と生存権

　平成不況期の雇用問題の最大の特徴は，低賃金で雇用が不安定な非正規労働者の急増（約20％から40％近くへ）であり，非正規労働者を中心としてワーキング・プア層が大量に生じたことである[89]。日本ではもはや存在しないと長らく信じられていた貧困問題が，きわめて深刻な形で現出したのである。もともと労働者における生存権意識の相対的低下と自由意識の高まりが高度成長期以降の物的生活水準の向上を背景とするものであったとすれば，突然顕著になった貧困化の現象が再び生存権意識を強めることになったのは当然ともいえる。しかし，平成不況下の生存権意識はより複雑であった。

　平成不況期の貧困が戦後期と大きく異なるのは，それが「格差社会」状況と結びついていることである。たしかに，厳しい競争環境のなかで長時間の労働を強いられ，ときに過労死・過労自死やメンタルヘルス不全に行き着く正社員の過酷な生活もある意味では「貧困」である。正社員は決して「勝ち組」というわけではない。しかし，所得面では歴然とした差異が生じている。正社員の賃金もこの間安定的に上昇してきたわけではないし，一部の貧困な正社員の存在は無視できないが，平成不況期の貧困問題が主として非正規労働者問題として現象してきたのは明らかである。そして，非正規労働者は労働組合に組織されにくく，しかも「自己責任」イデオロギーの影響により，自ら抗議の声をあげるエネルギーを奪われている。

　資本主義の枠組みに修正を迫る生存権要求は，元来なんらかの運動と結びつかない限り，支配的な意識とはならない。戦後の労働運動は生存権によって根拠づけられ，生存権は労働運動によって支えられていた。社会保障の領域においては，生存権のための運動はそれより遅れていたが，「貧乏は決して恥ではないが，貧乏と闘わないのは恥である[90]」との言葉に鼓舞されて，一定の盛り上

---

89)　西谷・人権60頁以下参照。
90)　戒能通孝「生存権は物盗りではない」『現代法10・現代法と労働』（1965年，岩波書↗

がりを見せてきた。現在非正規労働者の生存権要求が支配的な意識になって社会を動かしえてないのは，基本的には，非正規労働者の運動主体としての脆弱さと，正社員を中心とする労働組合の関心の弱さに原因があると見るべきであろう。

　もちろん，労働者全体の4割近くを占めるに至った非正規労働者の大多数と一部正社員の低賃金はきわめて深刻な問題である。それは，人の幸福追求（憲法13条）のためには，十分な経済生活の保障が大前提であること，したがって，人間の尊厳理念を基礎とする基本権のなかで，25条の生存権が不可欠の意義を担っていることを改めて痛感させるものである。また，生存権保障が不十分であり，人々の関心が最低生活保障にのみ向けられがちな状況では，自由・自己決定への関心も後退せざるをえない[91]。

　しかし，自己決定を含む労働者の精神的な幸福への要求は，決して重要性を失ったわけではない。正社員になることを希望しつつ非正規の職しか得られない労働者や，自己の自由な意思に反して長時間の過重労働を強いられる正社員は，まさに自らにかかわる事項（働き方や労働条件）への関与（広義の自己決定）から疎外されているのである。また，平成不況下において，職場内外における労働者の自由や人権の侵害は，ますます深刻となっている。思想・良心の自由，表現の自由，プライバシー権，服装等の自由，私生活の自由，移転の自由，退職する自由としない自由は空洞化し，セクハラ，いじめ，マタハラ等による人格権の侵害が横行している。労働者は，解雇されもしくは自ら退職した場合の生活保障がきわめて不十分であるために，こうした自由・人権の侵害を甘受せざるをえず，それが一層侵害を助長する。端的にいえば，生存権保障の欠如の

＼店）しおり4頁。

91) NHKが5年ごとに行っている世論調査に，「憲法によって，義務ではなく，国民の権利ときめられている」と思うものを選べ（複数可）という設問がある。このうち，「人間らしい暮らしをする」は，1973年以来一貫して70～78％となっているが，「思っていることを世間に発表する」は，1973年の49％から次第に低下し，2013年には36％となっている（NHK放送文化研究所編『現代日本人の意識構造［第八版］』〈2015年，NHK出版〉86頁以下）。日本人における「自由」の意識の未定着は，戦後一貫した問題である（西谷敏「日本における人権の過去，現在，未来——国民の人権意識を中心として——」労働法律旬報1399・1400号〈1999年〉15頁以下）が，経済不安が深まるなかで，さらに顕著な低下傾向が見られるのである。

ために,自由権が犠牲にされる状況が蔓延しているのである。

日本において,自由と生存権は戦後一貫して緊張関係のうちにあった。戦後の一時期まで,貧困が国全体を覆うなかで,人々は自由よりも生存を求めるほかなかった。その後高度成長の中で労働者の自由を求める意識が高まるが,企業社会における正社員は,80年代の終わりまでは安定した豊かな生活のために企業からの自由を犠牲にした。平成不況下では,増加してきた非正規労働者はもちろん正社員においても生存の保障がはるかに不確実となったために,ある程度の自由の意識を身につけた労働者も,雇用＝生存のために企業に隷属することを強いられている。こうして自由と生存権の矛盾がかつてなく深刻となっているのである。

しかし,現代の貧困の主たる原因は,かつてのような経済水準の低さではなく,企業政策という「人為」がもたらした格差構造にある。そうだとすれば,貧困の拡がりを理由として,戦後期のような生存権の一面的強調に回帰するのは適切ではない。そうではなく,生存権と自由権を包括する人間の尊厳理念の重要性を確認し,現在の具体的状況のなかで両方の基本権を同時に最大限に実現する道を探るのが,労働法学に課せられた課題というべきであろう。

(2) 規制緩和論と自由・自己決定

平成不況期は規制緩和の時代であった。とりわけ1997年頃から雇用・労働分野でも急速な規制緩和が進行する。[92] 新自由主義にもとづく規制緩和論の隆盛とそれを論拠とする労働の規制緩和の進行は,二重の意味で自己決定の理念にとって逆風となった。

第一に,日本のように労働組合が弱体で労働条件の集団的規制の弱い国では,法律による最低労働条件の規制網を確立することが,自己決定＝個別合意による労働条件決定を可能にする基盤として不可欠である。ところが,規制緩和の進行はこの前提条件を揺るがせることによって,個別合意による決定への懐疑をますます強めることになった。規制緩和論は,自由の拡大を主張しながら,実は自由の存立基盤を掘り崩すのである。そして,個別合意よりはましだとの論理で集団的自治に依拠する傾向が強まる。労働組合が弱体化し,集団的自治が一層形骸化しつつあるにもかかわらず,である。

---

92) 西谷・規制68頁以下。

第二に，新自由主義の発想と憲法13条に基礎を置く自己決定権の思想が十分に区別されず，両者が一括して批判されるという事態が生まれている。すなわち，市場の「自由」を最大限に強調する新自由主義が自由一般を強調するイデオロギーととらえられ，自由一般の次元で批判の対象とされるために，人格的自律や自己決定を重視する考え方も同列において，もしくは少なくとも新自由主義の攻勢に無防備であるとして批判されるのである。[93]

　しかし，新自由主義における「自由」と憲法13条にもとづく自己決定論が，その外見上の共通性にもかかわらず，思想的に根本的に異なることが確認されるべきである。

　①新自由主義は，市場（経済）にかかわる個人の自由を最大限尊重するが，その市場においては，労働者も使用者と同様の抽象的な人格＝経済人（homo oeconomicus）ととらえられ，使用者に対する従属性や労働関係のもつ人格的性格は捨象される。基本的には19世紀的市民法の発想である。これに対して，自己決定論は第二次大戦後の世界思潮である人間の尊厳理念の一環であり，たえず人間の幸福という実質価値との連関（緊張関係を含むが）において把握される。

　②自己決定の理念は，具体的な人間（労働者）が具体的な状況において行う決定を，人間の尊厳理念との整合性を考慮しつつ実現させようとするものであるから，その条件の形成のために国家が介入することを要求する。この点で，市場に対する国家介入を基本的に否定する新自由主義とは明確に異なる。労働法についていえば，自己決定論は，国家的介入による最低基準の確立こそが自己決定を有意味ならしめる不可欠の条件と見るが，新自由主義は保護法的介入を基本的には「悪」であるとみて，その最小化を主張する。

　③自己決定論が人が実際に自ら決定しうるということを重視して，その条件を整備しようとするのに対して，新自由主義が強調するのは個人の自己責任である。自己責任論は，個々人に実質的な選択（自己決定）の自由が存在したかどうかを問うことなく，生じた結果を個々人の責任に帰するための論理である。それは，国家・社会の責任を回避すると同時に，本人を呪縛し，抗議の力を麻痺させる。

93）　中島・前掲注82) 89頁以下。

もちろん自己決定論も自己責任を否定はしない。およそなんらの責任も伴わない決定など存在しえないからである。しかし，責任はあくまで決定の自由を前提とし，それに対応するもの以上ではありえない。しかも，自己決定を社会性のなかでとらえるリベラリズム的自己決定論は，自己決定の結果本人に生じた事柄の責任をすべて本人に負わせようとはしない。競争社会においては敗者が生じるのは必然的であり，社会が競争を許容する以上，敗者（および何らかの理由により競争に参加できない者）を救済する制度（最低限の生活の保障）を用意するのは当然である。

　たしかに，競争に敗れたことが本人の努力不足による場合には，本人が自己責任を感じることは避けられない。しかし，社会は，本人の重大な不注意の場合でさえ，本人を放置することはしない。たとえば，不注意に軽装備で冬山に登山した者が遭難した場合，社会は莫大な費用とエネルギーを投じて遭難者を救助しようとする。社会というものは失敗しがちな個々人を含んで成立している。個々人の失敗の結果をすべて個々人の自己責任に帰するのではなく，本人の軽率さをいさめつつ，その失敗を社会全体でカバーしようとするのがヒューマンな社会である。このようなリベラリズム的自己決定論は，新自由主義的な自己責任論とは明らかに対照的である[94]。

V　平等と差別禁止

　日本国憲法14条1項は，「すべて国民は，法の下に平等であつて，人種，信条，性別，社会的身分又は門地により，政治的，経済的又は社会的関係において，差別されない。」と規定する。この規定の前段と後段の関係の理解については争いがある。最高裁は，「人種」から「門地」までの事項は例示規定にすぎないとするが[95]，学説においては，後段列挙の事由については，やむにやまれぬ特別の事情が証明されない限り，「差別」として禁止されると解するなど，それらに特別の意味を認める見解も有力である[96]。しかし，いずれにしても，他の人

---

94)　詳しくは，西谷・規制151頁以下，西谷・人権54頁以下参照。
95)　尊属殺重罰規定違憲判決・最大判昭48.4.4刑集27巻3号265頁。
96)　樋口・前掲注87) 213頁以下，佐藤・前掲注69) 200頁以下，芦部・前掲注69) 134頁。

と平等に扱われるということ，あるいはいわれなく人と差別されないことは，人間の尊厳（13条）の重要な構成要素であり，憲法14条はそのことを宣言したものである。

　この平等の理念は労働法においても重要な役割を果たす。労働関係において，平等原則は，労働者に対して優越的地位にあり労働条件を事実上単独で決定できる使用者が，労働契約の締結を通じて，もしくはその都度の業務命令や措置を通じて，労働者を均等に取り扱うことを命じ，あるいは差別的に取り扱うことを禁じるという形で表現される（憲法14条の私人間効力については第5章Ⅱ2参照）。

　伝統的に問題となってきた人種（国籍），信条，性別，出自など人の生来の，もしくは容易に変更できない属性を理由とする差別に対して，近年は雇用形態を理由とする差別の禁止が重要な政策的かつ理論的な課題となっている。これら両者の性格の相違，差別禁止（平等取扱義務）違反の認定，違反が認められた場合の法的効果など，検討されるべき問題は多い（第7章Ⅰ3(5)参照）。

Ⅵ　労働権とディーセントワークの理念

　2008年のリーマンショックに起因する非正規労働者の大量解雇・雇止め（いわゆる「派遣切り」「非正規切り」），そしてそれによって住居まで失う労働者が続出したという事態は，人々に強い衝撃を与え，非正規労働者の雇用不安の状況と，安定した雇用の重要性を改めて強く印象づけた。こうした状況のなかで，憲法27条1項の労働権の意義が改めて強調されている。この点については，労働法の将来展望との関係で触れることにする（第12章Ⅰ）。

　また，すべての求職者に「まともな」職を保障するという意味でのディーセントワーク（decent work）の理念が注目されている。ILO事務局長フアン・ソマビアが1999年総会で打ち出した理念であり，その後ILOの中心的なスローガンとなっている。[97]

　ディーセントワークは訳しにくい言葉であるが，厚生労働省は早くからそれを「働きがいのある人間らしい仕事」と訳してきた。[98] それが適訳であるかどう

---

97)　田口晶子「ディーセント・ワークと労働者の人格権」角田古稀（上）71頁以下参照。
98)　厚生労働省「ディーセント・ワーク（働きがいのある人間らしい仕事）について」↗

かはともかく，魅力的な概念であることは間違いなく，日本でも少しずつ普及しつつある。「働きがいのある人間らしい仕事」といえるためには，最低限，その仕事（職）が安定していること，公正で適切な処遇がなされること，そして働き方が人間的であることが必要である[99]。そして，すべての人がこのような意味での「ディーセント」な仕事を得る機会をもつべきだとすれば，論理必然的に，現在仕事についている労働者の仕事も同様に「ディーセント」でなければならないこととなる。こうしてディーセントワークは，すべての失業者の権利であると同時に，すべての在職者の従事している労働のあるべき姿を指し示す概念ともなる[100]。

厚生労働省は，以前，ディーセントワークを説明して，労働者の「願望の集大成」と述べていた。しかし，ディーセントワークは単なる「願望」にとどまるのではなく，「人権」と考えるべきである。というのは，勤労の権利（憲法27条1項）における「勤労」の内容は，いかなる労働でもよいというわけでなく，13条（個人の尊重，人間の尊厳），25条（生存権），27条2項（勤務条件の法定），14条（平等原則），18条（意に反する苦役の禁止），22条1項（職業選択の自由），28条（労働基本権）などの要請を満たした労働（すなわちディーセントワーク）でなければならず，そうすると，すべて国民はディーセントワークを求める人権を有することになるからである[101]。

この「人権」の概念については，その法的性格に疑問が呈されているが[102]，それは，なんらかの具体的な効果（法令の違憲性の根拠になるなど）をもつ基本的人権とは区別された概念である[103]。

↘厚生労働省HP参照。この言葉は，2014年7月31日に閣議決定された「『日本再興戦略』改訂2014」に取り入れられた。

99) 西谷・人権71頁以下。
100) 和田肇『人権保障と労働法』（2008年，日本評論社）282頁以下。
101) 西谷・人権42頁以下。
102) 浜村彰は，私の『人権としてのディーセントワーク』の書評（労働法律旬報1761号〈2012年〉46頁以下）に，「『ディーセント・ワーク』は新たな法的概念となりうるのか」との標題を付し，その設問に否定的な立場を表明している。
103) 佐藤・前掲注69）122頁以下は，「人権」は，日本国憲法にいう「基本的人権」のほかに，もう少し多様・多元的次元において，様々な意味を込めて主張され，その場合に「人権」と憲法上の「基本的人権」の関係が問題になると指摘する。樋口・前掲注87）174頁以下も，「権利のインフレ化」の問題も視野に入れつつ，「新しい人権」の重要↗

ディーセントワークは，雇用そのものと労働条件を結合させるところに意味のある理念であり，従来の労働権，生存権，自由，自己決定権などの理念に代替するのではなく，それらと重畳的に人間の尊厳理念を具体化することによって，労働法の立法と解釈に指針を与える役割を果たすのである。

　＼性を指摘する。

第5章
労働法における公法と私法

はじめに

　労働法（社会法）においては，公法と私法の要素が混在している。工場法を嚆矢とする労働者保護法は，国による使用者への義務づけ・監督，違反に対する制裁を中心内容とする公法として出発したが，次第に労働者と使用者の労働契約関係を規律する私法的な強行法規（および補充規範）としての性格も帯びるようになってきた。たとえば労働基準法は，一定の労働条件基準を行政的監督と罰則の適用によって使用者に遵守させようとする公法の性格をもつが，同時に，同法に定める労働条件基準が私法的な強行的効力と補充的効力をもつことを明記している（13条）。労働者保護法に私法的な性格を併せて付与することによって，その実効性を高めることが意図されたのである。

　団結権保障を基礎とする集団的労働関係法は，国家からの自由の保障（とくに刑事免責）や行政の措置による団結権保障（とくに不当労働行為制度）に関しては公法に属するが，労働組合と使用者（団体）の関係（とくに労働協約）は基本的には私法的性格をもつ。ここでも公法と私法が混在しているのである。しかも日本では，使用者の不当労働行為について，労働者・労働組合が労働委員会に行政救済を申し立てるほか，裁判所に司法救済を求めることも可能なので，しばしば行政法と私法が具体的に交錯する。

　労働法は，このように公法と私法が混在し交錯する典型的な法領域と考えられてきた。近年，民法や行政法の領域でも公法と私法がさまざまな意味で交錯し，それらの協働が必要なことが指摘されている。ところが，労働法分野においてはかえって，公法・私法分離論が頑なに維持されているのである。たとえば，憲法上の基本的人権条項が私人間においていかなる効力をもつかという，労働法上も重要な意味をもつ問題について，最高裁は公法・私法二元論の立場

を堅持している。また，裁判所は，私法的効力を明記しない労働者保護法規について，法解釈によって私法的効力を認めることにきわめて消極的である。しかし，現代社会の諸問題を適切に解決するには，私法と公法の協働は不可欠であり，そのことはとりわけ労働法分野にあてはまる。

　本章においては，まず，公法・私法二元論の再検討に関する最近の注目される議論を紹介したうえで，労働法上公法・私法の関係が問われる問題として，労使間における基本的人権の効力，労働者保護法規の私法的効力，公法・私法規定の解釈方法について順次検討を加える。

I　公法・私法二元論の再検討

1　憲法の基本的性格

　日本の憲法学の伝統的理解では，憲法の統治構造に関する条項のみならず，基本的人権条項もまずは国家と国民の間で妥当する公法的性格をもつとされ，そのことを前提として，基本権条項が私人間関係に効力を及ぼすのか否か，効力を及ぼすとすればいかなる論理構造においてかが問題とされてきた（基本的人権の私人間効力，第三者効力）。最高裁の三菱樹脂事件・大法廷判決は[1]，憲法の自由権的諸規定や平等原則を定めた14条は，「国または公共団体の統治行動に対して個人の基本的な自由と平等を保障する目的に出たもので，もっぱら国または公共団体と個人との関係を規律するものであり，私人相互の関係を直接規律することを予定するものではない」とし，このことは，「基本的人権なる観念の成立および発展の歴史的沿革に徴し，かつ，憲法における基本権規定の形式，内容にかんがみても明らかである」という。これは，基本的人権規定の直接適用を否定する限りで，憲法学の通説に沿った見解といえる[2]。判例の立場を無効力説と間接的効力説のいずれと理解するかはともかく，まずは，それが私人間における基本的人権条項の非適用を出発点にしていることが確認できる。

　しかし，こうした見方は，果たして，最高裁がいうように，「基本的人権な

---

1)　最大判昭48.12.12民集27巻11号1536頁。
2)　宮沢俊義著・芦部信喜補訂『全訂日本国憲法』（1978年，日本評論社）188頁，芦部信喜『憲法』（1993年，岩波書店）98頁以下。

る観念の成立および発展の歴史的沿革に徴し」て明らかなのであろうか。この点について根底的な疑問を提起したのが水林彪である[3]。

　水林によれば，近代憲法の代表とされるフランス1791年憲法は，人権諸規定が私人間に適用されることを前提としており，そこでは「人権」とは，「国家からの自由」というよりも，まずは，「国家（国民によって組織された公権力としての国家）によって，社会的権力に抗して，実現される自由」であった[4]。そして，憲法のこうした課題を具体化しようとしたのが民法典であり，そこに公法的な要素が含まれるのは当然であった。そこで水林はいう。「正確に表現するならば，革命期フランスの法体系は，public であり privé であるところの civil なるものの一元秩序——それが，constitution によって規定されるか Code de lois civiles によって規定されるかの別無く——なのであった」[5]。

　こうした公私一元論ともいうべきフランス法の伝統に対して，公私二元論を打ち出して完成させるのは，19世紀ドイツにおける政治的国家—経済社会の二元論と，それをふまえた私法学と公法学であった[6]。私法ではサヴィニーのパンデクテン法学，公法ではラーバントの国法学，イェリネクの公権論があげられる。しかし，ドイツでも，1896年制定の民法典は，資本主義の矛盾を反映して，法律の禁止に違反する法律行為を無効とする規定（134条），保護法規違反の不法行為に関する規定（823条2項），所有権の範囲を法律によって限定する規定（903条）など，公共性を考慮した条項を挿入せざるをえなかった。

　そして，20世紀型憲法の代表とされるワイマール憲法は，私人間の経済生活のあり方全般を直接規律する「第5章経済生活」を含んでいた。この章の冒頭を飾るのが，「経済生活の秩序は，すべての人に，人たるに値する生存を保障することを目指す正義の諸原則に適合するものでなければならない。各人の経済的自由は，この限界内においてこれを確保するものとする。」との有名な宣言（151条）である。

　たしかに，ワイマール憲法には，明らかに私法の性格をもついくつかの条項

---

3) 水林彪「『憲法と経済秩序』の近代的原型とその変容——日本国憲法の歴史的位置——」季刊企業と法創造9巻3号（2013年）104頁以下。
4) 水林・前掲注3）112頁。
5) 水林・前掲注3）114頁。
6) 水林・前掲注3）116頁以下。

が含まれていた。最も顕著なのは,「経済的取引においては,法律の基準にもとづく契約自由が妥当する」と規定した152条1項と,「暴利行為（Wucher）は禁止される。善良の風俗に反する法律行為は無効である。」と宣言した152条2項である。また,「すべてのドイツ人は,一般法の枠内で自己の見解を言葉,文書,印刷物,絵その他の方法で自由に表現する権利をもつ。いかなる労働関係・職員関係もこの権利を妨げてはならず,何人も,この権利を行使したことの故をもってその者を差別してはならない」とする118条1項と,「労働・経済条件の維持・改善のための団結自由は,万人に,またすべての職業に保障される。この自由を制限しもしくは侵害するすべての約定および措置は違法である。」とする159条は,基本権保障を実質化するために,私人間での直接的効力を明記したものである。159条の規定は,ほぼそのまま第二次大戦後の（西）ドイツ基本法9条3項に継承されている。

　しかし,水林によれば,日本の法学は,日本の特殊な伝統のうえにドイツ法学を受容したため,公法・私法を統合したワイマール憲法よりも,それらを分離したサヴィニーの民法理論やラーバント・イェリネクの公法理論から強く影響され,独特の公法・私法二元論を構築したのである。[7]

　こうした水林の議論は,日本において現在も根強い影響力を保持している公法・私法二元論をその根源に遡って批判するものとして,きわめて重要である。後述のような,民法学等における公法・私法の交錯論・協働論の台頭とあわせて,二元論そのものの根本的検討の必要を感じさせるものである。

2　民法学等における公法・私法協働論

　第二次大戦後,行政裁判所が廃止され,公法と私法はいずれも通常裁判所で扱われるようになったので,その意味では,公法と私法をアプリオリに峻別する実益は著しく減少した。[8] そのうえで,民法や行政法の分野では,公法と私法の規律対象や規整方法の相違を前提としつつも,双方が交錯すべきことは当然とされてきた。ところが,近年,民法学の分野で,こうした伝統的な交錯を超えた,公法と私法の新たな交錯ないし協働の必要性が主張されている。

---

7)　水林・前掲注3）129頁以下。
8)　星野英一『民法概論Ⅰ（序論・総則）』（1984年,良書普及会）4頁以下。

吉村良一⁹⁾は，こうした観点から具体的に議論されている問題として，①景観保護の問題，すなわち景観の保護が公益の問題であるにとどまらず，景観利益が私人の「法律上保護される法益」（民法709条）になることが最高裁（平18.3.3民集60巻3号948頁）によって認められていること，②環境法や都市・土地法の領域において，公法的規制と私法的救済との具体的関係が，ドイツの例を参考にして議論されていること，③公法的な取締法規に違反する行為の私法的効力について，伝統的な公法・私法二分論を克服して，私法的な無効をより積極的に認めて公法と私法の交錯を推進しようとする傾向が強まっていること，④市場化・民営化によって財・サービスの契約化が進行するが，そのなかで，個別交渉が排され，公法的規範の介入が予定される制度的契約というべきものについて議論がなされている（内田貴）こと，である。

　要するに，従来もっぱら私法によって規律されていた領域に公法が侵入し，もっぱら公法によって規律されていた領域に私法が侵入するという現象が随所で生じているのである。社会の複雑化，国家機能の肥大化，市民団体の活性化などがその背景にある。こうした状況をふまえて，星野英一は，「今日では，法を公法・私法に二分することは適当でなく，この区分を前提としても，両者に共通の部分が多く，それぞれに特殊な法規ないし考え方が若干あるにすぎないとする説」が妥当，と総括する¹⁰⁾。

　また，行政法学の分野でも，公法と私法の協働をめざす傾向が顕著である。この問題を分析した塩野宏は，「行政法における公と私は，両者の峻別という古典的公法・私法二元論の時代を経て，相対化，相互乗り入れ，さらには協働の方向を目指している状況である¹¹⁾。」と総括している。

　しかしながら，学説でこうした公法・私法協働論が強まっているにもかかわらず，それが判例には必ずしも十分反映していないように思われる。とくに，基本的人権の私人間効力論や，公法的労働者保護法規の私法的効力論の領域では，判例は伝統的な公法・私法二元論の発想から抜けきっていないのである。

---

9)　吉村良一『環境法の現代的課題』（2011年，有斐閣）46頁以下参照。
10)　星野・前掲注8）7頁。
11)　塩野宏「行政法における『公と私』」曽根威彦・樹澤能生編『法実務，法理論，基礎法学の再定位』（2009年，日本評論社）201頁。

II 労働者・使用者間における基本的人権の効力

1 ドイツにおける第三者効力論

　労働法における公法・私法関係に関してまず取り上げるべきは、憲法が保障する基本的人権が労働者・使用者間においていかなる意味をもつか、すなわち、労働者・使用者間の契約や使用者の労働者に対する措置などが基本的人権の侵害にあたると評価される場合に、いかなる法的効果が生じるかの問題である。労働法は、基本的人権の私人間効力が具体的に問題となる代表的な舞台である。

　日本の問題の検討に入る前に、ドイツにおける議論状況を簡単に紹介しておこう。

　上述のように、ワイマール憲法は第5章において私法秩序について規定し、いくつかの私法的性格をもつ条項を設けていたが、1949年制定の西ドイツ基本法には、団結権保障とその侵害の私法的効力を規定した9条3項を除いて、同様の規定は見られない。これは、西ドイツ基本法には、統一ドイツが成立するまでの暫定的憲法としての性格が与えられ、必要最小限の規定のみが盛り込まれたことによる[12]。そこで、基本的人権が私人間でいかなる効力をもつかは、もっぱら学説・判例による法解釈に委ねられることになった。

　1954年に創設された連邦労働裁判所の初代長官として労働法分野で最も強い影響力を誇っていたニッパーダイは、自らの直接的効力説の立場を連邦労働裁判所の判決に反映させていった。倉田原志[13]によれば、当時、連邦労働裁判所は、憲法の一連の重要な基本権は、国家権力に対する自由権を保障するだけではな

---

12) 西ドイツ基本法の暫定的性格については、コンラート・ヘッセ著・初宿正典・赤坂幸一訳『ドイツ憲法の基本的特質』（2006年、成文堂）49頁以下参照。このためもあって、基本法は自由主義的な性格が強い。しかし、基本法は国家に対して2カ所にわたって「社会国家」（Sozialstaat）の規定を与えており（20条1項〈社会的連邦国家〉、28条1項1段〈社会的法治国家〉）、判例・学説、とりわけ学説は、この条項の解釈を通じて、国家の積極的役割を根拠づけようとしてきた（ピエロート／シュリンク著・永田秀樹・松本和彦・倉田原志訳『現代ドイツ基本権』〈2001年、法律文化社〉32頁）。

13) 倉田原志「ドイツ連邦労働裁判所における基本権の第三者効力論の展開」西谷古稀（下）229頁以下。

く，むしろ，社会生活に関する秩序原則であり，市民相互間の法関係にも直接的な意味を有するとし，「私法上の取り決め，法律行為および行為は，秩序構造，具体的な国家秩序・法秩序の公序と呼ぶことができるものに反してはならない」との立場をとっていた。問題となった具体的な規定は，基本法3条（平等原則），1条1項（人間の尊厳），2条1項（人格展開の自由），5条1項（表現の自由），6条（家族的諸権利），12条1項（職業選択の自由）であった。

　連邦労働裁判所がこのように直接的効力説もしくはそれに近い立場をとっていたのに対して，連邦憲法裁判所は，1958年1月15日のいわゆるリュート判決において[14]，基本権の私人間効力に関する無効力説と直接的効力説をともに退け，基本権は第一次的には国家に対する防御権であるが，同時に客観的な価値秩序でもあり，その価値秩序は当然私法にも影響を及ぼすとした。いわゆる間接的効力説の立場であり，それは，「解釈され，適用されるのは民法であり，たとえ，その解釈が公法，憲法に従わなければならなくてもそうである」との文言に端的に表現されている。

　こうして一時期，連邦労働裁判所と連邦憲法裁判所の間に，基本権の私人間効力の解釈について齟齬が生じることとなった。しかし，連邦労働裁判所は次第にその姿勢を軟化させ，ついに1980年代の一連の判決において，直接的効力説からの訣別を明言する。とくに，解雇された労働者の継続雇用請求権に関する1985年2月27日の連邦労働裁判所大法廷判決は[15]，「基本法1条と2条によって保障される人格保護から，直ちにかつ直接的に労働者の労務給付による人格の発展を積極的に促進するという使用者の義務が導き出されるわけではない」として直接的効力説を否定し，継続雇用請求権は，信義則（民法242条）と結びついた民法611条（労務供給契約の定義），613条（権利の譲渡の制限）から導かれるとする。ただし，「その際，民法242条の一般条項は，基本法1条と2条の価値決定によって充填される」のである。

　同一国の連邦憲法裁判所と連邦労働裁判所の見解が相当長期にわたって対立していたのは，それ自体興味深い事実であるが，ここではそのことを問題にしたいわけではない。むしろ，両者の採用する直接的効力説と間接的効力説が，

---

14) BVerfGE 7, 198.
15) BAGE 48, 123.

実質的にさほど大きな相違をもたらさなかったという事実が重要である。間接的効力説も，基本権の保障が客観的な価値秩序をなしており，それが私法を含む全法体系を支配していること，したがって民法の一般条項の内容がその価値秩序によって充填されることを認めるのであり，直接的効力説との相違は，私法的紛争の解決にあたって，基本権条項を直接の根拠とするのか，基本権保障の価値秩序によって充填された一般条項を根拠にするのか，の点に存在するにすぎないともいえるからである。

2　日本における解釈

日本では，周知のとおり，1973年の三菱樹脂事件・大法廷判決[16]が基本的人権の私人間効力に関するリーディング・ケースとなっている。この事件では，①大卒の採用予定者Xが会社の思想調査にあたって虚偽の回答・返答をしたこと，②会社がそのことを理由として，試用期間中にあったXの本採用を拒否したこと，という二つの事実が問題となった。原審[17]は，思想調査自体が公序良俗違反で違法であったからXによる虚偽の回答・返答（調査への非協力）は問題とするにあたらず，解約（本採用拒否）は無効としたが，大法廷は思想調査の適法性を認め，原審を破棄した。基本的人権の私人間効力論はこの論点に関係して展開されたものである。[18]

判決はまず，自由権的基本権に関する憲法の規定は，もっぱら国または公共団体と個人の関係を規律し，私人相互の関係を直接規律することを予定するものではないとして，直接的効力説を否定する。私人間の関係においても，相互の社会的力関係の相違から，一方が他方に優越し，事実上後者が前者の意思に

---

16)　前掲注1）。
17)　東京高判昭43.6.12労民集19巻3号791頁。
18)　判決は，他方で，試用期間中の労働者については解約権留保付の労働契約が締結されているので，本採用拒否は解雇であるとし，Xの態度が管理職要員としての適格性を否定する客観的に合理的な理由といえるかどうかを判断させる必要があるとして，事件を原審に差し戻した。高裁で和解（内容はXの全面勝利）が成立したために，本件のような事案において本採用拒否が許されるか否かについて裁判所の結論は示されなかった。しかし，本採用拒否を解雇と見る大法廷のとらえ方や政治的信条に関する裁判所の傾向からして，本件が判決に至っていれば，本採用拒否が権利濫用で無効と判断されることも十分にありえたと思われる。

服従せざるをえない場合があるが、このような場合に限り憲法の基本権保障規定の適用ないしは類推適用を認めるべきであるとする見解もまた採用できないとする。私的支配関係において、個人の基本的な自由や平等に対する、社会的許容限度を超えた具体的な侵害またはそのおそれがあるときは、立法措置か、場合によっては、民法1条、90条や不法行為に関する諸規定等の適切な運用によって適切な調整を図る方途によるべきである、という。

　この判決は、基本的人権の私人間効力について、間接的効力説と無効力説のいずれをとったのか。それは、間接的効力説の内容をいかに理解するかによる。先に紹介したドイツ連邦憲法裁判所のような間接的効力説では、基本権の保障が客観的な価値秩序をなしており、民法の一般条項の内容がその価値秩序によって充填されると解されているので、実質的には直接的効力説とさほど異ならない結論が導かれる。上記の大法廷判決の立場は明らかにそれとは異なる。そこでは、個人の基本的な自由・平等への社会的許容限度を超えた具体的な侵害またはそのおそれがある場合には、民法の一般条項などの適用によって解決されうるという、ほとんど自明の事柄が指摘されるのみで、その一般条項と憲法の基本権保障との具体的関係には触れられていない。この点では、間接的効力説というよりも、むしろ無効力説に近い発想といってもよい。

　しかし、大法廷の立場にいかなる名称を冠するかは重要な問題ではない。明らかなことは、第一に、最高裁が、思想・良心の自由、法の下の平等などの自由権的諸権利を労働関係など私人間において保障することに消極的であることである。判決は、他方で憲法22条、29条等にもとづく財産権の行使、営業その他の経済活動の自由は積極的に評価する姿勢を示しているから、基本権一般の保障に消極的であるわけではない[19]。むしろ、ここでは、自由権的基本権と経済的基本権を別異に取り扱うという最高裁判決のイデオロギー性が顕著である。採用時の思想調査などは、その後社会的には厳しく否定されるに至っており、その適法性を認める最高裁判決は、古い時代の遺物となっている。

　第二に、基本的人権は国家・地方公共団体と個人の関係、すなわち公法的な

---

19)　樋口陽一『国法学（人権総論）［補訂］』（2007年、有斐閣）130頁は、この判決から、経済活動の自由に関する限り、「憲法規範の私人間適用に積極的な姿勢」を読みとることが可能、とする。

関係においてのみ保障されるとし，公法的関係と私法的関係とを峻別する姿勢が特徴的である。ここでは，憲法が保障する価値が私法秩序をも支配するというドイツの間接的効力説のような発想は見られない。こうした公法・私法二元論は，たとえば公務員関係と民間の労働契約関係とを峻別する判例の立場にも[20]顕著であり，そうした発想が，次に述べる，労働者保護法規の私法的効力の否定にも連なっているように思われる。

この大法廷判決は，裁判官の全員一致で出されたものではあるが[21]，以上のいずれの点についても著しく不適当であり，早急な変更が望まれる[22]。

III 労働者保護法の私法的効力

1 問題の所在

国家法がある労働政策を実現しようとするとき，関係当事者にその実行を強制しもしくは促すための手段・方法はきわめて多様であるが[23]，ここでは，代表

---

20) 官公労働者の労働基本権を民間労働者のそれと峻別する全農林警職法事件・最大判昭48.4.25刑集27巻4号547頁，公労法（現・行政執行法人労働関係法）が適用される現業国家公務員の勤務関係も公法の規律に服する公法上の関係にあるとした信越郵政局長事件・最二小判昭49.7.19民集28巻5号897頁，当局による新たな「任用」がない限り，職員の勤務関係の更新が繰り返されていたとしても——民間労働者の場合のような解雇権濫用法理の類推適用は認められず——職員は期間の満了によって当然にその地位を失うとする大阪大学事件・最一小判平6.7.14労判655号14頁，情報・システム研究機構（国情研）事件・東京高判平18.12.13労判931号38頁など。

21) この大法廷判決が全員一致で出され，しかも補足意見も書かれなかったことは，その半年前に，公務員の争議権をめぐって最高裁裁判官が「ハト派」と「タカ派」に分かれて激論を闘わせたこと（全農林警職法事件・前掲注20））を考えると，奇異の念を抱かせる。

22) 和田肇『人権保障と労働法』（2008年，日本評論社）2頁以下，萬井隆令「『判例』についての一試論——三菱樹脂事件最高裁判決・採用の自由論は『判例』なのか」龍谷法学40巻1号（2007年）72頁以下。

23) 山川隆一「労働法の実現手法に関する覚書」西谷古稀記念（上）75頁以下は，日本とアメリカの実態をもとに，刑事司法による実現，行政機関による実現（行政処分，行政指導，監督等），私人間の紛争解決を通じた実現（訴訟，労働審判，付加金制度，紛争解決システムの利用支援，行政機関による訴えの提起，自主的予防・是正措置による責任の減免），法遵守の支援・促進（法の周知・情報提供，諸種のインセンティブによる誘導，行動計画の利用，私人によるモニタリング）をあげている。

的な公法的手段と私法的手段を取り上げて、その関連について考える。ここで公法的手段とは、労働条件や職場環境に関する法定基準を、国の行政的監督、指導、刑事司法などを通じて使用者に遵守させようとするものであり、私法的手段とは、訴訟などの民事手続をさす。

公法的手段における主たるアクターは国と使用者であり、労働者は基本的には保護の対象として反射的利益を受けるにとどまる。したがって、公法的手段は労働者の関与なしに開始され遂行されうる点に特徴がある。労働者も申告（労基法104条など）という形で手続に関与できるが、それは手続開始の必須の要件ではない。これに対して、私法的手段における主要なアクターは労働者と使用者であり、手続は訴えの提起や労働審判の申立などがなければ開始されない（「原告なければ裁判なし」）。ここに公法的手段との決定的な相違がある。労働者のイニシャティブがなくても実現されるべき重要な労働条件基準については、公法的手段が不可欠なのである。

法定された基準もしくは権利の実現という点からいえば、公法的手段（とくに刑事司法）は強い威嚇効果をもつが、反面、その効果は間接的である。たとえば賃金不払いについて刑事司法手続がとられ使用者の有罪が確定しても、労働者は未払い賃金の支払いを受けられるわけではない。また、刑事手続は、罪刑法定主義の要請から一定の厳格性を免れない。そこで、公法的手続においても、刑事司法は最後の手段と位置づけられ、監督、指導という比較的弾力的な手段で問題の解決が図られる場合が多い。

一定の労働条件基準を実現するためにいずれの手続を予定するかは法政策の問題である。労働条件基準の法定を国の義務とする憲法27条2項も、実現のための手続について規定しているわけではない。いかなる手続を選択するかの法政策的判断にあたっては、以上の両手続の特質を考慮しつつ、基準の最も効果的な実現という観点から手続の選択もしくは組み合わせが求められる。

それでは、労働者保護法が、その実現のために公法的手段（罰則、企業名公表、行政指導など）を定めるのみで、私法的効力についてなんらの定めを置かない場合、その私法的効力はどのように判断されるべきか。判例とそれを支持する多数説は、私法的効力を明記する規定が存在しない場合には容易に私法的効力を認めようとしないが、果たしてそれは妥当であろうか。

たとえば，高年齢者雇用安定法(高年法)は，高年齢者の雇用確保の目的から，60歳を下まわる定年年齢の定めを禁止する(8条)とともに，65歳未満の定年年齢を定める使用者に対して，①定年年齢の引き上げ，②継続雇用制度の導入，③定年制の廃止のいずれかの措置(高年齢者雇用確保措置)をとることを義務づけている(9条1項)が，これらの条項の私法的効力については規定していない。通説は，このうち8条は私法的強行規定であるとし，60歳未満の定年年齢を定める就業規則や労働契約等は無効となり，その場合には定年制度が存在しないことになると解するが[24]，9条1項は公法的効力しかもたず，使用者が三つの高年齢者雇用確保措置のいずれもとらない場合にも，労働者は地位確認や損害賠償を請求できないとする[25]。しかし，65歳までの雇用は，2004年の高年法改正により，それまでの努力義務から法的義務に高められたのであり，こうした経緯を考慮すると，それに公法的効力しか認めない解釈には強い疑問が残る[26]。

　また，労働者派遣法は，派遣が可能な業務を制限し派遣期間の制限を規定してきたが，有力説は，その基本的性格は，派遣事業の開始と運営に関する罰則付きの行政的取締法規(いわゆる業法)であるとし，一部の強行規定(たとえば33条)を除けば，派遣法の規定に違反して労働者派遣がなされても，派遣労働契約や労働者派遣契約は直ちに無効になるものではないとする[27]。判例も，派遣法の趣旨および取締法規としての性質，労働者を保護する必要性等から，違法派遣(偽装請負)がなされても，派遣元と労働者の労働契約は無効とはならな

---

24) 菅野・労働法104頁，荒木・労働法298頁，土田道夫『労働契約法』(2008年，有斐閣)567頁，牛根漁業協同組合事件・福岡高宮崎支判平17.11.30労判953号71頁(最高裁で確定)。もっとも，この場合，高年法の補充的効力を認めて，60歳定年制が定められたものと解する解釈もありうる(西谷・労働法392頁参照)。

25) NTT西日本事件・大阪高判平21.11.27労判1004号112頁は，その根拠として，高年法の性格・構造・文理・違反の制裁の規定，法改正の経緯および立法者の意思，違反の法的効果の不確定性をあげる(結論同旨，NTT西日本(徳島)事件・高松高判平22.3.12労判1007号39頁)。学説では，とくに櫻庭涼子「高年齢者の雇用確保措置」労働法律旬報1641号(2007年)48頁以下参照。

26) 詳しくは，西谷敏「労働法規の私法的効力——高年齢者雇用安定法の解釈をめぐって」法律時報80巻8号(2008年)80頁以下，根本到「高年齢者雇用安定法9条の意義と同条違反の私法的効果」労働法律旬報1674号(2008年)6頁以下参照。

27) 菅野・労働法374頁以下。

いとし[28]，また，派遣元もしくは派遣先の不法行為責任を否定する例も多い[29]。

しかし，取締法規と強行規定を峻別し，私法的強行性を明記する条項に限ってそれを認めるという見解は果たして妥当であろうか。以下においては，強行法規と取締法規に関する最近の民法学における議論状況と，労働法規の私法的効力に関するドイツの理論的展開を紹介したうえで，日本における法解釈論上の問題を検討することにしたい。

2 取締法規をめぐる民法学の議論

民法学における伝統的な見解によれば，行政的な取締規定の中には違反行為を無効とするもの（効力規定）とそうでないもの（単なる取締規定）とがあり，両者の区別については，「立法の趣旨，違反行為に対する社会の倫理的非難の程度，一般取引に及ぼす影響，当事者間の信義・公正などを仔細に検討して，決定する他はない」[30]とされる。そして，判例は，当該行政法規が単なる取締規定であるとしてその私法的効力を否定する傾向が強いといわれる。高年法や労働者派遣法に関する上述の判例は，こうした全体的傾向に沿ったものといえる。しかしながら，近年，民法学では，こうした考え方に根本的な異論をとなえる議論がめだつようになっている。

たとえば，磯村保[31]は，取締規定に違反する行為がすでに履行されている場合と未履行の場合を区別すべきだと主張する。すなわち，すでに履行されている場合には，取締規定の趣旨と，その無効の主張を許すことにより当事者間の不

---

28) パナソニックプラズマディスプレイ（パスコ）事件・最二小判平21.12.18民集63巻10号2754頁。

29) 判例の傾向については，塩見卓也「松下PDP事件最高裁判決後の下級審裁判例」和田肇・脇田滋・矢野昌浩編著『労働者派遣と法』（2013年，日本評論社）203頁以下参照。もっとも，派遣法の2012年改正（2015年施行）によって，一定の違法派遣の場合に派遣先が労働者に直接雇用を申し込んだものとみなす旨の規定が挿入され（40条の6），部分的に私法的効力が明記された。

30) 我妻栄『新訂民法総則（民法講義I）』（1965年，岩波書店）264頁。こうした考え方の基礎を築いたのは，末弘厳太郎「法令違反行為の法律的効力」法学協会雑誌47巻1号（1929年）68頁以下といわれる（大村敦志『契約法から消費者法へ』〈1999年，東京大学出版会〉171頁以下参照）。

31) 磯村保「取締規定に違反する私法上の契約の効力」『民商法雑誌創刊50周年記念論集I・判例における法理論の発展』民商法雑誌93巻（臨増1）（1986年，有斐閣）13頁以下。

公平や取引の安全を害する結果を招来しないかとを相関的に考慮すべきであるが，契約は成立したがまだ履行されていないという段階では，当事者の一方が取締規定違反を理由に履行を拒否する場合には，他方当事者の履行請求も認めるべきではないとする。なぜなら，法が一方である行為を取締の対象とし，他方でその実現に手を貸すのは「法秩序内部の自己矛盾」だからである，と。

また，大村敦志[32]は，私法的強行性を否定する判例の一般的傾向と，私法的強行性を認める例外的な判例を比較検討したうえで，消費者保護を目的とする行政法規（より一般的にいえば取引利益保護法令）に違反する行為については，それを私法的に無効とする方が法目的に適合しているし，当事者間の信義・公平にも適合することを指摘する。そして，強行法規違反と民法90条，91条の関係の考察もふまえて，行政法規違反の行為については，法目的のほか，具体的取引をめぐる個別事情も考慮に入れて，公序良俗（民法90）違反の問題として処理することを提案する。

さらに山本敬三[33]は，公法と私法の関係を憲法の視点（基本権保護義務，基本権支援義務）から見直す必要があるとし，取締法規を，国家＝立法者が基本権の保護もしくは支援を目的として，一定の積極的な措置を定めたものと理解する。取締法規論とは，そのことを前提として，裁判所がこの取締法規の目的を実現するために，民法90条を用いて，違反行為の効力を否定するという法形成を行うべきかどうかの問題であるとされる。裁判所の法形成も過剰介入禁止に反してはならないが，それは比例原則（適合性の原則，必要性の原則，均衡性の原則〈狭義の比例原則〉から成る）にもとづいて判断されるべきであり，公法・私法二分論のように，法令が公法に属するという理由だけで私法的効力を否定するに足りる重要性を認めないという考えはとりえないとする。山本によれば，公法も私法も，究極的には，基本権の保護ないし支援のために国家が定めた法として同列だというのである[34]。

このように，民法学の分野においては，公法・私法二元論にもとづいて取締

---

32) 大村・前掲注30) 174頁以下。
33) 山本敬三『公序良俗論の再構成』(2000年，有斐閣) 246頁以下。
34) 山本・前掲注33) 250, 255頁。

法規違反の行為の私法的無効を原則的に否定する伝統的な考え方が根底から問い直されようとしている。こうした傾向の背景的事情として，二つのことがあげられよう。第一は，公法・私法二元論そのものが古い国家観を前提としたものであり，維持しがたくなっていることがある。社会がますます複雑化するなかで，私的領域にさまざまの形態で公法的規制が関与し，逆に公法的分野に契約の論理が浸透するようになった現代社会・国家においては，前述のように，民法学や行政法学の各分野で，公法と私法の協働によって問題を解決しようとする傾向が顕著となっているが，取締法規違反行為の私法的効力をより積極的に否定しようとする学説や一部判例は，こうした全体的傾向の一環として理解することができる。

第二に，問題となる行政取締法規の目的・内容の変化があげられる。取締法規違反を私法的効力に及ぼすのに否定的な伝統的学説・判例は，主として取引と直接には関係しない価値の実現をめざす契約外在的な規制をめぐる事案，すなわち，開業規制に違反する事件（無免許営業）や行政手続違反事件を念頭に置いたものであった。そうした事件においては，法規違反を理由として契約を無効とすることが取引の安全を犯さないのかどうか，当事者間の信義・公正に反する結果とならないのかどうかについて，慎重に検討する必要がある。ところが，行政法規のうち次第に重要性を増してきたのは，消費者関連の法規である。こうした法規は，契約当事者の保護を目的としているので，行政法規違反の行為を私法的に無効と解する方が法目的に適うし，それによって取引の安全を害することもなければ，当事者間の信義・公正に反することもない。少なくとも，このような消費者保護を目的とした行政法規を視野に入れる限りは，法規違反の行為を原則的に有効と解するような態度を改めて，事案の性質に即した問題解決を考えることが必要となったのである。[35]

3　ドイツにおける議論の発展

ドイツにおいても，労働法は労働者保護のための公法的規制から始まった。[36]

---

35) 大村・前掲注30) 175頁以下参照。大村は，こうした観点から，行政法令を警察法令と経済法令に分け，後者のなかに取引利益保護法令と経済秩序維持法令が含まれるとする。
36) 1869年の北ドイツ連邦営業法（Gewerbeordnung）（1872年以降ドイツ帝国営業法）は，↗

資本主義の発展にともなって深刻さを増してきた労働者問題ないし社会問題は，社会政策学のみならず法学者の関心を引くようになるが，19世紀を通じて，法学者は，私法の世界においては当事者の自由と所有権が最大限尊重されるべきであり，そこから生じる可能性のある不正の是正は公法の課題であると考えていた。しかし，労働者保護の考え方は，徐々に私法にも浸透してくる。1896年制定の民法典（BGB）は，労働者保護と結びついた「労働契約」概念の導入という社会民主党の要求を退けたが，制定過程における議論を反映して，労働者保護を目的とする一定の条項を挿入することになった（第3章Ⅱ1参照）。また，労働協約制度の発展に対応して，それの法的な扱いが法律学の重要なテーマとなるが，これは，1918年労働協約令によって立法的に解決される（第6章Ⅳ1参照）。労働法はもはや，自由の原理にもとづいて純粋の体系を構成する私法の外部にある特殊な公法というものではなく，公法と私法の双方にまたがる領域として自己を確立していくのである。すでにギールケは，多くの法制度は公法と私法を一つの全一体のなかに織り込んでいると指摘していたが，それはとりわけワイマール以降の労働法にあてはまる。

　今日では，労働法は私法的な性格を一層強めている。ますます多くの労働法上の規定が民法典に挿入され，また，広義では労働者保護法に属するが，公法的な性格をもたず，もっぱら私法的手段による実現を企図する法律（ドイツでは労働契約法 Arbeitsvertragsgesetze と総称される）が多数制定されている。他方，公法的な監督や使用者の処罰によって労働者保護をはかろうとする狭義の労働保護法（Arbeitsschutzrecht）の範囲は限定されており，労働法のなかではいず

　　＼1891年に多くの労働者保護規定をとりいれて改正され，なお現行法として妥当している。
37) Rückert, "Frei" und "sozial": Arbeitsvertrags-Konzeptionen um 1900 zwischen Liberalismus und Sozialismus, ZfA 1992, S. 246ff. この時期には，「労働契約」の概念もこの改革の必要性と結びつけられ，法令では主として公法分野で用いられたという（Rückert, a.a.O., S. 231）。
38) Gierke, Deutsches Privatrecht, I, 1895, S. 32.
39) ジンツハイマーは，労働法が個人規範と社会規範の不可分の結合である以上，労働法において公法と私法を峻別することは，内的に結合しているものを論理的に峻別することになるとする（Sinzheimer, Grundzüge des Arbeitsrechts, 1.Aufl., 1921, S. 9f.）。
40) Zöllner/Loritz, Arbeitsrecht, 4.Aufl., 1992, S. 307f.
41) 公法的な労働保護の分野としてあげられるのは，労働者の生命・健康の保護，労働時間制限，個人情報保護，環境保護（企業外住民を含む）であり，賃金保障は通常は純／

れかといえば周辺的な位置に置かれている。

　公法的な監督や使用者の処罰によって一定の基準を実現しようとする労働保護法は，当初は行政法の一部として私法と峻別されていた。ワイマール時代の通説は，労働保護法は使用者と国家の関係を規律するものであり，たしかに保護法規違反の契約は無効となり（民法134条），保護法規違反から生じた損害について賠償責任が生じる（民法823条2項）ことは認められるが，保護法は，使用者に対する労働者の請求権を根拠づけるものではないと考えていた。[42] これに対して，ニッパーダイは1929年の論文において[43]，公法上の諸規定も，労働契約による合意になじむものである限り，労働契約上の保護義務を通じて労働契約の内容になり，使用者に対する請求権の根拠になると主張した。そして，第二次大戦後，実務と理論におけるニッパーダイの圧倒的な影響力を背景に，こうした見解が通説の地位を占めることになるのである。

　そのことを端的に示すのは，公法上の保護規定である年少者保護法の推移である。1960年に制定された同法の6条は，この法律における義務は，それが契約上の約定の対象に適している限り契約上の義務にもなる，と規定していたが，1976年に，それは自明の事柄であるとの理由で削除された。[44] こうして現在では，労働保護法上の義務は，それが抽象的には契約上の約定になりうる限り，すなわちそれが単に秩序にかかわるか組織上の性格しかもたないという場合を除いて，同時に契約上の義務にもなるという点で一致がみられる。[45] すべての労働保護規定を一般条項としての民法典618条1項（労務受領者の安全配慮義務）の具体化と解することによってこうした見解を根拠づける試みもあるが[46]，そうした理論構

　　＼粋に私法的な問題と考えられている（例外は母性保護法11条以下など）。なお，1996年に制定された労働保護法（Arbeitsschutzgesetz）は，すべての従業者（労働者，訓練中の者，労働者類似の者，官吏，裁判官，兵士。ただし家事使用人と船員は除く）に適用される，労働保護に関するはじめての基本法である。それは，1996年のEU労働保護基本指令の国内法化の意味をもつ。

42) Kaskel, Arbeitsrecht, 3. Aufl., 1928, S. 156, Fn. 2, S. 193ff., S. 258; Hueck/Nipperdey, Lehrbuch des Arbeitsrechts, Bd. 1, 1927, S. 101.
43) Nipperdey, Die privatrechtliche Bedeutung des Arbeitsschutzes, in: Die RG-Praxis im deutschen Rechtsleben, 4. Bd. (1929), S. 215ff.
44) Söllner, Grundriß des Arbeitsrechts, 12. Aufl., 1998, S. 221.
45) Söllner/Waltermann, Arbeitsrecht, 14.Aufl., 2007, S. 291f.
46) Blomeyer, in: Münchener Handbuch des Arbeitsrechts, Bd. 1, 2.Aufl., 2000, S. 1933f.

成をとるか否かにかかわりなく，労働保護法規がその性質によって労働契約上の権利・義務を設定することは，通説・判例の承認するところとなっている。

労働保護法上の規定は，民法典823条2項にいう「他人の保護を目的とする法律」に該当しうるので，被害労働者がこの規定にもとづいて使用者に損害賠償を請求しうることは以前から明らかであった。それに加えて，通説・判例が労働保護規定の内容が労働契約上の使用者の義務となりうることを認めたので，労働者は使用者にそれに関する履行請求（たとえば法律上義務づけられた保護服の費用の請求）をなしうるし，履行補助者の過失の場合にも使用者に損害賠償を請求しうることとなったのである。

以上のように，今日ドイツでは，労働保護法規は，契約内容となりうる性格をもつものである限り，労働契約内容として私法上の効力をもつことは自明のこととされている。

4 日本における法解釈
(1) 労基法13条の意義

公法的な労働保護法規違反行為の私法的効力に関して，日本の判例・通説は，民法学の最近の傾向とは大きくかけ離れているし，ドイツにおける見解とも大きく異なっている。私は，日本でも，最近の民法学の議論やドイツの法解釈を参考にして再考すべきだと考えるが，その際まず労基法13条の意義を明確にしておくことが必要となる。

労基法13条は，「この法律で定める基準に達しない労働条件を定める労働契約は，その部分については無効とする。この場合において，無効となつた部分は，この法律で定める基準による」と規定し，労基法の各条項が私法上の強行的効力と補充的効力をもつことを明記している（同様の規定は最低賃金法4条2項にも見られる）。ドイツには，労基法に相当するような，労働条件基準を包括的に定めた法律は存在しないし，もちろん13条に相当する規定はない。しかし，ドイツでは，上述のように，私法の効力を明記した年少者保護法6条が削除された経過から明らかなように，労基法13条で規定されているようなことは，公法的な労働保護規定について自明のことと考えられているのである。

日本でも，ドイツの議論を参考にして，労基法13条は自明のことを確認した

規定であると解するものがある。この見解による場合には，こうした効力を明記しない法律条項にも同様の私法的効力が認められることになる。これに対して，多数説は，労基法13条が定める強行的効力は確認的規定であるが，補充的効力は創設的であるとする。しかし，子細に観察すると，強行的効力の部分を確認規定とする見解も二つに分けられるようである。第一は，一般に労働者保護法規が強行的効力をもつのはその性質上当然とするものであり，第二は，労基法の性格を前提とすれば，それに強行的効力が認められるのは当然とする見解である。前者の見解によれば，労働者保護を目的とするその他の法規にも当然強行的効力が認められることになる。後者の見解では，その他の法律については強行的効力が否定されるか，労基法と共通の性格が認められる法律に限って強行的効力が認められることになるが，その点が明確でない場合も多い。

それでは，労基法の特徴とは何か。たとえば，末弘厳太郎は，労働者保護法への違反行為は，以前は「行政犯」と考えられ，それに対する制裁も軽い罰金にとどまっていたが，労基法は，「労働者の基本的人権を保護することを目的としているから，これに対する違反行為も，単なる行政的取締法規に対する違反たるに止まらず，憲法上尊重されている基本的人権を犯す犯罪として一般の所謂自然犯と同様，厳重に処罰せらるべきもの」と述べている。労基法の諸規定は当然に私法的強行性をもつとする見解は，このように労基法を基本的人権保障と結びつけ，労基法違反の行為を自然犯と同視するような見方を基礎としていたのである。

---

47) 青木宗也・片岡曻編『労働基準法Ⅰ』(1994年，青林書院) 204頁以下（片岡曻）は，労働保護法規が使用者の配慮義務を通じて労働契約上の義務になると解するドイツの通説を日本でも認めることにより，これを確認規定と解し，有泉亨・青木宗也・金子征史編『基本法コンメンタール・労働基準法［第3版］』(1990年，日本評論社) 79頁（岸井貞男）も結論的に同一の立場をとる。
48) 厚生労働省労働基準局編『平成22年版・労働基準法（上）』(2011年，労務行政) 205頁。
49) 久保敬治・浜田冨士郎『労働法』(1993年，ミネルヴァ書房) 280頁，萩沢清彦『労働基準法（上巻）』(1996年，青林書院) 9頁，東京大学労働法研究会編『注釈労働基準法（上巻）』(2003年，有斐閣) 24頁以下（大内伸哉），268頁以下（大内伸哉）。
50) 末弘厳太郎「労働基準法序説」法律時報19巻9号（1947年）4頁。
51) 松岡三郎『條解労働基準法新版上』(1958年，弘文堂) 15頁，西村信雄ほか『労働基準法論』(1959年，法律文化社) 8頁以下［片岡曻］参照。もっとも，労基法違反の行為を，その性格や国民一般の意識との関係で，刑事犯と行政犯に分ける見解もあった／

労基法は，たしかに労働者保護法の中核をなす法律であり，とくに制定時にはそれに特別の意義が与えられていた。しかしながら，その後，多くの重要な労働者保護法が制定されており，それらもまた憲法27条2項の付託にもとづく，労働者の基本的人権の実現を目的とした法律であった。労基法（および最賃法）の中核的な意義は明らかであるが，労基法等とその他の法律を違反の効果において峻別する根拠は乏しい。明らかに行政的な手続を定めるにすぎない規定は別として，労働者保護法上の規定は，むしろ原則として私法的強行的効力をもつと解するのが，通常はそれぞれの法目的にも適うといえよう。

(2)　法規の性格

　ところが，労働法学においては，労働法規を，憲法27条1項（勤労の権利）に対応する雇用政策にかかわるもの（労働市場の法）と，同2項（勤務条件基準の法定）に対応する労働条件にかかわるものとに二分する発想[52]が根強い伝統をなしており，そのことが，雇用政策の法に属すると判断される高年法や労働者派遣法の私法的効力を否定する有力な根拠とされるのである[53]。

　しかし，労働者保護法を雇用政策にかかわるものと労働条件基準にかかわるものに二分する見解には賛成できない。それは二重の問題をはらんでいる。

　第一に，憲法27条の1項と2項は単純な並列の関係にあるのではない[54]。たとえば，解雇は典型的な労働条件であり，その制限（労基法19条・20条，労契法16条）は憲法27条2項の問題であるが，同時に，雇用政策に密接にかかわるという意味では27条1項の問題でもある。また，27条1項にもとづく国の雇用政策によって労働者に保障される雇用は，賃金，労働時間などの労働条件が一定水準以上の良好な雇用（ディーセントワーク[55]）であるべきであり，その意味では27条2項と密接な関係がある[56]。

　高年法は，たしかに高齢者雇用の促進という雇用政策のために制定された法律であるが，それは同時に高年齢労働者の保護にも資するのであり，それを雇

　　＼（荘子邦雄『労働刑法［総論］［新版］』(1975年，有斐閣) 12頁以下）。
52)　菅野・労働法26頁以下，荒木・労働法22頁以下。
53)　櫻庭・前掲注25) 48頁以下。
54)　同旨，三井正信「労働権の再検討と労働法システム」西谷古稀（上）106頁以下。
55)　西谷・人権第2章，本書第4章Ⅵ参照。
56)　西谷・人権44頁以下。

用政策とのみ関係づけるのは一面的である。労働者派遣法も，たしかに2012年に目的規定と名称が変更されるまでは，派遣事業の規制という色彩が強かったが，何のために事業を規制する必要があったのかといえば，派遣労働者の保護という目的を抜きには考えられない。派遣法は，2012年に改正される前から労働者保護を重要な目的とする法律であったと解すべきである。要するに，雇用政策と労働条件政策とは，厚生労働省の管掌において区別されているにしても，単純に二分できるような関係にはないのである[57]。

　第二に，一つの法律の性質を憲法条項との関係でいずれかに決定し，その性質を法律の各条項の効力に結びつけることは，一つの法律に多様な性質をもつ規定が含まれうるという事実を無視することになる。たとえば，高年法を雇用政策立法と解するとしても，60歳未満の定年年齢の設定を禁止する同法8条には当然私法的な強行法規としての性質を認めるべきであり，通説・判例はそのことを認めている[58]。また，同一の法律のなかに，労働条件に関する基準を定める条項と，国や自治体などのとるべき政策を定める条項が混在する例は多い[59]。労働法規の私法的効力の有無，内容は，法律ごとにではなく，それぞれの条項ごとに具体的に判断されるべきなのである。

(3) 「公序良俗」の理解

　法律が明示する場合にしか法律条項の私法的効力を認めないという見解は，民法90条の「公序良俗」の狭い理解を前提としている。ある見解は，労働契約内容が差別禁止のゆえに無効になる場合を，直律規定型（労基法3条・4条）と公序良俗違反型に分け，後者をさらに基本権保護型法令（均等法6条）と政策実現型法令（パート労働法8条〈改正前〉）に分類する[60]。そして，政策実現型法令は，直接的には国に一定の政策の実現を義務づけるにすぎず，それが国民の間に浸透して「公序」を形成した段階でようやく，それに反する契約内容等を無

---

57) 同旨，根本到「労働法規の公法的効力と私法的効力」松本博之・野田昌吾・守矢健一編『法発展におけるドクマティークの意義——日独シンポジウム——』(2011年，信山社) 314頁以下。
58) 前掲注24)の文献と裁判例参照。
59) たとえば男女雇用機会均等法は，3条・4条で国・自治体の啓発活動や対策基本方針の策定について定め，5条以下で事業主を名宛人とする差別禁止を定めている。
60) 安西愈「労働関係法令改正と実務対応・第33回」労働新聞2672号 (2008年3月10日)。

効にする効力が認められるという。したがって，また，様々な議論を経て狭い範囲の「通常の労働者と同視すべき短時間労働者」に限定して差別禁止を定めたパート労働法8条（改正前）も，当面は私法的強行性をもたないことになる。

　これを高年法の解釈に及ぼすならば，60歳未満の定年制を禁止した8条はすでに「公序」を形成しているので，それに反する制度は無効となるにしても，65歳までの雇用保障を義務づけた9条1項はそこに至っていないために強行性をもたない，という結論になるのであろう。[61]

　この見解の特徴は，民法90条の「公序」を国民意識に大きなウェートを置いて理解する点である。それは，取締法規の私法的効力の問題を民法90条の問題ととらえたうえで，そこにいう「公序」をことさら狭く解するために，取締法規違反の行為が私法的に無効と認められる範囲をきわめて狭く限定する結果となる。

　強行法規違反の問題を民法90条の問題として扱うのは，たしかに最近の民法学の有力な傾向である。[62]しかしながら，最近の民法学の見解は，問題となる取締法規の法目的（とくに消費者保護）のほか，具体的取引をめぐる個別事情も考慮に入れた弾力的判断を民法90条について行おうとし，あるいは，国家の基本権保護・支援義務が私法的効力の否定にも及ぼされうることを前提とし，それが過剰介入禁止に違反しないかどうかを比例原則に照らして判断するという作業を民法90条に即して行おうとしているのであって，外在的で固定的な「公序」なるものを想定する発想とは無縁である。

　伝統的見解に属する我妻も，取締法規の私法的効力については，①立法の趣旨，②違反行為に対する社会の倫理的非難，③一般取引に及ぼす影響，④当事者間の信義・公平の四つの判断要素をあげ，それらの慎重な考慮を求めていた。[63]上記の見解は，このうち②のみを視野に入れた一面的なものである。労働

---

61) 櫻庭・前掲注25) 49頁は，「60歳定年制が確実に定着している」状況で義務化されたことを，8条の強行法規性の根拠のひとつとする。
62) 大村・前掲注30) 191頁以下，山本・前掲注33) 250頁以下。
63) 我妻・前掲注30) 264頁。判例も，取締法規違反の法律行為について，当該規定の目的や性格，保護法益，違反の態様・程度によっては，公序良俗違反としてその効力を否定している。たとえば，最一小判昭39.1.23民集18巻1号37頁（食品衛生法で禁止された有毒物質が混入したアラレを販売した事案），山一證券事件・最一小判平9.9.4民集51巻8号3619頁（証券取引法違反の損失保証契約）などである。

者保護立法においては，消費者保護立法の場合と同じく，③と④の観点が重要であり，これらの観点からは，むしろ違反行為の私法的無効が積極的に肯定されるべきなのである。

⑷　労働法規の強行的・補充的効力

　以上のことから，労働法規のうち，使用者に作為・不作為を命ずるか，具体的な労働条件基準を定める条項，すなわち，ドイツ流にいえば，労働契約の内容となりうる労働条件基準等を定める規定は，その基準等の実現について行政的な指導・勧告・罰則などを予定しているか否かを問わず，原則として私法的強行性をもち，それに反する行為は違法・無効になると解すべきである。[64] 高年法についていえば，60歳を下まわる定年を禁止した 8 条はもちろん，定年の引き上げ，継続雇用，定年の廃止のいずれかによる65歳までの雇用確保措置を義務づけた 9 条 1 項も，私法的強行規定と解すべきである。[65]

　労働法規の強行的効力が認められた場合，その補充的効力はどうなるか。労基法13条は，補充的効力を明記しているが，それを創設規定と解する見解が有力である。[66] しかし，法律がある労働条件について一定の基準を強行規定（最低基準）として設定した場合に，違反する契約を無効とするだけでは労働条件に空白が生じて不都合である。したがって，具体的な労働条件基準を定める法律条項については，補充的効力を認めるのがむしろ自然である。[67]

64）　就業規則の作成・変更にあたって，行政官庁への届出（89条），労働者過半数代表の意見聴取（90条），事業場の労働者への周知（106条）のいずれかの手続が履践されていない場合に，就業規則の私法的効力をいかに解するかという問題も長年論じられてきたし，それは現在でも大きな問題である。しかし，それはここで問題にしている実質的な労働条件基準を定めた法規の私法的効力とは性格を異にするものであり，区別して検討すべきである。

65）　高年法 9 条 1 項が使用者に三つの選択肢を与えていることも，違反行為（いずれの措置もとらないこと）を無効と解する妨げとはならない。高齢者雇用において中心的な意味をもつのは定年制であるから，使用者が65歳未満の定年を維持したままいずれの措置もとらない場合，その定年制は 9 条 1 項に違反して無効とされ，定年は65歳とみなされるべきである。ただし，法が継続雇用制度の導入によっても義務が果たされることを認めているので，使用者がそれまでに継続雇用制度を実施した場合には，労働者が65歳に達するまで継続雇用制度が適用されると解すればよい。詳しくは，西谷・前掲注26）参照。

66）　末弘厳太郎「労働基準法解説（一）」法律時報20巻 3 号（1948年）16頁，東大労働法研究会・前掲注49）268頁以下（大内伸哉），厚生労働省労働基準局編・前掲注48）209頁。

67）　ドイツでは，取締法規の内容が使用者の労働契約上の保護義務を媒介として違反す↗

補充的効力が法律に明記されていない限りそれを認めない[68]というのは，過度に法文にとらわれた形式的な法解釈である[69]。補充的効力が明記されていない場合にも，当該条項の性格上，それを認めることに合理性があり，それが立法者の意図であったと考えうる場合には，補充的効力を認めるべきである。たとえば，有期雇用労働者と無期雇用労働者の労働条件の格差が「不合理なものであってはならない」とする労働契約法20条への違反が認められた場合，有期雇用労働者は，その格差について請求権を獲得すると解すべきである[70]。

　労働保護法規に私法的強行性を認めるかどうかの判断にあたって，当該条項の違反について罰則が予定されているかどうかは重要な問題ではない。たしかに，罰則を予定する規定は，立法者がそれだけ強い意思をもってその基準の貫徹をめざしているといえるので，私法上も強行性を認めるべきだという判断につながりやすい。しかし，一定の基準の実現について，違反者の処罰によるのか，行政機関による指導・監督によるのか，企業名の公表によるのかなどは，まさに公法的な次元における立法政策の問題であって，私法的効力の有無に直結するものではない。たとえば，2007年に改正された最低賃金法は，地域別最

　　　る行為の私法的評価に結びつけられるので，法規が補充的効果をもち，労働者が法規内容に即した請求権をもつことは当然とされている。

68）　荒木尚志・菅野和夫・山川隆一『詳説・労働契約法［第2版］』（2014年，弘文堂）244頁は，有期契約労働者の労働条件と無期契約労働者のそれとの相違が不合理なものであってはならないと規定する労契法20条について，強行的効力を認めつつ，「補充的効力という重大な法的効果を認めるのであれば，労基法13条や労契法12条のように法文上当然にその旨が明記されるべきであるのに，それがなされていない」という理由で，補充的効力を否定する。しかし，補充的効力は，明文の規定がなければ認められないほどの「重大な」法的効果なのだろうか。むしろ，ある基準を強行的に実現しようとする立法者の意図は，補充的効力を認めることによって最もよく実現されるのではないだろうか。

69）　我妻・前掲注30）266頁も，公定価格を超えた代金でする売買を，その価格による売買として有効と解する（つまり補充的効力を認める）判例を支持している。

70）　もっとも，その理論構成については検討を要する。たとえば，正社員就業規則に規定されている手当が契約社員就業規則には規定されていないという場合，両就業規則と労契法20条にもとづく労働契約の補充解釈という論理を媒介とする必要があろう。実は，男女の賃金差別の場合にも，差額請求権の根拠づけについては，単純に労基法13条によることはできず，差別の法的基礎の種類に応じて検討する必要がある（西谷敏「賃金・昇格差別の救済法理」季刊労働法193号〈2000年〉103頁以下参照）のであって，これは差別禁止法規一般に共通する問題である。本来は，差額請求権について立法で明記されるべきである。

低賃金と一定の事業・職業に適用される特定最低賃金を定め，両者について私法的効力（強行的効力と補充的効力）を規定しつつ（4条2項），罰則の適用対象を地域別最低賃金と船員に関する特定最低賃金に関する違反に限定している（40条）。私法的効力と罰則の有無がいつも連動するとは限らないのである。

これに対して，使用者に「努力」ないし「配慮」を求めるか，類似の表現を用いる規定については，直ちに強行法規と認めるのは困難である。たしかに，使用者がこうした規定にもかかわらずまったく「努力」しない場合には，そのことが不法行為法上違法とされることがありうるし[72]，「配慮」を怠った場合に，それが権利濫用の判断に重要な影響を及ぼすことがある[73]。しかし，ある基準等について「努力」義務等の表現が用いられているのは，それを直ちに強行的に実現することはしないとの立法者意思の現れと解されるから，行政指導の次元では義務づけ規定の場合と大差がないにしても，私法上は，具体的な作為・不作為が義務づけられている場合と区別されるほかないであろう[74]。

しかし，逆にいえば，ある基準に関する努力義務規定が，法改正によって明

---

71) たとえば労基法136条は，使用者は，年休を取得した労働者に対して「賃金の減額その他不利益な取扱いをしないようにしなければならない」と規定するが，最高裁は，これを単なる努力義務規定と解している（沼津交通事件・最二小判平5.6.25労判636号11頁）。もっとも学説は総じてこの判決に批判的であり，理論構成はさまざまであるものの，年休取得を理由とする不利益取扱いを無効と解している（西谷敏・野田進・和田肇編『新基本法コンメンタール・労働基準法・労働契約法』〈2012年，日本評論社〉176頁以下［竹内（奥野）寿］参照）。

72) 1985年に制定された男女雇用機会均等法は，職務配置や昇進に関する均等な扱いを使用者の努力義務にとどめていた。この段階ではそれに反する使用者の措置も違法ではなかったとする裁判例が多い（住友電工事件・大阪地判平12.7.27労判792号70頁，野村證券事件・東京地判平14.2.20労判822号13頁など）が，法律の公布後2年半（施行後1年9ヶ月）の間，昇進に関する差別扱いを維持したのは私法秩序に反し，少なくとも過失による不法行為が成立するとした例がある（昭和シェル石油事件・東京高判平19.6.28労判946号76頁）。

73) 育児介護休業法26条は，事業主は，転勤命令にあたって子の養育や家族介護の状況に「配慮しなければならない」と規定するが，この配慮を怠ったことを一つの理由として転勤命令を権利濫用と認めた例として，ネスレジャパンホールディング事件・神戸地姫路支判平17.5.9労判895号5頁（大阪高判平18.4.14労判915号60頁）参照。

74) 努力義務規定の立法論と解釈論については，荒木尚志「労働立法における努力義務規定の機能」『労働関係法の現代的展開（中嶋士元也先生還暦記念論文集）』（2004年，信山社）19頁以下参照。

確な禁止規定や義務づけ規定に転換された場合には，通常はそこに，その基準に私法的強行性を付与するとの立法者意思が表現されていると解すべきである。募集・採用，職務配置，昇進などを明確な差別禁止の対象とした均等法改正（1997年）がその例であり，また，60歳未満の定年制を禁止した1994年の高年法改正や，65歳まで雇用確保を事業主の法的義務に高めた2004年の高年法改正も，こうした観点をふまえて解釈されなければならない。

IV 公法的・私法的規定の解釈

罰則が付された規定は，罪刑法定主義の要請から厳格に解釈しなければならない。これに対して，純粋に私法的効力しかもたない規定は，そうした制約を受けずに弾力的に解釈できる。それでは，労基法や最賃法の各条項のように，一つの規定が刑罰規定であり同時に私法的規定であるという場合には，どのような方法で解釈されるべきか。

一つの条文の意味内容は統一的に解釈されるべきだというのが，一つの考え方である。しかし，こうした方法をとる場合，それが刑罰規定であることを意識して厳格に解釈すれば，私法の次元における弾力的解釈の要請に応えられず，逆に弾力的に解釈しようとすれば，罪刑法定主義の要請に反するおそれがある。

このディレンマは，同一の条文を，刑罰規定の適用が問題となっている局面と私法的強行性の局面で区別して，二元的に解釈することによってしか解消されないと考える。つまり，ある使用者の行為が，私法的に無効であり，補充的効果も認められるが，刑罰規定の側面ではまだ違法とはいえないということがありうるということである。とくに，社会的事情の変化に法改正が追いつかず，社会的要請と法規の間に乖離が生じている場合，こうした二元的解釈の方法こそが，罪刑法定主義の基本原則を犯すことなく，現実に即した妥当な結果を導きうるのである。[75] もちろん，法律が社会情勢の変化に対応して頻繁に改正される場合には，二元的解釈の必要性は低くなる。

---

75) 詳しくは，西谷敏「労働基準法の二面性と解釈の方法」伊藤博義・保原喜志夫・山口浩一郎編『労働保護法の研究（外尾健一先生古稀記念）』（1994年，有斐閣）1頁以下，西谷・規制281頁以下参照。

第6章
労働契約と労働者意思

はじめに

　労働法において労働者は二つの顔をもって登場する。労働者は，労働契約の主体としては，使用者と対等で自由な「人格」(Person)であるが，実態においては，使用者に対して経済的および人的に従属し，かつ通常は企業組織に組み込まれた人間(Mensch)である。労働者のこの自立と従属性の両面は，かつて吾妻光俊が主張したような絶対的な対立の関係にあるのではない[1]。現行法はその両立可能性を前提にしている。

　しかも，労働者が労働契約の対等の当事者たることは，単に理論的・抽象的に観念しうるというだけでなく，現実にもある程度までは実現されるべき目標である。そのことは，労基法の制定以来確認されてきた（2条1項）ことであり，また，2007年の労働契約法がとくに強調するところである。

　こうして労働法が想定する労働者は，使用者に従属すると同時に，理念的に，そしてある程度までは現実的にも，使用者と対等の立場で労働条件の決定に関与する契約当事者である。しかし，労働者像のこの両側面が，調整の容易でない矛盾を含んでいることは明らかである。その矛盾は，とりわけ労働者に不利な内容の労働契約や個別的合意（同意）において典型的に現われる。それは形式上は対等当事者間の合意であるが，実際には，使用者の強い圧力のもとでなされた，労働者の不承不承の「合意（同意）」でしかない場合が多い。法はこうした「合意（同意）」をいかに扱うべきであろうか。

　戦後労働法学は，労働者像の二面性から生じるこうしたアポリアを強く意識することはなかった。そこでは，何よりも，労働者の従属性の側面が重視され，

---

[1] 吾妻光俊『労働法の展開』(1948年，海口書店) 201頁，同『労働法の基本問題』(1948年，有斐閣) 223頁。

労働者の自由な意思が虚偽的なものとみなされる結果，強行法規と集団的規範（とくに労働協約）によって個別的合意に枠をはめることに主たる関心が向けられていたからである。従属性の一面的強調は，必然的に契約外規範の重視と労働契約の軽視につながる。

　しかし，労働者の生活と意識の変化，平成不況下での非正規労働者の急増，労働組合の機能低下，個別的人事管理の普及などの要因により，次第に労働契約と個別合意の役割が増大してきた。[2] 2007年の労働契約法は，個別労働関係における書面合意を流行させることによって，その傾向をさらに助長した。今や，労働者の従属性を無視して，労働者・使用者の形式的合意を尊重するのが不適当であると同時に，労働者の従属性の側面のみを視野に入れ，労働者の合意・同意をすべて虚偽的なものと見る態度も現実的ではない。そうした態度は，形式的な合意・同意が一人歩きするという現実をかえって黙認する結果となる。従属性と自立という労働者の二面性を正面からとらえたうえで，労働者の合意・同意を労働法体系のなかで適切に位置づけることが，理論的かつ実践的に重要な課題となってきたのである。

　もちろん，現在においても，労働契約が労働法のすべての領域を支配するわけではない。労働者保護法は，労働契約が存在しない場合（たとえば派遣労働者と派遣先の関係）あるいは労働契約が無効である場合にも，事実上の指揮命令関係が存在する限り適用されうる。[3] また不当労働行為（とくに団体交渉拒否）における「使用者」は――労組法7条2号の「使用者が雇用する労働者の代表者」との文言にもかかわらず――組合員との労働契約関係の存在や労働契約関係との近似・隣接といった基準にとらわれることなく，「労働関係に対して，不当労働行為法の適用を必要とするほどの実質的な支配力ないし影響力を及ぼしうる地位にある者」として弾力的に把握すべきである。[4] 労働法体系において労働契約が占めるべき地位は，これを軽視してきた戦後労働法学への反省をふまえて十分に評価されるべきではあるが，それを過大視することは逆の偏向をもた

---

2) 西谷敏「《法律時評》労働契約論と労働法の再構築」法律時報66巻2号（1994年）2頁以下。
3) 西谷・労働法48頁以下。
4) 西谷・組合法150頁，西谷・労働法563頁。学説の状況については，竹内（奥野）寿「労働組合法7条の使用者」季刊労働法236号（2012年）211頁以下参照。

らすのである。[5]

本章では,まず戦後労働法学における労働契約の位置づけを検討し(Ⅰ),その後次第に労働契約の意義が重視されるようになった経緯を明らかにした(Ⅱ)うえで,強行法規と労働契約の関係(Ⅲ),集団的規範と労働契約の関係(Ⅳ),そして強行法規と集団的規範によって設定された枠のなかにおける労働者の合意の成立と効力(Ⅴ)について検討する。

Ⅰ 戦後労働法学における労働契約

1 労働条件の集団的決定

戦後労働法学において,労働契約は決して主役の座を占めてはいなかった。労働法学の関心は,主として集団的労働関係や就業規則に向けられた。労働契約は,労働関係設定の契機であり,労働協約や就業規則による集団的な決定の受け皿であったが,労働契約にはそれ以上の意義は認められなかった。労働契約について論じられる場合,それは主として理論的な興味からであり,とりわけ民法上の雇用と労働契約の関係や,労働契約を特徴づける従属性のあり方が主たる関心事であった(第3章Ⅳ2)[6]。

戦後労働法学が基本的なモデルとして想定していたのは,中規模以上の企業であったと思われる。そこには企業別組合が存在し,使用者との間で労働協約を締結している。その協約にユニオン・ショップ協定が含まれている場合には,管理職と非正規労働者を除くすべての従業員は労働協約の適用を受け,基本的な労働条件は労働協約によって決定される(労組法16条)。ユニオン・ショップ協定が存在しない場合でも,労働協約の効力拡張(同17条)の要件が

---

[5] 労働法分野において明文の規定が欠ける場合には,直ちに労働契約もしくは当事者の主観的な意思が判断基準とされる場合が多い。これは,労働法を民法の特別法と理解する立場(第3章Ⅳ5(1))に関係していると思われる。しかし,労働者の従属性を考慮するならば,労働契約や当事者意思そのものを労働法的観点から吟味することが必要である。

[6] 学説の展開については,石田眞「労働契約論」籾井常喜編『戦後労働法学説史』(1996年,労働旬報社)615頁以下,石田信平「労働契約論」季刊労働法246号(2014年)213頁以下参照。

満たされれば，やはり非組合員にも労働協約の効力は及ぶ。

また，そうした企業の事業場では，使用者は常時10人以上の労働者を使用しているはずであるから，使用者はほぼすべての労働条件を網羅的に定める就業規則の作成を義務づけられる（労基法89条）。そこで，労働協約の内容は就業規則に書き写され，管理職と非正規労働者を含む非組合員の労働条件も，労働協約の強い影響のもとに作成される就業規則によって決定される。こうして，多くの企業では，ユニオン・ショップの存否にかかわりなく，全従業員の労働条件が労働協約と就業規則によって集団的・画一的に決定されることになる。こうしたモデルを前提とするならば，労働契約の果たす役割は必然的に限定されたものとならざるをえない[7]。

2 地位設定契約論

労働契約を身分契約（地位設定契約）ととらえる末弘厳太郎の労働契約論[8]は，こうした企業と職場の実態を前提としたものであった。末弘によれば，労働契約の特徴は，民法上の雇用と異なり，契約内容を具体的に決定するよりも，従業員としての身分を設定する点にある[9]。こうした労働契約観の帰結として，労働契約は債権債務に関する民法の適用を受けず，婚姻等の身分的契約に関する民法規定を参酌しつつ労働契約の特質に適合する特別の法律規範を創成すべきこと，企業の同一性が変わらない限り，企業主が変わっても労働者・使用者関係に変化はないこと，さらに労働条件を決定するのは就業規則であり，それは

---

[7] 典型的なヨーロッパ型の労資関係でも，産業別労働協約によって産業段階の労働条件基準が設定され，各企業ないし事業所では，従業員代表と使用者の協定により協約基準が具体化され，またはそれに上積みがなされる。こうして二種類の集団的協定が労働条件の基本部分を決定するので，労働契約の役割は限定されている。日本の企業内組合と労使関係の実態は，ヨーロッパのそれとはまったく異なるが，労働条件の主要部分が集団的に決定されるという点では，彼我に基本的な相違はないのである。

[8] 末弘厳太郎「労働契約」法律学辞典第4巻（1936年，岩波書店）2777頁以下，同『労働法のはなし』（1947年，一洋社）48頁以下。もっとも，労働契約を債権契約と身分契約の複合とみる見方は，末弘以前からある程度広まっていたといわれる（石田信平・前掲注6）213頁以下）。

[9] もっとも，末弘は，純粋の雇用契約（債権契約）と純粋の労働契約（身分契約）の間に無数の形態が存在することを認めていた（「労働契約」前掲注8）2778頁）ので，身分契約は一種の理念型であった。

第6章　労働契約と労働者意思　147

労働者の知不知いかんにかかわりなく，当該職場において当然に労働者を拘束すること，などが主張された。ここでは，フランスにおける企業制度論（第3章Ⅲ2）を想起させる企業の共同体的把握が前提とされ，労働契約には使用者が支配する小社会への「通行証」の役割しか与えられなかったのである。

　第二次大戦後，労働契約には労基法が適用されることとなり，労働契約をめぐる法的環境は大きく変化したが，この末弘理論は戦後労働法学に多大の影響を及ぼし続けた。すなわち，労働条件や労働者の権利・義務は一つの小社会である企業・事業所ですでに労働協約や就業規則によって集団的・画一的に決定されており，労働者にはそうした集団的規範が妥当する小社会に加入するかそこから脱退するかの自由しかないとする見方が，長らく労働法理論を支配したのである。

　こうした企業と労働契約の見方から出発する労働法学は，何よりも，労働者保護法と集団的規範（とくに労働協約）の確立によって，労働者の生存権を保障することを主要な課題とした。そこでは，労働契約は視野に入らないか，視野に入れられる場合も，それは制約されるものであり尊重されるものではなかった。

　戦後労働法学が，こうした末弘流の身分契約論を継承したのは，それがモデルとして想定した企業の実態と当事者の法意識に適合していたからである。そして，法解釈は現実の社会関係の分析・観察から構成されるべきであるとするのがまさに末弘法学の特徴であり，戦後労働法学はこうした方法論をも末弘から継承したのである。

10) 末弘厳太郎「就業規則」法律学辞典第2巻（1935年，岩波書店）1216頁以下。
11) 濱口桂一郎『新しい労働社会――雇用システムの再構築へ――』（2009年，岩波新書）1頁以下は，現在でもそれが正社員の労働契約の実態であるとして，それを「メンバーシップ契約」と表現する。それに対置されるのが，非正規労働者に多く見られる「ジョブ型」労働契約である。同『日本の雇用と労働法』（2011年，日経文庫）35頁以下は，メンバーシップ型である日本的雇用システムと基本的にはジョブ型である現行労働法制の間には乖離があり，判例法理がそれを埋めてきたという興味深い見方を示している。
12) 末弘『労働法のはなし』前掲注8）37頁は，労働法にとって，「実際の社会関係は如何なる掟によって規制されているかと云うことを考えて，逆に実際に社会関係を一番よく規律するには如何なる法律を作るべきかと云うことを考える」という態度が重要であることを指摘する。
13) 石田眞・前掲注6）618頁。なお，末弘のいわゆる社会学的法律学の意義とその継↗

しかし，日本の労働関係においても労働契約による個別的決定がまぎれもなく一定の役割を果たしていたのは，後述のとおりであり，戦後労働法学がそれを重視しなかったにすぎない。法解釈は職場の実態をふまえるべしとの命題は，今日でもまったく正しい。しかし，職場の実態は，相矛盾する要素を含んだきわめて複雑なものであり，それを法解釈に接合するためには実態の「評価」という作業を欠かすことはできない。しかも，規範論としての法解釈は，現実から適度な距離を置くことを求められ，ときには規範的要請に反する現実を否定することさえ強いられる。

　こうした観点から末弘の労働契約論を振り返るならば，「規範的な分析や法的評価のないままに現実の労働関係知見を直接的に法的理解に投影させるものとなっている」[14]との批判は正鵠を射たものといわざるをえない。ただ，労働契約論における規範と現実との緊張関係の欠如という批判[15]は，末弘理論を継承した戦後労働法学により強く妥当するであろう。第二次大戦後には，末弘が地位設定契約論を打ち出した戦前期とは異なり，憲法の付託を受けた労基法が制定され，そこでは，労働関係の近代化も重要な課題とされていたからである。とりわけ労使対等決定原則（2条1項）の宣言は，まさに労働契約による労働条件決定を規範的に要請するものであったが，労働法学はこの規定を重視しなかったのである[16]。

3　自由意思の虚偽性

　戦後労働法学が労働契約に重きを置かなかったことには，もう一つの理由があった。それは，労働契約には労働者の真に自由な意思が反映しておらず，その意味で労働契約上の合意は虚偽的なものとみなされたことである。戦後労働法学は，契約自由に立脚する市民法と労働法の相違を明確化するために，労働

　　＼承については，片岡昇『現代労働法の理論』（1967年，日本評論社）68頁以下参照。
14)　石井保雄「戦前わが国における労働関係の法的把握」毛塚古稀223頁。
15)　石田眞・前掲注6）643頁以下。
16)　労働者像の市民法的側面を過小評価した戦後労働法学においては，労基法2条1項を団体交渉による労働条件決定に力点を置いて理解する傾向が強かった。松岡三郎『条解労働基準法・新版上』（1958年，弘文堂）41頁，西村信雄ほか『労働基準法論』（1959年，法律文化社）43頁以下［窪田隼人］。

者の自由意思なるものの虚偽性をとくに強く批判した[17]。しかも，労働者意思の虚偽性は——当時十分自覚されていたかどうかは別として——二重の構造をもっている。

　第一に，労働者の表示する意思は労働者の「真意」にもとづかないことが多いということである。たとえば，労働契約で合意されていた賃金について，その引き下げを使用者から提案された労働者がそれに「同意」したという場合，それが労働者の「真意」にもとづくものであったという保障はない。むしろ，それは，使用者の有形無形の圧力のもとで強いられた「同意」である場合が多いというのが経験的事実である[18]。

　市民法は，こうした労働者の意思表示についても，例外的事情（詐欺・強迫・錯誤もしくは公序良俗違反）が存在しない限り，その効力を否定しない。しかし，労働者が従属状態のもとで，使用者から強い圧力を受けてなした意思表示を当然に有効と認め，その実現に手を貸すのは正義に反するのではないか。労働法は，そうした観点から，強行法規および集団的規範によってこの合意に適切な枠をはめようとする。これらの枠の設定は，形式上は使用者のみならず労働者の意思も制約するが，その制約は合意が労働者の真意にもとづかない場合が多いという経験的事実によって正当化される。

　しかし，「自由意思」はもう一つの意味においても虚偽的でありうる。それは，労働者の意思表示が「真意」にもとづく場合でも，その「真意」そのものが社会的に規定されているということである。たとえば，労働者が通常の賃金のみでは生活を維持するのが難しいとの理由で時間外労働に同意し，もしくは自ら時間外労働を希望する場合，時間外労働の同意自体は労働者の「真意」に

---

17)　籾井常喜「プロレイバー的労働法学に問われているもの」前田達男・萬井隆令・西谷敏編『労働法学の理論と課題（片岡曻先生還暦記念）』（1988年，有斐閣）86頁は，「自由意思主体復権」論の立場から，「合意の虚偽性」論を反省する。主として問題とされているのは，就業規則論と懲戒処分論において合意の契機を無視してきたことである。

18)　もっとも，労働者が真意に反する合意を強要される度合いは，労働力の需給状況，労働者の権利意識，解雇制限の程度などに規定される。それはまた，権利実現の制度（裁判，苦情処理制度）の状況や，労働組合のバックアップの有無からも影響を受ける。したがって，今日の「法化」段階での個人の同意は，原生的関係もしくはそれに近い関係における形式的合意と完全に同一視することはできない。しかし，労働者の従属性が解消されない限り，労働者の真意に反する合意がなされる危険性がなくなることはない。

もとづいている。しかし，その「真意」は，残業手当なしには生活が困難に陥るといった社会的条件によって規定されたものであり，労働法は，それを無批判に前提とすることはできない。法は，労働者の健康を損なうほどの長時間残業は，労働者が「真意」にもとづいて合意した場合でも許容できないと考える。ここでは，労働者の自由な意思の実現よりも，労働者自身の健康保護，労働条件基準の統一的決定，そして労働者意思を規定している社会的諸条件の改革が重視される。ジンツハイマーは，労働法においては労働者の「意思」ではなく「状態」が決定的であると述べたが，同様の発想は戦後日本の労働法学においても顕著であった。[19]

　こうした自由意思の虚偽性を強調して，労働者の「状態」に決定的な意義を認めることは，自立と従属という矛盾しがちな二側面を，自立の側面を極小化し抽象化することによって統一的に把握することを意味する。それが，ジンツハイマー理論を，労働法の独自性をさらに強調しつつ継承した戦後労働法学の特徴であった。こうした労働者像を前提にする限り，労働法の主要な課題が，労働者の「自由な意思」に枠をはめる強行法規の整備と集団的規範の構築に見出されるのは当然のことであった。

　しかし，労働者の自由で自立した契約主体の側面を「単なる」フィクションとして退けることは，そのフィクションがもつ規範的な，つまり現実変革的な意義を無視することとなる。労働者の自由な意思の抑圧に正しく対応するためには，労働者の従属性の現実を明確に認識すると同時に，労働者は本来自由で自立した個人であるべきだという，市民法的な人間像に対応する規範的要請を堅持しなければならない。それを通じて初めて，労働者がその従属性のゆえに自由な意思を歪曲されることが，労基法でも宣言された普遍的な労使対等決定原則に背馳するという事実が明確になる。対等な契約当事者という労働者像は，従属性の現実の前ではフィクションであるが，不断の努力によってできる限り現実化されるべき目標でもある。この市民法的人間像と労働者の従属性の矛盾を直視し，少しでも対等な契約当事者というタテマエに現実を近づけるための諸条件を整備することも，労働法の重要な課題でなければならない。しか

---

19) Sinzheimer, Das Problem des Menschen im Recht (1933), in: Sinzheimer, Arbeitsrecht und Rechtssoziologie – Gesammelte Aufsätze und Reden, Bd. 2, 1976, S. 60.

し，そのことも，労働契約の機能の拡大のなかでようやく自覚されてきたのである。

II 労働契約の意義

1 企業と労働契約

　経営共同体としての企業を重視し，労働契約をそこに埋没させる傾向があった戦後労働法学は，労働契約の固有の意義を重視する方向で大幅に修正されるべきである。しかし，そのことは，労働法において「企業」そのものが重要な役割を果たすことを否定するものではない。論じるべき問題は多いが，ここでは問題を二つに絞り，企業と労働契約の具体的な関係にあり方について，基本的な視点を提示する。

(1) 企業変動と労働契約

　経済のグローバル化を背景とした競争激化のなかで，大規模な企業再編が行われている。会社合併，事業譲渡，会社分割，純粋持株会社の設立，会社解散などである。これらの企業変動は労働法上も多くの問題（とくに労働契約の承継，不当労働行為における「使用者」の問題など）を惹起しており，その問題の解決は急務である。

　こうした企業変動に対応するためには，「企業」という実体を正面からとらえることが必要であり，たとえば企業を個別契約の束とみるような発想によっては問題は適切に解決できない。しかし他方，「企業」にのみ焦点をあてて問題を解決しようとすれば，労働契約を無視ないし軽視することになる[20]。末弘厳太郎は，企業の同一性が変わらない限り，企業主が変わっても労働者・使用者関係に変化はないとしたが，それは労働契約を「地位設定契約」と見ることの帰結であった（本章I2）。また事業（営業）譲渡に際して原則として労働者の地位が承継されるとする原則承継説は[21]，やはり労働者を企業（営業）の構成要

---

20) 石田眞「企業組織と労働契約——ストーン・コリンズ『論争』をめぐって」名古屋大学法政論集169号（1997年）27頁以下は，「契約モデル」と「組織モデル」を軸とした論争を紹介しつつ，労働法的に適切な企業のとらえ方を考察する。

21) 原則承継説を含む学説・判例については，有田謙司「事業譲渡における労働契約の承継をめぐる法的問題」毛塚勝利編『事業再構築における労働法の役割』（2013年，中／

素と見る発想を基礎とするものであった。これらの見解は，労働契約と労働者の意思を軽視する点で今日においてはもはや維持できない。

　企業変動のうち，合併については労働者・使用者の権利義務も当然に（労働者の同意なしに）存続会社または新会社に承継されると考えられているが，理論的には，「使用者は，労働者の承諾を得なければ，その権利を第三者に譲り渡すことができない」とする民法625条1項との関係が問題となる[22]。

　会社分割については，2000年に会社分割に伴う労働契約の承継等に関する法律（労働契約承継法）が制定され，労働者の承継について立法的措置がなされた。同法は，承継会社に承継される事業に主として従事する労働者で，分割契約等で承継を予定された労働者（A）には承継を保障し，それ以外の労働者（B）には分割会社（元の会社）への残留を保障するが，Aが承継を拒否して分割会社に残留する可能性を認めていない（3，4条）。労働者の意思に反して使用者を変更（転籍にあたる）させるこうした制度は，まさに民法625条1項に反するものであり，分割の性格によっては実際上も労働者に大きな不利益を与える[23]。法形式的には，労働契約承継法が民法625条1項の例外を定めたものということになるが，民法625条1項が規定する「使用者選択の自由」が憲法的基礎をもつものと解するならば，それを否定する労働契約承継法の規定は憲法違反の疑いを招くであろう[24]。

　　＼央経済社）66頁以下，池田悠「事業譲渡と労働契約関係」野川忍・土田道夫・水島郁子編『企業変動における労働法の課題』（2016年，有斐閣）60頁以下参照。

[22]　包括承継である合併は権利の譲渡でないとの考え方もありうるが，根本到「組織再編をめぐる法的問題」毛塚編・前掲注21）43頁は，承継を拒否しても残る法人はなく，労働者に拒否のメリットがないことから，「民法625条1項の適用を排するほどの強行的な承継効果が会社法に定められた」と説明する。

[23]　Aにあたる労働者が承継の無効を主張して，分割会社における地位の確認を求めた日本アイ・ビー・エム事件では，請求が棄却されている（東京高判平20.6.26労判963号16頁，最二小判平22.7.12民集64巻5号1333頁）。

[24]　米津孝司「労働契約の承継と憲法」季刊労働法232号（2011年）119頁以下は，使用者選択の自由を定める民法625条の基礎に憲法22条1項（職業選択の自由），13条（自己決定権），27条1項（労働権）があるとの立場から，労働契約承継法3，4条が法令違憲となる可能性があることを指摘する。同旨，根本・前掲注22）45頁。なお，同法の立法論的な再検討を主張するものとして，本久洋一「事業の移転と労働契約」西谷敏・根本到編『労働契約と法』（2011年，旬報社）245頁以下参照。

これに対して，事業譲渡に際しての労働契約の承継については別の大きな問題が残されている。ヨーロッパ諸国では，1977年 EC 指令とそれにもとづく国内法によって，事業所あるいは事業所部門が他の所有者に移転するときは，移転の時点において存在する労働関係から生じる権利と義務がそのまま移転されることが明記されているが[25]，日本にはそれに相当する立法が欠けているために，問題の解決は法解釈に委ねられ，判例と学説の努力にもかかわらず十分な解決を見ていない。前述のように，原則承継説は当事者の意思を無視するという問題があるが，他方，労働者の承継を譲渡人と譲受人との自由な合意に委ねるのでは問題は解決しない。

　労働契約の意義を無視ないし軽視することなく事業譲渡などの企業変動に適切に対応するために，さらに法解釈上の努力が続けられるべきであるが，それに限界があるとすれば，立法的措置が急がれるべきである[26]。

(2)　企業秩序と労働契約

　通常の労働が労働者の共同作業の形態で行われる以上，そこに一定の秩序ないし規律が必要となるのは当然である。問題は，その秩序ないし規律をいかなる性質のものととらえ，それと労働契約の関係をいかに理解するかである。

　この点，判例は，「企業秩序」の概念を定立して，この概念によって労働者の広範囲の義務を根拠づけ，また義務違反に対する懲戒権を説明しようとする。最高裁によれば，「企業は，その存立を維持し目的たる事業の円滑な運営を図るため，それを構成する人的要素及びその所有し管理する物的施設の両者を総合し合理的・合目的的に配備組織して企業秩序を定立し……その構成員に対してこれに服することを求めう」るのであり[27]，また，「使用者は，広く企業秩序を維持し，もって企業の円滑な運営を図るために，その雇用する労働者の企業秩序違反を理由として，当該労働者に対し，一種の制裁罰である懲戒を課することができる」[28]という。

　このように，最高裁のいう「企業秩序」概念は，企業の物的・人的要素を総

---

25)　橋本陽子「EU 法」毛塚編・前掲注21）322頁以下参照。
26)　毛塚勝利「事業再編における労働者保護に関する立法論的検討：欧州モデルを超えて」毛塚編・前掲注21）284頁以下参照。
27)　国鉄札幌駅事件・最三小判昭54.10.30民集33巻6号647頁。
28)　関西電力事件・最一小判昭58.9.8労判415号29頁。

合して秩序を形成し，業務命令によってその維持を図り，しかもその違反者を懲戒しうるという，使用者の一方的で包括的な権限を内容としている。しかもその範囲は，職場の作業秩序・規律を大きく越えて，組合活動のための企業施設の利用[29]，企業内の政治的表現活動[30]，さらに企業外の公務執行妨害行為や社宅でのビラ配布行為[32]にまで及んでいる。最高裁の用いる「企業秩序」の概念は，以前に経営者からさかんに主張され，結局は法的根拠はないとして否定された「経営権」概念[33]と同様に，企業経営における使用者の幅広い諸権限を包括的に根拠づける概念として用いられているのである。そして，労働者は労働契約を締結して雇用されることによって，労務提供義務と同時に企業秩序を遵守すべき義務を負うとされるが，労働者が何ゆえに労働契約の締結によってこうした義務を負うのかの説明はない[34]。ここには，企業を使用者の支配する一つの小社会として把握し，労働契約にそうした企業社会への「通行証」の意義しか認めない末弘説以来の発想が強固に残存していることがわかる。

　通常の企業においては労働は共同作業として行われるから，労働契約上の労働義務のなかには，共同作業を遂行するのに必要な限りで職場規律を遵守する義務が含まれると見るのは正しい。しかし，判例のいう「企業秩序」は，こうした労働義務と関連づけられた共同作業秩序よりもはるかに広いものである。最高裁は，「職場外でされた職務遂行に関係のない労働者の行為であっても，企業の円滑な運営に支障を来すおそれがあるなど企業秩序に関係を有するものもある」[35]として，「企業秩序」を「企業の円滑な運営」と言い換えており，たとえば企業の社会的評価の低下毀損を招くおそれのある行為も企業秩序違反の範疇でとらえている[36]。

　こうした広い意味での企業秩序を遵守する義務なるものは，もはや労務提供

---

29) 国鉄札幌駅事件・前掲注27)。
30) 目黒電報電話局事件・最三小判昭52.12.13民集31巻7号974号。
31) 国鉄中国支社事件・最一小判昭49.2.28民集28巻1号66頁。
32) 関西電力事件・前掲注28)。
33) 片岡曻『労働者権と経営権』(1963年，労働法学出版) 97頁以下参照。
34) 関西電力事件・前掲注28)。
35) 関西電力事件・前掲注28)，国鉄中国支社事件・前掲注31)。
36) 国鉄中国支社事件・前掲注31)。

義務からは説明できない。判例においても，企業秩序遵守義務は労務提供義務とは別個の義務として並列されているが，労働契約から企業秩序遵守義務が生じる根拠については何の説明もなされていないのである。

「企業秩序」の概念は，以前の「経営権」と同様に，企業にかかわる使用者の権限を絶対視し，労働者の義務の範囲を無限定に拡大するものであり，近代的な労働者・使用者関係に適合するものではない。労働者は，労務義務の必然的な帰結として職場規律遵守義務を負うし，信義則にもとづいて，企業秘密保持義務，競業避止義務，信用保持義務などの諸義務を負うにしても，企業秩序遵守義務という，使用者のそのつどの判断によって内容が決定されるような包括的な義務を負うと考えるべき根拠はない。

しかし，労働契約の実質的意義を軽視する最高裁の企業秩序論は，皮肉にも労働者の義務を限定する労働契約の意義を再認識させる契機となったのである。

2　労働契約の現実的機能

労働契約への関心が少しずつ高まるなかで，その独特の性格を明らかにしようとする努力がなされるようになる。たとえば，秋田成就は，労働契約の特徴として，①継続契約的性格，②身分法的性格，③制度的性格，④抽象的性格の4点をあげて，その独特の性格を定式化した。表現のしかたや力点の置き方は異なっても，こうした労働契約の性格づけは，他の論者にも共通して見られる。民法学の分野でも，こうした労働契約の特徴から，労働契約を関係的契約

---

37) 菅野・労働法652頁は，「労働契約関係は，企業秩序を不可欠なものとする企業において，それに従った協働労働に従事することを内容とするので，企業秩序遵守義務を当然の義務として内包している」として，判例の企業秩序論に賛成するが，ここでは判例法理が企業秩序を協同作業秩序よりも広く理解していることが看過されている。
38) 労働者が負う労働契約上の義務の内容については，西谷・労働法178頁以下参照。
39) 就業規則の規定が合理的である限り，そこで規定される諸義務は労働契約の内容となることによって労働者の義務となるとされる（電電公社帯広局事件・最一小判昭61.3.13労判470号6頁）。ただし，その義務が信義則上当然に生じる義務の範囲を越える内容である場合には，それが「合理的」（労契法7条）といえるかどうか，とくに慎重に検討されるべきである。
40) 秋田成就「労働契約論」『労働法の基本問題（沼田稲次郎先生還暦記念論集）』(1974年，総合労働研究所) 508頁以下。
41) 本多淳亮『労働契約・就業規則』(1981年，一粒社) 7頁以下，土田道夫『労働契約↗

ないし制度的契約と性格づける見解も主張されている。

　これらの見解は，たしかに，末弘以来の地位設定契約論に比較すれば，労働関係存続中の労働契約の役割を視野に入れる点で，労働契約の実相に一歩近づくものといえる。しかし，こうした定式化においては，中小・零細企業における労働契約の実態が軽視され，また労働契約に関する最近の発展傾向が見落とされるきらいがある。

　労働契約には，労働関係（地位）設定機能，義務範囲決定機能，形式的労働条件決定機能（労働協約・就業規則の受け皿）のほか，具体的に労働条件を決定する機能があるが，この具体的労働条件決定機能がますます重要性を増しているのである。

　第一に，労働協約も就業規則も存在しない企業は決して少なくないが，そうした企業では，労働条件は労働契約によって決定され，労働契約によって変更される。労働契約による労働条件の決定は，それが労働者の同意なしに変更されないという意味での安定性を保障する。労働契約による労働条件の変更（とくに賃金引き下げ）が争われる事案は少なくないが，学説は，中規模以上の企業

　　　法』（2008年，有斐閣）9頁以下，菅野・労働法143頁など。
42）　内田貴『契約の時代』（2000年，岩波書店）122頁，同『制度的契約論──民営化と契約──』（2010年，羽鳥書店）57頁以下参照。こうした労働契約の把握に対する批判として，西谷・規制394頁以下，吉村良一『市民法と不法行為法の理論』（2016年，日本評論社）80頁以下参照。菅野・労働法143頁以下も，労働契約は「組織的契約」，「関係的契約」，「制度的契約」のいずれの理論によっても割り切れない特徴をもつとする。
43）　西谷・個人257頁以下。
44）　労基法は，常時10人以上の労働者を使用する使用者に就業規則の作成と届け出を義務づけている（89条）が，実際には，義務に違反して就業規則の作成を怠っている使用者は少なくない。
45）　ドイツでは，そのような契約の拘束力は憲法上の保護を受けるとされている（Stöhr, Vertragsbindung und Vertragsanpassung im Arbeitsrecht (Unter besonderer Berücksichtigung des allgemeinen Teilzeitanspruchs), ZfA 2015, S. 168ff.）。
46）　黙示の同意による労働条件引き下げを否定した例として，第一自動車工業事件・大阪地判平9.3.21労判730号84頁，ヤマゲンパッケージ事件・大阪地決平9.11.4労判738号55頁，日本ニューホランド事件・札幌地判平13.8.23労判815号46頁，ゲートウェイ21事件・東京地判平20.9.30労判977号74頁，技術翻訳事件・東京地判平23.5.17労判1033号42頁など。黙示の同意を肯定した例として，光和商事事件・大阪地判平14.7.19労判833号22頁，医療法人共生会事件・東京地判平23.4.28労判1037号86頁（ダ）などがある。

に関心を向けていたために、実際に労働条件を決定し変更する労働契約の役割をさほど重視しなかったように思われる。

　第二に、事業場において就業規則が整備されている場合でも、就業規則で定めることのできない個人的労働条件が存在する。とりわけ、職務の場所と内容は、労働者個人ごとに決められるべきものであり、就業規則で一律に決定することはできない。そのことは、「就業の場所及び従事すべき業務に関する事項」が労働契約の締結にあたって明示すべき条件にあげられている（労基法施行規則5条1号の3）のに、就業規則の必要記載事項（労基法89条）とされていないことからも明らかである。そして、いうまでもなく、採用時に明示された労働条件は労働契約の内容となる。

　職務の場所と内容の変更、すなわち配置転換について、学説は、包括的合意説、労働契約説、特約説、配転命令否認説などに分かれて議論を闘わせてきたが、いずれの説も、採用時に職務の場所・内容に関する具体的な合意がなされた場合には、それが契約内容となり、その変更のためには労働者の同意が必要であるとしており、そのことは判例も認めている。労働条件には、職務の場所・内容のように個別的にしか決定しえない事項や、実際に個別的に決定される事項が含まれているのであり、労働契約全体を「制度」として理解することは、こうした重要な労働条件の存在を看過する結果となる。

　第三に、労働者の多様化の進展が、労働契約の重要性を高めている。1985年男女雇用機会均等法の制定を契機に企業に浸透していったコース別雇用管理は、正社員を複線化するものであったが、限定正社員（ジョブ型正社員）制度の普及によって、正社員がさらに多様化する可能性がある。この場合、労働者がどのコースに属するかは、通常は労働契約によって決定される。また、90年以

---

47) 労働契約の期間も、就業規則の必要記載事項ではないが、労働契約締結時に明示すべき事項とされている（労基法施行規則5条1号）。契約期間も、理論上は労働者ごとに異なることがあるからであるが、実際には労働者のカテゴリーごとに統一的な契約期間が定められている場合が多いと思われる。

48) 学説の展開については、渡辺裕「配置転換・転勤と出向の法理」労働法文献研究会編『文献研究・労働法学』（1978年、総合労働研究所）15頁以下、和田肇「人事異動」季刊労働法164号（1992年）189頁以下参照。

49) 東亜ペイント事件・最二小判昭61.7.14労判477号6頁。

降の平成不況期には，パート，アルバイト，契約社員，嘱託，期間工，派遣労働者などの非正規労働者が急増した。一般に，長期雇用を前提とした正社員に比較して，非正規労働者の労働条件決定においては労働契約の比重が高くなる傾向があるが，それに加えて，とくに中規模以下の事業場では，こうした多様化に伴う就業規則の整備が不十分なため，各労働者がいずれのカテゴリーに属し，いかなる労働条件について合意したかについて紛議が生じることが少なくない。この場合，個々の労働契約に関する意思解釈が，問題解決の鍵をにぎることになる。

　第四に，企業の労働者管理において，個人ごとの管理が重要性を増してきた。賃金制度において年功的要素が後退し，能力・成果主義が浸透することは，労働条件の集団的・画一的決定の比重が低下し，個別的決定の比重が増大することを意味する。とりわけ成果主義の代表的な形態である年俸制においては，目標の設定段階から達成度の評価や年俸の決定の段階に至るまで，使用者と労働者の合意に重要な意義が与えられる。企業内福利厚生についても，労働者個々人のニーズを考慮する傾向が強まり，労働者に複数の制度から選択させる企業が増えている。個別管理の基本的な枠組み自体は就業規則や労働協約によって規定されるにしても，実際の運用においては，労働契約や個別合意の重要性が高まるのである。[50]

　最後に，合意原則を重視した2007年労働契約法の制定・施行が，実務における労働契約や労働者の同意の意義を高める結果となった。同法の施行を契機として，使用者が，紛争の予防を目的として，労働者から書面による同意をとりつけるという方法が広まったからである。[51] 個別的に決定される労働条件についてだけでなく，就業規則の変更についてさえ，労働者の個別同意があれば裁判所による「合理性」審査を回避できるとの労契法9条の解釈（後述）を根拠と

---

50)　西谷・前掲注2）2頁以下，同「労働条件の個別化と法的規整」日本労働研究雑誌470号（1999年）24頁以下。

51)　たとえば，国家戦略特別区域法37条2項にもとづいて厚生労働省が作成した「雇用指針」（2014年4月1日）では，紛争予防のために，人事に関して就業規則で詳しく規定し，さらに労働契約でもそれを確認することが推奨されている（萬井隆令「国家戦略特区と『雇用指針』――ブラック企業を招来するもの――」龍谷法学48巻1号〈2015年〉310頁参照）。

して，個別同意をとりつけようとする企業が増加しつつある。こうした手法は，書面化された労働者に不利な同意の効力をいかに判断するかという新たな難問を提起した。その典型例が後述の不更新条項である（本章Ⅴ3）。

今日，労働契約が，従業員としての地位の設定・解消を根拠づけ，事業場で妥当する集団的諸規範の「受け皿」となるだけでなく，実際上も労働条件や当事者の権利・義務を個別具体的に決定するうえで重要な役割を果たしていることは明らかである。労働契約上の権利・義務の内容は，制定法・判例や信義則によって客観的に決定される部分と，当事者の合意によって決められる部分とがあるが，当事者の合意によって決定される部分が重要性を増しているのである。労働契約を地位設定契約と見た末弘説やその影響を受けた戦後労働法学はもとより，労働契約を独特の契約として定式化した労働法と民法の理論も，労働条件を個別具体的に決定するという労働契約の機能を十分視野に入れていなかったように思われる。

3　労働者の合意・同意と自由な意思

労働契約は，労契法3条1項（および8条）が確認するように，労働者と使用者の合意にもとづいて締結され，変更される。また，労働契約関係の基礎のうえで，労働者・使用者はさまざまな個別的な合意をなす。たとえば，賃金額変更の個別合意は労働契約の変更を意味するが，時間外労働に関する合意は，労働契約の基礎のうえでなされる，労働契約の変更とは別個の合意と解すべきであろう。いかなる合意が労働契約の変更に該当するかは，労働契約の理解の仕方によって異なる。しかし，合意の法的性格がいずれであるにしても，労働者・使用者関係において個別合意がますます重要な役割を果していることは上述のとおりである。使用者の提案に対する労働者の意思表示である「同意」についても同様である。

ところが，個別合意の重要性が増すにしたがって，その合意が労働者の真意

---

52)　和田肇『労働契約の法理』（1990年，有斐閣）189頁。
53)　たとえば，賃金，労働時間，就業場所などの労働条件は細部にわたって労働契約によって決定されるべきものと考えるか，労働契約は労働条件の大枠を決定し，細部は個別合意もしくは使用者の個別決定によると考えるかによって異なる。配転における契約説は前者の契約観にたち，判例の命令権説は後者の見解を前提とする。

にもとづくものかどうかという問題が意識されざるをえなくなる。仮に合意・同意がすべて，市民法が想定するように，使用者と対等な立場にたつ労働者が自由な意思でなしたものであるとすれば，あえて問題とする必要はないが，それは明らかに経験的事実に反する。逆に，個別的な合意・同意がいつでも労働者の従属性のもとでなされた虚偽的なものにすぎないとすれば，そもそもそれに意義を認めるべきではないこととなるが，それもまた極論である。労働者の合意・同意は，労働者の真意にもとづくこともあれば，真意に反するけれども事実上拒否できないが故になされる場合も多い。いずれにしても，労働者の自己決定権の観点からは，個別合意が労働者の真意にもとづいてなされることをいかに保障するかが重要な課題となる。[54]

　戦後労働法学も，実は労働契約や個別合意をすべて虚偽的なものと見ていたわけではない。その有力な潮流は，配置転換，出向，時間外・休日労働，就業規則による労働条件の不利益変更など，労働者の個別的同意の要否が争われる問題について，個別同意を必要とする立場をとってきた。それは当然，個々の労働者が使用者の提案を拒否する可能性をもつことを前提としていたはずである。戦後労働法学の想定する労働者は，決して自由な意思表示を完全に封じられた人間ではなかったのである。ただ，戦後労働法学が一般論として労働者の従属性と「自由意思」の虚偽性を強調したことと，個別同意の必要性を主張したこととがいかなる関係にたつのかは明確ではなかった。

　使用者の提案に対する労働者の合意・同意は，従属的な労働関係においては，労働者の真意にもとづいてなされたものという保障はない。むしろ，労働者の本来の意図＝真意（いわば第一次的自己決定）と意思表示（いわば第二次的自己決定）が乖離しがちなのが，労働関係の特徴である。労働法は，こうした従属性に起

54）　逆に，使用者の変更提案に対して労働者が頑なに同意を拒んでいる場合に，いかにして事態を打開するかという問題もある。こうした場合の処理について，変更解約告知や契約変更請求権について論じられている。米津は，労働契約の変更問題などを考えれば，自己決定にもとづく私的自治の観点だけでは限界があるとの問題意識から，労働関係における組織的，時間的性格をいかにして労働契約法理（債権的契約関係）に包摂するかを追求する（米津孝司「ドイツ労働法における集団自治と契約自治」角田古稀（上）270頁以下，同「ドイツ労働契約法理における法的思考」西谷古稀（下）486頁（注5））。いかなる労働契約法理であれ，自己決定の理念を損なうことなく，労働関係の継続的，組織的性格を契約法理に盛り込めるのか，理論の展開を期待したい。

因する自己決定の独特の二重性を正面からとらえ，自己決定の実現を重要な内容とする人間の尊厳理念の観点から，第一次的自己決定のできる限りの実現をも自らの重要な課題としなければならない。

　たとえば，労働条件に関する強行法規の設定は，基本的には，第二次的自己決定としての個別合意（同意）に枠をはめるが，設定された強行法規の基準は，通常は第一次的自己決定に多少とも近い基準であることが想定されており，結果として，第一次的自己決定に近い労働条件基準の実現に貢献する。労働協約も，個別的次元では形骸化しがちな契約自由を回復し，労働条件決定を第一次的自己決定に近づけうる点に重要な意味がある。さらに，これらの強行法規や労働協約の枠内でなされる個別的合意・同意についても，第一次的自己決定と第二次的自己決定の乖離という問題が生じうるので，法解釈によってその乖離をいかに最小化するかが重要な課題となる。

　このように，労働者の自己決定を二重構造において把握することは，労働法上の諸制度を根拠づけ，労働関係における労働者の自由な意思（真意）の可能な限りの実現を図るために重要な視点を提供する。以下では，こうした観点から，問題をより具体的に検討する。

Ⅲ　強行法規と労働者の意思

1　労働者意思の否定とその正当化根拠

　労働法の基本的構成要素の一つである労働者保護法は，私法上の効力が認められる限り原則として強行法規としての性格をもち，労働契約と個別合意にも枠をはめる。その主たる目的は，労働者保護のために使用者の事実上の単独決定を規制することであるが，結果的には労働者の意思も拘束することになる。たとえば法定最長時間を超える労働時間の合意は，たとえ労働者の真意にもとづくものであったとしても，法定最長時間を超過する限度でその効力が否定され，労働時間は法定時間どおり約定されたものとして扱われる（労基法13条）。

　労働者をその従属性の側面においてのみ把握するならば，労働者保護法規が労働者の意思を制約するのは当然であり，その根拠をあえて問う必要はない。実際，戦後労働法学には労働者意思との関係で労働者保護法の根拠を問うとい

う発想は稀薄であった。しかし，労働者が形式上はもとより現実にもある程度までは自由な契約主体であるべきことが意識されるに従って，労働者保護法規はなぜ労働者の意思を否定すべきなのか，その正当化根拠はなにかという問題が浮上する。その問題は，今後の立法政策を考えるうえでも重要である。たとえば，個々の労働者が同意すれば原則的法定時間（一日8時間等）を超えて働かせることができるといった立法論をどう考えるか。こうした立法論の当否を判断するためには，まず強行法規による合意の規制の根拠が明確にされなければならない。

　強行法規による労働者意思の拘束は，次の三つの観点から正当化されると考えられる。

　第一に，使用者に対する労働者の従属性のゆえに，労働者が「真意」に反して劣悪な労働条件への同意を強いられる危険性が高いということである。それが経験的事実である以上，具体的事例における労働者の「真意」を個別的に探求するのではなく，一定基準の条件を画一的に適用することが合理的な法政策と考えられる。この基準は，労働者の「人たるに値する生活」（労基法1条1項）の観点から設定されるが，それは平均的労働者の「真意」（第一次的自己決定）に近いものと想定できる。したがって，ここでは，労働者の第一次的自己決定のできる限りの実現をめざして，第二次的自己決定に枠がはめられるのである。

　第二に，労働者が一定の時点における「真意」にもとづいて劣悪な条件に同意した場合でも，その「真意」自体は労働者の置かれた現実的条件に規定されたものである。そして，劣悪な労働条件が中長期的には労働者の健康悪化などの結果をもたらす場合には，法は労働者をその「真意」にもとづく同意からさえ保護するために最低限の介入をよぎなくされる。それは国家のパターナリスティックな介入にほかならないが，労働者の「人たるに値する生活」を保障するためにはやむをえない介入である。ここでは，人間の尊厳理念のために，第

---

55) イギリスでは，週平均48時間という労働時間の制限について，個々の労働者が同意すればその適用が除外されるという制度（オプトアウト）が付されている。この点については，小宮文人『現代イギリス雇用法』（2006年，信山社）136頁以下参照。

56) 西谷敏「労働者保護法における自己決定とその限界」松本博之・西谷敏編『現代社会と自己決定権』（信山社，1997年）230頁以下，西谷・規制400頁以下。

一次的自己決定自体が制約されるのである。

　第三に，労働は通常は集団的な協同作業として行われるので，労働者個々人の労働条件は他の労働者に影響を及ぼしうる。また，労働基準の監督は，事業場単位で集団的に行われなければならない。そこで，めぐまれた心身上の条件により最低基準以下の条件（一日 8 時間を超える労働時間など）で働きうる一部労働者についても，統一的規制のためにそれを禁止することが必要となる。[57]

　以上三点の考慮からして，一定の法定基準によって労働者を拘束する必要性は高く，他方，基準以下の労働条件で働くという労働者の意思を否定することが当該労働者に与える不利益は重大なものではない。そこで，労働者保護法は，原則として労働者の意思いかんにかかわりなく，強行法規として労働者自身をも拘束すべきだという結論になる。[58]

2　労働者意思の組入れ

　強行法規を中心とする労働者保護法も，労働者の意思をまったく無視するものではない。法は，労働者の意思にかからせることが適当と考える問題については，労働者の意思を保護法体系に組み入れる。

　たとえば産前産後休業に関する労基法65条は，産前休業については労働者の「請求」によることとし（1 項），産後休業についても，産後 6 週間経過後に労働者が「請求」した場合には，医師が支障がないと認めた業務につかせることはできることとしている（2 項）。妊娠中の女性の軽易作業への転換（65条 3 項），妊産婦の時間外労働や深夜業の禁止（66条）についても，労働者自身の「請求」が要件とされている。

---

57) 一定基準を下まわる労働条件で働くことは，自己の労働力を仲間よりも安価に売り渡すことになり，労働者仲間の経済的連帯性をやぶる意味をもつということも指摘される（沼田稲次郎『労働法論上』〈1960年，法律文化社〉215頁）。
58) これに対して，労働者保護法の任意規定化を積極的に認める見解（下井隆史『労働基準法［第 4 版］』〈2007年，有斐閣〉13頁），公序にかかわる規定を除いて，半強行的な規制（労働者の真意にもとづく同意があれば適用を除外する）を認めるべきとする見解（大内伸哉『労働者代表法制に関する研究』〈2007年，有斐閣〉22頁），使用者の努力義務規定を積極的に認めるべきとする見解（荒木尚志「労働立法における努力義務規定の機能」『労働関係法の現代的展開（中嶋士元也先生還暦記念論文集）』〈2004年，信山社〉19頁以下）などがある。

こうした扱いがなされている事項の特徴は，①規制の解除が労働者に及ぼす影響がさほど重大ではないこと，②一律の法的規制がかえって労働者に賃金の喪失などの不利益を及ぼしうることにある。労基法は，こうした性質をもつ事項については，保護的措置を利用するかどうかを労働者の判断に委ねることにしたのであり，それは一応妥当な法政策と考えられる[59]。

　また，年次有給休暇の取得時期について，国際的には，使用者が労働者（集団）と協議してその時期を決定するのが通常である[60]が，日本では，年次有給休暇は労働者の「請求する時季」に与えるべきこととされている（労基法39条5項）。判例は，ここにいう労働者の「請求」を時季の「指定」と解している[61]が，いずれにしても労働者のイニシャティブを求めているのであり，これは，労働者の意思が労働者保護法体系に組み込まれている一つの例である[62]。

　しかし，労働者の意思を労働者保護法のすべての事項に関係させるのは，法政策として妥当ではない。たとえば，最長労働時間という労働者の健康に重大な影響を及ぼす労働条件基準は，労働者の意思とは無関係に適用されるべきである。労働者の同意があれば労働時間規制の適用除外を認めるといった法政策は，日本の現状のもとでは，8時間労働制を崩壊させる危険性が高い。また，ある労務供給者が労働法上の「労働者」に該当するかどうかといった基本的問題は，労務供給の実態など客観的事情に目的論的視点を加味して決定すべきであり，そこに契約当事者の合意の要素を持ち込むべきではない（第7章Ⅲ2）。労働者保護法は，原則として個々の労働者の意思とは無関係に強行的に妥当すべきであり，法政策としてそこに労働者の意思を組み入れるかどうかは，それぞれの規定の性質，労働者の自由な意思が妨げられた場合の危険性などを考慮

---

59)　西谷・前掲注56）235頁以下。
60)　ILO132号条約（1970年）10条1項は，「休暇をとる時期は，規則，労働協約，仲裁裁定その他の方法で国内慣行に合致するものによって定められている場合を除くほか，使用者が当該被用者又はその代表者と協議したうえ定める。」と規定している。
61)　白石営林署事件・最二小判昭48.3.2民集27巻2号191頁，国鉄郡山工場事件・最二小判昭48.3.2民集27巻2号210頁。
62)　この方式は，一見労働者の利益に適うように見えて，実は労働者が多くの年休を取り残す重要な原因となっている。こうした認識にもとづいて，2015年上程の労基法改正案（継続審議中）は，年休日数のうち5日については，使用者が「労働者ごとにその時季を定めることにより」与えなければならないとしている。

して，慎重に判断すべきである。

　また，法律が明記していない場合に，法解釈によって，労働者の同意による強行法規からの逸脱を認めることは，原則として許されるべきではない。最高裁は，たとえば，労働者の「自由な意思」による同意があれば，賃金債権の合意による相殺や賃金債権の放棄は労基法24条1項の賃金全額払い原則に反しないとする[63]。しかし，労基法24条1項は，法令に別段の定めがある場合と労働者過半数代表との書面協定が存在する場合に限り，全額払い原則の例外を認めているのであり，少なくとも，こうした書面協定なしに労働者個々人との合意にもとづいて賃金の相殺を行うのを認めることには疑問がある[64]。

　最高裁が，合意による相殺や賃金放棄の意思表示の成立を認めるにあたって，「同意が労働者の自由な意思に基づいてなされたものであると認めるに足りる合理的な理由が客観的に存在するとき」との判断基準を定立して，慎重な姿勢を示したこと自体は，労働者の従属的状態を一定程度考慮した意思表示論として評価することができる。そして，こうした判断基準を，労働条件の不利益変更に関する同意の成否を判断する際にも用いるという判例の態度には，基本的に賛成できる（本章Ⅴ1参照）。しかし，強行法規から逸脱する合意と労働者に不利益をもたらすにすぎない合意とは明確に区別すべきであり，前者の合意は，それが労働者の真意に裏づけられていても原則として有効と認めるべきではない[65]。上記の例のほか，時間外労働に対する割増賃金の放棄は，強行規定

---

63) 日新製鋼事件・最二小判平2.11.26民集44巻8号1085頁（合意による相殺は有効），シンガー・ソーイング・メシーン事件・最二小判昭48.1.19民集27巻1号27頁（退職金債権の放棄は有効），北海道国際航空事件・最一小判平15.12.18労判866号14頁（既発生の賃金債権の放棄は無効）。日新製鋼事件判決は，労働者の自由な意思の認定は，「厳格かつ慎重に行われなければならない」とする。

64) 菅野・労働法437頁以下。これに対して，労基法24条1項は確定した賃金債権の全額払いを義務づけるものと解されるので，賃金債権の放棄は直ちに同条同項に違反するとはいえない。しかし，賃金債権（退職金請求権を含む）の放棄は，合意相殺以上に労働者に重大な影響を及ぼすので，労働者の自由な意思の有無はより慎重に判断されるべきである。

65) 三井正信「労働法における合意原則の限界と実質化（一）」広島法学37巻4号（2014年）19頁は，合意が実質的であれば強行法規からの逸脱も認めるとする傾向を合意の「過剰」として批判する。また，新屋敷恵美子「イギリス労働法における労務提供契約の『性質決定』と契約解釈（1）」山口経済学雑誌64巻1号（2015年）13頁以下が，客観的規↗

である労基法37条から逸脱するものであり，同条が時間外労働の抑制を目的とすることを考慮すれば，その事前の放棄のみならず，時間外労働によって生じた割増賃金請求権を放棄する合意も無効と解すべきである。[66]また，均等法における差別禁止規定に反する合意も，たとえ労働者の自由な意思に裏づけられているとしても，有効と認めるべきではない。[67]

Ⅳ　集団規範と労働者の意思

1　労働協約の規範的効力と限界

　労働協約は，労働組合と使用者（団体）の協定であり，その主たる目的は個別労働契約の内容の規整である。協約当事者のこの目的を法的にいかに実現するかについて，20世紀初頭以来，法解釈学はさまざまな試みを行ってきたが，労働協約を契約の一種と理解する限り，労働契約に対する協約の優位を根拠づけることには成功しなかった。労働契約の規整という協約当事者の目的は，労働協約の規範的（不可変的）効力の立法的承認によってはじめて達成されたのである。[68]日本の労組法16条が労働協約の規範的効力を承認するのも，ドイツの1918年労働協約令（および翌年のフランス労働協約法）の影響によるものである。
　こうして現在は，労働協約の規範的効力によって労働契約が拘束を受けるこ

範と合意の緊張関係を合意の認定（契約解釈）の問題として一元的に処理しようとする最近の判例の傾向を批判するのも，同趣旨と思われる。

66) ワークフロンティア事件・東京地判平24.9.4労判1063号65頁は，事前の放棄は無効であるが，発生済みの割増賃金の放棄を有効と認める。なお，「自由な意思」にもとづく放棄の合意が成立したことを否定した例として，テックジャパン事件・最一小判平24.3.8労判1060号5頁がある。

67) 広島中央保健生活協同組合事件・最一小判平26.10.23民集68巻8号1270頁は，妊娠にともなう軽易作業への転換を契機とする降格を，特段の事由のない限り均等法9条3項に違反するとしつつ，「当該労働者につき自由な意思に基づいて降格を承諾したものと認めるに足りる合理的な理由が客観的に存在するとき」は特段の事情にあたるとする。この判旨の妥当性も問題となりうるが，本件は，労働者の申し出による軽易作業への転換が契機になっているという事案であり，強行法規から逸脱する同意一般の問題とは区別されるとの解釈も可能であろう。

68) こうした経過については，後藤清『労働協約理論史』（1935年，有斐閣）1頁以下，西谷敏『ドイツ労働法思想史論——集団的労働法における個人・団体・国家——』（1987年，日本評論社）231頁以下参照。

とは法文上明確であり，規範的効力は労組法によって創設されたと解すべきである[69]。しかし，立法者がこうした規定をもうけた実質的な根拠をいかに解するかという問題は，協約の規範的効力にかかわる諸問題を考えるあたって基本的な意味をもつ。

立法者は，協約に表現された集団意思が個別契約に優位することを承認したわけであるが，そこには，契約自由が個別契約の次元では形骸化しがちであり，集団的次元でようやく実質的に実現されうる（労働者の第一次的自己決定に近い決定がなされうる）との考慮が働いていたと解される。その意味では，協約の規範的効力の承認は，契約法理の否定ではなく，むしろその実質的実現を図ったものと理解すべきである。また，この協約締結に向けられた集団意思は，労働者個々人の組合加入意思を基礎として，組合内の民主的手続を経て形成される。そこで，労働協約においては，労働組合の集団意思が労働者の個別意思を直接，外的に拘束するのではなく，個別意思と集団意思とは，労働者の個別意思（組合加入意思）→民主的手続による協約締結に向けた集団意思の形成→協約に体現された集団意思による個別意思（契約意思）の拘束という連関構造において把握されうることになる[70]。

労働協約上の重要な諸問題，すなわち労働協約の有利原則の有無（規範的効力は，協約水準を超える労働契約にも及ぶのか），協約自治の限界（規範的効力はいかなる事項について労働契約や個人の意思を拘束しうるのか），協約の不利益変更（いかなる場合に労働協約の改訂が労働条件を不利益に変更する効力をもつのか）などの問題は，こうした労働協約における個別意思と集団意思の立体的な関係を基軸に据えて検討すべきである[71]。

2 就業規則と労働契約

(1) 「枠」としての就業規則

就業規則は，労働協約とは異なり，最終的には使用者の一方的な意思によっ

---

69) 現在の通説といってよいが，議論が終わったわけではない。規範的効力は憲法28条の団結権・団体交渉権に根拠をもつとする見解として，浜村彰「労働協約の規範的効力と一般的拘束力」西谷古稀（下）63頁以下参照。
70) 西谷・個人262頁以下，西谷・組合法328頁以下，西谷・労働法626頁。
71) 西谷・組合法343頁以下，353頁以下，西谷・労働法630頁以下。

て作成され変更される(労基法90条参照)。労働組合がある程度の交渉力を保持している場合には,労働組合(つまり労働者の集団意思)は,就業規則をめぐる団体交渉等を通じて直接に,もしくは労働協約を通じて間接的に,就業規則の作成・変更に影響を及ぼす可能性をもっている(労基法92条参照)。しかし,使用者は,法的には,事業場における過半数代表の意見を聴取したうえで,自らの単独決定によって就業規則を作成・変更する権限を与えられており,実際にもそれについて単独で決定する場合が多い。これは,労使対等決定原則(労基法2条1項)や合意原則(労契法3条1項)からは説明が困難な制度であり,本来抜本的な改革が必要と考えられる[72]。しかし,ここではその問題には立ち入らない。

このように,就業規則は使用者が単独で作成・変更するものであるにもかかわらず,法は,就業規則の定める基準に達しない労働条件を定める労働契約の部分は無効とし(労基法93条。現在は労契法12条),労使の個別合意に枠をはめている。これは,使用者が作成し,意見聴取と届け出の手続をとったうえで労働者に周知させた就業規則を使用者自身に遵守させ,就業規則からの恣意的な逸脱を許さないとする趣旨である。つまり,この枠は,強行法規や労働協約とは異なって使用者が自ら設定した枠であるが,使用者が一方的に作成・変更する就業規則も,使用者自身がそれを遵守するという限りで労働者保護の役割を果たしうると労基法の立法者は考えたわけである[73]。

(2) 就業規則の不利益変更と労働契約

労基法は,就業規則と労働契約の関係についてそれ以上の規定はもうけなかった。そのため,学説は,とりわけ就業規則の不利益変更は労働条件にいかなる影響を及ぼすかという問題関心から,契約説と法規範説を基軸として錯綜

---

72) 事業場における統一的労働条件の決定は不可欠という側面を強調する立場からは,就業規則のこうした役割は必然的なものと評価される(荒木尚志「日本における集団的労働条件設定システムの形成と展開」日本労働研究雑誌661号〈2015年〉15頁以下)。

73) これを「禁反言」法理によって説明することは可能である(毛塚勝利「就業規則理論再構成へのひとつの試み」労働判例428号(1984年)11頁以下)が,「禁反言」を狭く解したうえで,「禁反言と評価できるような信義則違反がないかぎり,規範的効力を認めるべきではな」いとする見解(大内伸哉「就業規則の最低基準効とは,どのような効力なのか」毛塚古稀123頁以下)には賛成できない。

した議論を展開することになった。就業規則の諸条項は労働契約の内容になることによって初めて労働者・使用者の権利義務を決定すると見る契約説は，労働法も大前提とする合意原則（労基法2条1項）に忠実な解釈であり，労働条件の変更には労働者の個別的同意が必要との結論に至る。

これに対して，就業規則に法規範としての性格を認める場合，その不利益変更とともに労働条件が自動的に低下するという結論もありえないわけではない。しかし，一旦決定されて妥当している就業規則の内容を使用者が一方的に変更することができ，労働者がそれを甘受せざるをえないというのは，あまりにも社会的に不当である。そこで，法規範説の多くは，就業規則条項が労働契約の内容になる（化体する）として，結局，労働者の同意なしに労働条件の不利益変更はできないという，契約説と同様の結論に至った。このように，学説による法律構成は百花繚乱の状況であったが，使用者による労働条件の一方的な不利益変更は許されないとする結論においては広く一致が見られたのである。

ところが，最高裁が1968年の大法廷判決で打ち出した立場は，それまでの学説と明確に一線を画するものであった。それは，就業規則による労働条件の集団的・画一的決定の必要性を強調することによって，その内容と変更に「合理性」がある場合には，労働者の意思いかんにかかわらず労働者を拘束するというものである。就業規則の改定による労働条件変更について，労働者の個別的同意の要素を排除した点に判例の最も重要な特徴があった。

この判例法理を，不利益変更について労働者の個別同意が不可欠とする学説と比較した場合，いずれが妥当な結果をもたらすかは一概にはいえない。個別

---

74) 学説の展開については，諏訪康雄「就業規則」労働法文献研究会編・前掲注48）82頁以下，野田進「就業規則」季刊労働法166号（1993年）149頁以下参照。

75) 現実には就業規則の内容はもとより，その存在さえ知らずに労働契約を締結する労働者が多く，また就業規則の不利益変更に際しても不満を口にしない者が多い。こうした状況の下で，純粋契約説によって就業規則の改訂による労働条件の不利益変更を説明することは，就業規則内容への同意と変更への同意という二重のフィクションによることになる。法規範説やその他の説が主張されて錯綜した議論が展開された背景には，純粋契約説のもつこうした問題があったと考えられる。

76) 西谷敏「就業規則」片岡昇他著『新労働基準法論』（1982年，法律文化社）450頁以下。

77) 秋北バス事件・最大判昭43.12.25民集22巻13号3459頁。

同意説は，労働者個人の意思の尊重という労基法2条1項の趣旨をふまえた常識的な見解であるが，判例法理には，個別意思を尊重した場合に生じうる労働条件の不統一を回避しうるという利点がある。また，判例のいう「合理性」が適切に判断されるならば，労働者に及ぼす不利益を最小化することも可能であった。しかし，その後の判例は，「合理性」をそのように限定的には解釈しなかった。[78]

　より根本的な問題は，その内容や変更に「合理性」があればそれが労働者の意思に反する場合にも労働者を拘束するという結論がいかにして根拠づけられるかである。判例は，この点について説得的な論拠を示したとはいえない。それを，約款に関する通説的理論を就業規則に応用したもの[79]，あるいは一種の「定型契約説」[80]と解しても，一方的な不利益変更まで根拠づけることはできない。また，「判例によって確立された，継続性原理（解雇権の制限）・柔軟性原理のもとでの契約プロセスに働く新たな関係的契約法理」との内田貴の説明も[81]，判例法理の論理構造の説明ではあっても，それの規範的な根拠づけにはなっていないと思われる。1968年以来の最高裁判例は，集団的・画一的決定の

---

78) 一時期，東京高裁では，判例のいう就業規則変更の「合理性」を狭く解し，長期的に実質的賃金の低下をもたらすような就業規則の不利益変更は合理的でないとする立場をとった（日本貨物検数協会事件・東京高判昭50.10.28高民集28巻4号320頁，タケダシステム事件・東京高判昭54.12.20労民集30巻6号1248頁）。これは，秋北バス事件・大法廷判決のいう，一方的不利益変更は「原則として許されない」という文言に忠実な解釈であった。しかし，最高裁は，「合理性」のこうした狭い理解を否定し（タケダシステム事件・最二小判昭58.11.25労判418号21頁），他方，賃金・退職金などの重要な権利・労働条件に関し実質的な不利益を及ぼす就業規則の変更については，「そのような不利益を労働者に法的に受忍させることを許容することができるだけの高度の必要性に基づいた合理的な内容のもの」である場合に限り，労働条件を不利益に変更する効力があるとした（大曲市農協事件・最三小判昭63.2.16民集42巻2号60頁）。それが後により詳細に定式化され（第四銀行事件・最二小判平9.2.28民集51巻2号705頁，みちのく銀行事件・最一小判平12.9.7民集54巻7号2075頁），判例法理となった。これは，秋北バス事件判決における「原則‐例外」論をマイルドな形で理解して維持した定式といえる。この定式は，労契法10条の骨格となっている。
79) 下井隆史「就業規則の法的性質」現代労働法講座10『労働契約・就業規則』（1982年，総合労働研究所）293頁以下。しかし，下井自身は，労働者は就業規則の合理的変更に予め包括的に合意していたと説明する立場をとる（下井・前掲注58）389頁）。
80) 菅野和夫『労働法［第六版］』（2003年，弘文堂）118頁以下。
81) 内田『契約の時代』前掲注42）122頁。

必要性という合目的的観点を強調するのみで、明確な法的根拠をあげることなく、労働条件の労使対等決定原則（労基法2条1項）を真っ向から否定する、きわめてラディカルな考え方を打ち出したといえる。学説が、判例に追随する一部学説を除いて、長い間この判例に強い違和感を抱いていたのは当然である。

　しかし、2007年の労働契約法は、判例法理に法文上の基礎を与えることとなった。同法7～12条は就業規則に関する判例法理を過不足なく法文化したものと説明されている。[82]そうした理解を前提とすれば、判例法理への批判は、法解釈の領域を越えて立法論の問題になったといえる。

　とはいえ、法解釈論上も問題が解消されたわけではない。就業規則の内容や変更が「合理的」であれば、使用者は労働者の意思に反しても労働条件を決定・変更しうるという規定は、合意原則をことさら強調する労契法のなかでは際だって異質な存在であり、その理論上の根拠や意味内容は依然として問題にならざるをえない。とくに、労契法が就業規則の法的性格をいかにとらえているかは、労契法の諸条項の解釈にもさまざまな影響を及ぼす基本問題であり、この点に関しては多様な見解が示されている。[83]

(3) 就業規則の不利益変更への個別同意

　就業規則と労働契約の関係にさらに大きな混乱を持ち込んだのが、労契法9条の規定である。労契法9条は、「使用者は、労働者と合意することなく、就業規則を変更することにより、労働者の不利益に労働契約の内容である労働条件を変更することはできない」と規定したうえで、「ただし、次条の場合は、この限りでない。」として、合理性の要件を定める10条につなげている。この条項を単純に反対解釈すれば、就業規則の不利益変更について労働者が個別的に同意を与えた場合には、10条の合理性審査を受けることなく、労働条件は有効に不利益変更されるということになりそうであり、現にそうした見解も有力である。[84]

---

82) 荒木尚志・菅野和夫・山川隆一『詳説労働契約法［第2版］』（2014年、弘文堂）27頁以下。

83) 奥田香子「労働条件決定規範の法的構造と『合意原則』」日本労働法学会誌126号（2015）24頁以下参照。

84) 菅野・労働法202頁、荒木・労働法356頁以下、荒木ほか・前掲注82）128頁以下。イセキ開発工機事件・東京地判平15.12.12労判869号35頁（労契法制定前の判断）、協↗

しかし，そうした解釈は，まず，「合理性」審査を経ることなく労働条件の一方的不利益変更を認めるというその結論において不当である。就業規則の変更による労働条件引き下げを意図する使用者は，就業規則変更手続をすませた後に，各労働者の個別的同意を取り付けていけば，労契法10条の意味での「合理性」の有無にかかわらず，改定就業規則の適用によって各労働者の労働条件を引き下げうることになる。それは，日本の現実においては，「合理性」の意味をほとんど無にするに等しい。

　のみならず，この解釈は，就業規則と労働契約の関係に関する判例の理解に問題がある。上述のように，判例は，学説における契約説もしくは契約説と同一の結論に至る法規範説をすべて否定し，労働条件の集団的・画一的決定の必要性を根拠にして，変更に合理性があれば不利益変更に反対する労働者も新就業規則に拘束されるとの立場をとったのである。[85] 労契法の諸規定がこうした判例法理を法文化しようとしたものとすれば（そうでなければ，とくに労契法10条は説明不可能である），最高裁が集団的に処理しようとした就業規則による労働条件の変更問題に再び個別労働者の同意の有無という要素を持ち込むのは，明らかな矛盾である。[86] 労働条件の集団的・画一的決定を強調した最高裁が，変更就業規則への同意・不同意によって労働条件が異なる労働者が併存する事態を容認する趣旨であったとはとうてい考えられない。労契法9条を単純に反対解釈して，労働者の個別的同意さえあれば10条による「合理性」審査なしに労働条件の不利益変更が認められると解釈することは，判例の趣旨に反し，したがっ

　　愛事件・大阪高判平22.3.18労判1015号83頁，熊本信用金庫事件・熊本地判平26.1.24労判1092号62頁。山梨県民信用組合事件・最二小判平28.2.19最高裁HPも同旨と思われる。

[85]　荒木尚志「就業規則の不利益変更と労働者の同意」法曹時報64巻9号（2012年）1頁以下，荒木・労働法356頁以下は，最高裁判例は，個別合意がなかった場合の画一的な不利益変更について論じていたのであり，個別合意があった場合の変更を排除する趣旨ではなかったとするが，疑問である。また，荒木は，当時の学説も個別合意による労働条件引き下げを否定していなかったとするが，最高裁は当時の学説の否定のうえに独自の立場を打ち出したのであり，判例の立場を説明するために当時の学説を援用することは不適切である。

[86]　労働契約法の独り歩きといってもよい（唐津博「労働契約法の『独り歩き』」労働法律旬報1764号（2012年）4頁。また，同「労働契約法9条の反対解釈・再論」西谷古稀（上）369頁以下参照）。

て労契法の解釈として妥当ではない[87]。就業規則による労働条件の不利益変更は，あくまで10条の「合理性」の存否に即して判断されるべきである[88]。

V 「枠」内での個別合意

1 労働条件変更等と合意

労働者保護法の強行規定は労働契約（集団合意にも）に「枠」をはめる。労働協約（労組法16条）と就業規則（労契法12条）も，その実質的な意味あいは両者で異なるが，やはり労働契約に「枠」はめる役割を果たす[89]。労働者・使用者の権利義務はこれらの枠内で，具体的には労働契約によって決定される。労働契約上の権利義務の一定部分は，法律条項や労働協約・就業規則条項の化体によって，また解釈によって具体化される信義則にもとづいて客観的に決定されるが，残りの部分は労働者・使用者の個別合意によって決定される。そして，

---

[87] 9条の反対解釈論への周到な批判として，道幸哲也「労働法における集団的な視角」西谷古稀（下）18頁以下参照。この問題をめぐる議論状況については，土田道夫「労働条件の集団的変更と労働者の同意——合意原則と就業規則法制・法理の相剋——」日本労働法学会誌126号（2015年）44頁以下参照。

[88] 判例でこうした立場をとるものに，協愛事件・大阪地判平21.3.19労判989号80頁がある。なお，同事件・大阪高判・前掲注84）は，9条の反対解釈を認めつつ，「（10条の意味での）合理性を欠く就業規則については，労働者の同意を軽々に認定することはできない」として，全従業員の同意があった場合も，それが「真に自由な意思表示によってされたものか」どうかを検討する必要があるとする。山梨県民信用組合事件・前掲注84）も，就業規則に規定された賃金・退職金の個別同意による変更（労契法9条）を認めつつ，同意の有無については，「当該変更により労働者にもたらされる不利益の内容及び程度，労働者により当該行為がされるに至った経緯及びその態様，当該行為に先立つ労働者への情報提供又は説明の内容等に照らして，当該行為が労働者の自由な意思に基づいてされたものと認めるに足りる合理的な理由が客観的に存在するか否かという観点からも，判断されるべきもの」とする。10条の合理性判断を加味しつつ9条の個別同意の成否を判断しようとするものであるが，あくまで個別同意の成立を問題にする点で，労働条件の集団的・画一的変更を前提として10条にもとづく合理性審査を行う立場とは基本的に異なる。私も以前は類似の立場をとっていた（西谷敏『労働法［初版］』〈2008年，日本評論社〉174頁）が，その後，本文のように見解を改めた（西谷・労働法169頁以下）。

[89] 強行法規，労働協約，就業規則のうち，強行法規と就業規則の「枠」が明確に最低基準を意味するのに対して，労働協約が設定する「枠」が最低基準であるのみならず，最高基準でもありうるかどうか争われている（有利原則の問題）。

この個別合意については，それが法律や協約・就業規則の枠内にあることが明らかである場合にも，さらにその成立いかんと効力が問題となりうるのである[90]。

　個別合意の成立と効力は，とくに労働条件の不利益変更について問題となる[91]。たとえば，個別契約で合意されていた賃金の引き下げ，労働契約で特定されていた勤務地・勤務内容の変更（配置転換），出向・転籍の合意，時間外・休日労働への同意などである。労働契約の合意解約（退職）も同様の性格をもつ。近年問題となっている有期労働契約における不更新条項は，とくに困難な問題を含んでいるので，独自の検討を必要とする（以下4）。

　合意原則は労働契約にも当然に適用される（労基法2条1項，労契法1条，3条1項，4条1項・2項，8条）から，個別的に約定された労働条件を変更するためには，労働者の同意が必要なのはいうまでもない。裁判例のなかには，「合理性」もしくは「正当事由」があれば同意が不要とするものも散見されるが[92]，適切ではない。不利益変更のためには，労働者・使用者の合意が不可欠であることを前提として，現実に合意が成立したのか，その合意を法的に有効と認めるべきかどうかが検討されるべきである。そして，労働者が一般に使用者に対して従属的な地位にあり，労働者が表示した意思（第二次的自己決定）がその真意（第一次的自己決定）と乖離することが多いことを考慮すれば，労働者に不利益をもたらす合意については，とくにその成立および効力について慎重な判断が求められる。

　裁判例では，合意の存在が認定された場合，その成立もしくは効力が否定さ

---

90) 西谷・規制415頁以下。
91) 理論上は，労働条件が同一内容の労働契約によって集団的に決定されている場合に，いかにしてそれを変更することが可能かも問題となる。ドイツでは，このような一般的労働条件を事業所協定によって引き下げることが可能かという困難な問題が生じている（米津「ドイツ労働法における集団自治と契約自治」前掲注54）269頁以下）が，日本では，通常は就業規則による労働条件の不利益変更の問題となる。
92) たとえば，福岡雙葉学園事件・福岡高判平17.8.2労判902号81頁は，労働条件引き下げには「原則として」労働者の同意が必要であるが，期末勤勉手当の減額が必要やむをえないなど合理的な理由があり相当である場合には同意なしの引き下げも可能とし（結論的には引き下げを否定。同旨，九州ルーテル学院事件・熊本地判平18.10.13労判929号86頁（ダ）），東京海上日動火災事件・東京地判平19.3.26労判941号33頁は，職種限定の合意があっても，他職種への配転を命じる正当な事由があれば配転は有効とする（結論的には正当事由を否定）。

れるのは例外的な場合である。まず，労働者の意思表示が要素の錯誤にもとづくものと認められると無効となる（民法95条）。たとえば，使用者が無期雇用の労働者に対して，有期雇用に切り替えかつ労働条件を著しく引き下げるという提案をなし，労働者がそれに同意したという事案について，裁判所は，労働者の同意は，使用者の提案に応じなければ退職せざるをえないとの錯誤にもとづいてなされたもので無効と判断している[93]。

労働者が使用者から退職を迫られてそれに同意した場合（合意解約の申込みもしくは承諾，解約の意思表示）にも錯誤無効の構成が用いられるが[94]，それはしばしば強引な法律構成である。すなわち，労働者が使用者による解雇という行為を回避するためになした退職の意思表示を，解雇が有効であるとの判断にもとづく意思表示と解し，解雇がなされたとしても客観的に無効である場合には労働者の錯誤があったと判断するのであるが，労働者には解雇の効力を的確に判断する能力が欠けている場合が多いし，労働者が解雇が無効であることを知りつつ，それを回避するために退職に応じる場合も多い。錯誤無効論は，必ずしもこうした労働者の意思表示の現実をふまえたものとはなっていない[95]。

労働者による労働条件引下げへの同意や退職の意思表示を「強迫」（96条１項）によるものとし，労働者の取消しを認める可能性もあるが[96]，もちろんその適用範囲も広くない。労働条件変更の合意が公序良俗違反（民法90条）とみなされる可能性もあるが，これまでそれが認められたのは，変更を迫る使用者の態度が不当労働行為とみなされた場合などに限られている[97]。

このように，個別合意の存在が認定された場合，その効力が否定され，もしくは取消可能とされるのは例外的であり[98]，裁判所による個別合意のチェックは

---

93) 駸々堂事件・大阪高判平10.7.22労判748号98頁（最高裁で確定），東武スポーツ（宮の森カントリー倶楽部）事件・宇都宮地判平19.2.1労判937号80頁。
94) 昭和電線電纜事件・横浜地川崎支判平16.5.28労判878号41頁，横浜高校事件・横浜地決平7.11.8労判701号70頁など。
95) 西谷敏「日本における雇用終了と労働者の自己決定」西谷敏・和田肇・朴洪圭編著『雇用終了と労働基本権［日韓比較労働法２］』（2014年，旬報社）70頁以下参照。
96) 退職の意思表示の取消しを認めた例として，ニシムラ事件・大阪地判昭61.10.17労判486号83頁，損害保険リサーチ事件・旭川地決平6.5.10労判675号72頁。
97) オリエンタルモーター事件・東京地判平18.1.20労判911号44頁。
98) 山本敬三「民法における『合意の瑕疵』論の展開とその検討」棚瀬孝雄編『契約法／

主として合意成立の認定の次元において行われている。

2 個別合意の成立
(1) 黙示の合意

　意思表示は黙示によってもなされうるとの一般原則は当然労働契約にも妥当する[99]。しかし，裁判所は一般に，賃金の引き下げなど重要な労働条件の不利益変更については，労働者の黙示の同意を認定するのに慎重である。労働者が一方的に引き下げられた賃金を一定期間異議を述べずに受け取っていたという場合にも，裁判所は容易に労働者の黙示の同意を認定しない[100]。ある裁判例は，社長名義の労働者あて文書で給与の一部凍結などを通知したという事案について，「労働者の生活の基本にかかわる賃金の減額という事実に照らした場合に，会社から一方的に通知なり告知して特段の異論なり反対がないから合意が確定的に成立しているというのはあまりに身勝手な受け止め方といわざるを得ない。」と述べる[101]。

　しかし，労働者が労働条件変更に同意したことが署名や押印で明らかにされる場合には，裁判官は簡単に合意・同意の成立を認める傾向がある[102]。本来，労働者が真意にもとづいて合意したか否かは，書面形式の有無で機械的に判断さ

　　理と契約慣行』（1999年，弘文堂）149頁以下は，伝統的な「合意の瑕疵」論の限界を指摘し，それを拡張するさまざまな試みを紹介し検討している。主として消費者契約を念頭に置いた議論であるが，労働契約についても有益である。

99) ここで問題にするのは，労働者の黙示の意思表示であるが，違法派遣や偽装請負を理由に労働者が派遣先等との労働契約の成立を主張する場合には，逆に使用者の黙示の意思表示が問題となる。この場合には，情報格差や労働者保護の必要性を使用者の意思の解釈に組み込むことが要請される（野田進「派遣労働者の派遣先との間の黙示の労働契約の成立——マツダ事件判決における『理論プロセス』と『エピソード』」毛塚古稀473頁）。

100) 注46) に掲記の裁判例参照。

101) 日本構造技術事件・東京地判平20.1.25労判961号56頁。また，NEXX事件・東京地判平24.2.27労判1048号72頁は，労働者が20%減額された給与を3年間受領していた事案についても，黙示の同意を否定している。

102) ザ・ウィンザー・ホテルズインターナショナル事件・札幌高判平24.10.19労判1064号37頁は，賃金引き下げ提案に対する「ああ分かりました」との返答や，減額された賃金を抗議もせずに11ヶ月間受け取ったことは減額への同意とみなされないという慎重な態度をとりながら，労働者が書面に署名押印した時点で減額について「自由な意思で」同意したものと認定している。

第6章　労働契約と労働者意思　177

れるべき問題ではないが，現実にはこうした態度をとる裁判例が多いのである。いずれにせよ，黙示の合意論によるコントロールには大きな限界がある。

(2) 「自由な意思」の意義

　判例は，労働者に不利益を及ぼしうる一定の場合に，労働者の「自由な意思」が必要であるとし，その認定に特別の慎重さを求めている。最高裁は，前述のように，合意にもとづく相殺や賃金の放棄にかかわる労働者の意思表示については，労働者の「自由な意思に基づくものであると認めるに足る合理的な理由が客観的に存在しなければならない。」としており，[103] 判例はまた，こうした考え方を労働条件の不利益変更に関する労働者の同意にも適用している。[104]

　このような労働者の「自由な意思」を求める判例の立場をいかに理解するかについて，見解が分かれている。一つの立場は，判例が労働者の「自由な意思」の存在を求めるのは，「労働条件の変更等という法的効果の発生につき確定的に同意する旨の効果意思が労働者により表示される場合に，はじめて確定的な合意の成立を認める」趣旨であると理解し，[105] いま一つの立場は，判例は，民法上の意思の欠缺や意思表示の瑕疵には該当しなくても，なお意思表示の効力が否定されるべき中間領域をもうけることになる，として，効力論の問題とする。[106] 判例の用いる文言からして，判例は，労働者の「自由な意思」が認められない場合には，合意の成立を否定する趣旨と理解すべきであろう。

---

103) シンガー・ソーイング・メシーン事件・前掲注63)（退職金債権の放棄），日新製鋼事件・前掲注63)（合意による相殺)。

104) アーク証券（本訴）事件・東京地判平12.1.31労判785号45頁，更正会社三井埠頭事件・東京高判平12.12.27労判809号82頁，西日本鉄道（B自動車営業所）事件・福岡高判平27.1.15労判1115号23頁。山梨県民信用組合事件・前掲注84)は，労働者の指揮命令への服従や情報収集能力の限界を理由として，賃金・退職金に関する不利益変更については，それを受け入れる旨の労働者の行為があったとしても，「当該行為をもって直ちに労働者の同意があったものとみるのは相当でなく，当該変更に対する労働者の同意の有無についての判断は慎重にされるべきである」とする。とくに就業規則に規定された賃金・退職金の変更について「労働者の自由な意思」を求める点については，注88)参照。

105) 山川隆一「労働条件変更における同意の認定──賃金減額をめぐる事例を中心に──」菅野古稀275頁。

106) 野田進「不利益な労働契約条項に対する『労働者の同意』──フランス労働法に示唆を求めて──」法政81巻4号（2015年）330頁以下。

いずれにしても，これは，民法の枠組みとは別個に，労働契約に独自の意思表示理論を確立したものと解することができる。判例は，労働者の現実的な従属関係を考慮して，労働者に不利な労働条件変更等が労働者の確定的な同意を得ないまま通用することを防止しようとしているのである。

(3) 「自由な意思」の認定要件――理解と納得

　労働条件変更等に関する合意が労働者の「自由な意思」にもとづくものと認められるためには，まず，使用者が変更の意味内容を丁寧に説明し，労働者がそれを理解したことが前提条件となる。裁判例では，使用者が，無期労働契約で雇用していたキャディにつき，口頭説明のうえ，契約期間を1年とするキャディ契約書を提出させて賃金も引き下げたという事案について，労働条件変更の申込み内容の特定が不十分であるとして，合意の成立を否定した例がある。

　このように，労働条件の不利益変更に際して，使用者の丁寧な説明にもとづく労働者の理解を必要条件とすることに異論はない。しかし，使用者が説明し，労働者がそれを理解したうえで合意すれば，直ちにそれを労働者の「自由な意思」にもとづくものと認定することには疑問がある。なぜなら，「理解」は「納得」と異なるからである。「理解」は合意の意味内容を「認識している」ことであるが，「納得」は合意が労働者の真意にもとづくことを意味する。労

---

107) 土田・前掲注41) 228頁。土田は，その根拠として，「労働契約法における合意原則は，民法の古典的，伝統的な契約自由の原則とは異なり，労働者・使用者が実質的に対等の立場に立って労働契約を締結・変更（運営）することを促進する理念と解される」ことをあげる（土田道夫「労働条件の不利益変更と労働者の同意――労働契約法8条・9条の解釈――」西谷古稀（上）324頁）。

108) 野田・前掲注106) 329頁以下は，最高裁が合意相殺や賃金債権放棄について用いた「自由な意思」論が次第に他の分野に拡大されていったとし，とりわけそれは労働契約法の施行以降に顕著であるとする。

109) 東武スポーツ（宮の森カントリー倶楽部）事件・東京高判平20.3.25労判959号61頁。また，就業規則変更への個別同意にかかわる協愛事件・大阪高判・前掲注84) 参照。

110) 大内伸哉「労働契約における対等性の条件――私的自治と労働者保護――」西谷古稀（上）415頁以下（とくに430頁以下）は，契約の非対等性を生むのは情報と交渉力の格差であるとしつつ，交渉力については，労働者側に交渉力を強化する努力義務（労働組合の結成など）があるので，結局，使用者による適切な情報提供と説明がある限り，労働条件の不利益変更に関する労働者の同意に拘束力を認めてよい，とする。

111) 労働者の「納得」の法社会学的および法解釈学的な意義については，西谷敏「不利益変更と労働者の『納得』――ひとつの覚書――」季刊労働法210号（2005年）2頁↗

働者が，労働条件の不利益変更に関する使用者の説明を聞いて，その内容を完全に「理解」したがまったく「納得」できないという場合は少なくないのである。このような場合，裁判所が労働者の「理解」のみを問題にするならば，労働者がまったく「納得」できない場合にも合意の成立が認められることになる。

たしかに，「理解」という概念は，相手方の立場への共感を含む意味で用いられる場合もある。しかし，意思表示の成立の前提をなす「理解」の判断に際して，「理解」にそうした意味を込めることは議論を不透明にする[112]。むしろ，「理解」と「納得」は明確に区別して[113]，判例が求める労働者の「自由な意思」とは，労働者の「納得」を意味すると解すべきではないだろうか。

たとえば，不更新条項に関するある判決は[114]，一方において，こうした条項については，労働者が「半ば強制的に自由な意思に基づかず」署名することがありうるとしながら，本件では，「労働者が次回は更新されないことを真に理解して契約を締結した」から，労働者が自由な意思によって雇用継続に対する合理的期待を放棄したと認定する。この判旨がもたらす違和感は，「自由な意思」と「理解」が同一視されていることによる。労働者の「自由な意思」にとって，「理解」は必要条件であっても十分条件ではない。労働者に不利益となる合意が労働者の「自由な意思」によると認定されるためには，労働者がそれを「理解」し，さらに「納得」したことが客観的な事実によって合理的に認定されなければならないと解すべきである。

「理解」にせよ「納得」にせよ，労働者の内心の問題であるから，それの認定に困難がともなうのは当然である。判例は，労働者の「自由な意思」の認定

　＼以下参照。道幸・前掲注87) 8頁は，真意性には，明確な意思であるという側面と納得にもとづく意思であるという側面があるとするが，賛成である。

112) 労働者が合意内容を「理解」していたことを認定するに際して，内容の合理性を考慮する例がある（協愛事件・大阪高判・前掲注84))が，「理解」の意味内容を曖昧にするものとして，支持できない。内容の合理性は，「納得」の有無を判断するための重要な要素と考えるべきである。

113) たとえば，ザ・ウィンザー・ホテルズインターナショナル事件・前掲注102) は，入社2ヶ月後で試用期間中の労働者が，年額124万円余りの賃金引き下げの提案を受けてなした「ああ分かりました」との返答を，「会社の説明は分かった」という意味にすぎず，同意とはみなしえないとした。これは，理解と納得（同意）を区別した数少ない例の一つである。

114) 本田技研工業事件・東京高判平24.9.20労経速2162号3頁。

に際して，同意の態様（とくに書面かどうか），同意の状況（とくに使用者の丁寧な説明），労働者が被る不利益の内容・程度，賃金の重要性を考慮しているとされる。[115] 労働者が被る不利益の内容・程度は，本来は合意・同意の効力に関係する問題のようにも見えるが，変更の不利益性が甚だしい場合には，経験則上，特別の事情のない限り，労働者はそれに「自由な意思」で同意することはないであろうといえるから，やはり同意の成立の次元で問題にしうるのである。[116] さらに，「自由な意思」の認定のためには，労働者が現実にどの程度強制的雇用終了（解雇・退職強要・契約更新拒否）から保護されているかが重要視されるべきである。

3 不更新条項の法的効力

　労働者の個別合意・同意については，その成立とあわせてその有効性の審査も必要である。[117] なぜなら，労働法においては労働者の自己決定の尊重と同時に労働者保護も不可欠の要請だからである。労働者の真意による合意・同意（第一次的自己決定）も，必要な場合には労働者保護法によって否定されざるをえない（本章Ⅲ1）が，合意内容の合理性に著しい問題がある場合には，公序違反（民法90条）として同じく無効になると解される。いずれの段階による審査に重点が置かれるかは事案の性質によるが，この点に関する格好の素材を提供するのが不更新条項の問題である。

　不更新条項とは，有期労働契約の更新の際に付された「この更新をもって最後とする」旨の条項をいう。本来，労働者に更新への合理的期待が生じている場合（労契法19条）には，使用者が一方的に不更新を通告しても，不更新は解雇法理の類推適用によって制限されるし，使用者が一方的に更新回数を限定す

---

[115] 野田・前掲注106) 331頁以下。なお，道幸・前掲注87) 8頁以下は，労働者の「納得」を確保するために，説明会の開催，職場での話し合いや情報交換，差別禁止，職場（労使）慣行の適切な理解・実現といった集団的視点の意義を強調する。しかし，そこでは，使用者の提案に容易に同調する従業員集団と権利を主張する個人との緊張関係という視点が欠けているように思われる。

[116] 大内・前掲注110) 422頁は，判例が理由の「合理性」まで認めるのは，拘束力の根拠を，実質的には（合意内容の）客観的合理性に求めることを意味するとし，その他律的介入の態度を批判する。

[117] 西谷・規制415頁以下。同旨，三井・前掲注65) 12頁以下。

ることも許されない[118]。ところが，契約を更新しないことについて労働者が同意した場合は別，というのが判例の立場である。裁判例では，不更新の合意が成立したこと自体を否定する例もあるが[119]，労働者が不更新条項の付された有期労働契約に署名した場合には，労働者が有する更新への期待を自ら放棄したものとして，その有期契約の期間満了をもって労働関係が終了したものとする例が多い[120]。

　しかし，契約更新にあたって不更新条項つきの契約書案を示された労働者は，署名を拒否すれば直ちに労働関係が終了し，署名すれば当該契約の有効期間の満了をもって労働関係が終了するというディレンマに追い込まれる。このような状況下でなされた署名を当然に有効と認めるのは，あまりにも健全な法感覚に反するのではないだろうか。ここで問題となるのは，労働者が不更新条項の意味するところを「理解」したかどうかではない。その意味を十分に「理解」したうえでどうしても「納得」できない労働者が，にもかかわらず直ちに雇止めされることへの恐怖から署名・押印してしまうところに，不更新条項の本質が存在する。

　これまで，不更新条項の問題点を解消するために，あるいは少なくとも緩和するために，さまざまな理論的な試みがなされている。まず，不更新合意の成立に関する認定に慎重であるべきは当然であろう。しかし，明確な不更新条項つきの契約書に労働者が署名もしくは記名・押印した場合，従来の判例・学説を前提とする限り，合意の成立自体を否定するのは困難である[121]。また，こうした不更新の合意は，更新への合理的期待の存否に関する総合判断の一要素とす

---

118)　学校法人立教女学院事件・東京地判平 20.12.25 労判981号63頁，報徳学園事件・神戸地尼崎支判平 20.10.14 労判974号25頁。

119)　ダイフク事件・名古屋地判平 7.3.24 労判678号47頁，全国社会保険協会連合会事件・京都地判平 13.9.10 労判818号35頁。

120)　近畿コカ・コーラボトリング事件・大阪地判平 17.1.13 労判893号150頁（大阪高判平 17.11.24〈最高裁で確定〉），渡辺工業事件・横浜地判平 19.12.20 労判966号21頁（東京高判平 20.8.7 労判966号13頁），日立製作所事件・東京地判平 20.6.17 労判969号46頁，本田技研工業事件・前掲注114)。

121)　奥田香子「有期労働契約」西谷敏・根本到編『労働契約と法』（2011年，旬報社）305頁は，合意が成立するのは「きわめて限られた場合」とするが，不更新条項つき契約書への署名もしくは記名・押印があった場合にも合意の成立を否定しうる根拠は必ずしも明確ではない。

ればよいとの見解があるが[122]、明示的に示された不更新の合意をそうした総合判断の一要素として扱うことの根拠は明らかではない[123]。さらに、不更新合意の存在は、実際になされた雇止めの効力を判断する際に一つの考慮要素とすればよいとの見解も主張されている[124]。しかし、合理的期待の成立にかかわる問題を雇止めの効力判断の次元で扱うことは、性格を異にする問題を「総合」判断することとなり、法的構成を不透明にするものと思われる。

　私は、不更新条項は、直ちに雇用を終了させるか、次期に終了させるかの二者択一を労働者に迫り、それを通じて強行法規である労契法19条の潜脱をはかるものであり、こうした条項は、労働者が真に自由な意思にもとづいてそれに同意したとみられる特段の事由（主張立証責任は使用者）がない限り、民法90条により無効というべきであると考えている[125]。

　ただ、前述のように、労働者に不利益な合意の成立を認定するためには、労働者の「自由な意思」、すなわち労働者が「納得」したことが客観的に認定されなければならないとの一般論が認められるとすれば、労働者が「納得」していないにもかかわらず「合意」がなされた場合には、不更新の合意そのものが成立していないと考えることも可能である。

　いずれにせよ、労働者の意思表示論の困難さは、自立した契約主体であるはずの労働者が現実には使用者に従属しているという根本的な矛盾に基礎を置くものであり、この問題の検討は今後さらに深められる必要があろう。

---

122)　荒木・労働法472頁。
123)　荒木は、その後、労働関係における合意論について妥当な処理枠組みを確立し、雇用継続の合理的期待の放棄の適否を吟味するという議論の方向を示しつつ、「現時点で確定的な結論を下すのは困難な状況にある」とする慎重な立場をとっている（荒木尚志「有期労働契約法理における基本概念考」西谷古稀（上）413頁）。
124)　明石書店事件・東京地決平22.7.30労判1014号83頁（ダ）、毛塚勝利「改正労働契約法・有期労働契約規制をめぐる解釈論的問題点」労働法律旬報1783・1784号（2013年）25頁以下、唐津博「改正労働契約法第19条の意義と解釈」季刊労働法241号（2013年）11頁。
125)　西谷・労働法447頁以下。同旨、根本到「労働契約による労働条件の決定と変更」西谷ほか編・前掲注121）132頁。

第7章
「労働者」の統一と分裂

はじめに

　労働法の主体であり対象である「労働者」は，その属性や職種において多様である。かつて多種多様な労働者は，処遇においてさまざまに区別ないし差別されるだけでなく[1]，異なる法規の適用を受ける場合も多かった[2]。また公務員は民間労働者と区別され，その公務員も多様な種類に区分されていた[3]。

　その後，多くの国の労働立法において，多様な労働者に同一の基準を適用し，統一的な「労働者」概念を定立する傾向が強まってきた。歴史的，偶然的事情によって分散的に規整されていた労働関係が統一的に規整されるようになって

---

1) たとえば現業労働者の給与は時間給もしくは日給，事務職員の給与は月給という場合が多かった。今日では，この賃金形態の区分は正社員・本工とパート・アルバイト等の間に残っている。
2) 1914年にジンツハイマーが労働法構想を発表したとき，職員に適用される法規は，商法典（商業使用人），帝国営業法（企業職員，職工長，技術者），民法典（その他の職員）に分かれていた。これらを統一的法規整のもとに置くという提案には反対も強かったという（Sinzheimer, Über den Grundgedanken und die Möglichkeit eines einheitlichen Arbeitsrechts für Deutschland (1914), in: Sinzheimer, Arbeitsrecht und Rechtssoziologie. Gesammelte Aufsätze und Reden, Bd. 1, 1976, S. 52ff.)。
3) 日本における戦前の公務員は，国家の特別権力関係のもとに置かれる官吏・公吏と，私法上の契約にもとづく雇員（事務職員），傭人（単純労務につく職員）とが峻別されていた。この区別は，公勤務者を，官吏（Beamte），職員（Angestellte），現業労働者（Arbeiter）に区分するドイツの制度にならったものである。ドイツでは現在でもこの区別は維持されているが，職員と現業労働者の差異は次第に縮小され，官吏との区別も相対化される傾向にあることが指摘されている（根本到「ドイツ公務労働関係法制の現況と日本との比較」ジュリスト1435号〈2011年〉56頁以下参照）。日本では，第二次大戦後，非現業，現業，臨時・非常勤職員を含めて，基本的にすべての公務員を同種の法的規整の下に置いたが，労働契約関係であることの否定および労働基本権の剥奪と結びついた統一的規整は，かえって多くの弊害をもたらしている。

きたのであるが[4]、その背景には、合理化・技術革新によって職種間の勤務実態の差異が縮小したこと、生活実態の共通性が増大してきたこと、そして労働者を職種や属性によって差別することを否定する思想が浸透してきたこと[5]などの事情があった。工員と職員を同一の組織に糾合する労働組合の発展も、こうした傾向を促進した。

労働基準法と労働組合法に代表される戦後日本の労働法も、それぞれ統一的な「労働者」概念から出発したが、そこでも、現業労働者、職員、公務員などにおける職務と生活条件の共通性が強まってきたことのほか、すべての労働者を同一の階級への所属者とみる発想、また彼らに共通の基準を適用することが民主的であるとする精神が重要な役割を果たしていた[6]。そして、法が「労働者」を統一的に把握したこと自体が労働者の統一性の思想を広げ、現実社会や企業における労働者の統一的な取扱いを促進した。また立法と判例による差別禁止の進展も、多様な労働者の均等処遇を使用者に義務づけることによって、統一的な労働者概念の確立に寄与したといえる。

しかし、法的な「労働者」の統一が進行する一方、それと逆行する傾向も顕著になってきた。

第一は、「労働者」のうち、賃金その他の処遇において正社員・本工と明確に区別される非正規労働者（非典型労働者）が増加し、法的には統一的に把握される「労働者」が実態において新たな分裂を示すようになったことである。いわば労働者の「非正規化」が進行してきたのである。これは、非正規労働者の実態に即した法的規制という新たな課題を提起する。

第二は、使用者が、労働法規や社会保険法の適用を免れるために、労務供給者を「労働者」として雇用することを避け、請負ないし（準）委任など非労働者の形式で用いる（「個人請負」と呼ばれる）傾向が強まったことである。いわ

---

4) Sinzheimer, a.a.O. (2), S. 36ff. 1914年段階のこの構想は、労働法総則のもとに、統一的な職員法と統一的な現業労働者法を設けるというもの（S. 49ff.）で、職員と現業労働者の統一は提案されていない。これらを区別する発想がいかに根強かったかを示すものであろう。
5) ライト・ミルス著・杉政孝訳『ホワイトカラー』（1957年、創元新社）52頁以下参照。
6) 沼田稲次郎『労働基本権論——戦後労働法史のイデオロギー的側面——』（1969年、勁草書房）40頁、同『労働法入門』（1980年、青林書院新社）49頁。

ば労働者の「非労働者化」政策である。それは，労働法上の「労働者」の範囲を狭めかつ曖昧にし，法的な「労働者」の範囲の決定という古くから存在する問題に新たな重要性を与えている。

第三に，労働者派遣や事業場内下請の普及により，一つの事業場に所属の異なる労働者が混在して就労する場合が増加したことである。事業場はもはや同一使用者に雇用される同質的な労働者が協同作業をする場ではなくなった。労働者のダイバーシティはときに肯定的に語られるが，このような意味での多様化は，安全・衛生管理上の新たな課題を提起するとともに，労働者間の軋轢を増大させ，セクハラやいじめを多発させる重要な原因となっている。

使用者が「非正規化」や「非労働者化」の政策を推進する動機は，基本的には人件費の節約である。それは，労働者の生活保障のための費用を外部化しようとするものである。こうして生み出された低賃金の非正規労働者や「個人請負」は，雇用政策の観点からすれば「半失業者」[7]というべき性格をもっている。それは，統計上の失業者を表面上減少させるが，全体として労働者を貧困化させ，さまざまな社会問題の温床となる。ヨーロッパ諸国では，1990年以降これらの「新たな雇用形態」が増加し，全労働者の3分の1を占める至っているといわれるが[8]，日本でも，この時期に非正規労働者が労働者全体の4割程度まで急増した[9]。日本ではまた，「非労働者化」も進展し，全体として，「労働者」概念の分裂および範囲の曖昧化が深刻な問題となっている。

---

7) 矢野昌浩「半失業と労働法──『雇用と失業の二分法』をめぐる試論──」西谷古稀（上）157頁は，「失業」概念を広くとらえるべきことを主張し，半失業を，「職業に就き，実際に就労しているが，生活可能な所得が得られないなどの理由により，現在の就業状況を変更することを希望している状態」と定義している。また，伍賀一道『「非正規大国」日本の雇用と労働』（2014年，新日本出版社）28頁参照。

8) Waltermann, Abschied vom Normalarbeitsverhältnis? Gutachten B zum 68. Deutschen Juristentag, 2010, B9.

9) 総務省労働力調査（2015年4〜6月平均）によると，非正規労働者は全労働者の37.1％，厚生労働省が2015年11月に発表した「平成26年就業形態の多様化に関する総合実態調査」によれば，非正規労働者の割合は40.0％となっている。ただし，両者で非正規労働者の範囲が若干異なっている。

I　正規・非正規労働と標準的労働関係

1　正社員と標準的労働関係の意義

　ドイツにおいて，非正規雇用や規制緩和の問題を論じるにあたって，標準的労働関係（Normalarbeitsverhältnis）の概念が用いられることが多い。その意味内容や概念設定の目的は論者によって多少異なるが[10]，概ね日本における正規労働者（正社員，本工など）の労働関係に相当すると考えてよい。ここでは，非正規労働の特徴を明確化するために，正社員の労働関係の特徴を表す概念として標準的労働関係の語を用いる。そうすると，少なくとも，①期間の定めのない労働契約，②直接雇用，③フルタイム労働，がその基本的要素となる。

　標準的労働関係は，基本的には，労働者生活の必要性と企業経営上の必要性が一致するところに形成されてきた労働関係の基本的パターンである。労働者にとっては，それは安定した雇用・賃金と良好な労働条件を内容とするディーセントワークの重要な前提条件である。また，企業にとっても，こうした標準的労働関係にある労働者を中核に据えて保持することは経営上不可欠のはずである。その意味で，標準的労働関係は，それからはずれる非正規労働の存在を全面的に否定するものでないにしても，法政策を基本的に方向づける合理的なモデルというべきである[11]。

---

10)　たとえばドイブラーは，標準的労働関係の要素として，①フルタイム労働（週35～40時間），②一日の労働時間が7時間半～8時間，③月給制，④一定の最低人数（5～6人）を就労させる事業所等での労働，⑤労働関係の存続保障（無期契約，解雇制限），⑥資格と勤続年数を基準とする賃金，⑦集団的利益代表（労働協約，従業員代表委員会），をあげる（ヴォルフガング・ドイブラー・西谷敏訳「ドイツ労働法における規制緩和と弾力化（上）」法律時報68巻8号（1996年）47頁）。また，ヴァルターマンは，①フルタイム労働，②期間の定めのない雇用，③直接雇用，④社会保障制度の適用，を標準的労働関係の特徴とする（Waltermann, a.a.O. (8), B11）。

11)　和田肇「標準的労働関係との訣別か」菅野古稀22頁は，標準的労働関係を「労働法や社会保障法のモデルとなる労働関係・雇用」とし，「正規雇用を中心としながら，平等扱い・差別等とワーク・ライフ・バランスの要素が付け加わった労働関係」とする。ここでは，標準労働関係の概念に規範的な意味が込められている（さらに，和田肇「標準的労働関係モデルと労働法の未来」法律時報86巻4号（2014年）33頁以下参照）。も↗

2　日本の非正規雇用

(1)　二つの意味の非正規労働者

　非正規労働者（非典型労働者）とは，客観的意味では，標準的労働関係を構成する上記の要素のいずれか（単数もしくは複数）が欠ける雇用・就労形態で働く労働者をさす。すなわち，①の要素が欠ける有期雇用労働者，②の要素が欠ける間接雇用労働者（とくに派遣労働者），③の要素が欠ける短時間労働者である。

　これに対して，総務省労働力調査が用いる「非正規労働者」は，職場での呼称を基準とする概念であり，「パート・アルバイト」，「労働者派遣事業所の派遣社員」，「契約社員」，「嘱託」，「その他」に分類されている。これらは，客観的意味における非正規労働者と一致しない場合がある。たとえば，労働時間が正社員とまったく（もしくはほとんど）異ならないが，職場でパートと呼ばれ，労働条件について正社員と大きな格差をつけられている労働者が存在する（擬似パート）。これらの労働者は，総務省統計では「パート・アルバイト」に分類されるが，客観的意味での短時間労働者ではなく，パート労働法の適用を受けない。

　なお，「パート・アルバイト」の相当数は有期労働契約で雇用されており，この場合には客観的な意味では有期雇用労働者と短時間労働者が重複していることになるが，総務省統計ではそのような実態は正確には把握できない。

(2)　属性と身分

　日本では，このように二種類の非正規労働者概念が存在し，そのことがときに混乱をもたらしている。こうした事態が生じる根本的な原因は，日本の非正規労働者が，職場において，雇用期間や労働時間などの客観的な指標で把握できない独特の「身分」ととらえられている点にある。

　客観的意味での非正規労働者は，契約期間，直接・間接雇用，労働時間のいずれかの点で標準的労働関係とは異なる雇用・就労関係にある労働者であり，しかも，これらの三つの要素は，本来は相互に独立したものである。労働時間

　　とより，ディーセントワークの実現をめざすという方向には全面的に賛成であるが，本文では，非正規労働の特徴を浮き彫りにしてそれに関する法政策を明確にするために，標準的労働関係の意味内容を限定的に理解している。

がフルタイムで有期契約にもとづいて働く労働者（一般に契約社員と呼ばれる）があれば，一日のうち4時間しか勤務しない労働者が期間の定めなしに雇用されている場合（短時間正社員など）もある。

しかし，日本の職場で「パート・アルバイト」と呼ばれる労働者は，一種の「身分」と理解されている。その特徴は，有期雇用が多いことと，賃金制度上正社員と区別されていること，すなわち通常は時間給もしくは時間給月給制であり，賞与，昇給，退職金がないか，わずかしかないということにある。労働時間は，フルタイム正社員より短い場合が多いが，それが決定的な特徴ではない。そこに，労働時間がフルタイムと同一でも「パート」と呼ばれる「擬似パート」が生まれる原因がある。

要するに，職場で「パート・アルバイト」と呼ばれる者は，低賃金で，雇用が不安定な，したがって正社員よりも低い「身分」なのである。同様の「身分」意識は，多かれ少なかれ，派遣労働者や契約社員などにもあてはまる。こうした非正規労働者に対する「身分」意識は，その低賃金を正当化し固定化するが，逆にまた，非正規労働者の低賃金そのものが「身分」意識を再生産する。

このように，非正規雇用が「身分」意識と結びついているところに日本の非正規雇用の重要な特徴があるが，のみならず，企業内の「身分」格差が社会的な階層格差にまで押し広げられ，再生産されている点に事態の深刻さがある[12]。すべて国民の「法の下の平等」（憲法14条1項）が宣言されている国において，4割近くの労働者が通常の労働者より低い「身分」の者とみなされて差別的な取扱いを受けるという事態は，決してあってはならないことである。それは，人間の尊厳の理念に反し，また，いわれなき差別を認めないディーセントワークの理念にも反している[13][14]。

非正規労働者に関する適切な法政策を定立するためには，こうした「身分」的な非正規労働者観を排し，非正規雇用を契約期間，間接雇用，労働時間とい

---

12) 森岡孝二『雇用身分社会』（2015年，岩波新書）16頁以下。
13) ディーセントワークが差別禁止の要請を含むことについては，西谷・人権202頁以下参照。
14) 非正規労働者の「身分」的差別は，「社会的排除」の概念でもとらえられる。「社会的排除」とその対抗概念としての「社会的包摂」については，福原宏幸編著『社会的排除／包摂と社会政策』（2007年，法律文化社）11頁以下［福原宏幸］参照。

う客観的要素に分解して把握することが必要である。

3 非正規雇用の法政策
(1) 基本的視点

　法的な「労働者」概念の統一化は，労働者がその職種，属性，雇用・就労形態等においていかに多様であっても，労働者を法的に同一に扱うことを意味する。それによって，職員と現場労働者の区別を解消し，臨時工，パート，アルバイト，派遣などの非正規労働者を労働者保護法の適用下に包摂したことは，労働法の大きな進歩であった。しかし，経営政策にもとづいて増大してきた非正規労働者が抱える問題は，こうした形式的な同一扱いだけでは解決しない。正社員と非正規労働者の労働条件格差を解消し，非正規労働者の生活と雇用を安定させるためには，より積極的な措置が必要である。

　非正規労働者に関する法政策の定立に際して重要なのは，有期雇用，間接雇用，短時間労働をそれぞれ明確に区別して，それぞれの要素に対する労働者と使用者の需要を客観的に分析することである。非正規雇用は，しばしば，弾力的な雇用・就労への労働者のニーズに応えるものと主張されるが，実際に労働者自身が真に希望することがありうるのは短時間労働のみであり，有期雇用や派遣労働は，それ自体として労働者の希望に合致する雇用形態とはいえない。労働者がこれらの雇用形態を希望するように見えるのは，それが短時間労働と結びついている場合や，これらの雇用形態への理解が不十分である場合が多い。それ以外の場合，労働者は，正社員としての職が得られないために，やむなく有期雇用や派遣労働を「選択」しているのである。

　非正規労働者に関して必要な法政策は，①労働者にとって有害な雇用・就労形態を制限・禁止すること，②それぞれの雇用・就労形態に即した労働者保護を図ること，そして，③雇用形態の差異を理由とする差別を禁止し，積極的に均等待遇の実現をめざすこと，である。以下においては，①と②についてそれぞれの雇用・就労形態ごとに検討し，③についてはまとめて論じる。

(2) 有期雇用

　有期労働契約によって労働者を用いる使用者の主要な動機は，①労働力に対する需要の変化に対応して，労働者を必要な期間だけ雇用すること，②解雇制

限を潜脱すること，③賃金が低い有期雇用労働者の利用によって人件費を節約すること，にある。これらの動機のうち，①労働力需要の変化への対応には一応の合理性が認められるが，②解雇制限の潜脱は論外であり，③人件費の節約も，同一（価値）の労働に対して同一の処遇をしないことを意味するから，法的に尊重すべき合理性があるとはいえない。

　他方，労働者にとって，雇用に期間の定めがあること自体から生じるメリットは存在しない。労働者が一定期間を限定して雇用されることを希望する場合でも，無期契約を締結したうえで適当な時期に解約（退職）することができる（民法627条1項）から，契約期間の限定は必要ではない。通常の労働者よりも高い給与が保障される有期労働契約も稀には存在するが，それは，高い賃金と契約期間の限定がたまたまセットにされているだけであって，契約期間の限定そのものが労働者に有利というわけではない。したがって，有期雇用が労働者にとっても有利な，柔軟な働き方であるという宣伝には，客観的根拠はないのである。

　生活を賃金収入に依存する労働者は通常は期間を限定しない雇用を望むし，長期にわたって持続的に労働力を必要とする使用者も契約期間を限定する必要はない。したがって，期間を限定しない雇用は，基本的には労働者と使用者の要求が一致する標準的な形態である。フランスやドイツでは，そうした考え方を前提として，季節的な繁閑に差がある事業における雇用や，労働者が一定期間を限定した雇用を望んでいる場合など，契約期間を限定することに合理性がある場合に限って有期雇用を認めることにしている（いわゆる入口規制。ドイツでは多少の例外がある）。[15]

　しかし，2012年に有期雇用の規整を目的に改正された日本の労働契約法は，入口規制の考え方を採用せず，契約更新によって雇用期間が5年を超える場合

---

15) 1999年EC指令は，有期契約労働者と無期契約労働者の均等待遇を義務づけるとともに，次の三つの方法のいずれかによって，有期契約あるいはそれの反復更新に対応すべきものとしている。①更新を正当化する客観的理由の存在（いわゆる入口規制），②更新されて継続する労働関係の最高限度期間の設定，③契約あるいは労働関係の更新回数の制限である。この指令と各国の対応については，濱口桂一郎「EU有期労働指令の各国における施行状況と欧州司法裁判所の判例」労働法律旬報1677号（2008年）19頁以下参照。

の無期契約への転換(18条)と,濫用的な更新拒否に関する判例法理の確認(19条)を規定するにとどまった[16]。有期契約労働者の労働条件について,無期契約労働者との不合理な格差を排除する旨の規定(20条)は,運用いかんによっては[17],有期契約労働者の地位改善に寄与するだけでなく,人件費節約の動機による有期雇用を減少させ,労働者の無期雇用化を促進する可能性があるが,その効果は確実とはいえない。日本の法制では,有期労働契約そのものが制約されないので,労働者の雇用生活の不安定性は解消されないのである[18]。

そこで,日本においても,フランスやドイツの法制にならって,合理的理由のない場合には有期労働契約の締結そのものを認めず,無期労働契約が締結されたものとみなすという方法(いわゆる入口規制)がとられるべきである[19]。有期労働契約の制限は,労働者全体に安定的な雇用を保障するというディーセントワークの理念からも要請される[20]。少なくとも,労契法改正で新設された18~20条の適切な解釈・運用によって,有期雇用の弊害をミニマムにすることが当面の課題である。

(3) 派遣労働

労働者派遣の特徴は,間接雇用である点に存在する。すなわち,労働力を必要とする者(派遣先)が自ら労働者を雇用するのではなく,労働者を雇用する者(派遣元)から派遣を受けて,その労働者を自らの指揮監督の下に使用する

---

16) この改正法の意義については,西谷敏「労働契約法改正後の有期雇用──法政策と労働組合の課題──」労働法律旬報1783・84号(2013年)12頁以下参照。

17) 労契法20条の解釈については,鋭い見解の対立がある。荒木尚志・菅野和夫・山川隆一『詳説・労働契約法[第2版]』(2014年,弘文堂)227頁以下,緒方桂子「改正労働契約法20条の意義と解釈上の課題」季刊労働法241号(2013年)17頁以下,労働法律旬報1839号(2015年)の諸論稿参照。

18) 有期労働契約の特徴は,①期間の限定による雇用生活そのものの不安定性,②更新の不確実性による職の不安定性,③解雇制限の潜脱,④期間中の解約(退職)の制限,⑤労働条件格差と不利益変更,などにある。2012年労働契約法改正は,18条によって②に,19条によって③に,そして20条によって⑤に一応対応しようとしているが,入口規制を設けなかったために,①にはまったく対応できないのである。

19) 西谷・前掲注16) 7頁以下参照。同じく入口規制を主張するものとして,川田知子「有期労働契約法制の新動向」季刊労働法237号(2012年)14頁,青野覚「雇用保障の理念と有期労働契約規制──労働契約法・有期労働契約規制の立法論的検討──」毛塚古稀416頁以下参照。

20) 西谷・人権108頁以下。

のである。

　この場合，派遣先は労働力の担い手である労働者には関心をもたず，派遣元は逆に労働力の利用のされ方に関心をもたない。労働契約は，古くは労働力（モノ）の売買もしくは賃貸借と構成されてきたが，現実にはそのモノをヒトから切り離すことができないために，労働法は使用者によるモノの利用を制限し，それを通じてヒトの保護を図ってきた。ところが，労働者派遣は，雇用と使用を分離してヒトとモノをあえて切り離す制度であり，派遣先はひたすらモノの有効な利用に関心を向け，派遣元はヒトを派遣して手数料を得ることだけに関心をもつ。そこで，モノを所有するヒトとしての派遣労働者は，モノとしてもヒトとしても大切にされないのである。

　こうして，間接雇用は，必然的に使用者の責任を曖昧にする。間接雇用は，さらに，労働者の派遣元もしくは供給元による中間搾取を可能にするし，労働者の権利侵害の温床になる。1947年制定の職業安定法（職安法）が，労働者供給事業を行うことと，労働者供給事業を行う者から供給される労働者を自らの指揮命令の下に労働させることを罰則つきで禁止している（職安法44条，64条9号）のは，こうした弊害のゆえである。労働者派遣も本来は労働者供給に該当するが，1985年に制定された労働者派遣法は，臨時的・一時的必要のある専門的業務については，それを必要とする者に直接雇用を期待するのは困難であるとの考え方にもとづいて，いくつかの規制を加えながら労働者派遣を制度化したものである。[22]

---

21)　業として他人の就業に介入して利益を得ること（中間搾取）を禁止する規定（労基法6条）も，直接雇用の原則をふまえたものと解される。もっとも，そこでは，直接雇用を前提とした私的職業紹介も禁止の対象に含まれる。

22)　したがって，違法派遣，とりわけ偽装請負は，派遣法違反になるだけでなく，職安法44条違反の労働者供給に該当すると解すべきである。この点については，萬井隆令「労務供給にかかわるいわゆる三者間関係の概念について」日本労働法学会誌114号（2009年）70頁以下，毛塚勝利「偽装請負・違法派遣の受入企業の雇用責任」労働判例966号（2008年）9頁，西谷・労働法468頁以下，根本到「職安法44条，労基法6条と労働者派遣法の関係」和田肇・脇田滋・矢野昌浩編著『労働者派遣と法』（2013年，日本評論社）65頁以下など参照。これに対して，行政解釈（昭61.6.6基発333号）は，派遣法の定義する労働者派遣は，派遣法違反（偽装請負を含む）があっても労働者供給には該当しないとし，最高裁（パナソニックプラズマディスプレイ（パスコ）事件・最二小判平21.12.18民集63巻10号2754頁）と多数説（菅野・労働法70，375，381頁，荒木・労働↗

労働者派遣の制度は，派遣先（ユーザー企業）にとっては，労働法上もしくは社会保険法上の使用者としての責任を免れつつ労働力を利用でき，また解雇制限に服することなく不要となった労働力を放棄しうる点で有用な雇用形態である。それは，派遣元（人材派遣業）にとっては有力なビジネス・チャンスとなる。そうした双方の要請により，派遣業務は次第に拡大され，1999年には一定の派遣禁止業務を除いてすべての業務について派遣が自由化された。2004年からは製造業への派遣も解禁された。しかし，この時点では，専門26業務には期間制限がないのに対して，それ以外の業務については1年ないし3年という派遣利用可能期間が設定され，労働者派遣は専門的業務もしくは労働力の臨時的・一時的必要に対応する制度であるとの考え方がかろうじて維持されていた。

　ところが，2015年の派遣法改正により，ついに専門26業務と一般業務の区別は廃止され，労働力の臨時的・一時的必要という要件も事実上ないに等しくなった。ユーザー企業は，派遣労働者を取り替えさえすれば永続的に派遣労働を利用することが可能となったのである[23]。ここで，派遣労働の考え方は根本的に転換されたといえる。

　しかし，専門性や臨時的・一時的必要性という要件が廃棄されると，そもそも労働者派遣制度はなぜ必要なのかという根本的な疑問が生じる。労働者を必要とする者は，職業紹介機関の紹介を受けて労働者を直接雇用すればよいこととなるからである。

　労働者派遣という間接雇用の形態自体が労働者にとって有意味ということはない。派遣元事業主が労働者の教育訓練をきちんと行う場合には，それが労働者の財産となる場合がありうるが[24]，十分な時間と費用をかけて教育訓練を行う派遣元企業がどれだけ存在するのか疑問である。派遣元におけるそうした教育訓練や雇用安定措置という，実現がきわめて不確実な措置の義務づけを前提として派遣先による派遣労働者の永続的利用を可能にした2015年派遣法改正には

　　＼法489頁以下など）はこれを支持する。
23)　この改正については，沼田雅之「2015年労働者派遣法改正案の問題点」労働法律旬報1845号（2015年）7頁以下，特集「派遣労働社会」法学セミナー2015年12月号所収の諸論稿参照。
24)　浜村彰「労働者派遣の今後の法的規制のあり方」日本労働法学会誌112号（2008年）47頁以下参照。

重大な問題がある。

　派遣労働が間接雇用の特質から上述のようなさまざまな問題をはらむこと，労働力を必要とする者は公的・私的職業紹介機関を介して労働者を直接雇用しうること，などを考慮すれば，労働者派遣制度は本来不要であるともいえる。仮にそれを全面禁止しないとしても，この制度は，企業がそれを利用する業務上の必要性が高く，またそれによって労働者保護に欠けることがない場合に限定して許容されるべきである。[25] 前者の視点からすれば，労働者派遣は，臨時的・一時的必要のある専門業務に限定して許されるべきである。後者の視点からすれば，弊害がとくに大きい日雇い派遣の禁止（派遣法35条の3），派遣元による「中間搾取」の実態を公示するためのマージン率の公開（派遣法23条5項）などは維持されるべきであり，さらに，派遣先と派遣元の使用者責任を明確にするための法解釈が必要とされる。[26]

(4) 短時間労働

　短時間労働者とは，一週間の所定労働時間が同一の事業所に雇用される通常の労働者のそれに比し短い労働者をいう（パート労働法2条）。一日の労働時間が短い場合と，週の労働日数が少ない場合とがある。呼称は，パート，アルバイト，定時勤務社員，嘱託などのいずれであっても，ここでは労働時間の長さだけが問題となる。したがって，労働時間が正社員とほとんど異ならないのに異なった身分として扱われ，賃金等の処遇で差別されている労働者（擬似パート）には，この法律は適用されない。[27] 契約期間については，有期雇用が多いが，もちろん無期雇用もある。

　日本で使用者が短時間労働者を雇用するのは，主として二つの理由による。一つは，短時間労働者の時間あたり賃金がフルタイムのそれより相当低いために，人件費の節約になることである。しかし，日本でも同一価値労働・同一賃金をめざす風潮が強まりつつあり，もはやそうした動機に合理性があるとはいえない。もう一つは，操業（営業）時間の一部分について労働者を使用するこ

---

25) 西谷敏「派遣法改正の基本的視点」労働法律旬報1694号（2009年）6頁以下。
26) 西谷敏「労働者派遣の法構造」和田ほか編・前掲注22）73頁以下参照。
27) 擬似パートをパート法の適用から排除しているのは立法上の不備ともいえる。法解釈としては，擬似パートにもパート法が類推適用されることを認めるべきであろう。

とにある。たとえば，一日のうちとくに忙しい時間帯に限り，もしくは週日のうちとくに繁忙な日に限り，労働者を使用するという場合である。これもフルタイム労働者の雇用によって人件費にロスが生じるのを防ぐという意味では人件費の節約になるが，そうした労働者の就労のさせ方には一応合理性があるといえる。ヨーロッパでは，パートタイム労働が，ワークシェアリング（仕事の分かち合い）のために利用されることも多い。

　他方，労働者自身も，育児・介護などの家族的責任のために，あるいは自らの体力その他の事情により，一日のうち一定時間，あるいは週のうち一定日数を限って就労したいと希望することがある。その背景にはフルタイム正社員の長時間労働もあるが，労働時間が適正化されてもこうした短時間労働の希望がなくなることはないであろう。労働者の中にはフルタイム就労を希望してもその職を得られないためにやむをえず短時間労働者として就労する者も少なくないが，労働者自身が短時間労働を希望することがありうる以上，法政策の定立にあたってそのことを度外視するわけにはいかない。

　このように，短時間労働については，使用者側の要求に合理的な根拠がある場合があり，労働者がそれを希望する場合もある。この点に，他の非正規労働と異なった短時間労働の特徴がある。しかし，短時間労働では，相当水準の最低賃金制度が確立していても，労働者の収入が低く押さえられ，労働者とその家族の現在および将来の生活保障や社会保険制度に障害をもたらす可能性がある。パート労働が，従前のような家計補助的労働ではなく，主たる生計維持者の就労形態となる場合，そのことはとくに深刻である。また，同一価値労働・同一賃金の原則が確立している場合においても，パート労働は，フルタイム労働に比べて二流の労働とみられがちである。さらに，家族的責任を理由とするパート労働は，性別役割分担を固定化するおそれがある。

　こうしたことから，ドイツの代表的労働法学者の一人ドイブラーは，標準的労働関係の重要性を強調し，パート労働は禁止できないにせよ，個々の労働者

---

28) もっとも，呼び出し労働のように，労働時間を極端に細分化し，短時間に限って労働者を就労させるのは労働者に過大な負担をもたらすので，法的規制が必要である。ドイツでは，呼び出し労働については，1週および1日の最低労働時間を定めるべきこと，そして週労働時間が約定されていない場合は10時間とみなすという規制がなされている（パート・有期労働法12条1項）。

の客観的な生活事情から生じる希望に合致している場合にのみ許容されるべきであり、また一週間の最低労働時間を設定して、呼び出し労働の禁止を定めるべきことを主張する。こうした主張は、生活形態を選択する個人の自由を重視する論者との間で論争を引き起こしたことがある。たしかに、ドイブラーの主張するように、労働時間全体の短縮（ドイブラーは一日6時間という）が進んでいけば、夫婦がフルタイムで働きながら、平等に家族的責任を分担することができる。長期的にみた場合、そうした標準的労働関係の確立に向けて短時間労働を規制することは、必ずしも非合理的な法政策とは思われない。

　しかし、労働者の価値観や生活条件・形態の多様化を考慮すれば、全体としての時間短縮が進んでいったとしても、なお労働時間を統一することには無理があると思われる。また、短時間労働につく労働者の動機を個別的に規制することも現実的ではない。さらに、日本では労働時間の短縮が簡単に進むことは想定しにくい。こうした状況のもとでは、労働時間や就労日数に関する労働者の要求は、パート労働という形態でしか実現できないのである。日本では、むしろ、後述の均等待遇の促進は当然のこととして、短時間労働者の無期雇用化によって雇用の安定を図り、また労働・社会保険への加入を促進することが、短時間労働者の多数を占める女性の現実的ニーズに適合するであろう。ただ、それが性別役割分担を固定化させるおそれがあることには留意しなければならない。

　なお、短時間労働が労働者の希望によるという場合でも、その希望とは、通常は一定のライフ・ステージにおける必要性から生じるものである。そうした必要性が解消すれば、労働者がフルタイム労働への復帰を希望することが多い。そこで、パートタイムからフルタイムへ、またフルタイムからパートタイムへという転換が必要になるが、そのためには使用者の協力が不可欠である。こうした制度を整備することも、国際的に共通の課題となっている。

---

29) ドイブラー・前掲注10) 50頁以下。
30) ドイツとヨーロッパの非正規雇用について批判的な立場をとり、標準労働関係の維持を主張するヴァルターマンも、パート労働については――収入がとくに少ない形態を除いて――現行法を変える必要はないとしている（Waltermann, a.a.O. (8), B 27, 104, 116）。
31) 緒方桂子「女性の労働と非正規労働法制」西谷古稀（上）469頁以下。
32) たとえば1997年のECパートタイム指令（1997/81/EC）は、パートとフルタイムの↗

(5) 均等待遇（差別禁止）

　雇用・就労形態の相違を理由とする合理性のない労働条件差別の禁止，あるいは比較対象者としての正社員との均等待遇の保障が，この分野の重要な課題である。出発点として解明すべき問題は，人種・国籍，信条，性別，社会的身分，組合所属など，労働関係においても重要な意味をもってきた伝統的な差別理由（憲法14条1項後段列挙の事由その他）と，雇用形態という差別理由の相違をいかに理解するかである。

　伝統的な差別事由の特徴は，二つある。第一は，それが労働者自身の生得の，もしくはそれと同視しうる属性である点にある。第二は，それが基本的には労働者の職務遂行能力と無関係と考えられる点である。禁止される差別事由は，人種，信条，社会的身分（労基法3条），性別（労基法4条，均等法5〜9条），組合所属（労組法7条1号）から始まり，年齢（雇用対策法10条），障害（障害者雇用促進法34，35条）などに拡大してきた。

　これらの伝統的差別と雇用形態による差別（平等取扱）を区別してとらえる見解が有力である[33]。たしかに，雇用形態は形式上は労働者自身が選択したものであり，生来の属性とはいえないし，職務内容との関連もより密接である。し

　　均等取扱いとあわせて，労働者がパートとフルタイムの転換を希望した場合は，使用者はできるだけそれに応じるよう努力すべきことを規定している。ドイツのパートタイム・有期労働契約法は，フルタイム労働者のパート転換請求権を認め（8条），また，パート労働者の労働時間延長の要望を優先的に考慮すべきこと（9条）を規定している。これに対して，日本のパート労働法は，通常の労働者の募集に際して短時間労働者に周知させる等，間接的に転換を促進する措置を使用者に義務づける（13条）にとどまっている。

33）たとえば，荒木・労働法81頁以下は，伝統的な事由による差別の禁止＝「差別禁止アプローチ」と，雇用形態にかかわる均等待遇原則＝「雇用政策アプローチ」を峻別する。それは，EU諸国においてこうした明確な区別がなされているという認識（労働政策研究・研修機構「雇用形態による均等待遇についての研究会報告書」〈2011年7月〉）にもとづいている。また，毛塚勝利「労働法における差別禁止と平等取扱——雇用差別法理の基礎理論的考察——」角田古稀（下）3頁以下は，「個別的特性をみることのない類型的属性にもとづく評価により不利益な異別取扱いをおこなう」という「差別」と，「支配関係的ないし組織関係的性格をもつ生活空間において，同一生活空間におかれた人間が他者と同様にその人格を尊重されることを望む意識に根ざした，同一生活空間では同一の規範・基準が適用されるべきとする当該生活関係の支配者を名宛て人とする規範」を平等（狭義の平等）とそれぞれ規定したうえで，雇用形態による平等取扱いを後者の問題と位置づけることによって，差別禁止との相違を強調する。

かし，雇用形態の相違は，形式上は労働者の「選択」にもとづいて生じるとしても，その「選択」は社会的に規定されたものである。すなわち，労働者は，現実には，正社員の職を得られないとか，家族的責任等のためにフルタイム労働に従事しえないなどの理由で，非正規労働者となる場合が圧倒的に多い。こうした認識が広がるなかで，同一もしくは同価値の仕事に従事する以上，賃金や処遇も同一であるべきだという性差別について確立された原則が，パート労働者などの非正規労働者への差別禁止にまで拡大されてきたのである。

いかなる属性や雇用形態にもとづく差別が否定されるべきかは，国民的な，また国際的な規範意識の発展過程に関係する。伝統的な差別禁止と雇用形態による差別の禁止は，いずれも「等しきものは等しく扱うべし」とする正義感情＝人権意識に基礎を置くものであり，前者から後者への平等原則＝差別禁止の拡大は，人々の規範意識の発展にもとづくものである。いずれの国においても，パートなどの非正規労働者の大多数が女性であるという意味で，性差別と雇用差別との実態としての連続性が存在したことも，こうした意識の拡がりの社会的基盤になったといえる。このように見るならば，雇用形態は形式上労働者が「選択」したものであるにしても，伝統的な事由にもとづく差別の禁止と雇用形態にかかわる平等取扱いの義務づけを質的に異なるものと解すべきではない。[34]

雇用形態間の均等待遇は，たしかに国の雇用政策の観点から促進されることもある。たとえば，ワークシェアリングなどの観点からパート雇用を促進するといった政策である。日本では，大きな賃金格差を背景に人件費節約の動機で非正規労働者が雇用されることが多いので，逆に，均等待遇の促進が非正規雇用のメリットを減らし，正社員化の促進に寄与すると考えられる。しかし，いずれにしても，これらは，「均等待遇」の保障という正義＝人権の観点にもと

---

[34] 水町勇一郎「『差別禁止』と『平等取扱い』は峻別されるべきか」労働法律旬報1787号（2013年）51頁以下は，EU諸国における議論はたしかに伝統的理由による差別禁止と雇用形態間の平等扱いを区別する傾向が強いが，「実際のEU指令，各国の法令・判例などにおいては，両者の概念が厳密に区別され，用語法が統一されているわけではない」と指摘する。また，同「新たな労働法のグランド・デザイン」水町勇一郎・連合総研編『労働法改革』（2010年，日本経済新聞社）65頁以下は，伝統的差別禁止と雇用形態間平等取扱いの峻別を排し，包括的な雇用差別禁止法の制定を提案している。

づく措置を，国が一定の雇用政策上の意図を込めて促進するということにすぎず，それは伝統的な差別事由についても問題となりうる（たとえば女性の活躍促進のためになされる昇進差別禁止の啓蒙活動）のであって，雇用差別禁止に特有の事柄ではない。

　以上のように，伝統的差別禁止と雇用差別禁止（平等扱い）の間に性格上の相違があることは否定できないにせよ，両者の発展には連続性があり，また政策的動機の有無も両者を峻別する理由にはならない。したがって，差別の違法・無効もしくは差別を正当化する合理性の判断基準についても，両者を峻別し，雇用形態間の平等取扱いに関しては伝統的差別禁止と異なる相対的基準が適用されると解することには賛成できない。

　いずれについても，同一価値の労働に従事する労働者の間で，合理的な理由なしに処遇上の差別がなされてはならないとの原則が妥当すべきである。同一価値労働・同一賃金原則こそ，「等しきものは等しく扱え」との均等待遇の要請の核心に位置する原則である。したがって，均等待遇原則の適用にあたっては，比較対象労働者が同一価値の労働に従事しているかどうかの判断が中核的意義を担うのであり，そのためには比較対象者が従事している職務の分析が不可欠である。[35] 伝統的な差別事由に比較して職務との関連性が密接な雇用形態差別においては，差別の違法性の判断にあたって，比較対象労働者の設定や格差の合理性の判断に多少の困難が生じるという問題があるが，それは，格差の違法・無効の判断基準そのものの相違ではない。

　このように，同一価値労働・同一賃金原則は均等待遇原則の核心に位置するものであるが，すべての問題をその原則に収斂させることはできない。まず，均等待遇原則は企業内福利厚生（社員食堂の利用など）のような賃金以外の労働条件に及ぶ。さらに，賃金決定において労働の価値以外の基準（年齢，勤続年数，扶養家族など）が重要な役割を果たしてきた日本において，厳密な意味で「同一価値労働」を基準にすることは非現実的である。そこで，とくに日本では，同一価値労働・同一賃金原則を核としつつ，それ以外の合理性のない差別も禁止されると解されるべきであるし，また合理的な理由があれば，同一価値労

---

35) 森ます美・浅倉むつ子編『同一価値労働同一賃金原則の実施システム――公平な賃金の実現にむけて――』（2010年，有斐閣）参照。

働・同一賃金からの逸脱も許容するといった修正が必要になる。[36]

　日本では，雇用形態を理由とする差別禁止ないし均等取扱原則は，以前は労基法3条，4条を根拠として論じられていたが[37]，現在ではいくつかの立法で規定されている。2007年に改正（2014年に再改正）されたパート労働法は，パートとフルタイムの待遇の相違が不合理であってはならないことを一般的に宣言した（8条）うえで，「通常の労働者と同視すべき短時間労働者」（職務内容が同一で，職務の内容および配置の変更の範囲も同一）について通常労働者との均等扱いを規定している（9条）。2012年に労契法に挿入された20条は，有期契約労働者と無期契約労働者の労働条件の相違が不合理であってはならないと規定している。しかし，これらの規定が，均等な取扱いの前提として，職務内容の同一性のみならず，職務の内容・配置の変更の範囲（いわゆる人材活用の仕組み）も同一であることを要求しているのは，日本的雇用管理を前提に，非正規労働者に「ないものねだり」をするに等しく[38]，均等扱いの実効性を著しく妨げるおそれがある。また，2015年労働者派遣法改正に際して制定された「労働者の職務に応じた待遇の確保等のための施策に関する法律」は，派遣労働者などの非正規労働者の均等待遇の促進という抽象的な政策理念の宣言にとどまっている。

　正社員と非正規労働者の均等取扱いについても，ヨーロッパ諸国と日本との大きな距離を痛感せざるをえないのである[39]。しかし，こうした不十分な法律で

---

36) 西谷敏「パート労働の均等待遇をめぐる法政策」日本労働研究雑誌518号（2003年）56頁，西谷・人権186頁以下参照。
37) まず問題となったのは，労基法3条にいう「社会的身分」に非正規雇用が含まれるかどうかである。非正規雇用が，前述のように，自らの意思で選択した雇用形態とはいえない場合が圧倒的に多く，またそれが社会的に一種の「身分」として把握されていることを考慮すると，少なくとも私法の側面に関する限り3条の「社会的身分」に非正規雇用が含まれるとの解釈は可能と思われる。しかし，判例は，「社会的身分」を「生来の身分」と解する行政解釈（昭22.9.13発基17号）にのっとって，これを否定してきた（富士重工事件・宇都宮地判昭40.4.15労民集16巻2号256頁，京都市女性協会事件・大阪高判平21.7.16労判1001号77頁）。他方，労基法3，4条の基礎にある一般的な均等待遇の理念を根拠として，パート労働者に対する一定範囲を越える差別を違法とした判決（丸子警報器事件・長野地上田支判平7.3.15労判690号32頁）が理論上も実務上も大きな役割を果たした。いずれにしても，雇用形態差別に関する焦点は，労基法3，4条の解釈よりも立法論に移っている。
38) 緒方・前掲注31）477頁。
39) 日本でも，2016年1月以来，安倍首相が「同一労働・同一賃金」の実現を政策課題

はあっても，少なくともそれらの解釈・運用において，伝統的事由による差別と雇用形態による差別の相違をいたずらに強調して，不合理な雇用形態差別を排除しようとする動きにブレーキをかけるのではなく，「身分」意識と結びついた雇用形態差別の問題性を明確にし，その克服のための積極的な法理論を確立することが重要である。

II 正社員の多様化

1 一般労働者と管理職
(1) 管理職の法的性格

　正社員は，通常，一般労働者と管理職に区分される。事業主もしくは事業の経営担当者に協力して事業の経営管理の一端を担うのが管理職であり，管理職は労働法上は「労働者」（労基法9条，労組法3条）として，一般労働者と同様の権利を有し義務を負う。[40]

　もっとも，労基法は，「監督若しくは管理の地位にある者又は機密の事務を取り扱う者」，すなわちいわゆる「管理監督者」には，労基法上の労働時間，休憩，休日に関する規定の適用を除外する旨定めている（労基法41条2号）ので，実際にどの範囲の管理職がこの「管理監督者」に該当するかという困難な問題が生じる。いわゆる「名ばかり管理職」は論外としても，課長以上を「管理監督者」として扱うという多くの企業で普及している方法にも法的な根拠はない。

　他方，管理職は，労働法上いくつかの面で「使用者」もしくは使用者側の者として扱われている。

　まず労基法は，同法でいう「使用者」を，「事業主又は事業の経営担当者その他その事業の労働者に関する事項について，事業主のために行為をするすべ

　　　　＼として打ち出しているが，どれだけ実効性のある措置がとられるか不明であるうえ，「同一価値労働」ではなく「同一労働」としているために，正規と非正規の職務配置上の別扱いをかえって促進するおそれがある。
　　40）　これに対して，会社役員は通常は「労働者」ではない。しかし，名目上は「役員」でもその実態から「労働者」と判断される例もある（黒川建設事件・東京地判平13.7.25労判813号15頁，府中おともだち幼稚園事件・東京地判平21.11.24労判1001号30頁など）。とくに中小企業では，会社役員と管理職の区別が明確でない場合が多い。

ての者」と定義しているので，事業主のために行為をする管理職も，その管轄事項に関しては労基法上の責任を負うべき「使用者」である。そして，管理職が「使用者」として責任を負う場合には，事業主（事業主が法人である場合はその代表者）にもその責任を問うという構造になっている（労基法121条。いわゆる両罰規定）[41]。また，労働者の過半数を代表する労働組合が存在しない場合の労働者過半数代表の選出に際して，管理職が代表とされるのを防ぐために，労基法41条2号の「管理監督者」は代表の資格がないことが規定されている（労基法施行規則6条の2第1項1号）。ここでは，「管理監督者」の規定は，使用者側に立つ者の範囲を画するために便宜的に用いられているにすぎない。

次に，労組法においては，「使用者の利益を代表する者」（労組法2条但書1号）は，労働組合への加入を排除されている。管理職のうち，どの範囲の者がこれにあたるかも議論のあるところである。企業の実務では，やはり課長以上の管理職をここでいう使用者の利益代表として扱う例が多いが，これまた明確な法的根拠があるわけではない。

組合役員選挙への介入や脱退勧奨などの管理職の行為が，使用者の不当労働行為とみなされることがある。判例によれば，不当労働行為の責任主体は法人もしくは事業主に限られるので[42]，労基法の場合と異なり，管理職が「使用者」となるわけではなく，管理職の行為が一定の場合に「使用者」の責任に帰属させられるという問題となる。管理職のいかなる行為を，いかなる場合に使用者に帰属させるべきかの判断は，とくに，管理職が当該組合もしくは別組合の組合員（組合員役員を含む）である場合には容易ではない[43]。

---

41) これに対して，労働安全衛生法は，安全及び衛生に関する措置を行うべき義務主体を明確にする趣旨で，「事業者」を責任主体としている。しかし，同法の違反があった場合には行為者も当然処罰される（122条）ので，労基法の場合と実質的な差異はない（厚生労働省労働基準局編『平成22年版・労働基準法（上）』〈2011年，労務行政〉142頁）と説明されている。
42) 済生会中央病院事件・最三小判昭60.7.19民集39巻5号1266頁。
43) 判例は，部課長等に近接する職制上の地位にある者が，使用者の意を体して（具体的意思の連絡は不要），脱退工作や引き留めなどの行為をしたときには，当該管理職が当該組合もしくは別組合の組合員であったとしても，それを組合員としての活動と見るべき特段の事情のない限り，使用者の不当労働行為と判断するとしている（JR東海事件・最二小判平18.12.8労判929号5頁）。

(2) 管理職の両面性の矛盾

　以上のように，管理職は「労働者」であり，かつ「使用者」側にたって一般労働者の管理の職責を担うという両面性をもっている。この両面性は理論的には矛盾しないが，現実には両立が難しい。管理職そのものが階層構造をなしており，下級管理職は上級管理職の指揮命令や圧力を受けながら一般労働者を管理する。こうした構造のなかで，管理職は労働者としての権利の行使（たとえば年休権取得）を自ら抑制し，残業手当なしの長時間労働（適法であれ違法であれ）を強いられる。不況となれば，とくに非組合員である管理職はリストラの対象となりやすい。このように，管理職の労働者としての権利は，一般労働者のそれよりも保障されにくい。しかも，それが管理職手当によって埋め合わされるとは限らないのである。

　そこから生じる管理職の不満が，管理職組合の組織やそれへの加入に向かうことがあるが，むしろ管理対象としての一般労働者に向けられることが多い。労働者としての権利を保障されない管理職は，部下の権利行使に理解をもちにくい。部下の評価・査定にあたって，年休取得はマイナスに，不払い残業はプラスに評価しがちとなる。職場における権利の定着のために，管理職の労働者としての権利を保障することがきわめて重要であることがわかる。

　もちろん，管理職のあり方は，その個性や経営状況によってさまざまである。「物わかりのよい」管理職が部下に示す温情は，厳格な企業秩序や厳しい人事管理の潤滑油となる。他方，経営者の「代理人」として一般労働者に指揮命令し査定権限を握る管理職が，その権力を濫用してセクハラやいじめの加害者となることも少なくない。しかし，どのような個性をもった管理職も，経営危機においては温情をもって部下に接する余裕はなくなる。管理職はリストラの最前線に立つか，さもなければ自らがリストラの対象となる。経営危機において，管理職の二面性が鋭い矛盾として顕在化する。

　使用者と労働者の関係は，株式会社の場合でも，管理職を媒介とすることによって人と人の関係として現象するが，経営危機において露呈するその本質は，冷徹な資本・経営者と生身の人間＝労働者との鋭い緊張をはらんだ関係なのである。[44]

---

44)　「株式会社の匿名性の労働者に与える影響は，個人的企業が集中化して匿名の企業↗

2 多様な正社員（限定正社員）

　管理職以外の正社員についても，近年多様化の傾向が見られる。まず，1985年男女雇用機会均等法の制定により職務と待遇における男女の別扱いが困難になったことを契機として，労働者を総合職と一般職に分けるコース別雇用管理が広がっていった。これは，伝統的な男女別のコース制を，職務の種類や転勤の有無などを基準とする複線的な雇用管理に再編成しようとするものであった。

　さらに近年,「多様な正社員」,「限定正社員」,「ジョブ型正社員」などの呼称による新たな複線的雇用管理が国によって積極的に推奨されている[45]。これは，あらかじめ職務や勤務地が限定された正社員をつくりだし，こうした限定がない「無限定正社員」から明確に区別して人事管理を行おうとするものである。この制度の推進者が意図するところは多様であり，結果もまた多様でありうる。

　まず,「限定正社員」は，従来型の正社員に比較して解雇が容易であるかどうかが問題となる。たしかに，人員整理の必要が生じた場合，職種・勤務地が限定された労働者については，解雇以外の方法で余剰人員を吸収する余地が狭い（解雇回避措置が限定される）という意味では，解雇が容易になる。しかし，その場合でも，使用者は労働者の同意を得て職種・勤務地を変更しうるのであり，整理解雇を最後の手段と見る観点からすれば，使用者は整理解雇の前に，職種・勤務地の変更によって解雇を回避する努力を免れるわけではない。したがって，理論的には，単純に「限定正社員」が解雇されやすいとはいえない[46]。しかし,「限定正社員」は職種・勤務地が限定される代償として解雇されやすいというイメージが浸透して，実際に従来の正社員よりも容易に解雇されるこ

　　＼になるに従って企業主の絶対的かつ恣意的権力によって生ずる危険が増大することである。労働者は雇主として個人的なつながりをもった具体的な人間を相手にするのでなく，抽象的存在である会社を相手にするにすぎなくなるのである」（中村睦男『社会権法理の形成』〈1973年，有斐閣〉73頁）。

45) 2014年6月24日閣議決定「『日本再興戦略』改訂2014」,「『多様な正社員』の普及・拡大のための有識者懇談会報告書」（2014年7月30日）参照。

46)「『多様な正社員』の普及・拡大のための有識者懇談会報告書」前掲注45）もこのことを指摘する。

ととなる可能性は否定できない。

　「限定正社員」制度のもう一つの問題は，従来型正社員の位置づけにある。この制度の導入とは，就業規則や労働契約において，該当する労働者が「限定正社員」であること，すなわち職種や勤務場所が限定されていることを明確化することであるが，それは同時に，従来型の正社員が「限定正社員」でないこと，つまり「無限定正社員」であることを確認する意味をもつ。そうなると，従来型正社員は，全国転勤や職種転換のみならず，「無限定の」時間外・休日労働まで強要されるおそれがある。それは，現在の正社員の非人間的ともいえる働き方を固定化し，さらに悪化させることとなろう。のみならず，従来型の正社員の働き方がこのような形で固定されるならば，家族的責任を負う女性労働者が従来型正社員になることはますます困難となり，非正規労働者に固定されるか，せいぜい限定正社員の道しか残されないことになる。それは，新たなジェンダー差別を生み出すことになる。

　ここで問われているのは，本来の労働者の働き方はいかなるものかである。「人たるに値する生活の保障」（労基法1条1項），ディーセントワーク，ワーク・ライフ・バランスのいずれの理念によっても，時間外・休日労働が適当な範囲に限定されていることはもちろん，勤務場所や職務内容があらかじめ労働契約で定められていることは必須の要件である。換言すれば，「限定正社員」の働き方こそ，本来は，労働者の典型的な働き方でなければならない[47]。それを出発点として，たとえば遠隔地への転勤が避けられない場合には，それを労働者の特別負担と考えて相応の手当を支払うなどの対応をするのが本来のあり方である。

　ところが，日本では，正社員の働き方が長年この理念型から大きく外れてきたために，「無限定」な働き方こそが典型であるかのような倒錯が生じてしまった。そうした発想を前提とすれば，勤務地や職種の限定は労働者に与えられる特別の恩恵と理解され，その代償として賃金が低いのは当然と考えられる。「限定正社員」構想の背景には，こうした考え方がひそんでいるように思われ

---

47) 脇田滋「雇用保障をめぐる法的課題――『身分差別的』労働者概念批判――」西谷古稀（上）44頁以下は，ジョブ型の限定正社員は，世界標準の雇用モデルであるとし，現在の無限定正社員のみならず，非正規労働者もそれに収斂させるべきであると主張する。

る。しかし，こうした発想にもとづく制度の導入であれば，従来型正社員を含めて，正社員全体の労働条件と労働のあり方をさらに悪化させることとなるのは必定である。何よりも従来型の正社員の働き方を根本的に改善することが喫緊の課題である。

「限定正社員」は，従来の正社員と非正規労働者の中間にある雇用・就労形態であり，非正規から正規への転換を容易にし，両者の格差の解消に寄与すると主張される。たしかに，労働組合と使用者が正規・非正規の格差解消に合意し，それを積極的に推進しようとしている場合には，「限定正社員」制度はその実現を容易にする過渡的形態として機能する可能性がないとはいえない。しかし，そのような合意がないままにこうした制度を導入すれば，これまでの格差構造をより複雑な形で固定化する危険性が高いと思われる。

3 高度プロフェッショナル労働制（ホワイトカラー・イグゼンプション）

正社員の多様化は，労働時間制度の面からも進行する可能性がある。一定範囲のホワイトカラー労働者について労働時間規制の適用をはずし，時間外労働に対する手当の支払いを不要とする制度（高度プロフェッショナル労働制）の導入が企図されているからである。[48]こうした制度は，対象とされる労働者に一層の長時間労働を強いる結果となり，メンタルヘルス不全や過労死・過労自死の問題をさらに深刻化させるおそれがある。それは同時に，すでに基本的に克服された職員と労働者の区別を労働時間規制の点で復活させることでもある。[49]

労働時間の規制は，労働時間を制限して労働者の健康保持を図ると同時に，その私的生活時間を保障する意味をもつ。労働運動が19世紀後半から掲げるようになった8時間労働制の要求は，「8時間の休息時間と8時間の自由時間を」

---

48) このような制度の導入を含む労基法等改正法案は，2015年の第189回国会（常会）に提出され，継続審議となっている。

49) こうした制度の導入を根拠づけるために，ホワイトカラー労働者の働き方は時間によってではなく成果によって評価するのが適当であるなどと主張される。しかし，成果によって賃金を決定する制度は，古くから，工場労働における出来高給，タクシー運転手などのオール歩合制があり，近年では，成果主義賃金などが普及してきたのであって，決して目新しいものではない。従来は，そうした賃金制度のもとにおいても，あるいはそうした制度のもとでこそ，労働時間の規制は必要と考えられてきた。労働時間の規制は，労働者の健康保護，私的・社会的生活の保障などの独自の意義をもつからである。

とのスローガンから明らかなように，健康保護と自由時間の確保の両方の視点を含んでいた[50]。労働時間規制の対象が工場労働者から始まって職員を含む全労働者に拡大してきたことはこの両側面に関係している。

まず，労働時間の規制による健康保護という点からいえば，労働がもたらす疲労として，肉体的疲労とならんで精神的疲労が重要性をもつことが認識され，工場労働とホワイトカラー労働の差異が相対化されてきたということがある。また，生活時間の保障についていえば，工場労働者とホワイトカラー労働者の間で差異がないのは明らかである。いかに労働密度が低く，肉体的・精神的疲労が軽度の労働についても，私的生活時間の確保という観点からすれば，労働時間の規制は必要だからである[51]。

工場労働から始まった労働時間規制がホワイトカラー労働者を含む全労働者に及ぼされてきたのは，このように労働者において労働と生活の共通性が拡大してきたことに対応するものであった。一定のホワイトカラー労働者について労働時間規制の適用をはずそうとする制度は，こうした歴史を100年前に巻き戻し，労働者の悪しき意味での多様化を復活させようとするものである。

III 「労働者」の範囲

1 現代における労働者概念論の意義

ある労務供給者を法的に「労働者」とみなすかどうかは，労働法の適用の有無を決することであり，労務供給者とその受取手の双方にきわめて重要な影響を与える。以前からさまざまな類型の労務供給者について，法的な「労働者」性が問題となってきたが，近年改めて「労働者」の範囲について議論がさかんになっている。

その背景としては，二つの事柄を指摘しうる。第一に，上述のとおり，使用者が労働法や社会保険法にもとづく責任を免れるために，客観的に「労働者」

---

50) 西谷敏「労働時間の思想と時間法制改革」労働法律旬報1831・32号（2015年）8頁以下。
51) この点で，現行労基法41条3号が監視・断続労働について労働時間規制の適用を除外していることは，立法論上重大な問題をはらんでいる。西谷敏「適用除外」片岡曻・萬井隆令編『労働時間法論』（1990年，法律文化社）395頁以下参照。

である労務供給者をあえて「非労働者」と装う事例（「非労働者化」）が増えていることである。第二に，これまで労働者としての自覚の乏しかった労務供給者が「労働者」として権利主張したり，労働組合に組織化される事例（「労働者化」）が見られるようになったことである。つまり，「非労働者化」と「労働者化」の現象が同時に生じており，いずれの面からも「労働者」の範囲の適切な設定が求められているのである。

「非労働者化」と「労働者化」は，いずれも労働者の多様化と密接な関係がある。「非労働者化」は，多くの場合，典型的とはいえない雇用・就労形態についてとられる政策である。「労働者化」もまた，従来労働者としての自覚をもちにくかった労働者（その多くは非典型労働者）が「労働者」であることを主張するなかで生じてきた。その意味で，「非労働者化」も「労働者化」も，非典型労働関係の増加（非正規化）と密接な関係があるといえよう。

2 労働者概念論の性格

労働者概念論とは，ある労務供給者を法的に「労働者」として扱い，労働法を適用すべきかどうかという問題である。この問題はいくつかの特徴をもっている。

第一に，労働法分野のそれぞれの法律は，同じく労働法に属することによる共通性と同時に，それぞれ固有の法目的をもっている。また，同一の法律のなかに，法目的を異にする条項が含まれていることもある。労働者概念の問題は，法律もしくは法律条項の適用の有無を決することであるから，それぞれの法律・条項の目的との関係を抜きに判断することはできない[52]。より具体的にいえば，本来労働者として当該法律・条項の適用によって保護されるべき者を不当にその適用から排除することがあってはならないが，同時に，本来その法律・条項が予定していない者をその適用下に置くことも避けるべきである。社会的には，前者がより重要であるが，後者の視点も無視できない。したがって，「労働者」の概念は広ければ広いほどよいというわけではない。いずれにして

---

[52] 末弘厳太郎は，古くから，法律における定義規定は，「単に法律的効果を規定する為めの便宜的手段に過ぎない」と述べていた（末弘厳太郎『労働法研究』〈1926年，改造社〉149頁）。

も，労働者概念論においては，目的論的な観点が第一義的な重要性をもつ。

第二に，労働者概念論において決定的な意味をもつのは，法的な形式ではなく労務供給の実態である。契約形式等を過度に重視することは，意図的な「非労働者化」を法的に追認する結果となりかねない[53]。しかし，労務供給の実態はきわめて複雑かつ多様であり，実態に即した判断は決して容易ではない。

法的世界において実態に即した判断を可能にするためにしばしばとられる手法は，実態をいくつかの判断指標に即して分析的に検討し，それらを総合して結論を得るというものである。「労働者」の判断についてもそうした方法がとられる場合が多い。そうした手法は，実態に即しつつ判断過程を一応客観化できるというメリットがある。しかし，諸要素の総合という判断過程は明確化するには限界があり，したがってまた結論の予測可能性が乏しいという問題がある。こうした手法を前提としつつ，判断指標の数を限定しかつ指標をできるだけ明確化すれば，判断過程の透明化は進むが，それが過ぎると判断が実態から遊離する危険が高まる。「労働者」の範囲決定の難しさは，実態に即した妥当な判断と基準の明確性（予測可能性）といういずれも重要な要請が容易に両立しえない点にある。

3 労働者概念の相対性

(1) 統一的労働者概念の限界

これまで日本では，労働者概念は統一的であるべきとするのが通説の立場であった。現在では，労基法上の労働者と労組法上の労働者を別個の概念とする立場はほぼ定着したといえるが，労基法上の労働者概念は，法律で明記されている場合（最低賃金法，労安法など）を越えて，労働者保護法分野の他の法律（たとえば労災保険法）においても適用されるべきものと考えられている[54]。労働契約

---

53) その意味で，契約当事者の合意を基礎に労働者性を判断すべしとの提案（柳屋孝安『現代労働法と労働者概念』〈2005年，信山社〉347頁以下）には賛成できない。

54) 労災保険法に「労働者」の定義はないが，判例は労基法上の労働者と同一と解している（横浜南労基署長〈旭紙業〉事件・最一小判平8.11.28労判714号14頁）。これに対して，雇用保険法上の被保険者である「適用事業に雇用される労働者」（4条1項）は，失業者の生活保障を主たる目的とする同法の趣旨からして，労基法上の「労働者」よりも広い概念であると解される（大阪西公共職業安定所長〈日本インシュアランスサー

法は，純粋の私法であるという点でここに列挙した法律とは性格を異にするが，有力説は，そこにおける労働者概念も労基法におけるそれと同一と解している。
　しかし，そもそも労働者概念は何ゆえに統一的でなければならないのであろうか。たしかに，前述のとおり，多種の労働者を一つの「労働者」概念に括って同一の法律の適用下に置いたことは労働法の進歩であった。しかし，そのことは，すべての法律の適用基準の同一性まで要求するものではない。「労働者」の概念は，上述のように法技術的な目的概念であり，少なくともそれぞれの法律の目的を抜きにして決定しうるものではない。そうすると，法律自体が明記していない場合に，法律を越えて労働者概念を統一的なものと解釈する必然性はどこにあるのだろうか。たとえば労災保険法上の「労働者」はなぜ労基法上のそれと同一でなければならないのか。
　さらに，一つの法律においても，すべての条項について「労働者」の範囲が同一でなければならないのかどうか検討の余地がある。とくに労基法には，人たるに値する労働条件の保障（1条1項）という一般的な目的では共通しているものの，その具体的性格と目的を異にする多様な条項が含まれており，そうした条項の性格に即して「労働者」の範囲を決定すべきとの考え方がありうる。
　たとえば，労基法の中心的な内容をなす労働時間規制（32条以下）の適用が問題となる場合には，使用者が労働者を指揮命令することが前提となるので，労働者性の判断においても，当然労務提供者が相手方から指揮命令を受けるこ

ビス〉事件・福岡高判平25.2.28判時2214号111頁）。
55) 菅野・労働法142, 170頁，荒木・労働法51頁，土田道夫『労働契約法』(2008年，有斐閣）47頁。これに対して，労契法上の労働者はより広い概念とする見解として，西谷敏・野田進・和田肇編『新基本法コンメンタール労働基準法・労働契約法』(2012年，日本評論社）312頁以下［和田肇］，323頁以下［毛塚勝利］がある。私も，労基法の私法的側面と公法的側面を区別しない立場を前提とする限り（したがって労基法上の「労働者」を私法的にも狭く理解する限り），労基法上の「労働者」を労契法上のそれと同一と解する見解には賛成できない（西谷・労働法47頁）。
56) 橋本陽子「『労働者』の概念形成——法解釈方法論における類似概念論を手がかりにして」菅野古稀29頁以下は，「基本的労働者概念」として統一的な概念形成をめざすべきであると主張する。
57) 労基法上の「労働時間」とは，基本的には「労働者が使用者の指揮命令下に置かれた時間」である（三菱重工長崎造船所事件・最一小判平12.3.9民集54巻3号801頁）。

と，あるいは時間的に拘束されること（人的従属性）が重要な判断要素となるはずである。これに対して，解雇制限（19，20条）の適用においては，労働者の勤務のあり方は直接的な関連をもたず，むしろ労働者の一般的な生活実態（経済的従属性など）がより重要な判断要素になる。[58] 賃金支払い方法に関する規制（24条）についても同様である。

　このように考えると，たとえば労基法の解雇制限規定や賃金支払い方法に関する規定の適用の有無が問題となっている局面で，使用者の指揮命令や時間的拘束性の実態を事細かに詮索するのは的外れの感を免れがたいのである。「労働者」が法技術的な目的概念であるとするならば，労基法のような多様な内容を含む法律については，その内容ごとに「労働者」の範囲を決定することがむしろ合理的ではないだろうか。

(2) 相対的労働者概念の意義

　以上の考察は，労働者概念はそれぞれの法律や条項の目的に応じて相対的に決定されるべきであるとの結論に導く。[59]

　まず，労基法（あるいは労働者保護法全般）上の労働者と労組法上の労働者は異なった概念であるとの点についてはすでに共通理解が成立している。その「相違」の説明の仕方にはニュアンスの差があるが，次のように考えるべきである。

　労基法と労組法はそれぞれ法目的を異にするので，それらの法における「労働者」の概念には差異があるのは当然である。しかし，この「差異」は両概念がまったく異質という意味ではない。両概念は共通の典型的な労働者像を中核としており，そのことが両概念の共通性を意識させる理由である。しかし，いずれの概念も，中核にある典型的労働者からはみ出した部分を含んでいる。その部分の労務供給者を「労働者」と認めるべきかどうかは，生存権ないし人間の尊厳理念にもとづいて労務供給者を保護しようとする労働者保護法と，労使の従属的関係を視野に入れて，労働者への団結権等の保障を通じて労使対等を

---

58) 労基法と労契法の「労働者」概念が同一と解する場合には，労契法16条，17条などについても同様の考慮が問題となる。

59) 早い時期から「労働者」概念の相対性を主張していた文献として，有泉亨「労働者概念の相対性」中央労働時報186号（1969年）2頁，下井隆史「雇傭・請負・委任と労働契約――『労働法適用対象画定』問題を中心に」(1971年) 同『労働契約法の法理』(1985年，神戸大学研究双書刊行会）所収55頁以下参照。

図ろうとする労働組合法のそれぞれの法目的を勘案して判断すべきである。とはいえ，労働者保護法上の保護を要する労務供給者（労基法上の労働者）は，自ら結集して団体交渉等によって問題解決を試みる可能性を保障されるべきであるから，当然に労組法上の労働者でもあると認めるべきである。しかし，その逆は成り立たない。

　労働者概念の相対性は，さらに法体系の内部においても認められるべきである。相対性論の真の意義はこの点にある。

　まず，上述のように，労災保険法上の労働者は，労基法上のそれと同一と解すべきではない。労災保険法は，労基法上の使用者責任を保険化する目的をもって出発したが，次第に，適用範囲の拡大（一人親方などの特別加入制度など），給付内容の改善（傷病補償年金の新設，遺族補償および障害補償の年金化，スライド制の実施，給付基礎日額の最低額保障，介護補償給付の新設など）などにより，独自の発展をとげてきた。労災保険法は，費用の大部分が使用者負担の保険料でまかなわれるという特徴があるが，同時に，社会保障制度の構成部分としての性格をもつに至っている。こうした観点からすれば，そこにおける「労働者」の概念は，労基法におけるそれよりも広いと解することには十分な根拠があるといえよう。

　さらに，労基法そのものが，種類の異なる条項を含んでいるので，労基法における労働者は完全な統一的概念ではないと考えるべきである。労基法における「労働者」の相対性を認めようとする場合，各条項ごとに「労働者」の範囲を決定するという相対主義を徹底させる立場と，これをもう少し大括りにして労働者を分類する（たとえば二種類の労働者）立場とが考えられる。後者の方法は，労基法の内容が指揮命令関係にかかわる条項と，労働者の経済的地位に着目した条項に分けられることを前提として，労働者の多様化をふまえつつ，「労働者」概念の過度の細分化を避けようとするものであり，今後の方向として支持しうるものである。それは，労基法上の「労働者」概念を一義的に決定したうえで，「労働者類似の者」ないし「準労働者」などの概念をその外側に設定して，労基法のうち一定の条項に限って適用するという方法に類似する。もっとも，この方法は厳密にいえば，「労働者」概念の問題というよりも，「労働者」でない者への労働法規の部分的適用ないし準用の問題である。

4 非労働者の保護

　労働者の範囲論についていかなる立場をとろうとも，何らかの保護・保障を必要とするが「労働者」に属するとはいい難いために，労働法の適用から除外される労務供給者が生じるのは避けられない。しかも，労働者概念の統一性を重視すればするほど，そこからこぼれ落ちる労務供給者が多くなる。この問題は，労働者の範囲を設定する際に十分考慮されるべきではあるが，労働者概念論による解決には限界がある。労働者と同様の保護・保障を必要とするけれども労働者概念に包摂できない労務供給者については，そうした存在を正面からとらえて保護・保障を与えることを考えるべきである[60]。

　たとえば，ドイツにおける労働者類似の者（arbeitnehmerähnliche Personen）の概念は，そうした試みの一つと位置づけることができる。これは，労務供給者であり，相手方に対して経済的に従属するが——「労働者」とは異なり——人的従属性は欠ける者であり，これに対しては，労働法上の一定の規定に限って適用が認められる[61]。

　日本においても，これにならって問題を処理する可能性がある。私はかつて，労基法の諸規定がすべて適用される「労働者」の他に，経済的従属性が認められる者を「準労働者」ととらえ，労基法の解雇制限等の規定に限って適用すべきことを主張したが[62]，その見解は現在でも変える必要はないと考えている。しかし，細部についてはさらに詰めた検討が必要である。たとえば，立法論であれば，「準労働者」を労働者と非労働者の中間に位置づけ，その者に労基法その他の労働法保護法のいくつかの規定を「適用」する旨規定すればよい

---

60) フランスのシュピオの見解が有名である。これについては，島田陽一「雇用類似の労務供給契約と労働法に関する覚書」西村健一郎他編『新時代の労働契約法理論』(2003年，信山社) 27頁以下，矢野昌浩「構造改革と労働法」法の科学34号 (2004年) 52頁以下参照。

61) これらの人々には，労働裁判所制度（労働裁判所法5条），均等待遇原則（一般均等待遇法6条1項3号），年次有給休暇請求権（連邦年次休暇法2条2文），介護時間（介護時間法7条1項3号），労働協約に関する規定（労働協約法12a条）が適用される。

62) 西谷敏「労基法上の労働者と使用者」沼田稲次郎ほか編『シンポジューム労働者保護法』(1984年，青林書院) 10頁以下。類似の見解として，鎌田耕一編著『契約労働の研究』(2001年，多賀出版) 79頁以下。また，大内伸哉「従属労働者と自営労働者の均衡を求めて」『労働関係法の現代的展開（中嶋士元也先生還暦記念）』(2004年，信山社) 47頁以下参照。

が，法解釈によって類似の結論を得るためには，労働者保護規定の「適用」ではなく「準用」もしくは「類推適用」の形をとらざるをえないであろう。また，「準労働者」と認められるための要件，「労働者」と「準労働者」の関係等についてさらに検討が深められなければならない。

さらに，労働保護法規の「準用」ないし「類推適用」であれば，「準労働者」という概念を設定せずとも，それぞれの法規の性格と非労働者の実態を併せて考慮して弾力的に判断すればよいとも考えられる。労働法上の判例法理についても同様である。それは，民法と労働法の相互交流（第3章Ⅳ4）の一例といえよう。とりわけ民法の一般条項の解釈として確立された労働法上の法理（解雇権濫用法理，安全配慮義務など）は，比較的無理なく類似の実態にある労務供給者の関係に類推適用されうるであろう。[63] また，労働者ではない労務供給者が団体を結成し，対抗的地位にある相手方に団体交渉を申し込んで拒否されたという場合，憲法28条の適用は難しいとしても，同条の類推適用は可能であり，[64] 団体交渉中の行為に対する刑事・民事免責は認められるべきである。[65]

---

[63] 安全配慮義務については，判例はその射程が労働関係に限定されないことを明言する（陸上自衛隊八戸事件・最三小判昭50.2.25民集29巻2号143頁）。解雇権濫用規定（法理）も，労働者同様の保護を要する労務供給者に類推適用されるべきであろう。

[64] もちろん，労組法上の「労働者」（憲法28条の「勤労者」も同様）は広く理解されるべきであり，コンビニ・チェーン店店長が勤務の態様や本部からの監督の実態などからして労組法上の労働者と認められるならば，店長会は労働組合であり，団体交渉拒否について不当労働行為法上の救済が認められる（セブン・イレブン事件・岡山県労委平26.3.13，ファミリーマート事件・東京都労委平27.3.17〈いずれも労働委員会命令データベース〉）。

[65] たとえば生健会・米子労音事件・鳥取地米子支判昭47.8.29労旬820号64頁は，生活保護実施機関が，生活保護受給者などを中心とする「生活と健康を守る会」を単なる陳情団体ではなく正当な交渉団体と認めるべきことは，「憲法25条, 28条及び生活保護法の各精神に照らし条理上相当」としている。

第8章
労働組合と法

はじめに

　労働組合は，いずれの資本主義国でも一定の歴史段階で誕生し，資本主義の発展にほぼ対応して発展してきた。今日，先進諸国では，労働組合に関する法は労働法の一つの柱をなしており，労働組合を抜きに労働法を語りえないといって過言ではない。しかし，経済のグローバル化，企業間競争の激化などを背景として，多くの国で労働組合の組織率と活動力の低下が観察される[1]。労働組合は果たして21世紀を通じて従来と同様の役割を果たしうるのであろうか。それとも，資本主義的経済体制のもとでも労働組合が衰退しその使命を終えることがありうるのであろうか。その場合，なんらかの組織がそれに代替するのであろうか。仮にそのような事態が生じた場合，労働法はどのように性格を変えるのであろうか。

　現時点での正確な予測は困難である。それは，グローバル化などの諸要因に規定される経済発展の行く末が不透明だからであり，また労働組合の盛衰は，組合役員，組合員，労働者など労働者側の主体的な努力にも規定されるからである。しかし，少なくとも，労働組合がなんらの努力もなしに，将来にわたって従来どおりの存在と機能を保持しうるという保障がないことだけはたしかである。

　こうした状況のもとで，そもそも労働組合とは何か，労働組合は他の諸組織と比較していかなる特徴をもつのか，そして，法がその労働組合の結成と活動の権利を保障することにいかなる意味があるのかといった原理的な問題が浮か

---

1) ILOの発表によれば，世界金融危機後の2008年から2013年にかけて，世界48カ国の労働組合の平均組織率は2.3％低下し，労働協約が適用される労働者の比率は平均4.6％低下したという（http://www.ilo.org/tokyo/information/pr/WCMS_417397/lang--ja/index.htm）。

び上がってくる。そうした問題の考察は，労働組合の将来を予測するためにも，また各人の労働組合への主体的なかかわり方を決定するためにも欠かすことができないであろう。

I　労働組合の生成

「労働組合」の厳密な定義は難しい。その目的や主体は，歴史的に変化してきたからである。さしあたり，労働組合とは，労働者が主としてその経済的利益の追求のために自主的に組織する団体であるという一般的理解を前提としておこう。[2]

労働組合が最も早く成立したのはイギリスである。イギリスの初期労働組合については，それを古い手工業者ギルドの「継承者」として把握するブレンターノ[3]と，ギルドとの関係を否定し，労働組合を産業革命によって悲惨な状況に陥った労働者が結成した組織とみるウェブ夫妻との「論争」[4]が有名である。しかし，ブレンターノは必ずしも，手工業ギルドと労働組合との組織的な連続性を主張したのではなく，その生成の社会的背景や理念の共通性を示すものとして「継承者」の言葉を用いたのであり，ウェブ夫妻との間に根本的な見解の対立があったわけではない。労働組合が産業革命による労働者の貧困化を背景として生成したことについては両者に共通の理解があり，ただブレンターノは，それの社会的性格と理念が手工業者ギルドと共通性をもつことをとくに強調したのである。[5]

---

2) 日本の労働組合法2条も労働組合をほぼそのように定義している。
3) ルヨ・ブレンターノ著・島崎晴哉・西岡幸康訳『現代労働組合論――（上）イギリス労働組合史』（1985年，日本労働研究機構），『現代労働組合論――（下）イギリス労働組合批判』（2001年，日本労働研究機構）。この著作の原題は，Die Arbeitergilden der Gegenwart であり，直訳すれば，「現代の労働者ギルド」であった。労働組合の基本的性質をギルドと同一視するというブレンターノの基本的立場がこの標題に端的に表現されている。
4) シドニー・ウェブ・ビアトリス・ウェブ著・荒畑寒村監訳・飯田鼎・高橋洸訳『労働組合運動の歴史（上）（下）』（1973年，日本労働協会）。
5) 島崎晴哉「訳者解題」ブレンターノ・前掲注3）（下）460頁以下，松村高夫「L.ブレンターノ『ギルドの歴史，発展と労働組合の起源』」日本労働研究雑誌432号（1996年）4頁。

ドイツでは，労働組合が本格的に発展するのは1860年代のことであるが，すでに三月前期（1848年3月革命以前の時期）から，扶助金庫，ストライキ集団，労働者教育協会の形態をとる労働者集団が一定の活動を展開しており，それらが後に労働組合に発展していく。[6]

フランスの場合には，ストライキのための労働者の一時的結合であるコアリシオン（coalition）が大きな役割を果たしていたが，共済組合を偽装した労働者団体や秘密結社も後に労働組合に発展していく。[7]フランスでは，労働者のストライキ集団であるコアリシオンがまず禁止を解かれ（1864年），その20年後（1884年）にようやく労働組合の結成が認められたという歴史が，労働運動の性格やそこにおけるストライキの重要な意義を物語っている。[8]

II 労働組合の特質

1 労働組合の経済的機能

労働者が結成する各種の任意団体のうち，労働組合の特徴は，労働条件の維持改善など労働者の経済的地位の向上を主たる目的とする点にある。ところが，まさに労働組合のこうした性格のゆえに，ある時期まで労働組合の存在意義について深刻な疑念がもたれていたのである。

たとえば，労働組合が結成され始めた1860年代ドイツでは，賃金の額は結局は労働（力）の需要・供給の関係で決定されるという「賃金鉄則」の理論が優勢であり，その結果，多くの論者は労働組合の賃金闘争は無意味であるという結論に至った（とくに，フェルディナンド・ラサール）。そのため，労働者の経済的地位の改善が不可欠と考える者も，その手段を労働組合の活動よりも，労働者生産協同組合や国家的保護に求めたのである。[9]

---

6) 島崎晴哉『ドイツ労働運動史』（1963年，青木書店）159頁以下。
7) 大和田敢太『フランス労働法の研究』（1995年，文理閣）65頁以下参照。
8) 大和田・前掲注7）82頁以下，中村睦男『社会権法理の形成』（1973年，有斐閣）84頁以下参照。
9) 西谷敏『ドイツ労働法思想史論――集団的労働法における個人・団体・国家――』（1987年，日本評論社）58頁以下。なお，マルクス・エンゲルスは，賃金や労働時間に関する労働組合の活動の意義は否定しなかったものの，労働組合の主たる役割を資本主義体↗

これに対して，労働組合の経済的機能を積極的に擁護し，労働組合の意義を理論的に根拠づけた論者の一人がブレンターノであった。彼は，労働組合の主たる目的を労働商品の供給制限によるその価格のつり上げに求めた。労働の供給制限の手段は，失業手当の支給による安売りの防止，組合統計による市場状況の把握，労賃の高い地域での就労を促進するための旅費手当の支給，労働の需要が減少した時の労働の引き上げ，独自の職業紹介機関の設置，熟練労働における徒弟数の制限などであった。[10]

　しかし，労働組合が労働商品の供給を制限しうる前提条件は，それを独占的に掌握することであり，それは熟練労働者を中心とする職能組合（craft union）においてのみ可能であった。技術革新による熟練の解体とともに職能組合が力を失い，代わって産業別組合が主流になると，賃金に対する労働組合の影響については別個の説明が必要となる。労働力を独占的に掌握できない労働組合が，それにもかかわらず賃金の引き上げや労働時間の短縮を実現しうるためには，使用者（団体）との団体交渉やストライキなどの闘争が不可欠であった。そして，実際に産業別組合が交渉と闘争を通じて，賃金引き上げなどの労働条件改善を実現していくなかで，労働組合の存在意義についての疑念は払拭され，その経済的機能は当然のこととして承認されていく。

　今日，賃金額が労働力の需給関係から大きな影響を受けることは明らかであるが，同時に，短期的には，また産業や企業などの一定の限られた範囲においては，それが労働組合の交渉力・闘争力によって左右されるということも経験的な事実となっている。それが可能なのは，人件費の決定について経営者が一定の裁量の余地をもっているからに他ならない。しかし，企業がグローバルな次元で激しい競争にさらされる局面では，人件費決定についての

制打破のために労働者階級組織化の中心となることに見出した（マルクス「個々の問題についての暫定中央評議会代議員への指示」中の「労働組合。その過去，現在，未来」マルクス・エンゲルス全集16巻〈1978年，大月書店〉195頁以下参照）。もっとも，マルクスの賃金論については，賃金（労働力の価格）は必然的にもしくは傾向的に労働力の価値以下に低下すると見る価値以下説と，労働力についても価値法則が貫徹すると見る見方が対立してきた（下山房雄『日本賃金学説史』〈1966年，日本評論社〉93頁以下参照）。

10）　西谷・前掲注9）181頁以下。

裁量も事実上強く制約される。賃金引き上げのためには、こうした競争による制約を上まわる力（とりわけ産業別の統一的闘争）が必要となるのである。

なお、賃金の水準は国の経済政策にも大きな影響を及ぼす。高い賃金が物価上昇との悪循環をもたらしていると認識されれば、国の介入によって賃上げが抑制される（所得政策）し、逆にデフレ循環が生じている場合には、国が賃上げを推奨する場合もある。[11)] 賃金に関する労働組合の行動は、こうした国家政策との複雑な関係にも影響されて決定される。

2 要求実現の手段
(1) 労働者間協定から団体交渉へ

労働組合の主たる要求は、労働条件の維持・改善などの経済的地位の向上であるが、そうした要求を実現するための手段は、上述のとおり歴史的に大きな変遷をとげてきたし、現在も国によって大きな相違がある。

熟練労働力の独占を特徴とする初期の職能組合においては、要求実現の主たる手段は、一定水準以下の労働条件では就労しないという労働者相互の協定であり、労働組合はカルテル類似の、もしくはブレンターノのいうように、ギルド類似の性格をもっていた。この場合、労働組合の努力は、第一次的には同種労働者に協定を遵守させることに向けられた。この協定に反して低い労働条件で就労する労働者には、しばしば暴力を含む強い圧力が加えられた。労働組合の結成や活動が犯罪とみなされて厳しく取り締まられた背景には、このような事情も存在していたのである。

これに対して、熟練が解体し労働力の独占が困難となった段階に成立し、職種のいかんや熟練の有無を問わずに労働者を同一組織に糾合する産業別組合等にあっては、もはや労働者相互の協定によって使用者（団体）に圧力をかけて労働条件を改善することはできない。要求実現の主要な手段は、使用者（団体）との直接的な団体交渉となる。そして、団体交渉を有利に進めるためには、ストライキをはじめとする争議行為が不可欠であった。ドイツ連邦裁判所のある

---

11) 日本では、2015年、2016年の春闘において、首相自ら経済団体に賃上げを要請するという事態が生じている。背景には、本文で述べた経済政策的な考慮があったが、同時に労働組合の力量不足も歴然としている。

判決がいうとおり,「ストライキなしの協約交渉は,集団的な物乞いにすぎない」[12]からである。労働組合とストライキは不可分なのである。

(2) 労働組合とストライキ

しかし,労働組合とストライキの具体的な関係は,各国によって相当大きく異なっている。

たとえば,フランスでは,ストライキは労働組合ではなく,各労働者の固有の権利と考えられており,非組合員を含む多数労働者が呼びかけに応じてストライキに参加するというのが典型的な形態である。このストライキを行うための労働者の一時的な結合がコアリシオン(coalition)である。組合員数をはるかに上まわる労働者がストライキに参加するのはそのためである[13]。

こうしたストライキと労働組合の関係は,まずコアリシオンの結成が自由化され,その20年後にようやく持続的結社たる労働組合が合法化されたという上述の歴史的な経緯にも現れている。また,1946年フランス憲法前文が,すべての人が労働組合活動によりその権利と利益を防御する権利を有することを規定したうえで,労働組合に加入する権利について規定しているのは,労働組合とコアリシオンの関係を象徴的に表現している。また,ストライキ権についても,「それを規律する法律の枠内で」という留保が付されているものの,明文で規定されている。

ドイツにおいても,歴史的にはストライキを実行するための一時的な同盟(ドイツでもコアリツィオン Koalition と呼ばれた)が労働組合の先行形態として重要な役割を果たした。しかし,労働組合と Koalition は,フランスとは異なり,1869年北ドイツ連邦営業法(1871年帝国営業法〈1872年施行〉)で同時に禁止から解放された。そして,ドイツでは,政治的団体からの強い働きかけもあり,早くから持続的結社としての労働組合が確立し,労働運動のうえでも重要な役割を果たすようになった。こうした状況のもとで,Koalition の語は,持続的な団体としての労働組合(と使用者団体)を意味する概念に転化していったのである。

---

12) BAG vom 10.6.1980, AP Nr. 64 zu Art. 9 GG Arbeitskampf.
13) 大和田・前掲注7)15頁以下,山崎文夫『フランス労働法論』(1997年,総合労働研究所)3頁以下,田端博邦『グローバリゼーションと労働世界の変容——労使関係の国際比較——』(2007年,旬報社)24頁以下など。

こうした Koalition 概念の展開は，ストライキの実態と密接にかかわっている。ドイツでは，ストライキは通常は労働組合の指令のもとに組合員の参加によって実施される。ストライキ期間中不払いとなる賃金は，労働組合が日常的に積み立ててきたスト基金から補填される。ストライキの典型的な形態は，要求が達成されるまで継続する「貫徹スト」であり，「正規軍」による戦闘にたとえることができる。それは，成功すればきわめて大きな成果をあげられるが，労働組合にとって大きな財政的負担となる。こうした事情から，近年では，ストライキの件数そのものが減少し，また貫徹ストに至らない短時間の「警告スト」がその比重を増している。[14]

　ドイツでは，ストライキは組織として確立した労働組合がとる戦術の一つであり，ストライキと労働組合は概念上は分離されている。ワイマール憲法は，団結自由のみを保障し（159条），ストライキについて語ることがなかったが，[15]ドイツ基本法 9 条 3 項もそうした態度を踏襲した。ただ，ワイマール時代の判例・学説がストライキを単なる「自然的行為自由」ととらえたのに対して，戦後西ドイツの判例・学説は，ストライキは協約闘争に必然的に付随するものと見て，ストライキの権利を認めるに至っている。しかし，憲法上の明文の規定が欠けているために，スト権保障の論理構造は，憲法による団結自由の保障→団結に本質的な活動（とくに労働協約の締結）の保障→協約闘争のために不可欠なストライキの権利の保障，という屈折したものであり，ストライキ権の保障は必然的にさまざまな制約が伴うものとなる。[16]

　日本では，フランスやドイツのいずれとも異なり，団結権，団体交渉権，団

14）　さらに，小売業などでは，使用者によるスト破りに対抗するために，ゲリラ的戦術や公衆に協力を求めて店舗を混乱させる「フラッシュ・モブ」などの戦術がとられるようになり（岩佐卓也『現代ドイツの労働協約』〈2015年，法律文化社〉114頁以下），連邦労働裁判所がその適法性を認めたことが大きな波紋を呼んでいる（名古道功「ドイツ集団的労働法理論の変容」西谷古稀（下）441頁）。

15）　中村・前掲注 8）297頁は，このことをフランスと対比して，次のように説明している。フランスでは，労働者に異議申立権（典型はストライキ権）と参加権（典型は企業の管理と労働条件決定への参加）が不可分なものとみなされているが，ワイマール憲法159条がスト権の明記を拒否し，経営協議会制度を認めたのは，異議申立権を否定し参加権のみを保障したものである，と。

16）　西谷・前掲注 9）664頁以下。

体行動権（争議権）がいずれも基本的人権として，しかも「法律の留保」なしに保障されている（憲法28条）。ストライキのタイプは，労働組合が組織するという意味ではドイツ的であり，短時間ストが多いという意味ではフランス的である。ただ，近年ではストライキの件数がきわめて少なくなっているのが最大の特徴である。この事実は，法や権利のみで労働組合を活性化させることはできないことを示している。

3 労働組合の代表性
(1) 組合員の代表と労働者の代表

　労働組合は，個々の労働者の自由な加入意思を基礎として形成される私的任意団体である。それは，組合費を主要な財源として運営され，何よりも組合員の利益を擁護し組合員を代表する。しかし，労働組合は同時に，多かれ少なかれ非組合員を含む労働者全体の利益を広く代表することを標榜し，あるいはそれを社会的に期待される。それは，労働組合が労働やその条件という社会的に重要な影響をもつ事象にかかわっており，その活動が事実上広く労働者に影響を及ぼすからである。

　法も，一定の場合に労働組合が非組合員を含む労働者全体を代表すべきことを規定する。

　第一に，労働組合の締結した労働協約が，組合員を超えて一定範囲の労働者全体に適用される場合がある。たとえばフランスの労働協約は，協約の効力が原則として組合員にしか及ばないドイツとは異なり，使用者が協約締結当事者である使用者団体に加入している限り，当該使用者に雇用される従業員全体に適用される。また，排他的交渉代表制度をとるアメリカでは，交渉代表とされ

---

17) 2014年に行われた争議行為は80件（うち半日以上のストライキは27件）となっている（厚生労働省「平成26年労働争議統計調査の概況」）。
18) このことから労働組合を「公的団体」と性格づける見解がある（石川吉右衛門『労働組合法』〈1978年，有斐閣〉100頁以下，浜田冨士郎「労働組合内部問題法の基礎理論」久保敬治教授還暦記念『労働組合法の理論課題』〈1980年，世界思想社〉32頁以下）。しかし，「公的」は多義的な概念であり，労働組合をそのように性格づけることは，それが私的任意団体であることを看過させるおそれがある。
19) 労働法典 L.2254-1条。

た労働組合が使用者と締結した労働協約は，交渉単位の非組合員にも適用される。団体交渉にあたって，労働組合が非組合員の利益を考慮することを義務づけられている（公正代表義務）のは，そのためである。[20]

また，ドイツ，フランス，そして日本では，一定の要件を満たした労働協約について，その効力が一定範囲の労働者全体に拡張適用されることが規定されている（ドイツの一般的拘束力宣言制度，日本の効力拡張制度〈労組法17条，18条〉など）。

なお，労働協約が制度上非組合員への（拡張）適用を予定していない場合でも，非組合員と使用者の労働契約において，労働協約の援用（労働条件は労働協約による旨定めること）がなされると，それによって事実上労働協約の効力が非組合員に及んでいく。また日本では，労働協約の内容が就業規則に反映することを通じて，非組合員の労働条件が間接的に労働協約の影響を受けることが多い。

第二に，国や地方公共団体に設置された審議会，委員会などの機関では，労働組合のナショナル・センター等の代表やその推薦を受けた者が労働者代表として参加する。この場合も，労働組合には，組合員の代表としてではなく，他組合の組合員や非組合員を含む労働者全体の利益を代表して発言することが期待されている。

(2) 二重の代表性の相克

フランスの労働組合は，伝統的に産業分野の全労働者の代表であることを標榜してきたし，ストライキなどの実際行動においても，組合員が非組合員を含むコアリシオンの中核として行動するなど，労働者全体の代表としての性格を強くもっている。しかし，そのフランスにおいても，労働組合の組織率の低下

---

20) アメリカの排他的交渉代表制度については，中窪裕也『アメリカ労働法［第2版］』（2010年，弘文堂）104頁以下参照。なお，韓国でも団体交渉の当事者を限定する交渉窓口単一化の制度が導入され，それに付随して公正代表義務について語られるが，その意味あいはアメリカにおけるのとは相当異なっている。宋剛直「韓国における団体交渉窓口の単一化と交渉代表労働組合等の公正代表義務の制度化」，趙翔均「韓国の改正労働関係法における『交渉窓口単一化』をめぐる諸問題」，文武基「韓国における交渉代表労働組合の公正代表義務」西谷敏・和田肇・朴洪圭編『日韓比較労働法2・雇用終了と労働基本権』（2014年，旬報社）参照。

とともに，全労働者の代表という労働組合の性格づけがフィクションであることがあまりにも明確になり，それに対する法的な対応を呼び起こしている[21]。

　他方，ドイツの労働組合は，上述したストライキの方法からも明らかなように，組合員の代表という性格が濃厚である。しかし，このような労働組合も，個人加盟制によってそれぞれの組織範囲（多くは産業別）の全労働者に門戸を開いている以上，実際の行動においてはその組織範囲の全労働者の代表としてふるまうことをよぎなくされる。また，ドイツでは第二次大戦後，最大のナショナル・センターとしてのドイツ労働総同盟（DGB）に加入する産業別組合が当該分野の労働者を事実上代表すると考えられてきたが，職種別組合や専門職組合などの少数派労働組合が組織されて独自の労働協約を締結するようになり，産業別協約との競合が問題となっている。これもまた，組合員の範囲を越える労働組合の事実上の代表性が，競合組合の出現によって脅かされている事態と見ることができよう。連邦労働裁判所が複数協約主義を認めたのに対して[22]，2015年5月に成立した労働協約単一化法（Gesetz zur Tarifeinheit）は，事業所においてより多くの労働者を組織する労働組合の独占的協約締結権を認めた。しかし，少数組合の協約締結権を否定するこの法律は，団結権を保障した基本法9条3項に違反するとの批判が強い[23]。

　これらの国の労働組合に比較して，日本の企業別組合は，その代表性という点からみても特殊な性格をもっている。それは特定企業の従業員のみで構成されており，しかも，その多くはユニオン・ショップ協定によって当該企業の全従業員（管理職と，多くの場合非正規労働者を除く）に事実上加入を強制している[24]。

---

21) 細川良『現代先進諸国の労働協約システム——ドイツ・フランスの産業別労働協約（第2巻・フランス編）』労働政策研究報告書 No. 157-2（2013年）参照。

22) 2010年1月27日判決。これについては，名古・前掲注14) 438頁以下参照。

23) Löwisch, Referentenentwurf eines Tarifeinheitsgesetzes - hofft Nahles auf das Bundesverfassungsgericht?, BB 2014, S. 1.; derselbe, Tarifeinheit und die Auswirkungen auf das Streikrecht, DB 2015, S. 1102ff.; Konzen/Schliemann, Der Regierungsentwurf des Tarifeinheitsgesetzes, RdA 2015, S. 1ff.; Greiner, Das Tarifeinheitsgesetz - ein "Brandbeschleuniger" für Tarifeinandersetzungen?, RdA 2015, S. 36ff.; Gamillscheg, Flüchtige Gedanken zum Tarifeinheitsgesetz, AuR 2015, S. 223ff.

24) 厚生労働省「平成25年労働組合活動等に関する実態調査の概況」によれば，労働組合全体の66.1％がユニオン・ショップ協定を締結しており，企業規模が大きいほどその締結率が高い。

この場合，労働組合は，組合員の代表であり，かつ通常は全従業員の代表として扱われる。しかし，こうした労働組合のあり方は明らかに行き詰まっている。なぜなら，非正規労働者の急増のなかでその従業員代表としての正統性が疑わしくなっており，また，組合が組合員の加入・脱退に関心をもたないことが，組合員の利益代表としての機能を低下させる原因になっているからである。そして，こうした労働組合の閉鎖的性格と機能低下が，労働者を含む国民の間で労働組合の評価をますます低下させている重要な原因と見ることができる。[25]

他方，ユニオン・ショップが存在せず，企業別組合が事業所の労働者の一部しか組織していない場合には，労働組合は組合員の代表か労働者の代表かという問題が生じる。労組法は，労働組合が組合員の利益を代表して団体交渉を行うものとの前提にたっている（6条）が，労働組合の活動はさまざまな形で組合員以外の労働者の利益と関係せざるをえない。たとえば，義務的団交事項に非組合員の労働条件が含まれるか[26]，労働協約の適用を組合員に限定する協約条項は有効か[27]，といった問題が生じる。また，事業場の労働者の過半数を組織する労働組合は，事業場の全労働者を代表して，使用者と協定したり（たとえば労基法36条），就業規則の作成・変更に際して意見を述べたり（労基法90条）するが，その労働組合が非組合員を含む事業場の労働者全体の利益を適切に代表しているかどうかが問題となりうる。

労働組合の労働者代表性は，ナショナル・センターが労働政策審議会などの公的機関に参加する場合にも問題となる。現在労働組合代表として公的機関に参加するのは「連合」（日本労働組合総連合会）であるが，「連合」は企業別労働組合を基礎にした連合体（単産）の連合体である。仮に，「連合」の見解が，大きな発言力をもつ大企業の企業別組合から強く影響されるとすれば，「連合」が非正規労働者を含む労働者全体の利益を真に適正に代表しているかどうか問われることになろう。[28]

25) たとえば『連合評価委員会最終報告書』（2003年9月12日）2頁以下参照。
26) 水町勇一郎「団体交渉は組合員の労働契約のためにあるのか――団体交渉の基盤と射程に関する理論的考察――」西谷古稀（下）96頁以下はこれを積極的に肯定しようとする。
27) 和田肇「労働組合の未来と法的枠組み」西谷古稀（下）53頁以下はこれを肯定する。
28) より深刻な問題は，三者構成の労働政策審議会の上位に位置し，労働政策について↗

労働組合は，組合員の利益擁護に徹すればその社会性を問われて労働者・国民の支持を得られず，労働者全体の利益代表として行動しようとすればその正統性を疑われるというディレンマを抱えている。これは，元来私的な任意団体にすぎない労働組合が一定の「公的な」役割を期待されることからくる矛盾であり，組織率の低下とともにその矛盾が顕在化し拡大しているのである。

4　労働組合と従業員代表制
(1)　企業別組合と従業員代表制

　ヨーロッパ各国で普及している従業員代表制は，個人加盟制により超企業的に組織される労働組合ではカバーできない企業内もしくは事業所内の諸問題を扱うために，法律にもとづいて設置される従業員の代表機関であり，本来労働組合とは異質な制度である。現実には，企業・事業所レベルで扱うべき問題の拡大や労働組合の弱体化などを背景として，従業員代表制の役割が増大する傾向にあり，労働組合との連携や役割分担が大きな問題となっている[29]。

　日本の企業別組合は，しばしば，ヨーロッパとの比較では労働組合よりも従業員代表制度に類似している，あるいは少なくとも従業員代表組織として機能していると指摘される[29a]。たしかに，それは，実態の認識としてはあたっている面がある。何よりも，ヨーロッパ諸国では，企業別もしくは事業所別の労働者組織は通常労働組合とは認められないのである。これは，労働運動の生成・発展過程において，使用者が超企業的な労働組合に対抗するために会社組合（黄色組合）を組織し，労働組合が長い間それとの闘争をよぎなくされてきたという歴史を反映した原則である。

　　実質的決定権を掌握する産業競争力会議や規制改革会議等の機関において，経済界代表が重要な役割を果たす一方，労働組合代表が完全に排除されていることである。このいびつな代表制度は，ILO条約・勧告が随所で定める三者構成原則に明らかに違反している。

29)　竹内（奥野）寿「企業内労働者代表制度の現状と課題――解題を兼ねて――」日本労働研究雑誌630号（2013年）および同誌掲載の諸論稿，浜村彰「従業員代表制をめぐる三つの論点」毛塚古稀697頁以下参照。

29a)　たとえば，菅野・労働法801頁以下は，企業別組合は，労使対抗の交渉団体としての機能と労使協力（経営参加）の従業員代表組織としての機能を有しており，近年は後者の性格を強めているとする。

しかしながら、労働組合と従業員代表制の間には原理的な相違があり、この点では憲法28条を基礎とする日本の企業別労働組合も例外ではない。

(2) 私的任意団体としての労働組合

第一に、労働組合は、労働者の自由な加入意思を基礎とする私的任意団体であるが、従業員代表制は、従業員集団という、個々の労働者の意思とは無関係に形成される集団を基礎として選出される代表機関であり、そこでは加入意思は問題とならない。

たしかに、日本の企業別組合の6割以上はユニオン・ショップ制度によって従業員に事実上組合加入を強制している。これは、労働組合への加入やそれからの脱退は労働者の自由な意思によるべきものとされ、ユニオン・ショップやクローズド・ショップなどの組織強制が基本的に違法とされるヨーロッパ諸国と大きく異なる点である。この点から見れば、日本の企業別組合の多くは、従業員全体（非正規労働者が除外されることが多いが）の代表という外観において従業員代表制に類似しているのはまちがいない。

しかし、ユニオン・ショップ制度も、従業員の労働組合への加入を直接義務づけるものではなく、組合加入・脱退が労働者の自由な意思にもとづくことを前提としたうえで、組合に加入しない労働者、脱退した労働者、もしくは組合から除名された労働者を解雇するという協約上の義務を使用者に課すことによって、労働組合への所属を間接的に「強制」しようとするものである。判例と多数説[30]は、ユニオン・ショップ制度を適法と認めているが、学説においては、こうした制度を違法・無効とする立場が次第に力を増しつつある[31]。いずれにし

---

30) 日本食塩事件・最二小判昭50.4.25民集29巻4号456頁（もっとも、三井倉庫港運事件・最一小判平元.12.14民集43巻12号2051頁は、ユニオン・ショップ協定のうち、締結組合以外の他組合に加入している者および締結組合から脱退しまたは除名されたが、他の組合に加入しまたは新たな組合を結成した者について、使用者の解雇義務を定める部分は、公序良俗（民法90条）違反により無効、としている）。菅野・労働法800頁以下、盛誠吾『労働法総論・労使関係法』（2000年、新世社）163頁以下、和田・前掲注27) 37頁以下など。

31) 西谷・個人124頁以下、西谷・組合法54頁以下、101頁以下、大内伸哉『労働者代表制に関する研究』（2007年、有斐閣）103頁以下、水町勇一郎『労働法［第6版］』（2016年、有斐閣）364頁、奥田香子「ユニオン・ショップ協定の有効性と適用範囲」唐津博・和田肇・矢野昌浩編『新版重要判例を読むⅠ』（2012年、日本評論社）171頁以下。

ても，ユニオン・ショップ制度に支えられる労働組合も，個々の労働者の意思と無関係に従業員集団を一つの単位として括り，代表を選出せしめる従業員代表制とは原理的基礎を異にするというべきである。

両者に対する法の態度も大きく異なる。労働組合は労働者の私的任意団体である以上，それを結成するか否かは労働者の自由に委ねられる。法は，結成された労働組合に対してさまざまな助成を行うことがあっても，結成そのものを強制することはできない。これに対して，選挙で選ばれた代表にさまざまな権限を付与し，使用者にさまざまな負担を課す従業員代表制は，法律による制度化なしには実現が困難である。この点にも，労働組合と従業員代表制との基本的な相違がある。

(3) 財政的基礎の相違

労働組合は，自由加入にもとづく任意団体という性質上，その主要な財源を組合費に求めるほかないが，従業員代表制は，個々の労働者の意思と無関係に，法律上の根拠にもとづいて形成される制度であるから，従業員による費用負担にはなじまない。従業員代表制を運営するための費用は，通常は使用者が負担する。

日本の企業別組合は，使用者から，組合事務所の貸与，就業時間中の組合活動，在籍専従制などのさまざまな便宜供与を受けており，この点でもヨーロッパの従業員代表制に類似しているともいえる。しかし，日本においても，使用者は労働組合に経費を援助することは不当労働行為として禁止され（労組法7条3号），また使用者から経費援助を受ける団体は労働組合とは認められない（労組法2条但書2号）。つまり，法は労働組合の自主性の確保を重視しているのであり，それは労働組合が，法的には使用者と対向的な関係にある組織として位置づけられていることの証左である。

(4) ストライキ権の有無

前述のように，労働組合にとってストライキはきわめて重要な武器であり，日本では憲法が明文でストライキ権（団体行動権）を基本的人権として保障している。これに対して，従業員代表は，使用者との協調的関係を基礎として労働者の利益を擁護すべきものとされ，基本的にはストライキは禁止される。もちろんそこでも，労働者と経営者の利益の相違は前提となっている（そうでな

ければ従業員代表制度の存在意義は疑わしい）し，従業員代表機関と使用者との交渉は，労働組合が行う団体交渉と似た様相を呈する。しかし，従業員代表にストライキを組織する権利が認められない以上，利益の対立は，最終的には第三者の仲裁裁定などで解決されるほかないこととなる。

日本の企業別組合は，実際にはストライキ権をほとんど行使しないため，外見上ヨーロッパの労働組合よりも従業員代表機関に似ているといえるが，企業別組合も潜在的にはストライキの可能性をもっているのであり，そのことの意義を軽視すべきではない。

(5) 従業員代表制の立法論

労働組合と従業員代表制の間には，このような原理的な相違があるが，そのことは，将来，労働組合がさらに衰退していった場合に，従業員代表制がそれに代わる労働者代表機関として重要な役割を果たすという可能性まで否定するものではない。[32]日本で従業員代表制を立法化する一つの狙いは，労働組合の衰退のなかで，労働者の集団的利益の代表を従業員代表制に代替させようとするところにあり，そのこと自体は——それがさらに労働組合の弱体化を促進するおそれがあることを別とすれば——必ずしも的外れとはいえない。

しかし，使用者との協調的関係を基礎に，その枠内で労働者利益の実現を図ろうとする従業員代表が，企業内組合よりも実効性ある労働者代表機能を営むことを期待するのは困難である。ヨーロッパ諸国の従業員代表機関は，産業別などの超企業的な労働組合と緊密に連携することによって，事業所段階で労働者利益を代表する役割を果たしうるが，日本のように従業員代表をバックアップすべき超企業的組織が存在しない実情においては，従業員代表制が企業内労働組合よりもさらに大きな限界をもつであろうことは十分予想される。

ただ，法律が従業員代表機関の設置を義務づけ，代表選出を公的機関が監視し，従業員代表機関の諸活動が法的に保障されることになれば，従業員代表制

---

32) 従業員代表制をめぐる議論の状況については，労働政策研究・研修機構『労働条件決定システムの現状と方向性——集団的発言機構の整備・強化に向けて——』（2007年，労働政策研究・研修機構）第4章，労働政策研究・研修機構『様々な雇用形態にある者を含む労働者全体の意見集約のための集団的労使関係法制に関する研究会報告書』（2013年），浜村・前掲注29）695頁以下参照。私見については，西谷敏「過半数代表と労働者代表委員会」日本労働協会雑誌356号（1989年）2頁以下参照。

には現在の企業内組合にはないメリットが生じるのも事実であり，従業員代表制をめぐる立法論については，このメリットも考慮に入れて判断されるべきである。

なお，労働組合の機能低下への対応策ではなく，事業場に過半数組合が存在しない場合の過半数代表のあり方として従業員代表を制度化すべきとの提案がある。現行の過半数代表制が選出過程の非民主性や代表者個人の過重負担などの深刻な問題をかかえていることからすれば，こうした制度化は急がれるべきである[33]。過半数代表の選出などについて有効な対策が講じられなければ，過半数代表の参加によって法定基準からの逸脱を認めるという現行法の基本構造そのものへの疑問が強まらざるをえないであろう[34]。

III 労働組合への法の対応

1 積極的承認の意義

労働組合とストライキに対して，いずれの国の法も，禁止，放任，積極的承認の段階を経て対応してきた[35]。「禁止」とは，文字どおり労働組合の結成やストライキ等の行動を直接禁止することであり，「放任」とはこうした禁止を解除することである。しかし，「放任」によっても刑法・民法などの一般法の適用は否定されないので，労働組合の活動に対しては一般法にもとづくさまざまな制約が課せられ，強い弾圧的効果を発揮した（ストライキへの脅迫罪の適用，多額の損害賠償の請求など）。「積極的承認」とは，労働組合とその活動に対する一般法の適用も部分的に排除（刑事責任・民事責任の原則的否定など）して，こうした間接的な制限を否定するとともに，使用者による労働組合の抑圧を禁止し

---

33) 西谷敏「提言・労働者代表制度の早急な法制化を」日本労働研究雑誌630号（2013年）1頁。
34) 奥田香子「労働法の立法学」法律時報86巻4号（2014年）20頁参照。なお，和田・前掲注27) 59頁以下は，組合中心主義の立場から，現行の過半数代表制度にも，法による過半数代表制度の設置義務化にも反対する。
35) 西谷・組合法20頁以下。ドイツとフランスを含む30あまりの国の労使関係法制の展開を，団結と参加という観点から分析したものとして，濱口桂一郎『団結と参加――労使関係法政策の近現代史』（2013年，労働政策研究・研修機構）がある。

て，労働組合の安定した地位を保障しようとする態度を意味する。先進諸国の労働法は基本的にこの積極的承認の段階にあるが，その具体的な態様は国によって異なる。

2 積極的承認と国家政策

　資本主義国家はなにゆえに，労働組合やストライキへの一般法の適用排除（免責）や使用者の抑圧行為の禁止などによって，労働組合を「積極的に」承認したのであろうか。

　一つの理由は，相当数の労働者の組織化に成功し，自らの存在と活動への法的承認を要求する労働組合運動を国家がもはや無視しえなくなったことにあった。たとえば，争議行為の民事免責を承認した1906年イギリス法はその顕著な例である[36]。

　しかし，労働組合やその活動は本来国の経済・社会に深刻な影響を及ぼしうるのであり，資本主義国家はそれを容易に承認しうるものではない。多くの国で労働組合の積極的承認の政策がとられるに至ったのは，国家の側にも多数労働者に影響力をもつ労働組合を国家政策のために利用しようとする意図があったからにほかならない。

　国家政策のための労働組合の利用とは，とりわけ戦争への協力を求めることであった。第一次大戦は世界最初の総力戦であったが，多数の労働者を戦争に動員し，大量の軍需生産を継続するためには，労働者の協力が不可欠であった。参戦した各国は，労働者・国民の反戦行動やストライキを抑圧すると同時に，労働組合との協調関係を構築し，それを通じて労働者の戦争への協力を調達しようと努めた。労働組合やその中心となる社会主義（社会民主主義）勢力も，大戦が開始されるや否やナショナリズムの渦に巻き込まれ，第二インターナショナルにおける戦争反対の合意に反し，少数の例外を除いて，戦争政策への積極的協力の姿勢に転換していった[37]。こうして，戦時体制のもとで，国家と資本による労働組合の承認と労働組合の国家的統合が進められていったのである。

36) 片岡昇『英国労働法理論史』（1956年，有斐閣）247頁以下。
37) 木村靖二『第一次世界大戦』（2014年，ちくま新書）58頁以下。

たとえばドイツでは，1915年に結社法改正がなされ，結社の法的規制が労働組合と使用者団体に及ばないことが明記された。また，1916年の祖国勤労奉仕法が労働組合の積極的承認を大きく前進させた。同法は，すべての労働能力あるドイツ人男性（満17〜60歳）の軍需産業・官庁・農業などへの動員を規定する一方で，各種の公的機関や企業内委員会（従業員50人以上の軍需産業で設置義務）において，労働組合が公式にまたは事実上労働者代表として参加することを法的に承認したのである[38]。

　国家は，世界大戦という異常事態のなかで必要に迫られて労働組合の国家統合を図ったのであるが，労働組合の積極的承認は戦争の終結後にも継続した。世界大戦は，労働者・国民に平等な義務を課す以上権利も平等でなければならないとの思想を浸透させ，国家の統治構造を労働者・国民の政治参加を組み込む方向で大きく変化させた（「総力戦の民主的効果[39]」）。また，大戦終了後には，極度の経済不安のなかで革命の危機も迫り，資本主義体制の維持のために，国家と資本家団体が労働組合との協力関係を構築することは切実な課題となった。社会主義革命に反対する社会民主党や労働組合の側もそれに積極的に協力した。こうして，資本主義体制への労働組合の統合と引き替えに，労働組合・労働者の権利を保障する労働法が確立していったのである。その典型例は，ワイマール共和国における労働法の発展である。ワイマール労働法は，革命運動の昂揚とその敗北の双方を条件としてはじめて成立しえたというべきである。

　しかし，戦時体制が労働組合の否定をもたらす例もある。たとえば戦間期にイタリア，ドイツ，日本で確立したファシズム体制は，労働組合を全面的に否認し，組合とはまったく別個の組織原理にもとづく団体によって労働者・国民を統合しようとした[40]。しかし，これらの国の敗戦は，ファシズム体制の否定を帰結し，第二次大戦後は，自由や人間の尊厳理念という世界思潮を背景に，再び労働組合の積極的承認が世界共通の傾向となる。

　ILOも，結社の自由および団結権保障に関する87号条約（1948年），団結権お

---

38)　西谷・前掲注9) 271頁以下。
39)　木村・前掲37) 212頁。
40)　たとえばドイツ労働戦線（Deutsche Arbeitsfront）については，西谷・前掲注9) 429頁以下参照。

よび団体交渉権に関する98号条約（1949年），企業における労働者代表に関する135号条約（1971年），団体交渉の促進に関する154号条約（1981年）などの諸条約や勧告によって，労働組合の積極的承認政策の定着に寄与した。こうして労働組合とその活動の積極的承認は，今やそれぞれの国家の政策であるにとどまらず，各国がそれから容易に逸脱できない国際的な規範にまで高められたのである。

　もっとも，1980年代以降各国を席捲した新自由主義のイデオロギーは，本質的に市場原理の攪乱要素である労働組合と敵対する傾向をもっている（典型的には，サッチャー政権のイギリス，レーガン政権のアメリカ）。今後，グローバル化の進行とともに新自由主義の傾向が一層強まるならば，各国における労働組合の積極的承認の政策に大きな変化が生じる可能性もないとはいえない。

3　基本的人権と労使関係

　第二次大戦後，ドイツ，フランス，イタリアなどの国々では，労働組合の結成やその活動が労働者の基本的人権として保障されることになった。そのことは，労働組合の存立とその活動が個々人の人権（もしくはその集積）として説明されることと，憲法上の権利として確固たる地位を獲得したことを意味する。他方，アメリカのように，労使関係政策を前面に出して労働組合を把握する国もある。

　この点，日本が基本的人権型をとる国に属することはいうまでもない。しかも，憲法は，団結権のみならず，団体交渉権と団体行動権を，「法律の留保」を付けずに保障している。こうした点で，日本の団結権保障法制は国際的にみて最も進んだものといえる。

　しかしながら，判例・学説においては，アメリカ法からの影響もあり，個々人の人権よりも労使関係（団体交渉秩序）に重点を置いて労働組合とその活動を把握する傾向が有力である。たとえば，不当労働行為制度を団結権の最も効果的な保障のための制度とみる伝統的な考え方に対して，それを健全な労使関係秩序を形成するための制度あるいは団体交渉秩序形成のための制度ととらえる見方が対置される。[41]また，基本権の観点からすれば，複数組合の承認と使用

---

41)　道幸哲也『労使関係のルール』（1995年，労働旬報社）18頁以下，菅野・労働法949頁以下．不当労働行為制度の目的に関する議論については，西谷・組合法142頁以下参照．／

者の中立保持義務[42]はその当然の帰結と考えられるが，労使関係を重視する立場からは，複数組合の承認に否定的な結論が導かれる[43]。さらに，労働組合が事実上従業員代表のような役割を果たしていることによってユニオン・ショップ制度を正当化しようとする議論[44]も，労働者の基本権よりも労使関係を重視する発想にもとづいている。

たしかに，日本の労働組合のうち，ストライキはおろか真剣な団体交渉も行わず，企業内での安定した地位のみを志向する多数の企業別組合には，基本的人権の主体という意識は乏しいであろう。基本的人権は，何よりもそれが他人から侵害される危険が存在するときに自覚されるからである。静態的な労使関係の当事者という労働組合像は，多くの企業別組合の現実に適合的である。しかし，そうした労働組合も客観的には基本権の主体であり，そのことは実際にその存立に攻撃が加えられたり，活動が妨害されたときに顕在化する。

さらに，労働組合には，使用者との間で恒常的な関係を構築しにくく，アドホックに成果を獲得しようとして使用者と軋轢を起こしがちな地域ユニオンも含まれている。労働組合の意義を労働条件を集団的に決定する労使関係の当事者という側面からだけ理解しようとすれば，こうした組合の団体交渉権の否定が帰結される[45]が，それは結局のところ，地域ユニオンそのものの否認に行き着くであろう。

　　緒方桂子「労働組合の変容と不当労働行為制度——労働契約の把握及び裁判所化からの脱却——」法律時報88巻3号（2016年）42頁以下は，団体交渉中心主義は労使関係の労働契約説的な把握につながり，非正規労働者・非雇用労働者の比率が増大した今日の要請に応えられないとする。

42) 日産自動車（残業差別）事件・最三小判昭60.4.23民集39巻3号730頁。

43) 道幸哲也「解体か見直しか——労働組合法の行方（一）〜（三）」季刊労働法221〜223号（2008年）。なお，竹内（奥野）寿「労働組合法のこれまでとこれからの課題——『労働者』の集団的な利益代表の観点から——」法律時報88巻3号（2016年）10頁以下は，複数組合主義を前提としたうえで，労働条件の集合的決定のために複数の団体交渉・労働協約を「調整」する仕組みが必要であると主張する。

44) 盛・前掲注30）163頁以下，菅野・労働法800頁以下。

45) 日本では，地域ユニオンの団体交渉権を事実上否定する排他的交渉代表制は憲法違反と考えられる。西谷敏「日本における団体交渉権の性格と交渉代表制」西谷ほか編・前掲注20）129頁以下。しかし，必ずしも憲法違反ではないとする見解が多く見られる（菅野・労働法36頁以下，荒木・労働法562頁以下）。

現行法の基本構造をふまえ，現在の労働組合全体を視野に入れて考えるならば，労働組合を基本的人権の主体として把握することは不可欠である。使用者との間で形成される労使関係も，あくまで基本的人権の保障を基礎にしたものでなければならない。

Ⅳ　労働組合における個人と集団

1　団体としての労働組合の性格
(1)　ゲマインシャフトとゲゼルシャフト
　労働組合はいかなる性格の団体なのか。有名なテンニエスの定式を手がかりにしてこのことを考えてみよう。

　テンニエスは，人間のすべての結合体（Verbindung）を実在的・有機体的な生命体すなわちゲマインシャフト（Gemeinschaft）と，観念的・機械的な形成物すなわちゲゼルシャフト（Gesellschaft）に分類し，その相違を強調した[46]。彼によれば，いずれの結合体も人々の意志を前提としているが，ゲマインシャフトを形成する意志は本質意志（Wesenswille）と名づけられ，ゲゼルシャフトを形成する意思は選択意志（Kürwille）と呼ばれる[47]。言い換えると，ゲマインシャフトは本能もしくは本能に近い意志によって自然に形成される結合体であり，ゲゼルシャフトは，思惟によって作り出され，もしくは擬制された存在であって，なんらかの関係（とくに契約）を結んだ創設者たちの共同の選択意志にもとづくものである[48]。

　彼によれば，結合体と個人の関係も，両者で対照的である。「人々は，ゲマインシャフトではあらゆる分離にもかかわらず結合しつづけているが，ゲゼルシャフトではあらゆる結合にもかかわらず依然として分離しつづける[49]」。

　ゲマインシャフトの本質的性格は，典型的には家族に現れ，また村落，自治

---

[46]　テンニエス著・杉之原寿一訳『ゲマインシャフトとゲゼルシャフト――純粋社会学の基本概念――（上）（下）』（1957年，岩波文庫）。原著は，Tönnies, Gemeinschaft und Gesellschaft, Leipzig 1887. 翻訳は，1935年の第8版を底本としている。
[47]　テンニエス・前掲注46）（上）164頁以下。
[48]　テンニエス・前掲注46）（下）173頁。
[49]　テンニエス・前掲注46）（上）91頁。

共同体（中世都市など），民族，朋友関係などもゲマインシャフトの性格をもつ。これに対してゲゼルシャフトの典型的形態は株式会社であり，各種の結社，国家もゲゼルシャフトだとされる。国家がゲゼルシャフトだというのは，社会契約説を前提としたものであろう。

　それでは，テンニエスは労働組合をどのような団体と理解していたのであろうか。彼は，都市における同業組合や共済団体をゲマインシャフトに数えるが[50]，資本主義の構造を理解して覚醒したプロレタリアートが自らを解放するために結成する労働組合や政党は，資本家団体や資本主義社会そのものと同じくゲゼルシャフトであり，それは大都市，国全体，国際的な結合へと拡がっていくと展望する[51)・52)]。

(2) 日本の労働組合

　労働組合を個々の労働者の自発的意思にもとづく自由な結合と見るかぎり，それがテンニエスのいうゲゼルシャフトの性格をもつことは明らかである。ところが日本では，労働組合の団結の価値が高く評価される場合，労働組合のもつゲマインシャフト的要素が強調され，労働組合をゲゼルシャフトと見る視点は稀薄であったように思われる。それはおそらく次の二つの要因によるであろう。

　第一は，労働者を「階級」としてとらえ，労働組合を労働者階級の必然的な組織の形態とする見方である。そこでは，労働者階級に属する各労働者は労働

---

50) テンニエス・前掲注46)（上）64頁は，同業組合とともに都市における「労働組合」もゲマインシャフトの一つとしているが，原文は Arbeits-Genossenschaft であり，職人共済組合と訳すべきものと思われる。

51) テンニエス・前掲注46)（下）80頁。

52) テンニエスは，このようにゲマインシャフトとゲゼルシャフトというキーワードを用いて人間の結合を社会学的に分析したが，もちろんすべての結合体がいずれかに截然と分類されると考えたわけではない。ゲマインシャフトとゲゼルシャフト，あるいはそれらを基礎づける本質意志と選択意志は，いずれも基準概念（Normalbegriffe）であり，「経験的には，いかなる本質意志も，それがその中に表現される選択意志なしには現れえないし，またいかなる選択意志も，それを基礎づけている本質意志なしには現れない。」（前掲注46)（下）26頁)。彼はまた，人間の結合体を結合度の高い団結体（Verbindung）と結合度の緩やかな連結体（Bündnis）に分け，結合体の発展傾向として，ゲマインシャフト的団結体→ゲマインシャフト的連結体→ゲゼルシャフト的連結体→ゲゼルシャフト的団結体という図式を示している（前掲注46)（下）124頁以下）。

組合に加入して階級闘争に参加するのが当然であり，それに加入しないことや脱退することは「階級的な裏切り」とみなされた。労働組合はあたかも，労働者の階級意識によって自生してくる団体，つまりゲマインシャフトであるかのように理解された。

　第二は，戦後日本で企業別労働組合が支配的な組織形態だったことである[53]。企業という組織はゲゼルシャフトそのものであるが，長期雇用慣行のもとではそこに共同体としての共属感情も生まれてくる。長期間にわたって共同作業に従事する労働者の間でゲマインシャフト的な連帯感情が生まれるのである。そして，企業内組合の団結ないし連帯は，そうした企業共同体意識を基礎としても形成され，強化される。

　とくに，戦後初期にしばしば見られたように，企業内組合が使用者と激しく対立したとき，階級意識と企業帰属意識とが未分離のまま組合員の強固な団結を支えていたと思われる。使用者が企業内組合を階級敵として扱ったことの反映として，労働者の階級意識が高まったが，それは企業の枠を越えた本来の階級意識には発展しなかった。やがて，労働組合の分裂によって激しい労使紛争が終結し，使用者と多数派組合の間で協調的な関係が構築されると，多数派組合と組合員の階級意識は後退し，企業意識だけが残る。労働組合はますますゲマインシャフト的な性格を強める。とくにユニオン・ショップ制度が存在する組合では，労働契約の締結（入社）は事実上自動的な労働組合「加入」につながり，「選択意思」はきわめて稀薄となって，組合のゲゼルシャフト的性格が見失われる。企業内に残った少数派組合は，階級意識を保持し続けるが，その存在自体が弱体化していく。

　企業内組合に比較すると，地域ユニオンはゲゼルシャフト的性格が強い。ここでは，労働組合への加入は組合員の「選択意志」の結果である。もちろん，そこでも組合員間のゲマインシャフト的な仲間意識が生じ，団結の強化に寄与することがありうるが，同一企業における長期にわたる共同作業という基盤をもたないだけに，組合員間の関係はゲゼルシャフト的になりやすい。その象徴的な現れが，解雇などの問題をかかえて地域ユニオンに駆け込み加入した労働

---

53) 日本の労働組合がこうした組織形態をとるに至った経緯については，熊沢誠『労働組合運動とはなにか』（2013年，岩波書店）82頁以下参照。

者が，なんらかの形で問題の解決を見た後に労働組合を脱退する場合が多いという事実である。組合員の多くがこのように自己利益だけを追求するような行動をとるならば，労働組合の結合は脆弱となる。

　労働組合の持続的な存立と活動のためには，団結ないし連帯のエトスが不可欠であり，それは何ほどかはゲマインシャフト的な要素を含むのであろう。しかし，労働者の自由な結合としての労働組合は，ゲゼルシャフト的な「選択意志」を出発点としなければならない。労働組合は，おそらく，ゲゼルシャフト的要素とゲマインシャフト的要素を適切に兼ね備えた場合に初めて，自己を強固で持続的な組織として確立することが可能となるのであろう。

2　個人主義と集団主義の一般的背景

　労働組合をめぐる個と集団の矛盾は，すべての労働組合が共有する問題であるが，同時に，各国の文化的・社会的伝統にも規定される根深い問題である。日本においても，「個と集団」の問題は，すでに第二次大戦前から近代化の評価とのかかわりで論じられてきた深刻なテーマであったが，とりわけ第二次大戦後は，日本文化論，日本人論，日本社会論の中心的なイシューであった。

　戦後の議論をフォローした青木保は，日本文化論の展開を次のような時期区分によって整理している。[54] 第一期：「否定的特殊性の認識」(1945〜54年)，第二期：「歴史的相対性の認識」(1955〜63年)，第三期：「肯定的特殊性の認識」前期 (1964〜76年)，後期 (1977〜83年)，第四期：「特殊性から普遍性へ」(1984年〜) である。そして，こうした展開過程を次のように総括する。[55]「その軌跡は，社会発展，すなわち経済の高度成長に応じて，『否定』から『肯定』への，『自信喪失』から『回復』への，『前近代的』から『超近代』への，『後進』から『脱産業化』への，あるいは，『モダン』から『ポストモダン』への，明らかな変容を示すものである」と。

　社会学，文化人類学などの議論を経済復興・発展との対応関係でこのように整理することは，たしかに正鵠を射たものと思われる。日本人における集団主

---

54) 青木保『「日本文化論」の変容——戦後日本の文化とアイデンティティ』(1990年，中央公論社) 28頁。
55) 青木・前掲注54) 150頁。

義[56]は，社会の発展と密接なかかわりにおいて，「否定」もしくは「肯定」され，またその普遍性もしくは特殊性が強調されてきたのである。

　しかし，日本文化や日本社会が法と無関係に存在しえない以上，日本文化・社会に対する評価の，少なくとも一つの重要な尺度は，国の最高法規である憲法の価値判断でなければならない。第一期において主流であり，その後も通奏低音のごとく鳴り響いていた日本的「集団主義」批判には，第二次大戦前・中の「滅私奉公」イデオロギーへの痛切な反省が込められていたが，それは憲法13条の「個人の尊重」理念を下敷きにしたものでもあったであろう。日本に個人的自由主義が定着していないことは，日本社会の前近代性の現れであるかどうかはともかく，少なくとも憲法規範の観点からして否定的に評価されるべき状態であった。

　したがって，青木の時期区分は，憲法的価値への共感という観点から再整理することもできる。すなわち，第一期は，日本文化（日本人の意識）と憲法規範の差異が強く意識され，国民意識への憲法の浸透が喫緊の課題と意識された時代，第二期は，そうした問題意識が相対化されてきた時代，そして，日本的集団主義を肯定する傾向が強まってきた第三期以降は，日本文化論の憲法的価値からの遊離，憲法的価値を否定する傾向が強まった時代と理解することができる。集団主義を肯定する日本文化論は，今や憲法改正のイデオロギーとなっているのである[57]。

3　労働組合における集団主義とその変容
(1)　労働組合と労働法学の傾向

　戦後労働法学は，社会変革への関心を戦後啓蒙主義と共有していたはずであるが，個人の自律への関心は高かったとはいえない。両者においては，将来の

---

56)　集団主義のとらえ方は，西欧個人主義との相違という点では共通するものの，具体的な内容は論者によって異なっている。たとえば，中根千枝の「タテ社会論」（『タテ社会の人間関係――単一社会の理論』〈1967年，講談社現代新書〉），和辻哲郎の「間柄」論（『倫理学』〈1937年〉〈2007年，岩波文庫版1〉），濱口惠俊の「間人主義」論（『間人主義の社会日本』〈1982年，東洋経済新報社〉）は，それぞれ問題意識を異にしている。

57)　その典型例は，憲法13条の「個人」から「個」を削除するという，2012年4月に発表された自民党改憲案である。

社会像が共通していたとしても，それぞれが想定する変革の主体に大きな相違があった。戦後啓蒙主義にとって主体はあくまで個々人であり，個々人の自主的連帯であった。これに対して，戦後労働法学が前提とする変革の主体は労働者階級であり，さしあたりはその具体的な現象形態としての労働組合であった。そして，労働組合が主体である限り，労働者個々人は労働組合に「団結」しその統制を受けるべき存在であり，むしろ自律した個人の対極にある人間像が理想とされた。[58]

それは，ときには，労働組合という集団の利益を労働者個人の利益の上に置くという，即自的な集団主義（もしくは価値的集団主義）というべき発想にもとづいていた。しかし，労働者の幸福に最大の価値を置く場合でも，労働者が階級への所属において同質的な人間として把握される以上，労働組合の発展こそが労働者の幸福であるとの論理で，結局は集団主義による個人的自由＝自己決定の否定に至った（機能的集団主義）。すなわち，当時の集団主義思想は，即自的集団主義と機能的集団主義の結合のうえに成り立っていたと見るべきである。[59]労働組合における労働者（組合員）の自由な意思への関心が芽生えるのは，労使協調体制のなかで労働組合が変革の姿勢を後退させ，その正統性が疑われる一方，組合員の多様化が顕著になる1970年頃から後のことである。

戦後日本の企業別労働組合は，強い集団主義から出発した。それは，上述のように，階級意識と企業意識に裏づけられたものであったが，同時に当時の日本社会全体の風潮を反映したものでもあった。労働法分野の判例・学説も，労働者に「団結」を説き，集団主義を積極的に擁護した。その典型的な現れが，集団主義の極致ともいうべき組織強制＝ユニオン・ショップ制度を団結権を根拠に肯定したことである。[60]具体的には，労働者の自由は団結を通して初めて実

---

58) 樋口陽一も，「個人の主体性を問うよりも集団民主主義のかたちで，戦後民主化がはじまった」ことを批判的に総括する（樋口陽一『国法学・人権原論［補訂］』〈2007年，有斐閣〉19頁）。

59) 西谷・個人9頁以下。

60) 大浜炭鉱事件・最二小判昭24.4.23刑集3巻5号592頁は，一般論としてユニオン・ショップ（判決では「クローズド・ショップ」と表現）協定にもとづいて，使用者が組合からの被除名者の解雇義務を負うことを認めている（しかし，事情によっては解雇が労調法〈当時〉40条に違反する不当労働行為になりうるとする）。その後の判例・学説については注30）参照。

現するから組織強制は正当化される,[61] 労働組合においては,多数の団結権を侵害することなしには少数の団結せざる自由は成り立ち得ない,[62] といったことがその論拠として主張された。

　これは,日本文化論の時期区分でいえば,第一期,すなわち「否定的特殊性の認識」の時期であり,啓蒙主義が伝統的な日本的集団主義を厳しく批判した時代であったが,そうした姿勢は労働法学では稀薄であった。戦後啓蒙主義が「個の自立」を力説していたちょうどその時期に,労働法学は「個の自由の否定による団結」を説いていたわけである。

　もちろん,こうした団結優位の思想には客観的な基礎があった。労働者は,従業員として企業に統合され,組合員として労働組合に統合されていたが,労働組合が使用者と激しく対立する状況にあっては,労働者は二つの統合原理の間で引き裂かれる。そして,多くの場合,企業による統制力がより強力であったため,組合員の過半は闘争中に組合を脱退し,使用者の肝いりで結成された第二組合に加入した。こうした厳しい労使関係の下では,労働組合には組合員の自由を保障する余裕はなかった。労働組合における個人的自由の尊重は,使用者による組合攻撃を許し組合を解体させる原因となりかねなかったからである。労働組合の課題は,企業による統制を上まわる強い統制によって組合員を労働組合に緊縛し,労働組合の闘争力を保持することであった。こうして労働組合はますます集団主義的になり,労働組合の強化を至上命題と考える労働法学も必然的に集団主義的となった。

　しかし,高度成長を背景とする企業内の労使協調体制の定着は,企業による統合と労働組合による統合の一体化を意味した。労働者は,二つの対立する組織にそれぞれ統合されるのではなく,連携する二つの組織によって統一的な統制を受けることになった。それに不満をもたない労働者においては,「二重の帰属意識」,すなわち企業への帰属と労働組合への帰属の意識が明確な区別なしに浸透していく。[63] これに対して,厳しい統制はとりわけ少数派に向けられ

---

61) 松岡三郎『労働法の理論と斗争』(1952年,労働経済社) 108頁,野村平爾『日本労働法の形成過程と理論』(1957年,岩波書店) 221頁。
62) 沼田稲次郎『日本労働法論(上)』(1948年,日本科学社) 218頁,同『運動のなかの労働法』(1962年,労働旬報社) 120頁。
63) 尾高邦雄『産業社会学講義』(1973年,岩波書店) 354頁以下。

る。組合内少数派は企業内少数派と同義となり，労働組合からも使用者からも攻撃を受ける。その典型的な形態が，組合からの除名を理由とするユニオン・ショップ協定にもとづく解雇であった。こうした少数派への弾圧は，多数派労働者の自己保身の意識を強め，表面上は企業＝組合への統合を促進するが，少数派への弾圧が功を奏するにつれて，多数派労働者の意識は次第に企業からも組合からも距離を置くようになる。こうして，1970年代から，労働者における「二重の離脱意識」[64]の浸透が語られるのである。

同時に，高度成長期を経て組合員の多様化が顕著となり，それが組合員の同質性を前提として成り立つ「一枚岩の団結」を弛緩させていった[65]。また，政党支持問題をめぐる労働組合の過度の統制は，統制というもの，ひいては団結というものの究極の基礎は何かという問いを惹起した[66]。総じて，労働組合の集団主義＝団結至上主義に対する疑問が強まり，労働組合における個人の自由な意思を再評価しようとする機運が高まってくる[67]。

この頃，一般的な思想状況は，すでに伝統的な集団主義を肯定する方向にシフトしつつあったが，労働組合における個人の再評価論は，加藤周一などの戦後啓蒙主義の流れを汲む議論をその有力な支柱にするものであった[68]。もちろん，渡辺洋三の労働法学批判や沼田稲次郎の人間の尊厳論がその媒介となっていた（第2章Ⅱ4，第4章Ⅲ1参照）。労働組合論と日本文化論は，ここに20～30年の時間的なズレをもって結合するのである。

(2) 自律にもとづく連帯としての労働組合

労働組合は，労働者の「連帯」によって成立する団体であるが，「連帯」は，

---

64) 石川晃弘『社会変動と労働者意識』（1975年，日本労働協会）は，若年労働者を中心として企業離れと組合離れが進んでいることを指摘し（92頁以下，103頁以下），「日本の企業と組合は……低成長時代に入った」（115頁）とする。

65) このことを指摘するものとして，萩沢清彦「協約自治と組合をめぐる諸問題」日本労働法学会誌38号（1971年）25頁以下参照。

66) 西谷敏「労働組合の政治活動と内部問題——主として政党支持問題を中心として——」労働法律旬報873号（1975年）10頁以下。

67) 西谷・個人3～6章参照。

68) たとえば，西谷敏「日本における人権の過去，現在，未来——国民の人権意識を中心として——」労働法律旬報1399・1400号（1997年）15頁以下は，戦後日本において自由の意識が定着しなかったとの加藤周一の立場（「自由と・または・平等」世界1985年1月号31頁以下）に依拠しつつ，日本人の人権意識を分析し，課題を提示している。

概念上も実体上も，労働者の「自律」を基礎としなければならない。労働組合については，「個人か集団か」という問いそのものが不適切であって，個人と集団が「自律にもとづく連帯」の形で結合しなければならない。それは，労働組合というものの歴史的かつ普遍的な原理であり，もちろん日本の労働組合もその例外ではありえない。

　企業別組合は——とりわけユニオン・ショップを基礎としている場合には——加入の段階から「自律」の契機を欠いており，その結果，組合の運営は動員や統制に頼りがちとなる。そこでは，形式的な「団結」はあっても，言葉の真の意味における「連帯」の精神は稀薄である。そうした労働組合は労働者を惹きつける魅力が乏しい。動員や統制は，組合の内部に組合嫌いをつくり出す。そして，組合嫌いの組合員によって組合を運営しようとすれば，運営はますます強権的もしくは形式的にならざるをえず，それはさらに組合員の組合嫌いの傾向を強める。こうした悪循環をいかに断ち切るかが，企業別組合が直面する最大の課題といえないであろうか。

　組織強制を正当化するために，古今東西，「ただ乗り」批判が喧伝される。つまり，組合費も活動力も提供しないで，労働組合の活動の成果だけを享受する非組合員は許せない，組合の成果を享受する者は，組合に加入する（ユニオン・ショップもしくはクローズド・ショップ）か，少なくとも組合費相当分の費用を負担すべきである（エイジェンシー・ショップ制）という論理である[69]。

　こうした批判には一理ある。「ただ乗り」者は，自らの負担なしに他人の努力の成果だけを享受していることに若干の後ろめたさを感じてしかるべきであろう。しかし，およそ社会的運動には「ただ乗り」はつきものである。労働組合もその他の社会運動も，自らを運動に投じる献身的な活動家によって支えられてきたのであり，その周りには活動家に同調して行動する層があり，その外側には傍観する「ただ乗り」者がいる。組合加入の強制によって「ただ乗り」問題を一挙に「解決」しようとするならば，組合員数は増加しても，自発性を基礎にしてこそ生まれる労働組合の活力を自ら殺ぐことになるであろう。

　労働組合への加入を強制しても，組合の活動への参加そのものが教育になるし，加入した組合員をきちんと教育すれば強固な労働組合を形成することは可

69）　和田・前掲注27）40頁。

能との議論がありうる[70]。組合活動の経験や組合内部での研修や教育はたしかに重要である。しかし，組織強制を前提とした活動や組合員教育は，その出発点において自由・自律を否定しているがゆえに，組合員を自由に発想し積極的に活動する運動の担い手に鍛え上げることは困難と思われる。教育には必然的に強制の要素が含まれているので，一般に人を自律的に考える人間に教育することは矛盾をはらんだ困難な課題である[71]が，そのことは，加入を強制された組合員に強制的に行われる教育に一層強く妥当する。

　このように「自律」の契機を欠く，ユニオン・ショップにもとづく企業別組合に発展の展望を見出すのは容易ではない。それでは，個人加盟の地域ユニオンはどうか。そこには，たしかに加入における「自律」はあるが，その「自律」の内容は，他の労働者との連帯による共通の問題の解決よりも，自己利益の追求にあることが多い。地域ユニオンには，企業別組合や職種別組合のような共通の経済的基盤が欠けており，「連帯」の精神が育ちにくいのである。しかし，「連帯なき自律」では労働組合は持続しない。

　それぞれの労働組合の置かれた具体的条件のもとで，いかにして「自律にもとづく連帯」の精神を涵養し定着させるか。困難な課題であるが，その課題の解決なくして労働組合の発展は望みえないであろう。

---

70) 和田・前掲注27) 39頁は，労働組合は民主主義の学校であり，人は，義務教育を受けなければならないのと同様に，労働組合という組織を経験することも必要，としてユニオン・ショップ制度を肯定する。

71) 小田中直樹『日本の個人主義』(2006年，ちくま新書) 88頁以下は，これを「他者啓蒙のアポリア」と呼ぶ。

第9章
労働法における法律，判例，学説

はじめに

　大陸法系に属する日本では，労働法の分野においても中心的な役割を果たすのは制定法であるが，もとより裁判所の重要な役割も見過ごすことはできない。裁判所は，まず，違憲立法審査権によって法律をチェックすべき立場にある。裁判所のこの機能は，立憲主義を維持し，憲法を頂点とする整合的な法体系を構築するうえで不可欠である。しかし，最高裁が違憲判断に過度に消極的である場合には，裁判所の違憲立法審査権は法律に合憲性のお墨付きを与えるに終わることとなる。

　裁判所はまた，法律を解釈・適用し，法律に具体的規定が欠けている（法の欠缺）と判断する場合には，一般条項等にもとづいて新たな法的ルール（判例法理）を形成する。こうして，法律と判例法理が協力して法体系を構築することになる。一般的にいえば，法律の整備が遅れている状況では，判例の役割が大きく，法律的整備が進むにつれて法創造という形での判例の役割は後退する。判例で確立された法理が後に法律の明文規定で確認されることもある。他方，ある分野において立法が整備されず，判例もまた新たなルールの創造に消極的である場合には，法的ルールに空白が生じることとなる。

　日本では，法律と判例はいかなる関係において労働法を形成してきたのか，そこにいかなる問題があったのか，今後は法律と判例はどのように役割を分担すべきなのか。そのことの検討が本章の第一の課題である。

　法律・判例の発展過程において，学説も重要な役割を果たすべきである。学説は，比較法研究や歴史研究を含む基礎的研究や，判例評釈を含む実定法研究を通じて，裁判や立法作業に影響を及ぼすことができるが，日本では実際に学説はどのような役割を果たしてきたのであろうか。本章では，とくに学説と判

例の関係を検討する。

I　判例の拘束力

　法における裁判や判例の役割を考えるにあたっては，その前提として，判例が以後の裁判に対して先例として，法的に，また事実上いかなる拘束力をもつかを検討しておく必要がある。

　制定法主義の国では，一般に判例（先例）には後の裁判所の判断を法的に拘束する力は認められず，その意味で判例は法源ではないとされている。また，日本では，憲法において，すべて裁判官は「その良心に従ひ独立してその職権を行ひ，この憲法及び法律にのみ拘束される」と規定されている（76条3項）から，判例は，憲法や法律と同様の意味で裁判官を法的に拘束するわけではない。

　もっとも，日本においても，高等裁判所が最高裁判所の判例と相反する判断をしたことが上告（刑事訴訟法405条2号）もしくは上告受理申立て（民事訴訟法318条1項）の理由となるから，上告との関係では最高裁判例に特別の意義が与えられている。

　より重要なのは，最高裁判例が下級審に対してもつ事実上の拘束力である。下級審が判例と異なる裁判をすれば，それが上級審で覆される可能性が高く，

---

1)　一般に「法源」は多義的であるが，とくに①法を認識する源泉と②裁判官が裁判をするにあたって拠るべき基準，又はそれを取り出すべき源泉，というのが代表的な意味である。現在では，判例について，一般に，①の意味での法源性は認められ，②の意味でのそれは否定されている。我妻栄『新訂民法総則』（1965年，岩波書店）20頁，『新版注釈民法』総説Ⅰ（1988年〈改訂版 2002年〉，有斐閣）5頁（谷口知平・石田喜久夫），平井宜雄「『判例』を学ぶ意義とその限界」同『法律学基礎論の研究——平井宜雄著作集Ⅰ』（2010年，有斐閣）336頁以下，広中俊雄『民法綱要第一巻［新版］』（2006年，創文社）45頁，同『民法解釈方法に関する十二講』（1997年，有斐閣）159頁以下，樋口陽一『憲法［第三版］』（2007年，創文社）432頁以下，芦部信喜（高橋和之補訂）『憲法［第六版］』（2015年，岩波書店）391頁など参照。かつて末弘厳太郎は，公平の要請や法的安定性の保持という国家の司法政策を重視して，②の意味における法源性を肯定していた（杉本好央「末弘厳太郎の判例論」池田恒男・高橋眞編著『現代市民法学と民法典』〈2012年，日本評論社〉207頁以下参照）。現在でも，少数ながら，判例の先例拘束性を認める見解も存在する（佐藤幸治『日本国憲法論』〈2011年，成文堂〉31頁）。

そうした考慮が下級審裁判官を心理的に制約するのは明らかである。しかし，下級審の裁判官がそれでもあえて判例と異なった判断が正しいと考えれば，そうした判断をすることは憲法上保障された裁判官の自由であり，現に一時期までは，最高裁の判例に従わない下級審判決が数多く見られた。[2]

しかし，1970年頃からのいわゆる「司法反動」を境として，最高裁判所事務総局による裁判官と裁判の統制が進められてきた。その手段は，最高裁事務総局が主催する裁判官協議会・裁判官会同，研究会などであり，また最高裁の意向に従わない下級審裁判官の人事上の処遇（配置，昇格上の差別）である。[3] こうした手段を通じて下級審裁判の内容が直接・間接に統制され，最高裁判例の事実上の拘束力はきわめて強いものとなっている。日本における判例の強度の統一性は，こうした憲法76条3項に反する裁判官統制によって支えられているのである。それは，確立した判例の安定性をもたらす一方，下級審主導の判例改革の芽をつむことになる。また，それは学説が判例を法律と同等のものであるかのように理解する後述の傾向の原因となっている。

II　労働法における立法と司法

1　違憲立法の審査

(1)　三権分立と司法

裁判所は，三権分立にもとづく統治機構の一翼を担う。裁判所，とりわけ最

---

[2] たとえば，官公労の争議行為に関して，地公法37条1項を違憲とした和歌山県教組事件・和歌山地判昭48.9.12判時715号9頁，和歌山県教組事件・和歌山地判昭50.6.9判時780号3頁。公労法17条1項を違憲とした動労盛岡地本事件・盛岡地判昭49.6.6判時743号3頁，違憲の疑いがあるとした全電通長岡三条局事件・新潟地長岡支判昭42.8.7下刑集9巻8号1065頁などがある。また，就業規則の不利益変更の効力について，最高裁とは異なって契約説をとった判決として，合同タクシー事件・福岡地小倉支判昭45.12.8判タ257号198頁，日本貨物検数協会事件・東京地判昭46.9.3労判136号29頁などがある。

[3] 野田昌吾「裁判所の政治学と日本の裁判」松本博之・野田昌吾・守矢健一編『法発展における法ドグマティークの意義――日独シンポジウム――』（2011年，信山社）133頁以下，新藤宗幸『司法官僚――裁判所の権力者たち――』（2009年，岩波新書）第3章，瀬木比呂志『絶望の裁判所』（2014年，講談社現代新書）83頁以下，同『ニッポンの裁判』（2015年，講談社現代新書）127頁以下参照。

高裁判所の違憲立法審査権（憲法81条）は，立憲主義を維持・確立して，憲法を頂点とする整合的な法体系を構築するために不可欠である。ただ，日本では，ドイツとは異なって，抽象的違憲訴訟の可能性は認められていないので，裁判所が法令の合憲性判断の機会を得るかどうかは，多分に偶然性に左右される。

　最高裁が法令を違憲（あるいは違憲状態）と判断した場合，立法機関がそれに従って迅速かつ的確に対応すべきは当然である。国民による直接的信任を受けるわけでない最高裁の裁判官が議会を拘束する政治的決定を行うことは，民主的正統性の観点から問題とされうるが，裁判所の違憲判断はあくまで法令の憲法適合性に関する法的判断であり，それが結果として政治的意味をもつというにすぎない。裁判所が違憲判断のもつ政治的意義を過度に意識して違憲判断に消極的になることは，違憲立法審査制を形骸化させるものといえよう。

(2) 官公労働者の労働基本権

　労働法分野において法令の違憲性が問題となった代表的事例は，公務員の争議行為全面禁止をめぐる事件であった。1946年の憲法は28条で公務員を含むすべての勤労者に団結権，団体交渉権，団体行動権（争議権）を保障しているが，1948年のマッカーサー書簡とそれに応じて発せられた政令201号は，すべての官公労働者の争議行為を全面的に禁止し，その禁止は，官公労働者にかかわる各法律に承継され，具体化されていった。こうして，官公労働者の争議権に関する法政策の急転換が，憲法における争議権の全面保障と法律における争議行為の全面禁止という明らかな矛盾を生じさせることとなった。法論理的には，憲法に抵触する法律条項が違憲・無効であるのは自明のことであるが，権力機構の一翼を担う裁判所がそれを正面から認めることは容易ではなかった。裁判所は，率直に読めば明らかに矛盾する憲法条項と法律条項を整合的に解釈するというアクロバットを強いられることとなった。

　この問題に関する最高裁判例は，周知のとおり，全面的合憲論と合理的限定解釈論の間を揺れ動いた。すなわち，①基本的人権も公共の福祉のために制約されうることと公務員の全体の奉仕者性（憲法15条2項）から，争議行為の全面禁止は合憲とした第一期，[4] ②公務員にも憲法28条が適用されるから，争議行

---

[4] 国鉄弘前機関区事件・最大判昭28.4.8刑集7巻4号775頁，松江郵便局事件・最二小判昭38.3.15判時330号11頁，国鉄檜山丸事件・最二小判昭38.3.15刑集17巻2号23頁。

為禁止規定は合理的に限定解釈した場合に限り合憲とし，法律で禁止される争議行為も処罰対象となる「あおり」等の行為も限定解釈すべしとする見解が多数意見となった第二期，③労働基本権は勤労者を含めた国民全体の共同利益の見地からする制約を免れないこと，公務員の地位の特殊性と職務の公共性，勤務条件法定主義などから，争議行為の全面禁止は合憲とするのが多数意見となった第三期，という形で二転三転したのである。そして，この第三期の判例が，ときおり②の立場にたつ少数意見を伴いつつも，判例法理をほぼ完全に支配して今日に至っている。

判決の果たした政治的役割は明白である。第一期と第三期の判例は，すべての官公労働者のあらゆる争議行為の禁止と，争議行為に対して法律が予定するすべての制裁を肯定することによって，官公労働運動に対してきわめて強い抑圧的作用を及ぼした。しかも，戦後の労働運動における官公労働運動の重要な位置からして，これらの判決は労働運動全体に測り知れない影響を及ぼしたのである。

これに対して，第二期の判例は，一定範囲において官公労働者の争議行為を容認し，刑事制裁の発動も例外的な場合に限定することによって，官公労働運動を相当程度解放する役割を果たした。それは，当時の最高裁多数意見における人権尊重の姿勢を象徴するものであった。しかし，結局その見解は，最高裁裁判官の偏頗な任命のために，わずか6年半しか多数意見の地位を保持できなかった。最高裁が時の政治権力に逆らう立場をとるならば，憲法に明記された基本的人権尊重の立場を貫くことさえ困難であることを強く印象づける経緯であった。

---

5) 全逓東京中郵事件・最大判昭41.10.26刑集20巻8号901頁，東京都教組事件・最大判昭44.4.2刑集23巻5号305頁，全司法仙台安保事件・最大判昭44.4.2刑集23巻5号685頁。
6) 全農林警職法事件・最大判昭48.4.25刑集27巻4号547頁，岩手県教組事件・最大判昭51.5.21刑集30巻5号1178頁，全逓名古屋中郵事件・最大判昭52.5.4刑集31巻3号182頁，北九州市交通局事件・最一小判昭63.12.8民集42巻10号739頁。
7) 西谷・組合法66頁以下参照。
8) 青木宗也・山本博編『司法反動と労働基本権』(1980年，日本評論社) 141頁以下，山本祐司『最高裁物語［下巻］』(1994年，日本評論社) 91頁以下，笹倉秀夫『法解釈講義』(2009年，東京大学出版会) 254頁以下参照。
9) 日本の裁判所における裁判官統制が，政治の司法への介入なのか司法の予防的組織╱

法的論理についていえば，第一期と第三期の判例が，法律の規定に合わせて憲法を解釈しようとしたのに対して，第二期の判例は，憲法の規定に合わせて法律を限定的に解釈しようとしたものであり，いうまでもなくその方が適切であった。しかし，禁止される争議行為の範囲や，争議行為を「そそのかし，あおり」等する者の範囲を法文から離れて限定的に解釈することは，法解釈としては若干無理があり，法的安定性を害するおそれがあった。官公労働者にしても，自分たちが実施しようとしている争議行為が適法なのかどうか，違法である場合に刑事罰を課される危険があるのかどうかを事前に予測することが困難であるとの問題をかかえることになる。したがって，第二期の多数意見は法的安定性を害するとの第三期の多数意見による批判には，一定の根拠があったといわざるをえない。[10]第二期の多数意見が法解釈の手法としては問題を孕む合理的限定解釈の立場にとどまり，違憲の結論にまで踏み込めなかったことが，第三期の多数意見に批判の口実を与えたと評価することも可能である。[11]

　しかし，官公労働者の争議行為禁止を違憲と宣言することは，1948年マッカーサー書簡以来の官公労働法制の全面改正を議会に求めることであり，合理的限定解釈論よりもさらに強い反発を政治権力から受けることを覚悟しなければならなかった。相対的には人権感覚に優れていた第二期の「ハト派」裁判官たちも，違憲判断に消極的な最高裁の伝統を転換して，全面的争議禁止を違憲と宣言するまでの決断はできなかったということである。

　そのことは，別の角度から見れば，第二期の多数意見を生み出した労働運動の力や外圧（1965年ILOドライヤー報告書など）が，最高裁に違憲判決を強いるほどの段階に達していなかったことを意味するであろう。第二期多数意見の限界は，労働者・国民運動の限界でもあった。そして，そのことは，最高裁裁判官の意図的な任命による多数意見と少数意見の逆転によって証明されることに

＼防衛なのかについて議論がある（野田・前掲注3）134頁以下参照）が，いずれにしても，判例の異例の転変をもたらした「司法反動」が政治による司法への介入の動きから始まったことは明らかである。

10）　佐藤・前掲注1）652頁以下は，「合理的限定解釈の人権保障機能」と同時に，「合理的限定解釈の徒らな法令正当化機能への警戒」が必要なことも指摘している。

11）　西谷敏「労働事件訴訟における違憲審査——争議禁止の合憲限定解釈をめぐって——」ジュリスト1037号（1994年）84頁以下。

なったのである。

(3) 公務員の政治活動など

　労働者の人権を制約する立法に対して司法が本来のチェック機能を果たしえなかった例はさらにいくつかある。たとえば，国家公務員の政治活動禁止規定の合憲性が争われた1974年の猿払郵便局事件・最高裁大法廷判決では[12]，国家公務員法の政治活動禁止規定（国家公務員法102条1項，人事院規則14-7第5項3号，6項13号）が合憲と認められた。その後，この大法廷判決は，管理職員的地位にない国家公務員の，職務と無関係になされた政党機関紙配布行為は国家公務員法違反でないとした2012年の堀越事件判決[13]によって事実上修正されたが，大法廷判決が明確に変更されたわけではない。同日に出された厚生労働省事務官事件判決[14]は，政党機関紙配布が管理職員によってなされたことを主たる理由として，配布行為を有罪としている。

　そもそもすべての国家公務員の広範囲の政治活動を一律に禁止する規定を「公務員の政治的中立性」を根拠に合憲と認めた猿払事件判決に根本的な問題があった。しかも，公務員にも私的領域における自由があることを認める限り，勤務時間外の職場外での政党機関紙配布という政治活動の評価が職員の地位に左右されるものとは考えられない[15]。ここでは，これらの内容に立ち入ることは避けるが，ただとくに指摘しておきたいのは，なぜ猿払事件判決が明確に変更されなかったのかという問題である。猿払事件判決は，公務員の政治活動禁止は，「たとえその禁止が，公務員の職種・職務権限，勤務時間の内外，国の施設の利用の有無等を区別することなく」なされていても，禁止目的（行政の中立的運営とこれに対する国民の信頼の確保）との合理的関連性は失われず，合憲としていた。したがって，公務員の職務上の地位に応じて，同種の行為の評価を区別した2012年の最高裁判決は，明らかにそれを内容的に変更したものと見ざるをえない[16]。それは，表現の自由の一定の回復という実質的観点からは肯

---

12)　最大判昭49.11.6刑集28巻9号393頁。
13)　最二小判平24.12.7刑集66巻12号1337頁。
14)　最二小判平24.12.7刑集66巻12号1722頁。
15)　この問題に関する私見については，西谷敏「勤務時間外の政治活動禁止の根拠と限界」法律時報増刊『新たな監視社会と市民的自由の現在』（2006年）231頁以下参照。
16)　大久保史郎「憲法裁判としての国公法二事件上告審判決」，中林暁生「憲法判例と↗

定的に評価されようが，手続的には重大な問題をはらんでいる。本来，大法廷の判決は大法廷でなければ変更できない（裁判所法10条但書3号）はずだからである。判例を事実上変更するのは最高裁がしばしば用いる手法であるが，判例の変更がときに必要になる——法的安定性の要請から変更に慎重さが求められるのは当然であるが——にしても，「事実上」の変更が許されるかどうかは，裁判所法10条但書3号への適合性と判例法理の明確性の要請という観点から根本的に問われるべきであろう。

　もう一つの例は，国鉄の分割民営化にかかわる最高裁判決である。事案は，1987年の国鉄の分割民営化に際して，JR設立委員と国鉄が，国鉄職員のJRへの承継についてあえて複雑な手続を定めた国鉄改革法を利用して国労組合員などを排除したというものである。ここでは，法令の違憲性ではなく，それを憲法28条に適合的に解釈するかどうかが問題であったが，最高裁は国鉄改革法の機械的な解釈により，JRの責任を否定した[17]。それは，最高裁が，国家法にもとづく憲法違反の団結権侵害行為（組合所属による差別）を事実上容認した意味をもつ。

　以上の諸事件に関する最高裁判決から明らかになるのは，最高裁が，国家政策に重要な影響を及ぼす労働事件に関しては，憲法に照らして立法機関の活動をチェックするという三権分立にもとづく役割を事実上放棄して，文字どおり司法「権力」として機能してきたという事実である。これに対して，労働者保護法分野では，最高裁の役割は，次に見るように相当異なった様相を見せる。

2　立法と司法の役割分担

(1)　役割分担の意義

　いずれの国においても，法律と判例法が役割を分担しながら法体系を形成している。これまでの法が明確な解決基準を示しておらず，新たな基準の創造が求められる場合，立法と判例法のいずれがその役割を引き受けるかが問題とな

　＼しての国公法二事件上告審判決」，市川正人「国公法二事件上告審判決と合憲性判断の手法」いずれも法律時報85巻5号（2013年）所収参照。

17)　JR北海道事件・最一小判平15.12.22民集57巻11号2335頁。この判決については，第10章Ⅱ2⑷参照。

る。立法は，政策的観点を取り入れた規範の創造が可能なこと，個別事件の特性にとらわれない一般性をもちうること，公示性において優れていること，といった利点をもつが，立法機関における多数決による決定を必要とし，合意形成に時間がかかることも多い。他方，裁判所による法形成には，法解釈であることからくる限界があるし，公示性の点でも不十分さがある。しかし，立法機関が必要な対応しないことによって法の空白が生じている場合には，裁判所が法創造によってその空白を埋めるしかないことになる。

　たとえば，ドイツでは，こうした理由から，「民主的法治国家は裁判官国家になった」[18]といわれ，また，裁判官法（判例）はドイツの宿命だとされる[19]。労働法の領域ではとくに裁判官法の果たしてきた役割が大きいとされる。その理由について，リュータースは，第一に，統一的なコンセプトなしに制定された，見通しの悪い個別法規のパッチワーク（Flickenteppich），第二に，規整対象の急激な変化，第三に，法源の多様性（協約，経営協定など）と規範定立者の競合（EUとドイツ法など）をあげている[20]。また，労資対立が激しい分野においては，議会での決定が困難であり，それを裁判官に委ねざるをえない場合もある。とくに，争議行為の適法性の判断基準がその顕著な例である。

　しかし，ドイツにおいても，三権分立の原則からして裁判官による法創造に限界があるのは当然である。プライスは裁判所が法創造の権利と義務をもつ場合を次の五つに整理し，これ以外の場合には法創造を認めるべきでないとする[21]。

① 一定の生活領域について法的規整が存在しないか，重要な規整が欠けている場合（団結権・争議行為法，労働契約法）。

② 一般条項によって裁判官に開かれた立法の領域（労働契約法と解雇制限法）

③ 立法が時代遅れとなっている場合（しばしば不完全な立法であることと一致する。とくに従属的な労務供給と自営的労務供給の区別〈労働者概念の問題〉）。

---

18) Rüthers, Wozu auch noch Methodenlehre? JuS 2011, S. 869. リュータースは，三権分立原則に反する裁判の逸脱をコントロールするために法解釈方法論のもつ重要性を強調する。

19) Gamillscheg, 50 Jahre deutsches Arbeitsrecht im Spiegel einer Festschrift, RdA 2005, S. 80ff.

20) Rüthers, Methoden im Arbeitsrecht 2010 – Rückblick auf ein halbes Jahrhundert, NZA-Beil. 2011, S. 100ff.

21) Preis, Unvollkommenes Gesetz und methodengerechte Rechtsfindung im Arbeitsrecht, in: Festschrift für Wank, 2014, S. 416f.

④　立法が相互に矛盾している場合。
⑤　ヨーロッパ裁判所の示す基準に従ってなされる，EC 指令に——したがって EU 法に——合致した解釈のために，法形成的な努力が必要とされる場合（解雇制限法17条以下の大量解雇の規整など）。

いずれにしても，立法と裁判所が三権分立の原則を犯さない範囲でできる限り連携して適切な法体系を構築すべき任務を負っていることは，普遍的に妥当する事柄である。[21a] 判例が形成した法理を後に立法化（明文化）することは，この連携の一事例であり，それが判例法理を歪めるなどのことがない限り推奨されるべきである（以下3）。他方，法的解決を要する新たな問題が生じている場合に，立法機関が問題の解決を裁判に委ね，裁判所が，既存の法文の形式的解釈に固執して問題解決に積極的姿勢を示さない場合には，法的な空白が生じることになる。[22] こうした立法と司法の「譲り合い」は決して美徳ではない。それは，新たな問題の解決を求める当事者（労働者側が多い）に大きな不利益をもたらすことになる。

議会と裁判所の役割分担は，もちろん誰かが統一的観点から決定しうるというものではない。とりわけ裁判所は基本的には具体的事案との関係においてしか法的判断を下すことができないから，判例法の形成は多分に偶然性に左右される。しかし，それでも，議会における立法作業において判例の現状や将来の裁判による解決の可能性が考慮され，また裁判所における法的判断に際して，議会における立法的解決の可能性が考慮されることは十分にありうる。立法と

21a)　民主的正統性という観点からする判例法の正当化のさまざまな試みについては，小粥太郎「制定法と判例法」岩波講座『現代法の動態5・法の変動の担い手』（2015年，岩波書店）190頁以下参照。

22)　たとえば，1997年独禁法改正による純粋持株会社解禁に際して，親会社の団交応諾義務をいかに規定するかが問題となったが，その問題はすでに実務において解決されているという根拠のない理由づけで立法措置は見送られた（労働省「持株会社解禁に伴う労使関係専門家会議報告書」労働法律旬報1404号〈1997年〉49頁以下に掲載）。この点に関する批判として，土田道夫「純粋持株会社と労働法上の諸問題」日本労働研究雑誌451号（1997年）2頁以下参照。また，2000年の会社分割に伴う労働契約承継法制定に際して，事業譲渡と労働契約の関係を一般的に規定するかどうかが問題となったが，判例によって事案に応じた解決が図られているとの理由で結局なんらの立法的措置はとられることなく（この点については，荒木尚志「合併・営業譲渡・会社分割と労働関係——労働契約承継法の成立経緯と内容——」ジュリスト1182号〈2000年〉16頁以下参照），今日に至るまで問題は基本的に解決されていない。

司法は，問題の法的解決のために客観的に役割を分担している以上，それぞれの当事者がそのことを意識するのは当然である。

また，研究者の議論においては，ある問題の解決をいずれに委ねるべきかが一つの重要なテーマとなろう。それは，判例法理の形成可能性にかかわる限り法解釈の問題であるが，立法と判例の長短を考慮した判断を要するという意味では，法政策の問題でもある。

(2) 労働法における立法の消極性と判例法理の形成

労働法分野では一般に労使の利害対立が激しいため，立法のあり方について労使の合意が成立しにくい。とりわけ日本では，労働者政党が長年政権から排除されてきたうえ，労働組合運動が立法を実現させるだけの力量をもたなかったため，客観的に必要な法律の制定・改正も，使用者が反対する限り容易に実現しなかった。こうした状況のなかで，労働運動は立法運動に一層消極的となり，労働運動が立法にかかわるのは，政府与党が労働者に不利な法律の制定・改正を提案したときの「悪法反対」運動に限られていた。

日本の労働法制は，1947年の労働基準法，労災保険法，職業安定法と1949年の改正労働組合法・労働関係調整法によって一応その骨格をととのえたが，その後1980年代半ばに至るまでの約40年間，労基法を補完するいくつかの法律が制定されたものの，労働法の中核をなす法律はほとんど改正されなかった。この間，労働関係をめぐる経済的・社会的諸条件が激変したことを考えれば，それは立法の怠慢というほかない事態であった。その原因は，基本的には労働者政党の政権からの距離と，労使の力関係に求められるであろう。

この立法の不作為を補ってきたのが判例である。とりわけ労働者保護法の分野では，判例法理が労働法体系の重要な構成部分となってきた。[23]

その顕著な例は，判例による解雇権濫用法理の確立である。労基法その他の法律においては，解雇事由の一般的制限については規定が欠けており，学説では解雇自由説，正当事由説，解雇権濫用説が対立していた。[24] 判例は一般に解雇

---

[23] 労働分野の最高裁判例の歴史的概観として，吉田美喜夫「労働事件と最高裁」市川正人・大久保史郎・斉藤浩・渡辺千原編『日本の最高裁判所』（2015年，日本評論社）87頁以下参照。

[24] この間の学説の展開については，米津孝司「解雇権論」籾井常喜編『戦後労働法学』（1996年，労働旬報社）657頁以下参照。

権濫用説をとっていたが，最高裁も，「使用者の解雇権の行使も，それが客観的に合理的な理由を欠き社会通念上相当として是認できない場合には，権利の濫用として無効になる」として，明確に解雇権濫用説の立場に立った。この法理は，一般的な権利濫用法理（民法1条3項）の解雇への適用にすぎないのではなく，実質的には正当事由説とさほど異ならないという調査官解説とあいまって，労働法上の独特の法理と理解され定着してきた。そして，この法理は，2003年にほぼそのままの形で労基法18条の2に規定され，2007年に労働契約法が制定されたときに，同法に移されたのである（16条）。

　最高裁はまた，就業規則による労働条件の変更についても，学説の激しい対立をよそに，1968年の判決で独特の法理を打ち出した。すなわち，就業規則の内容は合理的である限り，労働者の知・不知にかかわらず労働契約の内容となり，またその変更は，合理性がある限りそれに同意しない労働者も拘束するとしたのである。この最高裁判決の後しばらくはそれに従わない下級審判決も見られたが，やがて裁判所の見解は統一される。学説は，判例法理の定着後も就業規則の法的性格や不利益変更の効力をめぐって活発な論争を続けてきたが，それは何よりも判例法理に理論的な説得力が欠けていたからである。就業規則に関するこの判例法理の骨格部分は，労働契約法に取り入れられる（7～10条）ことによって制定法上の根拠を与えられたが，論争は労働契約法の解釈に舞台を移して継続している（この問題については，第6章Ⅳ2参照）。

　その他，採用内定，試用，配転命令，出向命令，懲戒処分の濫用，時間外労

---

25) 日本食塩事件・最二小判昭50.4.25民集29巻4号456頁。
26) 『最高裁判所判例解説・民事篇・昭和50年度』（1979年，法曹会）175頁。
27) 諏訪康雄「就業規則」労働法文献研究会『文献研究労働法学』（1978年，総合労働研究所）82頁以下。
28) 秋北バス事件・最大判昭43.12.25民集22巻13号3459頁。
29) 大日本印刷事件・最二小判昭54.7.20民集33巻5号582頁，電電公社近畿電通局事件・最二小判昭55.5.30労判342号16頁。
30) 三菱樹脂事件・最大判昭48.12.12民集27巻11号1536頁，神戸弘陵学園事件・最三小判平2.6.5民集44巻4号668頁。
31) 東亜ペイント事件・最二小判昭61.7.14労判477号6頁，日産自動車村山工場事件・最一小判平元.12.7労判554号6頁。
32) 新日本製鐵（日鐵運輸第二）事件・最二小判平15.4.18労判847号14頁。
33) ダイハツ工業事件・最二小判昭58.9.16労判415号16頁。

働義務,年次有給休暇「請求」の法的性格,有期労働契約の更新拒否,使用者の安全配慮義務,過労自殺と使用者の責任などの問題について,最高裁の判例が重要な役割を果たしてきた。それは,日本的雇用慣行の現実を強く意識して,場合によっては契約法理からの逸脱もいとわず,最高裁が現実的と考える法理を形成してきた。この「現実的」考慮とは,基本的には日本の企業社会を擁護しようとするものであったが,中には,企業社会がもたらす弊害に対応するための労働者保護的判断も含まれていた。

 こうして,日本の労働法は,とくに1980年代の中頃まで,いくつかの骨格となる法律と多くの判例法理によって形成されていたのである。

(3) 1980年半ば以降の立法の展開

 しかし,労働者保護法分野でも,1980年代半ば以降,法律の制定と改正のラッシュが始まる。その要因として,次のような事柄をあげることができよう。

 第一に,国際化の時代を迎え,労働法制もある程度国際的基準に合わせることを求められるようになった。たとえば,1985年の男女雇用機会均等法の制定は,雇用の入口から出口までの性差別禁止を求める国連女子差別撤廃条約(1979年)を批准するために必要となったものである。また,原則の労働時間の限度を週40時間・一日8時間と宣言したうえで,その段階的実施を規定した

---

34) 日立製作所武蔵工場事件・最一小判平 3.11.28 民集45巻 8 号1270頁。
35) 白石営林署事件・最二小判昭 48.3.2 民集27巻 2 号191頁,国鉄郡山工場事件・最二小判昭 48.3.2 民集27巻 2 号210頁。
36) 東芝柳町工場事件・最一小判昭 49.7.22 民集28巻 5 号927頁,日立メディコ事件・最一小判昭 61.12.4 労判486号 6 頁。
37) 陸上自衛隊八戸事件・最三小判昭 50.2.25 民集29巻 2 号143頁。
38) 電通事件・最二小判平 12.3.24 民集54巻 3 号1155頁。
39) 西谷敏「最高裁労働判例の理念的基礎――日本的企業社会と判例法理――」法律時報73巻 9 号(2001年) 4 頁以下。濱口桂一郎『日本の雇用と労働法』(2011年,日経文庫)41頁以下は,日本ではメンバーシップ型契約という実態とジョブ型契約という労働法制の間に乖離があり,その隙間を判例が埋めてきたと表現している。
40) 吉田・前掲注23) 98頁は,個別的労働関係法分野の最高裁判例の傾向について,「日本的雇用システムを支持する判断を基軸にしながら,そこから発生する矛盾に対して,一定考慮する判断をしてきている」と総括する。
41) 戦後労働法制の展開過程については,菅野・労働法 7 頁以下参照。

1987年の労基法改正も，大幅な貿易黒字に対するアメリカなどからの批判を内需拡大の推進によってかわすことと，先進諸国との著しい労働時間格差を埋めることを目的としていた。所定労働時間の短縮は，労働時間制度の弾力化を代償としたので，その後の数次の労基法改正によって労働時間規制は次第に複雑になっていった。

　第二に，労働分野の規制緩和政策の促進のために，新たな立法が必要とされたことがある。その嚆矢は，1985年の労働者派遣法の制定であった。同法は，それまで職安法44条によって，労働組合の実施するものを除いて全面的に禁止されていた労働者供給事業の一部を条件つきで合法化するために制定された法律であるが，その後数次にわたって改正され，次第に適用範囲が拡大されていった。労働分野の規制緩和の波は，1990年代後半から一挙に強まり，労基法改正による有期労働契約制限の緩和（1998年），労働者派遣法の大幅改正（1999年），職安法改正による有料職業紹介事業の自由化（1999年），企画業務型裁量労働制の導入（1998年）などが進められていった。

　第三に，1990年代以降の長期にわたる平成不況のなかで，労働者の解雇・退職強要，労働条件切り下げ，セクハラ・いじめなどをめぐる個別労働関係上の紛争が一挙に増大する一方，企業内労働組合は問題解決能力を一層低下させてきた。こうした状況のもとで，個別労働関係紛争の解決のために裁判以外の公的機関を整備することが急務と考えられるようになった。2001年の「個別労働関係紛争の解決の促進に関する法律」は都道府県労働局の行う個別労働紛争あっせんを制度化し，都道府県労働委員会も独自にあっせん制度を設置しうることとした。また，2004年には，調停と裁判をリンクさせる審判という独特の手法によって個別労働紛争を迅速に解決させようとする労働審判法が制定され，2006年4月から施行された。

42）　片岡曻・萬井隆令編『労働時間法論』（1990年，法律文化社）3頁以下［片岡曻］参照。
43）　脇田滋『労働法の規制緩和と公正雇用保障——労働者派遣法運用の総括と課題——』（1995年，法律文化社）139頁以下，大橋範雄『派遣労働と人間の尊厳』（2007年，法律文化社）1～3章，名古道功・中村和雄「労働者派遣法の改正過程」和田肇・脇田滋・矢野昌浩編著『労働者派遣と法』（2013年，日本評論社）11頁以下など参照。
44）　この経過については，西谷・規制68頁以下参照。

⑷　労働法の空白とその責任

　このように，1980年代後半以降，労働法分野では立法が積極的な活動を展開してきたが，それが十分というにはほど遠いことは明らかであった。また，裁判所はこの時期にも多くの判例を蓄積したが，それも立法の空白を十分に埋めたわけではない。その結果，現在もなお労働法体系の空白というべきものが随所に生じている。

　いくつかの例をあげると，まず事業譲渡に際しての労働契約承継について，EC指令にならった立法化が強く要求されているが，実現しておらず，判例も現実に即した法理を形成していない。また，有期労働契約の更新拒否を制約する判例法理やそれを明文化した労働契約法19条を潜脱するために実務において普及してきた不更新条項の問題（第6章Ⅴ3）も未解決である。さらに，法律が差別禁止もしくは不合理な格差を禁止する規定を設けながら，実際に差別がなされ，もしくは不合理な格差が生じた場合の私法的効果について規定せず，判例もこの点について明確かつ適切な解決方法を示していないために，私法的救済がきわめて不十分なものにとどまっている。[45] 集団的労働法の分野では，親会社や派遣先企業の団交応諾義務の有無および範囲が法律上明確でなく，合理的な判断基準が形成されていない。

　こうした労働法上の空白が生じた原因として，立法の怠慢は明らかであるが，裁判所の責任も軽視できない。この間空白を埋める判例が形成されなかったのは，単にそれに関係する具体的事件がたまたま裁判所に係属しなかったからというわけではない。判例の形成に関する裁判所の姿勢にも問題がある。

　裁判所は，法的判断に際して，事件の内容と問題の性格に応じて，それをあるときは事例判断として，あるときは一般的な法理の形で示すが，最高裁は，

---

[45]　労基法4条が禁止する賃金の男女差別がなされた場合，私法上いかなる解決がなされるべきかという基本的な問題についてさえ労基法で明確に規定されていないために，判例では見解が分かれている。差別を受けた女性の差額請求権を認める例（秋田相互銀行事件・秋田地判昭50.4.10労民集26巻2号388頁など）と否定する例（社会保険診療報酬支払基金事件・東京地判平2.7.4労判565号7頁など）が対立しているのである。その問題は，賃金以外の男女差別（均等法5条以下），短時間労働者の差別（パート法9条），さらに有期契約労働者の労働条件差別（労契法20条）の問題に引き継がれ，とくに労契法20条をめぐっては多くの裁判で争われている。基本的には立法者の怠慢というべきである。

全体として一般的法理の形成にさほど積極的であったとはいえない。「民主的法治国家は裁判官国家になった」といわれるドイツの状況と対照的である。

とりわけ，下級審において見解が対立している問題や今後の対立が予想される問題については，最高裁は積極的に一般的な形で判例法理を打ち出すよう努めるべきである。この点で，たとえば労組法上の「労働者」概念に関する最高裁の三つの判決がいずれも事例判断の形式をとったことには強い不満が残る。実務や下級審においては，最高裁の事例判断を一般的法理として受け取ったり，判決が特定の問題状況を前提として用いた表現を金科玉条のごとく種類の異なる事案に適用する例が見られる。それが判例の理解として正しくないことは明らかであるが，そうした誤用が生じるのは，実務が個別的事案をより明快に処理しうる一般法理を待望していることの証左であるともいえよう。

また，最高裁が提示する一般的判断基準は，抽象的概念（「合理的」，「社会通念上相当」など）を用いたり，さまざまな考慮要素をあげてその総合判断を求めるなど弾力的な性格が強い。それは，裁判所が事案ごとの結果的妥当性を重視するという利益衡量論ないしそれに近い立場をとっていること（第**10**章Ⅱ3）の表れと思われるが，裁判所による判断の予測可能性を低下させるものである。

3 判例法理の明文化

(1) 明文化の意義

2007年の労働契約法に対する研究者の評価は大きく分かれている。一方では，それは「新しい時代の労働関係の新しい基本法」として高く評価され，他

---

46) 前掲注18) 参照。
47) 新国立劇場運営財団事件・最三小判平 23.4.12 民集65巻3号943頁，INAX メンテナンス事件・最三小判平 23.4.12 労判1026号27頁，ビクターサービスエンジニアリング事件・最三小判平 24.2.21 労判1043号5頁。
48) 採用内定に関する大日本印刷事件・前掲注29) がその顕著な例である。
49) 朝日放送事件・最三小判平 7.2.28 民集49巻2号559頁の事案は，派遣された労働者を使用する派遣先企業の団交応諾義務に関するものであったが，そこで用いられた命題が，あたかも経文のごとく，親会社との団交など別の類型の問題に適用されている（西谷・組合法151頁以下参照）。
50) 荒木尚志・菅野和夫・山川隆一『詳説・労働契約法［初版］』（2008年，弘文堂）はしがき。

方では，それは，「契約法理に死を宣告する契約法」[51]，「法分野・法領域としての労働契約法の理論構築にとって，かえって障害にしかならない」[52]等との批判を浴びている。しかし，いずれにしても，この法律の内容が当初の提案に比較してきわめて貧弱であることは明らかである。[53]

　たとえば，法律は，企業再編に際しての労働契約の承継，解雇の効力の判断基準，変更解約告知，退職後の競業禁止規定の効力，労働者の損害賠償義務の範囲など多くの重要な問題について沈黙している。しかも，出向命令権濫用について規定されているが配転命令権に関する規定はないというように，明らかに体系的な整合性を欠いている。[54]こうした内容上の不備が生じたのは，判例で確立された法理を条文化するという基本姿勢から出発し，そのうえで，労働政策審議会で労使委員のいずれかが明文化に反対する規定を削除していったという，きわめて「政治的な」法案作成過程に原因があったといえよう。[55]

　この法律の評価にあたっては，まず判例法理をそのまま条文化するという姿勢の当否が問題となる。判例法理を法律の条文にすることのメリットは明らかである。それは，アメリカのリステイトメント（Restatement）[56]と同様，法的原則の明確化，透明化に貢献する。判例は法律のようには公示されないし，その意味内容や射程範囲の理解も容易ではない。そこで，判例の内容が法律に明記されることは，とりわけ法律専門家以外の者にとって重要な意義がある。また，立法にあたって，既存の判例法理を明文化するという手法が政治力学上のメリットをもつことも明らかである。労働者保護法の制定ないし改正に強い抵抗を示す使用者側も，確立した判例法理の明文化には反対しにくいからであ

---

51)　労働法学者35名の共同声明（労働法律旬報1639・40号〈2007年〉5頁に収録）。
52)　盛誠吾「〈巻頭言〉労働契約法の『解釈』」労働法律旬報1739号（2011年）4頁。
53)　労働契約法研究会最終報告「今後の労働契約法制の在り方に関する研究会報告書」（平成17年9月15日）［荒木尚志・菅野和夫・山川隆一『詳説・労働契約法［第2版］』〈2014年，弘文堂〉301頁以下に収録］。
54)　西谷敏「労働契約法の性格と課題」西谷敏・根本到編『労働契約と法』（2011年，旬報社）1頁以下。
55)　なお，労働契約法は2012年に改正されたが，その際追加された規定のうち，18条と20条は創設的な意義をもつ。19条は基本的に判例法理を確認したものとされている（荒木ほか・前掲注53）203頁）が，判例とのズレも指摘されている（西谷・労働法441頁以下）。
56)　各州法と判例法をおよその共通事項ごとに法典の形で整理し，注釈をつけたもの。アメリカ法律協会が編集している。契約法，不法行為法，財産法，担保法等から成る。

る。

(2) 明文化の限界と問題性

　しかし，この方法の限界も明らかである。労働契約上の重要問題でまだ判例法理が確立されていない問題は，当然に法律には取り入れられない。判例法理は，具体的事案の判断の機会を得た裁判所（とくに最高裁）が，その機会に一般的に通用する法的原則を定立しようとして創造するものであり，いかなる問題について判例法理が形成されまた形成されないかは，多分に偶然性に左右される。判例法理の条文化に自己限定する立法は，当初から包括性と体系的整合性の欠如を覚悟しなければならない。

　判例の条文化による立法は，さらに次のような問題を伴う。

　第一に，明文化にあたって，判例が正確に表現されるかどうかの問題がある。判例の内容について異なった理解がありうるし，理解が基本的に一致していても，それをいかなる条文の形で表現するかという問題が残る。判例法理がすでに簡潔な命題で定式化されている場合には，それをそのまま条文に再現すればよい（たとえば解雇権濫用法理に関する労契法16条）。しかし，判例法理が多少複雑な論理構造をもっている場合には，それを簡潔な法文に表現することは容易ではなく，判例法理と条文の間に齟齬が生じるおそれがある。就業規則の変更の合理性に関する規定（労契法9条・10条）や，有期労働契約の更新拒否に関する規定（労契法19条）は，その実例である。

　労働契約法がそうであったように，ある法律の立法過程において，それぞれの条文が判例法理を過不足なく表現したものだと説明された場合，それは立法者意思として法文の解釈を強く拘束するから，法文の解釈にあたって判例法理は当然重要な役割を果たす。しかし，立法者意思は決して法解釈の唯一の基準ではなく，法解釈は法文の構造にも拘束される。そこで，判例法理と条文とが一致しない場合，法解釈者は一種のディレンマに陥ることになる。すなわち，法解釈者が条文の基礎となった判例法理に忠実たらんとすれば，法文から乖離するか，少なくとも判例によって法文を補わなければならない。しかし，法文の意味内容を理解するためにそのつど判例法理に立ち戻らなければならないとすれば，判例法理の明確化，透明化という制定法化の意義が半減する。逆に，法解釈者が法文に忠実な解釈を志向するならば，その基礎となった判例法理か

ら逸脱する危険が生じる。時間の経過とともに条文の一人歩きが始まり，判例法理の制定法化という呪縛がなければ生じなかったはずの無用の混乱が生じることになる。

　第二の問題は，適切さを欠く判例が法律として固定化されるということである。どの法領域においても，学説から批判され続ける判例は存在する。そうした学説による批判は，中長期的に見る限り，判例を正しい軌道に戻すか，少なくとも正しい軌道に近づける方向に修正するために必要である。こうした判例と学説の対論は，法解釈という共通の土俵で展開されるものであり，そこでは判例も学説も法解釈として同格である。ところが，判例が一旦制定法となると，学説によるそれへの批判は，法解釈論から立法論へとその性格を大きく転換する。それは，事実上，判例法理への法解釈的批判を封じ込める役割を果たすことになる。たとえば，労働契約法に書き込まれた就業規則に関する判例法理はそのような意味をもち，その点において多くの労働法研究者から批判されたのである[57]。

　ある判例法理の法律条項への転換（昇格！）は，判例をあたかも法律と同等の法源であるかのように理解する法律家（実務家はもちろん，研究者にも存在する）にとってはさほど重要な意味はもたないであろう。判例は「昇格」以前から法律のようなものだったからである。しかし，ある判例による法解釈に問題を感じ，その転換に心血をそそいできた研究者にとっては，判例法理の明文化は，突然批判の対象が消失するか，批判の許されない神棚に祭り上げられたことを意味する。それは，学説による活発な批判によって修正されたかもしれない判例法理を固定化し，法的発展の可能性を奪うこととなる。法律改正はもちろんありうるが，判例法理を格上げした法文を学説からの批判を理由に改正することは，現実にはきわめて困難である。

　判例法理の明文化は，多くのメリットとともに，以上のような限界と危険性をもっている。労働法分野の立法に際して，判例法理の明文化を手放しで評価することはできないのである。

---

[57] 労働法学者35名の共同声明・前掲注51）。

III 判例と学説

1 法学と裁判実務

　裁判所の法実務と法学研究者の行う実定法学研究が本来いかなる関係にあるべきかは，検討を要する問題である。たとえばドイツでは，法実務的ドグマティークと法学的ドグマティークを区別して，次のように説明される。「法実務的ドグマティークは注釈書や教科書や手引書で制定法や裁判官法の状況に照準を合わせたものであり，それゆえに実定法の妥当に拘束されたもの」であるが，法学的ドグマティークは「これを超え，法実務的ドグマティークによって展開されたことの正しさと正義とを問う。法学的ドグマティークは新しい体系化と新しい解釈論的解決を求める」と。ここでは，法学ドグマティークが法実務ドグマティークを通じて裁判実務に基本的な影響を及ぼすという関係が，本来あるべき関係として描かれている。

　しかし，そのドイツにおいても，こうした法学主導の法学と裁判実務の関係が崩れつつあることが問題とされている。すなわち，かつて大きな仕事によってドグマティークの発展の基礎を築いていた大家がほとんどいなくなり，研究論文や雑誌論文の洪水のなかで法学的ドグマティークが分散化していること，法ドグマティークが判例の体系化に自らを限定し，基礎研究が欠けるという傾向にあること（とくに憲法ドグマティークにおける憲法裁判所実証主義），法実務の基礎であるコンメンタールが最高裁判例に準拠していること，他方，裁判官法は法ドグマティークの作業からますます解放され，したがってまた基礎研究との関連も失われていること，判例は，自己の先例には従うが，法ドグマティー

---

58) トーマス・ヴュルテンベルガー・杉本好央訳「ドイツから見た基礎研究とドグマティーク」松本ほか編・前掲注3）31頁。なお，ここでいう「ドグマティーク（Dogmatik）」は，翻訳の難しい言葉であるが，試論的に「解釈構成」と訳されている（守矢健一「日本における解釈構成探求の一例」松本ほか編・前掲注3）3頁以下）。

59) ライナー・ヴァール・野田昌吾訳「公法における法ドグマティークと法政策」松本ほか編・前掲注3）166頁以下は，「ドグマティークの第一の主体と第一の生産者は法律学である。裁判所はこうした（前提）作業に従うと同時に，場合によっては，この建造物［法律学の構築したドグマティーク］のあれこれの箇所を改良もする。しかし裁判所には当然のことながらこの建物全体についての『管轄』はない。」と述べる。

クには従わず，ましてや法学上の基礎研究に根ざす法ドグマティークにはまったく従わないこと，が指摘されている[60]。

こうした一般的傾向が労働法学と労働裁判所の関係にも妥当するのかどうか，今のところ正確に判断する材料を持ち合わせていない。1950年代から60年代にかけての長期間，労働法学界の最高権威でケルン大学教授のニッパーダイが同時にドイツ連邦労働裁判所長官を勤め，労働判例の形成に決定的ともいえる影響を与えたが[61]，そうした形での労働法学と労働裁判所の緊密な関係は特殊な事例であり，現在では様相は一変している。おそらく労働法の分野でも，先に紹介した一般論が妥当するのであろう。

ここでは，こうしたドイツで本来あるべきと考えられている法学ドグマティークと実務ドグマティークの関係，そしてそうしたタテマエとは乖離して進行している事態の双方を参考にして，日本の学説と判例の関係を考察したい。

2 判例に対する学説の影響

日本においても，とりわけ民法学の領域において，上述のドイツの現状分析に通じる認識が示されている。すなわち，日本では，法廷実務という狭い意味での実務が重視され，法理論に対する無理解が蔓延している[62]，「学者が法を語った」時代は去り，「裁判官が法を語る」時代になった，法曹界から学説に対して，「役に立たない」という批判が多く投げ掛けられるようになる，「日本は，判例法国に近い様相を示してきた[63]」などと指摘される。また，わが国における判例の比重の大きさは「比較法的にみるとやや特殊な現象である」ともいわれる[64]。判例と学説の関係は法分野によって異なるが，憲法や刑事訴訟法などの分野で

---

60) ヴュルテンベルガー・前掲注58) 35頁以下。
61) 詳しくは Rehder, Rechtsprechung als Politik, 2011, S. 195ff. 参照。
62) 内田貴「日本法学の閉塞感の制度的，思想的，歴史的要因の分析——法学研究者像の探求と研究者養成——日本法の視座から」曽根威彦・楜澤能生編『法実務，法理論，基礎法学の再定位——法学研究者養成への示唆——』(2009年，日本評論社) 153頁以下。
63) 星野英一「日本における民法学の発展と法学研究者の養成」曽根ほか編・前掲注62) 179頁以下。
64) 平井・前掲注1) 336頁以下。

は，法理論と判例の乖離は一層甚だしい。[65]

　それでは，なぜこのような実務重視，法理論軽視の状況が生じたのであろうか。水林は，シヴィルローとコモンローの原理的対立を基軸として，そのことの歴史的分析を試みる。[66] すなわち，水林は，シヴィルロー（大陸法）を継受した日本でこうした法学の地位低下の状況が生まれた特殊事情として，第一に，日本の近代的諸法典は最初から分裂しており，統一性を意識した法体系が形成されなかったこと，第二に，日本では，実定法を究極において正当化する超越的性格の根本規範が稀薄であったこと，第三に，日本がヨーロッパの諸法典や法学を継受した19世紀末は，自然法や民族法のドグマを批判する社会科学がさかんな時期であり，日本はこうした社会科学も同時に受け入れたこと，をあげる。

　こうした実務優位・法学軽視の一般的傾向は，労働法分野でも顕著であるように思われる。

　まず検討されるべきは，裁判所が判例の形成にあたってどの程度学説から影響を受けているかという問題である。最高裁判所が判決を下すに際しては，最高裁判所調査官[67]が基本的な文献にはすべて目を通しているはずであるが，日本では判決・決定がほとんど学説を引用しないこともあり，裁判所がそれぞれの学説をどのように評価して結論に至ったのか，判決・決定からは必ずしも明らかではない。

　しかし，公表される調査官解説においては学説の状況も一応紹介され，判決と学説の関係について立ち入った解説がなされる場合があるから，調査官解説

65）　大村敦志「法の変動とその担い手──大学の役割を中心に──」岩波講座『現代法の動態5・法の変動の担い手』（2015年，岩波書店）14頁以下は，実定法学（学説）と実務の関係は領域によって異なるとし，①［学説］主導型（一体型）〈知的財産法，経済法，租税法，憲法訴訟法，労働法，消費者法〉，②批判型（外在型）〈刑法総論，刑事訴訟法，行政法総論，手形小切手法，憲法（人権論や統治機構論），国際法〉，③混合型（交流型）〈民法，商法，民事訴訟法，国際取引法〉に分ける。興味深い分類であるが，労働法を①に位置づける点は，後述のとおり私見とは異なる。

66）　水林彪「法学と法実務──比較法史学的考察──」西谷古稀（下）138頁以下。

67）　最高裁の裁判にあたっては，最高裁判所調査官が大きな役割を果たしており，調査官の意見がそのまま判決になってしまう場合も多い（調査官裁判）。この点については，調査官システムがヒエラルキーになっているため調査官の意見自体が統制されたものであるという問題点が指摘されている（瀬木『ニッポンの裁判』前掲注3）236頁以下）。

からある程度のことはわかる。本来は，それぞれの事件ごとに，調査官解説を参考にしながら当時の学説も参照して判決と学説の関係を検討すべきであろうが，ここでは詳細を検討する余裕はない。しかし，重要判決とそれに関する調査官解説を概観して，概ね次のようにいえると思われる。

　まず，最高裁が判決を下すにあたって学説の状況は一応考慮されており，通説ないし有力説は当然判決に一定の影響を及ぼしていると考えられる。しかし，この影響はあくまで「一定」のものにとどまっており，最高裁が必要と考えれば，通説ないし有力説に明確に反対し，少数説に与するかもしくは独自の見解を創造している。しかも，その傾向は判例法理の骨格が形成された比較的初期の判例に顕著である。

　就業規則の法的性質と不利益変更の効力の問題はその典型的な例である。この労働法の中核的問題について，学説は，事実たる慣習説，契約説，授権説（法規範説），集団的合意説など多岐に分かれて華々しい議論を展開していたが[68]，使用者は，労働者の個別的もしくは集団的な同意なくして，就業規則の変更によって労働条件を一方的に労働者の不利益に変更することはできないという結論において一致していた。労基法2条1項（労働条件の労使対等決定原則）をまつまでもなく，使用者が労働条件を一方的に決定し，一方的に変更しうるといった結論を学説は容認しえなかったからである。ところが，秋北バス事件・最高裁大法廷判決[69]では，契約説という常識的見解を支持したのは少数意見にとどまり，多数意見は，集団的・画一的に労働条件等を決定する就業規則の性格を根拠にして，就業規則の内容と変更に「合理性」が認められれば就業規則の変更による労働条件の一方的な不利益変更を認めるという，まったく独自の立場を打ち出したのである。

　また，採用にあたっての思想調査への非協力を理由とする本採用拒否にかかわる三菱樹脂事件判決[70]は，採用の自由を強調する点では学説の一定の傾向をふまえたものであったが，採用にあたっての思想調査を適法とした点は，労働法

---

68) 諏訪康雄「就業規則」労働法文献研究会編『文献研究労働法学』(1978年，総合労働研究所) 82頁以下，西谷敏「就業規則」片岡曻他著『新労働基準法論』(1982年，法律文化社) 499頁以下。
69) 前掲注28)。この判決については，第6章Ⅳ2(2)，本章Ⅱ2(2)参照。
70) 最大判昭48.12.12民集27巻11号1536頁。第5章Ⅱ2参照。

学にそれと一致する立場を見出すのは困難であった。さらに公務員の争議行為について，学説はおしなべて全面禁止合憲論には批判的であったから，合理的限定解釈論を否定して全面合憲論に回帰した全農林警職法事件の多数意見は，学説とはほぼ無関係に形成されたといってよい。それは，上述のように，もっぱら最高裁の政治的判断――そこには政府の有形・無形の圧力が関与していた――にもとづく判決であった。労働者が不当労働行為により解雇されていた期間中の賃金のバックペイに関する第二鳩タクシー事件判決は，多数説に反して，バックペイからの中間収入の控除必要説（労働委員会の裁量は認めるが）をとった。組合活動としての企業施設へのビラ貼りに関する国鉄札幌駅事件判決は，当時多数説であった受忍義務説と少数説であった違法性阻却説のいずれも否定し，原則として使用者の許諾が必要とする独自の許諾説をとった。

このように，最高裁は，判例法理の枠組みが形成される時期に，多くの重要な事件について学説から独立して判断を下している。参照するが尊重はしないというのが当時の学説に対する最高裁の基本的なスタンスであった。

3　学説の判例への接近
(1)　判例実証主義の傾向

しかし，この判例と学説の緊張関係は，比較的和らいでいるという印象を受ける。多数説に明確に反対して独自の立場を示す最高裁判決はないわけではないが，その数は減少してきたように思われる。

その要因として，学説との大きな対立をもたらす事件が減少したことも考えられるが，むしろ大枠として判例と学説が接近してきたと見るのが適切であろう。問題は，判例が学説に近づいてきたのか，学説が判例に近づいてきたのかである。もちろん両者は相関関係にあるが，私には後者の側面が強いように思われる。

---

71) 前掲注6)。
72) 最大判昭52.2.23民集31巻1号93頁。
73) 最三小判昭54.10.30民集33巻6号647頁。
74) その例として，労基法136条を単なる努力義務と解した沼津交通事件・最二小判平5.6.25民集47巻6号4585頁，国鉄改革法の機械的な解釈によりJRの責任を否定したJR北海道事件・前掲注17)などをあげることができる。

学説の状況に反する上記の最高裁判例に対して，当初は学説からの強い反発が見られたが，学説においては次第に，判例の基本的枠組みを批判的検討の対象として学説の自立性を守るよりは，判例を所与の前提としてそれに分析を加えて労働法体系の中に位置づけようとする傾向が強まってきた[75]。それは，法以外の社会的・道徳的・政治的な考察を排し所与の実定法規範そのものの論理的分析・総合によって法を理解しようとする法実証主義（Rechtspositivismus）との類比で，判例実証主義（Rechtsprechungspositivismus）と呼ぶことができる。ここでは，法律と判例とが協同して完結した法体系を構成することが重視され，法律の論理的分析・総合と並んで，判例の論理的分析・総合に重要な意義が与えられる。新たな裁判例が検討される場合，それの理論的批判と同時に，それが最高裁判例を頂点とする判例体系のなかでいかなる位置を占めるかの検討が重視される。そうした検討を通じて，法律と判例から成る法体系の完成がめざされる。

　本来，判例も裁判所による法の解釈であり，その限りでは学説による法解釈と同等である。ドイツ法におけるタテマエのように，法学ドグマティークが主で裁判実務はそれに従うべきだとまでいわなくても，少なくとも両者は同じ資格をもって議論できる立場にある。両者はときに一致し，ときに激しく対立する。学説も，完結した法体系を想定しなければならないが，それを構成する要素は，学説が解釈した法であり，そこには学説が是認した判例（それによる法解釈）は含まれるが，正しさを認めない判例は除外される。これに対して，判例実証主義においては，判例は所与の前提であるから，判例は法体系から除外

---

[75]　たとえば，労働法分野における代表的な体系書として版を重ねている菅野和夫『労働法』（弘文堂）は，現在妥当する労働の法を客観的，体系的，そして詳細に描き出す点において他に抜きんでた書物である。そこにおいては，判例もまた妥当する法の不可欠な一環として体系的に位置づけられており，判例は通常は評価を抜きにして客観的に叙述される（例外はあるが）。それは判例の立場への同意とも解しうるが，むしろ判例を評価の対象よりも所与の前提とする姿勢の表れのように思われる。ただし，判例の法源性が認められているのかどうか明らかではない。ちなみに，石井照久『新版労働法』（1971年，弘文堂）36頁は，労働法においても判例・学説および条理を法源と認めないと述べており，荒木尚志「労働判例の意義・機能と立法の時代の労働法」高井伸夫・宮里邦雄・千種秀夫共著『労使の視点で読む最高裁重要労働判例』（2010年，経営書院）7頁以下は，憲法76条3項をあげて，判例は裁判官を直接拘束する規範ではないとしている。

されることはなく，法体系のなかに整合的に位置づけられる。つまり，ここで研究者が判例との関係で行う作業は，「法の解釈」よりも，「法を解釈する判例の解釈」が中心となる[76]。

　法律と判例を体系的に整理し，新たに下された判決・決定を既存の体系の中に位置づけるという作業が重要であることは，私も否定しない。しかし，それはあくまで学説の任務の一部にすぎない。むしろ，判例については，それが前提とする理論枠組みにまで立ち返ってたえず批判的に検討することが学説のより重要な課題である。その作業は当然のことながら，さまざまな基礎法学的作業に支えられる。

　学説からの正面きった攻撃にさらされない判例法理はますます固定化される。それが客観的に不適切である場合にも，その転換を促す根源的な問題提起が学説の側からなされないとすれば，それは学説の怠慢というべきではないだろうか。

(2) 実務重視の風潮

　このように，現在日本の労働法において判例と通説（多数説）が一致することが多いのは，必ずしも判例と学説の対話のうえに合意が形成された結果というわけではない。最高裁をはじめとして裁判所に学説から独立して判断する傾向が強く，学説において判例を前提として労働法体系を考えようとする傾向が強まってきたことの結果が，判例と学説の一致の基本的な要因である。要するに，学説主導の「通説＝判例」というよりも，裁判所主導の「判例＝通説」が理論と実務を支配しているのが現状といえるのではないか。

　日本でこのような傾向が強まった要因の一つは，上述のように，判例をあたかも法律と同レベルの法源であるかのようにとらえる傾向にある。判例の法源性を否定する見解が多数説であるにもかかわらず，なお判例に事実上の法源性を認める発想が理論と実務に少なからぬ影響を及ぼしているのである。

---

76) 一般的にいえば，法律と同じく判例も解釈の対象になる（笹倉秀夫『法学講義』〈2014年，東京大学出版会〉153頁以下）。しかし，判例は，法律と同様の意味で裁判官を拘束するものではないという通説的な理解を前提とする限り，法律解釈と判例解釈の間には質的な差異がある。法律解釈においては，対象（法律）そのものは大前提となる（それへの批判は立法論になる）が，判例の解釈は，当該判例による法解釈を仮定的に是認したうえでなされる作業であり，その意味では部分性を免れない。

同時に，とくに労働法の分野では，学説が実務における有用性を重視する傾向を強めてきたことも判例重視の一原因であると思われる[77]。ここでいう「実務」には二つの意味がある。

　第一に，それは裁判実務をさす。この場合，実務重視とは，裁判官を強く意識して裁判をリードしうる法理の構築をめざすことである。実定法学にかかわる研究者にして，自己の理論が裁判をリードすることを望まない者がいるとは思われない。しかし，最高裁が自ら確立した判例を容易に改めようとせず，しかも下級審裁判官の発想がますます強く判例の枠にとらわれている今日，裁判官を説得しうる理論とは，最高裁判例を前提とし，また最高裁判例の発想に忠実な法解釈でしかないであろう。

　結局，研究者が裁判実務の意味での「実務」を意識すればするほど，最高裁判例の前提は不動のものとなっていく。裁判をリードするつもりの学説が，逆にますます判例によって縛られ，自由な発想を失うことになる。最高裁判例の理論的な枠組みそのものへの批判的視点を欠いた実務重視の態度は，結局は裁判所に対する学説の従属性を強化する結果になるのではなかろうか。

　第二に，実務には，企業法務の意味もある。労働関係の現実といってもよいが，日本では労使の力関係を反映して，企業法務がより重要な意味をもつ。使用者は，労働関係の法化（第11章Ⅱ2参照）の進行とともに，いかなる措置，態度がいかなる法的結果を招くかを意識せざるをえなくなる。こうした関心からして，法律とともに判例に関する知識は不可欠である。そして，研究者には，現行労働法の重要部分を構成する判例に関する正確な情報を提供することが求められる。そこで期待されるのは決して判例の理論的批判などではない。そこでは，判例は，法律と同じく所与の前提とされるものであり，判例実証主義的な情報の整理こそが実務の要請に最も適合的なのである。

　こうした実務重視の風潮のなかで，研究者においても，裁判実務と企業実務における理論の有用性を重視する傾向が強くなり，実務を理論的批判の俎上にのせる労働法「学」の純粋性が後退していく。そして，判例や判例解説的な学説を主要な教材とする法科大学院の教育が，そうした傾向に拍車をかける。判

---

[77]　西谷敏「労働法における実務と理論の意義――労働法律旬報六〇周年に思う――」労働法律旬報1711・12号（2010年）4頁以下。

例重視の法科大学院教育では，判例を批判的に吟味し，社会の要請に応じた新たな法理の創造をめざす意欲的な法曹を養成することができないことは明らかである。

しかし，問題はそれだけではない。そうした法科大学院教育に従事する教員＝研究者自身も，次第に判例重視の発想にとらわれる。第一に，判例を所与の前提とした教育に従事すること自体が教員の発想に影響を及ぼさざるをえないからであり，第二に，教員が法科大学院教育に時間をとられ，判例批判に不可欠な，広い視野にたった基礎的研究に従事する時間が不十分になるからである。こうして，研究者による判例への理論的批判がますます後退し，判例の「権威」が強められる。判例は，あたかも法律であるかのように，実務はもちろん，法学まで支配して君臨する。法科大学院制度の重大な問題点の一つがここにある。

おわりに

この章では，本来は学説と立法の関係も検討の対象としなければならない。最近とくに活発になってきた立法作業において，学説はいかなる役割を果たしているか，果たすべきかの問題である。[78] 労働立法は，三者構成の労働政策審議会での審議を経ることになっており，その議事録も公開されているので，公益を代表する委員として労働政策審議会に加わる研究者がいかなる役割を果たしているかは，ある程度明らかである。しかし，公式の議論よりも重要な意味をもちうる水面下の三者と官庁のやりとりは知るよしもない。さらに，こうした公益委員としての研究者の役割とは別個に，立法論に関する研究者の論文が具体的な立法にいかなる役割を果たしてきたかも検討されるべきであるが，これについては，問題の重要性だけ指摘しておきたい。

今一点指摘しておきたいことは，労働分野の頻繁な法改正が，立法解説という作業を研究者に求めていることである。これは，いうまでもなく必要な作業

---

78) 奥田香子「労働法の立法学」法律時報86巻4号（2014年）15頁以下は，労働立法の過程に関する学説の議論状況や，労働者保護法における労使代表参加の意義に関する議論を整理しているが，もとよりそれは「立法と学説」問題の一部である。

であるが，その負担が，先に述べた判例重視の傾向とあいまって，研究者の内発的な関心にもとづく創造的な研究を一層阻害する要因になっている可能性がある。

　もちろん，立法動向と裁判の双方を見渡して適切な解決策を提示する実定法学の役割は重要であり，それは労働法においても異なるところはない。しかし，裁判官が学説を十分尊重しているとはいえず，また学説が立法に対してもつ影響力も限定されているとすれば，学説が立法もしくは裁判を通じて労働法の発展に「直接に」寄与する可能性は必ずしも大きいとはいえない[79]。実定法学の役割は，直接に実務に働きかけるよりは，「法律を『深く，広く，遠くから』眺め，その理解を深めることと，法学教育にある[80]」との指摘は，労働法にこそ妥当するように思われる。

---

79) 一定の歴史的状況においては，学者が立法もしくは判例の発展に決定的ともいえる影響を及ぼす場合がある。ドイツでいえば，立法に及ぼしたジンツハイマーの影響と判例に及ぼしたニッパーダイの影響が顕著な例である（西谷敏「法発展における裁判と法解釈学——労働法の立場から」法律時報83巻3号（2011年）92頁以下参照）。
80) 星野・前掲注63）184頁。

第10章
労働法の解釈

はじめに

　戦後の法解釈論争は，法解釈には価値判断が含まれ，そうである以上解釈者は社会的な責任を自覚すべきであるとした1953年の来栖三郎の問題提起から始まった。その背景に講和・安保両条約の発効にかかわる政治的・憲法的諸状況の激変があったことは，つとに長谷川正安が指摘したとおりである[1]。しかし，どの実定法分野でも，法解釈上の対立が避けられない以上，いずれの法解釈が正しいのか，法解釈の正しさを決定するのは何かという疑問が生じるのは当然であり，それはそもそも法解釈とは何かという根本問題に行き着かざるをえない。文字どおりの難問であるが，およそ法の解釈という作業に携わる者は，たえず問題の所在を意識して自らの解釈の妥当性を自問し，また他の解釈，とりわけ裁判所による法解釈を批判する際には，その方法的基礎にまで考察を及ぼすことが求められよう。その意味で，法解釈の性質や方法の解明は，実定法学にとって永続的で普遍的な課題である。

　しかし，労働法学は，一時期までは法解釈の性質論に強い関心を示したものの，その後は，法解釈の性質論はもとより，あるべき解釈の方法という問題についても総じて無関心である。その原因がどこにあるかはともかく，労働法学がこれまでの判例・学説の批判的な検討のうえに自らの理論を発展させようとするならば，法解釈方法論の検討を避けて通ることはできないであろう。本章は，このような問題意識から，戦後の法解釈論争とその延長線上に位置づけられる利益衡量論の問題点を整理し，それが労働法の学説・判例にいかなる影響を及ぼしてきたか，そしてその影響は労働法の特質からみていかに評価されるべきかを検討するものである。それは，労働法におけるあるべき解釈方法論を

---
1) 長谷川正安『法学論争史』(1976年, 学陽書房) 81頁。

本格的に検討するための予備的作業の一環である。

I 法解釈論争から利益衡量論へ

1 法解釈論争の意義

　1953年以来熱い論議が展開された法解釈論争の推移と論点は，長谷川正安の『法学論争史』において的確に整理されている。論争に火をつけた来栖三郎においては，法律の同一の条文についての解釈は同時に複数存在し，解釈者による一つの解釈は「選択」であって，その選択の基礎には解釈者の価値判断が働いているという事実が前提とされていたこと，その後，川島武宜が来栖の問題提起をふまえて，法解釈に主観的な価値判断が含まれることを認めつつ，同時にそれを一つの社会現象としてとらえることによって，価値判断と価値体系の関係，価値体系の社会的，経済的，政治的基礎，そして社会の発展法則にもとづいていずれの価値体系が将来支配的になるか，などについて科学的に論じることが可能であると主張したこと（川島のいう「実用法学」），それが渡辺洋三においてより精密に定式化されたこと，などはすべて長谷川が指摘するところである。

　長谷川自身は，こうした川島や渡辺の主張を積極的に評価しつつ，彼らが価値体系の選択は科学の問題でないとしてその前で立ち止まったことを批判し，「社会の発展法則の科学的認識にもとづき，憲法典のわくの中でおこなう，既成の有権的解釈の改革のための実践」が憲法の解釈だとする立場を提示した。

2）　長谷川・前掲注1）90頁以下。
3）　来栖三郎の見解については，とくに「法の解釈と法律家」私法11号〈1954年〉〔来栖三郎著作集第1巻〈2004年，信山社〉に収録〕参照。もちろん，来栖の問題提起は，末弘厳太郎や我妻栄などによる戦前来の法学方法論の蓄積をふまえたものであり，それとの関係でも位置づけられる必要がある。この点については，瀬川信久「民法の解釈」星野英一編集代表『民法講座別巻1』（1990年，有斐閣）3頁以下，山本敬三「法的思考の構造と特質——自己理解の現況と課題」岩波講座現代の法15『現代法学の思想と方法』（1997年，岩波書店）232頁以下参照。
4）　川島武宜『科学としての法律学』（1955年，弘文堂）。
5）　渡辺洋三『法社会学と法解釈学』（1959年，岩波書店）第一編。
6）　長谷川・前掲注1）120頁，同『憲法判例の研究』（1956年，勁草書房）23頁以下。

長谷川は同書において，法の解釈における理論と実践の統一の問題を当時最も突っこんで論じていたのは沼田稲次郎であるとする[7]。法の解釈に関する沼田理論[8]が，来栖，川島，渡辺の流れと明確な対立を示すのは，法解釈を認識ととらえる点である。沼田は，「法を解釈するということは実定法（現に妥当している法）の解釈であるから，実定法が如何なる価値体系を担って妥当しているかを認識すること」であるとし，「法律家が各自のいだく価値観や価値体系に照らして価値判断をすることが法解釈である」と考える傾向を批判する[9]。そのうえで，沼田は，一般に「歴史的なものの客観的真理は認識者それ自体をも含む歴史的主体の実践を媒介として貫徹する必然性にほかなら」ず，認識者はその歴史的主体（階級）の社会的実践のうちで実践的に真理を認識するのだという基本的な立場にたち，法の解釈＝認識も認識者の世界観＝価値観にもとづく実践的な立場に規定されざるをえないという[10]。

　こうした認識論を共有しない者にはいささか難解な表現であるが，法の世界に即して敷衍すれば次のようになろう。法解釈とは実定法の価値体系の認識であるが，その実定法自体は不変のものではなく，裁判などによって発展していく可能性をもつ。その際，認識者（とくに法学者）は単に法発展の外にあってそれを観察するというのではなく，裁判への働きかけを通じて直接に，あるいは（労働）運動への働きかけを通じて間接的に，法発展に関与する主体である。法の解釈＝認識は，こうした「法形成的実践」の課題意識に支えられてなされるほかないが，それが正しいものである限り実際に法をそうした方向へと発展させる力をもち，それによってまた解釈＝認識の真理性が検証されることになる。

　このように，沼田理論では，法解釈は認識作用であるとの見方から出発しつ

---

7) 長谷川・前掲注1）105頁以下。
8) 沼田稲次郎「労働法における法解釈」（1956年）『沼田稲次郎著作集第2巻』（1976年，労働旬報社）331頁。なお，沼田はすでに『労働法論序説』（1950年，勁草書房）第四章第二節で同様の法解釈方法論を展開していた。
9) 沼田「労働法における法解釈」前掲注8）331頁以下。なお，恒藤恭「法解釈学と価値判断」『法の精神』（1969年，岩波書店）32頁以下も，法の解釈と適用を区別すべきであるとし，法の解釈を「価値判断」もしくは「実践」ととらえる考え方を批判する。
10) 沼田「労働法における法解釈」前掲注8）332,336頁。

つ,その認識が認識者の世界観＝価値観にもとづく実践的な立場に規定されるという一般的な意味でも,また「法形成的実践」を通じて現実に認識対象である実定法自体を発展させる可能性があるという具体的な意味でも,法解釈＝認識と実践とが深く結びつけられていた。法解釈における価値判断を科学的認識から峻別した川島＝渡辺理論との相違は明らかであろう。

　しかし,この沼田理論は,労働法分野は別として,法学界全体に大きな影響を及ぼすには至らなかった。沼田理論の基礎にある認識論が共有されにくかったことや,法発展の契機として「運動」を重視する理論が,労働法以外の分野では十分な共感を得られなかったことによるのであろうか。

　いずれにしても,この法解釈論争を通じて,法解釈には川島＝渡辺的な意味で解釈者の価値判断が働いているとの見方が有力となっていった[11]。そして,そのことが法解釈方法としての利益衡量論を生み出す土壌になったといえる。利益衡量論の論者自身が,法の解釈が価値判断であるとすればそれを正面から認めて法律構成とは明確に区別すべきだと主張し[12],法解釈論争の延長線上に自らの解釈方法論を位置づけているのである。たしかに,法解釈の性質論から当然に利益衡量論が導かれるわけでないのは,法解釈を価値判断と見る論者も利益衡量論を厳しく批判していたことからも明らかであるが[13],両者の間の連続性は否定しえないと考えられる[14]。

2　利益衡量論とその批判

　加藤一郎と星野英一に代表される利益衡量論は,瀬川信久の整理によれば,それ以前の方法論に比べて次のような特徴をもっている[15]。すなわち,第一に,

---

11) 片岡昇「法の解釈・適用」マルクス主義法学講座3『法の一般理論』(1979年,日本評論社) 189頁以下は,これらの「通説」と異なる理論として,天野和夫,藤田勇,長谷川正安,沼田稲次郎の見解をとりあげている。
12) 星野英一「民法解釈論序説」(1967年)『民法論集第1巻』(1970年,有斐閣) 6頁。
13) 渡辺洋三「社会科学と法の解釈」(1967年)『法社会学の課題』(1974年,東京大学出版会) Ⅳ二。
14) 広渡清吾『比較法社会論研究』(2009年,日本評論社) 312頁は,水本浩を引きながら,「利益衡量論は,法的判断が法の認識ではなく妥当な価値判断・決断を求めるものという二元論的理解の極めて実践的な一つの帰結であった」と位置づける。
15) 瀬川・前掲注3) 53頁以下。

法規・理論構成・判例ルールの拘束力の軽視，第二に，法規等の拘束を受けずに判断するときの思考形式として「利益衡量」を提示したこと，第三に，社会の諸利益の調整・限界づけを裁判官が積極的に行い，その判断の当否を事後的に一般国民が検討・批判するという裁判制度や社会の見方が前提とされていることである。

　もっとも加藤と星野の方法をまったく同一とみることはできない。加藤は，法的判断にあたっては既存の法規を意識的に除外して，まったく白紙の状態で利益の衡量を行って結論を出すべきであり，法規による形式的な理由づけ（理論構成）は，結論の説得力や妥当範囲の画定のための第二次的なものであることを明言したが[16]，星野は法律の文言と法規の成立過程の検討にも重要な意義を認めているからである[17]。しかし，星野も，「解釈は，正面から価値判断によって行い，少なくとも，結論を導くに至った根拠につき，価値判断に由来する面と，『理論構成』を考慮した面とをはっきりわけて示す必要がある」[18]とし，さらに，「解釈の決め手となるのは，今日においてどのような価値をどのように実現し，どのような利益をどのように保護すべきかという判断である」[19]と言い切っている。いかに法文の構成や法規の立法過程を綿密に研究するにしても，そうした作業は星野自身「現在における解釈にとって必要なことではな」[20]いというのであるから，それは結局，加藤の場合と同じく，利益衡量の結果出された結論を一般国民に説得するための手段という従たる意義しかもたないことになる。

　概念法学的方法，すなわち，「論理的構成の方法を介して既存法規の『無欠缺性』（Lückenlosigkeit）を想定しかような法体系から生じうべき一切のケースの解決基準を論理的に演繹する」という方法に重大な欠陥があることが共通の認識となった今日[21]，いかなる法解釈方法をとるにしても，裁判官による具体的

16）　加藤一郎「法解釈学における論理と利益衡量」（1966年）『民法における論理と利益衡量』（1974年，有斐閣）25頁以下。
17）　両者の相違を強調するものとして，大村敦志『民法総論』（2001年，岩波書店）122頁以下，小粥太郎『日本の民法学』（2011年，日本評論社）62頁以下参照。
18）　星野・前掲注12）6頁。
19）　星野・前掲注12）11頁。
20）　星野・前掲注12）12頁。
21）　磯村哲「法解釈方法論の諸問題」同編『現代法学講義』（1978年，有斐閣）86頁。

事案に即した適切な判断が重要であることは誰も否定できない。その意味では，利益の衡量はいずれの方法にとっても不可欠である。問題は，法適用にあたって当事者の利益を十分に衡量することの当否にあるのではなく，こうした利益の衡量という「過程を独立せしめて，まず法律から離れた裁判官の判断力・正義感・衡平観念にもとづく決定過程により獲得された成果を第二次的に法律に基礎づけないし法律および法律学（Rechtsdogmatik）によりコントロールするというような考え方」が，伝統的・オーソドックスな方法論と対立するのである[22]。伝統的・オーソドックスな立場からも，裁判官の実質的・個別的正義の観点は，法適用過程における「規範と事態の視線の往復」において顧慮されるべきだといった主張がみられる[23]が，これは利益の衡量を第一次的なものとみる利益衡量論とは明確に区別されるであろう。

　利益衡量論は，①裁判官を法律の拘束から解き放つことは，原理的に三権分立に反するし，歴史的にも制定法の空洞化という事態を招いたこと（とくにワイマール司法），②利益衡量の基準が曖昧で裁判の予測可能性を低めること，などの点で批判されてきた[24]。今日，民法学においては利益衡量論の影響が後退してきたとも指摘されているが[25]，その問題点が明確に自覚されたうえで克服されたものかどうか明らかではない。星野自身は，利益衡量論は日本独自のものとしているが[26]，最近は国際的にも法の解釈・適用において結果重視の傾向が強まっていることがその問題性とともに指摘されており[27]，この議論はかなり根が

---

22) 磯村・前掲注21）105頁。
23) 磯村・前掲注21）105頁。
24) 甲斐道太郎『法の解釈と実践』（1977年，法律文化社）91頁，原島重義『法的判断とは何か——民法の基礎理論——』（2002年，創文社）51頁以下，113頁，243頁など，平井宜雄『法律学基礎論覚書』（1989年）『法律学基礎論の研究——平井宜雄著作集Ⅰ』（2010年，有斐閣）121頁以下，水本浩『現代民法学の方法と体系』（1996年，創文社）195頁以下など。
25) 瀬川信久「民法解釈論の今日的位相」瀬川信久編『私法学の再構築』（1999年，北海道大学図書刊行会）3頁以下，大村・前掲注17）119頁以下（しかし大村自身は，法（民法）内在的な価値に従った，価値説明的な利益衡量論を擁護する。126頁以下）。
26) 星野英一「日本の民法学——ドイツおよびフランスの法学の影響——」早稲田大学比較法研究所編『比較と歴史のなかの日本法学——比較法学への日本からの発信——』（2008年，早稲田大学比較法研究所）309頁以下。
27) グンター・トイブナー編・村上淳一・小川浩三訳『結果志向の法思考——利益衡量 ↗

深いのである。前述のとおり，利益衡量論は法解釈を価値判断とみる法解釈性質論の延長線上に位置づけられるものであり，本来はそうした法解釈性質論を含めた再検討が必要なのであろう。[28] しかし，ここでは先を急ぎたい。

II　利益衡量論と労働法の学説・判例

1　労働法学と利益衡量論

労働法学は，法解釈の性質にかかわる法解釈論争には比較的深くコミットした。労使の激しい利害対立を反映して法解釈の結論が大きく分かれることの多い労働法の分野では，法解釈とは何か，それの真理性は何によって担保されるのかという問いは，とりわけ切実な意味をもっていた。そして，沼田による法解釈理論が多数の労働法学者に強い影響を及ぼした[29]のは，何よりも運動への働きかけという具体的な行動を媒介として現行法の認識と実践（法形成的実践）が統一されるというとらえ方が，労働法においては現実的であり，労働法学者にとって魅力的であったからであろう。

これに対して，法解釈の具体的方法に関しては，労働法学の関心は決して高かったとはいえない。ただ，議論がまったくなかったわけではない。たとえば本多淳亮は，労働法の分野では概念法学的解釈方法は一段ときびしく批判される傾向が強いとし，この分野では利益衡量論を信奉する者はかなり多いと推定できると述べ[30]，その例証として下井隆史の発言をあげていた。[31]

下井は，ある座談会の報告において[32]，労働法の分野においては，事実の客観

　　＼と法律家的論証──』（2011年，東京大学出版会）参照。
28)　この点，来栖三郎のフィクション論や原島重義の法的判断論を，ドイツ・アメリカの理論動向とも関連させて分析する広渡・前掲注14）289頁以下の議論が有益である。
29)　片岡昇「労働法学の方法」新労働法講座1『労働法の基礎理論』（1966年，有斐閣）78頁以下，本多淳亮『労働法総論』（1986年，青林書院）第五章，横井芳弘「労働法学の方法」現代労働法講座1『労働法の基礎理論』（1981年，総合労働研究所）134頁以下など。独自の立場からする比較的最近の研究として辻村昌昭『現代労働法学の方法』（2010年，信山社）72頁以下がある。
30)　本多・前掲注29）166頁
31)　本多・前掲注29）158，166頁。
32)　「［研究会］労働法学の理論的課題」ジュリスト441号（1970年）73頁以下。

的認識から正しい解釈が引きだされると考える傾向，結果的妥当性よりも論理構成や抽象的概念が重視される傾向，そして生存権や団結権をストレートに一定の解釈論の根拠にするといった傾向が支配的であるとして，それを批判し，むしろ法解釈とは主体的な価値判断を含むものだという面を前に出した方がよいと述べていた。そして下井は，星野理論にも言及しつつ，結果的妥当性重視の法解釈を主張している。明示はされていないが，利益衡量論を支持したものと見てよいであろう。

　本多がいうように，労働法は概念法学的な方法に最もなじみにくい分野である。[33]　市民法との対抗のなかで自らを確立しようとする労働法において，労働法上の固有の法規が存在しない場合に，直ちに既存の法規（民法，刑法など）の文言に依拠して問題を解決しようとすることは明らかに不適切だからである。現に労働法学の主流は，法解釈にあたって概念法学的な立場を退けて，たえず結果的妥当性を追求してきたといえる。ただ，法解釈にあたって，憲法の諸規定（28条や25条），労基法の基本理念，そして労働契約の本質といった概念が援用され，論者の法的判断がこれらの規定や理念からの帰結として提示される傾向が強かったのは事実である。下井はまさにこの点を批判して，法解釈が価値判断であることを正面から認めるべきであると主張したのである。

　したがって，問題は結果的妥当性を重視するかどうかにあったのではない。結果的妥当性の考慮を憲法を頂点とする法体系と関係づけてそれに包摂させる形で正当化するのか，それとも利益衡量論のように，利益の衡量＝価値判断をまずは制定法（憲法を含む）から独立させて行うのかが基本的な対立点であった。

　しかし，議論は深められないままに終わっている。労働法分野ではその後，法解釈において憲法の基本権条項や憲法・労基法などの基本理念を重視する傾向が次第に後退し，同時に法律構成よりも結果的妥当性を重視する傾向が強まってきたように思われる。1970年の段階で下井が嘆いた状態は，その後下井の主張する方向に大きく「改善」されてきたといえるのではないだろうか。そうだすると，労働法学において利益衡量論を信奉する者はかなり多いという本多の推測は，あながち的はずれでなかったことになる。

---

33)　島田信義『市民法と労働法の接点』（1965年，日本評論社）7頁以下は，市民法を修正した労働法においてはとくに概念法学的な解釈論が不適切であるとする。

2 労働判例の解釈方法

それでは，労働法分野における判例はどのような解釈方法をとっていると見るべきであろうか。法解釈の代表的な方法は，文理解釈，体系的解釈，立法者意思解釈，歴史的解釈，法律意思解釈などであるが[34]，判例は一見すれば，必ずしも一貫した方法をとっていないように見える。まずは，いくつかの例をあげて，判例における法解釈方法を探ることにしよう。

(1) 文理解釈・形式的解釈

労働法は，比較的新しい分野であり，法律による規整が十分に発達しているとはいえない。その領域において，制定法の規定が存在する場合，裁判所がそれに依拠するのは当然ともいえる。しかし，法律の文言にもとづく形式的判断が妥当性に問題のある結論を導く決定的な根拠となっている場合が少なくない。

比較的最近の例をあげると，国鉄の分割民営化の手続を定めた国鉄改革法23条の機械的な解釈により，職員の承継に際して国鉄の行った不当労働行為についてJRの責任を否定した例[35]，地公法の適用を除外された特別職非常勤職員（地公法3条3項3号）についても，地方自治法172条の形式的解釈により，当局との関係が労働契約もしくはそれに類似する関係であることを否定して，労働契約の反復更新により更新への合理的期待が生じた場合には解雇法理を類推適用するとの判例法理の適用を否定した例[36]，ユーザー企業と労働者を派遣する企業の間にいわゆる偽装請負の関係があっても，ユーザー企業と労働者の間に労働契約が存在しない限り，労働者派遣法2条1号にいう「労働者派遣」に該当し，職安法4条6項にいう労働者供給に該当する余地はない，として，労働者派遣契約と派遣労働契約のいずれも職安法44条違反で無効とした原審を破棄した最高裁判決[37]，などがある。

---

34) 法解釈の方法については，笹倉秀夫『法解釈講義』(2009年，東京大学出版会) 3頁以下参照。
35) JR北海道事件・最一小判平15.12.22民集57巻11号2335頁。
36) 東京都中野区保育士事件・東京高判平19.11.28労判951号47頁。公務非常勤職員については，さらに情報・システム研究機構（国情研）事件・東京高判平18.12.13労働判例931号38頁（最高裁で確定）参照。
37) パナソニックプラズマディスプレイ（パスコ）事件・最二小判平21.12.18民集63巻10号2754頁。

集団的労働法の分野でも，労組法の機械的な解釈によって結果的妥当性に疑問が残る判断をしたものが少なくない。たとえば，組合員についてしか問題とならないチェック・オフ制度も労基法24条1項の賃金全額払い原則の適用を受けるとし，労働者過半数代表との書面協定が必要とした例[38]，労組法17条が非組合員に不利益な効力拡張を否定していないことを一つの理由として，非組合員に不利益な労働協約の効力拡張を原則として有効と認めた例[39]，労組法14条の文言を根拠にして，書面化されない労使合意が労働協約の効力をもつことを否定した例[40]などがある。

(2)　文言や契約原則から逸脱した目的論解釈

　本来，法律の文言は，法解釈の出発点であり，それ以上でも以下でもない[41]。法律の文言にこだわる解釈は，古い概念法学的な方法を想起させる。しかし，判例は，決して法律の文言に忠実な解釈を貫いているわけではない。その最も重要な例が憲法28条の解釈である。

　憲法28条は，すべての「勤労者」に団結権，団体交渉権，団体行動権を保障している。判例は，この「勤労者」に公務員が含まれ，団体行動の典型が争議行為であることを認めているから，その必然的な帰結は，公務員も争議権をもつということである。憲法28条の文言解釈からは，そうした結論が導かれるほかない。しかし，最高裁は，結局その結論を認めず，すべての公務員のすべての争議行為を全面的に禁止した現行公務員法制を合憲と判断した（第9章Ⅱ1）。ここでは，明らかに憲法の文言から逸脱した解釈がなされている。しかも，最高裁は，争議行為を禁止し，それをそそのかし等する行為を処罰する法律の規定については，文言どおりの厳格な適用を主張しており，憲法と法律に対する最高裁の法解釈の態度はきわめて対照的である。

　最高裁はまた，憲法28条にもとづく争議行為の範囲を論じるにあたって，同盟罷業（ストライキ）の本質を問題にし，同盟罷業の本質は「労働者が労働契約上負担する労務供給義務の不履行にあ」るので，それを越えた物理力の行使

---

38)　済生会中央病院事件・最二小判平元.12.11民集43巻12号1786頁。
39)　朝日火災海上保険（高田）事件・最三小判平8.3.26民集50巻4号1008頁。
40)　都南自動車教習所事件・最三小判平13.3.13民集55巻2号395頁。
41)　Preis, Unvollkommenes Gesetz und methodengerechte Rechtsfindung im Arbeitsrecht, in: Festschrift für Wank, 2014, S. 420.

は「同盟罷業の本質とその手段方法を逸脱したものであって到底これを目して正当な争議行為と解することはできない」とする[42]。ここでは，憲法28条の「団体行動」を「同盟罷業」と縮小解釈し，同盟罷業の本質から団体行動＝争議行為の限界を導くという方法がとられているが，そうした縮小解釈をとる理由は一切示されていない。しかし，こうした団体行動＝争議行為＝同盟罷業というとらえ方が現在まで最高裁判例を支配して，ピケッティングなどストライキに付随する行為を違法視する見解の基礎となっているのである。

　文言から離れた解釈が，労基法に関する判例にも見られる。最高裁は，たとえば，使用者による一方的相殺は労基法24条1項の賃金全額払い原則に違反するとしつつ，賃金の過払いがあった場合には，一定の範囲で不当利得返還請求権と翌月以降の賃金との調整的相殺を認め[43]，また，労働者が相殺に同意した場合は，「同意が労働者の自由な意思に基づいてなされたものであると認めるに足りる合理的な理由が客観的に存在するとき」は，相殺は可能としている[44]。しかし，労基法24条1項は，法令の規定もしくは労働者過半数代表との書面協定がある場合に限り，賃金全額払い原則の例外を認めているのであるから，こうした書面協定なしに相殺を認めるのは明らかに24条1項の文言に反している（第6章Ⅲ2参照）。

　また，労働災害により休業中の労働者の解雇に関する判決が論議を呼んでいる。労基法19条1項は，労災による休業の期間およびその後30日間の解雇を禁じたうえで，但書において，使用者が労基法81条による打切補償（療養補償開始後3年経過しても治癒しないときに，平均賃金1200日分を支払って補償責任を免れる制度）を支払ったときに例外的に解雇しうることを規定する。そして，労災保険法は，労働者が療養開始後3年経過した時点で傷病補償年金を受給している場合には，使用者が労基法81条による打切補償を行ったものとみなすと規定する（19条）ので，この場合にも使用者は労働者を解雇することができる。問題となったのは，労災保険法上の療養補償給付を受けるにすぎない労働者につい

---

[42] 朝日新聞西部本社事件・最大判昭27.10.22民集6巻9号857頁。
[43] 福島県教組事件・最一小判昭44.12.18民集23巻12号2495頁，群馬県教組事件・最二小判昭45.10.30民集24巻11号1693頁。
[44] 日新製鋼事件・最二小判平2.11.26民集44巻8号1085頁。

て，同じく19条1項の例外を認めるかどうかであった。地裁，高裁が労基法と労災保険法の文言，およびそれに合理的な理由があるとの判断からそれを否定したのに対して，最高裁は，労災保険法上の給付の実質は，使用者の労基法上の災害補償義務を保険給付の形式で行うものであって，労災保険の療養補償給付を受ける者は労基法75条によって使用者から療養補償を受ける者と同一視できるとして，19条1項但書の適用を認め，原審破棄差戻の判断を下した。[45]最高裁は，必要と考えれば，法律の明文の規定から離れた解釈も行うのである。

当該事案を直接規律する法律の条文が欠けている場合には，裁判所の法創造が認められるが，その場合にも，労働法や民法の一般原則が考慮されるべきは当然である。しかし，就業規則の一方的変更による労働条件引き下げについて，合理性さえ認められればそれに反対する労働者も拘束されるとする判例（第6章Ⅳ2参照）は，労基法2条1項でも確認された契約法の基本原則から逸脱するものである。裁判所はさらに，就業規則ではない年金規程における変更留保条項についても，それが合理的である限り，労働者がその内容を知っていたか否かにかかわりなく年金契約の内容になっていたとして，一方的不利益変更を許容する。[46]これまた，契約の根本原則から大きく逸脱する「法創造」である。

(3) 労働契約上の義務の具体化

労働契約上の給付義務や付随義務について，法律や労働協約・就業規則で規定されず，労働契約自体でも規定されない場合には，裁判官が信義誠実の原則（民法1条2項）にもとづいてその内容を具体化する。それは，民法1条2項の解釈という形をとった一種の法創造（欠缺補充）であり，その内容が現行法の価値体系（とくに憲法上の諸原則）に合致しているかどうか，その結論を導く論理に説得力があるかどうか等が問題となる。

判例が信義則にもとづいて使用者の義務として明言したものとしては，安全配慮義務が重要である。最高裁は，1975年の判決において，[47]ある法律関係に基

---

45) 専修大学事件・最二小判平27.6.8民集69巻4号1047頁（原審は，東京高判平25.7.10労判1076号93頁）。
46) 松下電器産業事件・大阪高判平18.11.28労判930号13頁，松下電器産業グループ事件・大阪高判平18.11.28労判930号27頁。
47) 陸上自衛隊八戸事件・最三小判昭50.2.25民集29巻2号143頁。

づいて特別な社会的接触の関係に入った当事者間において，当事者が当該法律関係の付随義務として，信義則上，相手の生命と健康に配慮すべき義務を負うことを一般的に認めた。その後，最高裁は，労働契約関係における使用者の安全配慮義務について明言し，それを具体化する多くの判断を積み重ねている。これは，人間の尊厳もしくは生存権の理念を具体化したものとして，一般に肯定的に評価されている。

　他方，判例は，使用者が信義則上の付随義務として，労働者を就労させる義務（労働者の就労請求権）を負うことを原則として否定している。これは労働権（憲法27条1項）の意義を十分に考慮しないものであり，しかも，「労働契約においては，労働者は使用者の指揮命令に従って一定の労務を提供する義務を負担し，使用者はこれに対して一定の賃金を支払う義務を負担するのが，その最も本質的な法律関係であるから……」という理由づけは説得的ではない。労働契約において労務と賃金の交換が「最も本質的な法律関係」であることは，論理的に労働契約上の付随義務として労働者を就労させる義務が生じることを否定する論拠とはならないからである。

　労働者の義務については，多くの判例がある。とくに議論を呼んだのは，使用者の企業秩序定立権を強調し，労働者の企業秩序遵守義務を認めた例，広い範囲の職務専念義務を認めた例，入社にあたって労働者が信義則上真実告知義務を負うとし，労働者の経歴詐称を理由とする懲戒解雇を有効とした例，企業の信用を失墜する行為を行わない義務が，企業外の就業時間外の行為にまで及ぶことを認めた例，労働者が健康管理規程（就業規則）にもとづいて，健康の保持に努める義務，健康回復に努める義務，健康管理上または健康回復に必要な指示に従う義務を負うことを認めた例などである。これらの労働者の付随義

---

48)　川義事件・最三小判昭59.4.10民集38巻6号557頁。
49)　読売新聞社事件・東京高決昭33.8.2労民集9巻5号831頁。
50)　関西電力事件・最一小判昭58.9.8労判415号29頁。この問題については，第6章Ⅱ1参照。
51)　目黒電報電話局事件・最三小判昭52.12.13民集31巻7号974頁。
52)　炭研精工事件・東京高判平3.2.20労判592号77頁（最一小判平3.9.19労判615号16頁）。
53)　国鉄中国支社事件・最一小判昭49.2.28民集31巻7号974頁，日本鋼管事件・最二小判昭49.3.15民集28巻2号265頁。
54)　電電公社帯広電話局事件・最一小判昭61.3.13労判470号6頁。判決は，就業規則↗

務に関する判例においては，労働者の諸々の自由権や人格権への配慮が欠けた判断がめだつ。それは，基本的人権（とくに自由権）の私人間効力を認めるのに消極的な最高裁の立場（第5章Ⅱ2）を反映したものであろう。なお，退職後の競業避止義務の範囲については，多くの裁判例にもかかわらず[55]，その判断基準は未だ明確になっているとはいえない。

(4) 立法者意思の位置づけ

法解釈においては，立法者意思が一つの重要な判断指標とされる[56]。しかし，判例は，この点について必ずしも統一的な態度を示しているとはいえない。いくつかの裁判例をとりあげてみよう。

まず，高年齢者雇用安定法（高年法）の私法的効力の問題である。同法は，定年年齢が60歳を下まわってはならないことを規定する（8条）と同時に，65歳までの定年制を定める使用者に，①定年年齢の引き上げ，②継続雇用制度の導入，③定年制の廃止，のいずれかの措置（高年齢者雇用確保措置）をとることを義務づけている（9条1項）。NTT（西日本）事件においては，原告が，使用者がいずれの措置もとっていないのは債務不履行もしくは不法行為であるとして，損害賠償を請求したのに対して，判決は，次の理由により9条1項の私法的効力を否定して，請求を棄却した[57]。①同法は，社会政策誘導立法ないし政策実現型立法として公法的性格を有していること，②同法改正の経緯，とりわけ改正の基礎となった平成16年の労働政策審議会の「今後の高齢者雇用対策について（報告）」と題する建議が，継続雇用制度の内容を一律に定めておらず，

　の条項が合理的であれば，労働契約の内容となり，労働者の義務になるとする。しかし，信義則上労働者の義務として認められる範囲を越えた義務を定める就業規則条項は，その合理性についてとくに慎重に審査されるべきである。

55) フォセコ・ジャパン・リミティッド事件・奈良地判昭45.10.23下民集21巻9・10号1369頁，東京リーガルマインド事件・東京地決平7.10.16労判690号75頁，三佳テック事件・最一小判平22.3.25民集64巻2号562頁など。判例の傾向については，石橋洋『競業避止義務・秘密保持義務（労働法判例総合解説12）』（2009年，信山社）参照。

56) 憲法41条を根拠として法解釈における立法者意思の重要性を強調する見解として，前田達明『民法学の展開』（2012年，成文堂）6頁以下，24頁，46頁以下参照。

57) NTT西日本事件・大阪地判平21.3.25労判1004号118頁。判決は大阪高裁（平21.11.27労判1004号112頁）によって支持され，最高裁で確定した。同旨，NTT西日本（徳島）事件・高松高判平22.3.12労判1007号39頁，学校法人大谷学園事件・横浜地判平22.10.28労判1019号24頁など。

事業主側の事情等も考慮すべきとしていること，③9条2項が，労使協定による継続雇用者の選別を許容し，弾力的な措置を認めていること，④同法には努力義務規定が多く，罰則や企業名の公表等の制裁まで予定されていないこと，⑤同法8条が，9条について努力義務規定が削除された後も60歳未満の定年制を排除するにとどまっていること，などである。

　このうち，立法者意思にかかわるのは②である。判決がこの点をかなり重視していることは，判決が，「建議」中の「65歳までの雇用の確保等」とする部分を別紙として掲載していることからも明らかである。しかし，改正の基礎となった建議の内容は一つの参考資料であっても，立法者意思そのものではない。しかも，立法者意思を問題にするのであれば，高年法の1990年改正によって努力義務として導入された65歳までの高年齢者雇用確保措置が，年金支給開始年齢の段階的引き上げに対応して，ようやく2004年に法的義務に改められたという経緯こそ重視すべきであった[58]。つまり，この判決では，立法者意思が適切でない資料によって判断されたのである。

　次に，明確な立法者意思があえて無視された例として，JR北海道事件・最高裁判決[59]をあげることができる。1987年，巨額の累積赤字などを理由として国鉄が6つの旅客鉄道会社と1つの貨物会社など（承継法人）に分割され民営化されたが，その過程で多数の国労・全動労の組合員が排除された。国鉄改革法23条の定める手続は，承継法人設立委員による募集→国鉄による採用候補者名簿の作成→設立委員による採用という複雑なものであったが，国鉄が採用候補者名簿作成にあたってなした組合員差別という不当労働行為（労組法7条1号）が，承継法人（JR）に帰責しうるかどうかが最大の争点であった。各地の地労委命令をふまえて，中労委もJRが労組法7条の使用者としての責任を負うべきことを認めて採用命令を発したところ，JRが取消訴訟を提起したのである。

　この事案では，国鉄改革法23条を条文どおり機械的に解釈すれば，国鉄による名簿作成とJR設立委員による採用行為を切り離して理解することも可能で

---

[58] 西谷敏「労働法規の私法的効力——高年齢者雇用安定法の解釈をめぐって——」法律時報80巻8号（2008年）80頁以下，根本到「高年齢者雇用安定法9条の意義と同条違反の私法的効果」労働法律旬報1674号（2008年）6頁以下。この問題については，本書第5章Ⅲ1も参照。

[59] 前掲注35)。

あった。しかし，法案の国会審議において，当時の橋本運輸大臣は，国鉄は設立委員の採用事務を補助する者で，民法上の準委任に近いものであることを繰り返し答弁していた。また，国鉄は，そのことを理由に，国鉄は組合と団体交渉をする立場にないと説明していた。ところが，JR北海道事件に関する東京地裁判決は，「改革法の立法過程における大臣等の答弁は，法案説明のために便宜的に用いられたものにすぎ」ないとして，国鉄が承継法人の補助者的地位にあったことを否定し，東京高裁もその立場を維持した。最高裁も，国鉄改革法が承継法人の採用手続の各段階における国鉄と設立委員の権限を明確に分離して規定している以上，国鉄の不当労働行為の責任をJRに負わせることはできないとしたのである。

この最高裁多数意見に強く反対する深澤裁判官と島田裁判官は，とくに法律の制定過程における大臣答弁を問題にする。「国会の法案審議における大臣の答弁は，立法者意思として法解釈に際して重く評価しなければならない。特に，改革法は……極めて短期間のうちにその内容を実現して，役割を果たしたのであって，この経緯を考慮すれば，合理的な理由もなく立法者意思に反した法解釈をするのは避けるべきである。これら大臣の答弁は法案説明のために便宜的に用いられたものにすぎないというような見解は，国会の審議を軽視し，国民の国会審議に対する信頼を損なうもので，到底容認できない」と。

国会における大臣の答弁が，審議会の「建議」などとは異なって，格別の重みをもつべきことは，少数意見のいうとおりである。また，この少数意見が，国鉄改革法が特定の政策目的をもって制定され，短期間の間にその内容を実現して役割を果たした法律であることを強調しているのも正当である。問題となっているのは，数十年も前に制定された法律における立法者意思ではないのである。最高裁は，こうした明確な立法者意思に反して，あえて改革法の機械的な文言解釈に固執して，国労・全動労組合員の排除という憲法28条に反する「国策」を法的に追認したことになる。

---

60) 平10.5.28民集57巻11号2478頁。
61) 平12.12.14民集57巻11号2529頁。
62) 西谷敏「国鉄改革とJRの使用者責任」ジュリスト1143号（1998年）84頁以下参照。
63) なお，JR北海道・日本貨物事件・東京高判平14.10.24労判841号29頁は，改革法23条について，国鉄は承継法人設立委員が提示した採用の基準に従って承継法人のため↗

今一つの事例は，明白な立法者意思にあえて触れずに，事例判断にとどめた最高裁の三つの判決である[64]。これらの事件では，オペラ劇場の合唱団員や出張修理等に従事する者が労組法上の「労働者」に該当することを前提として，団交応諾を命じた中労委命令の適法性が問題となった。高裁がいずれの事案についても労務提供者の「労働者」性を否定したのに対して，最高裁の各判決はいずれも原審を破棄し，自判しもしくは高裁に差し戻した。最高裁判決の判断手法は，いずれも，①事業組織への組み入れ，②業務の申込み・依頼への諾否の自由，③契約条件の一方的決定，④指揮監督と場所的・時間的拘束の程度，⑤報酬の対価性といった指標に即して事案を検討したうえで，それらを総合考慮して当該労務提供者の労働者性を肯定するというものであった。

　これらの判決の結論そのものは妥当であり，学説の一般的な支持を得ている[65]。労組法3条の定義する「労働者」を，労基法9条の「労働者」より広く解すべきことは，労組法3条の文言からも，労組法の立法過程からも明らかであった[66]。むしろ，労組法上の「労働者」を労基法上の「労働者」に近い形で狭く解する一連の高裁判決に重大な問題があった[67]。そうである以上，最高裁としては，問

に採用候補者の選別をする事務を委ねられていたにすぎないので，承継法人が雇用契約の一方当事者であり，国鉄に不当労働行為があれば承継法人が「使用者」として責任を負うのは当然として，国会における大臣答弁に沿う解釈を示している。ただ，この判決は，非違行為を繰り返し国鉄分割民営化に反対していた全動労組合員を採用候補者名簿に登載しなかった国鉄の行為は不当労働行為ではないとして，この「国策」を別の面から正当化した。JRの責任を否定する結論が導けるのであれば，理論構成は二の次であったという印象を免れない。

64) 新国立劇場運営財団事件・最三小判平23.4.12民集65巻3号943頁，INAXメンテナンス事件・最三小判平23.4.12労判1026号27頁，ビクターサービスエンジニアリング事件・最三小判平24.2.21民集66巻3号955頁。

65) とくに労働法律旬報1745号（2011年）およびジュリスト1426号（2011年）の特集参照。なお，この問題に関する私見については，西谷敏「労組法上の『労働者』の判断基準」労働法律旬報1734号（2010年）29頁以下参照。

66) 労組法の制定過程で重要な役割を果たした末弘厳太郎は，労組法は「『労働者』を極めて広義に解し……俗に給料生活者と称せられるものであれば」すべて労働者として労組法の適用を受けることとしたと説明していた（末弘厳太郎『労働組合法解説』〈1946年，日本評論社〉21頁）。

67) 新国立劇場運営財団事件・東京高判平21.3.25労判981号13頁，INAXメンテナンス事件・東京高判平21.9.16労判989号12頁，ビクターサービスエンジニアリング事件・東京高判平22.8.26労判1012号86頁。

題を明確にするために，労組法の制定過程に即して，少なくとも労組法上の「労働者」が労基法上の「労働者」より広い概念であることを一般論として明示すべきであったと思われる。あえて事例判断にとどめた最高裁の過度に謙抑的な姿勢は理解しがたいのである。

3　一貫した方法の欠如か利益衡量論か

　以上に見たように，判例は事案ごとにさまざまな法解釈方法を用いており，そこに統一的な方法を見出すのは困難である。これについては，そもそも判例には一貫した法解釈の方法が欠けているとの見方がありえよう。とりわけ，一方に，法律の文言にこだわったり，その形式的理解を判断に直結させる一連の裁判例があるかと思えば，他方に，実質的考慮を優先させて法律の文言から離れたり，労働法においても重要なはずの契約原理を事実上無視するような判例があるのを見ると，統一的な方法の欠如を強く感じさせられる。[68]

　しかし，別の見方も可能と思われる。つまり，判例は，全体として利益衡量論という法解釈の方法を自覚的に選択している，あるいは少なくともこの方法論の影響を強く受けているという見方である。利益衡量論は，当事者の利益の衡量にもとづく事案ごとの妥当な解決を法解釈の最も重要な要素と考え，法律構成はその結論を説得的に提示するための手段と見るので，この方法をとる場合には，ある場合に法律の文理解釈が重視され，別の場合に法目的が強調されるといったことがありうるし，立法者意思というものがある判決で重視され他の判決で無視ないし軽視されることもありうるからである。このように考えると，判例の一見すると首尾一貫しない立場も，法解釈方法における混乱というよりも，むしろ利益衡量論という一つの法解釈方法にもとづく法律構成の多様性と解した方がよいと思われる。[69]

---

68) 米津孝司「社会法・労働法から」民商法雑誌132巻4・5号（2005年）530頁は，「比較的素朴な制定法実証主義といわゆる裸の利益衡量，あるいは社会学的手法の雑居状態」と論評する。

69) 米津は，こうした法的思考は，実態的な生活関係の「場」における諸利益を重視しつつ，その場において支配的な社会規範に基づく評価を法発見において優先させるという末弘厳太郎以来の伝統であり，それは沼田稲次郎やその影響下にある論者にも共通する傾向であったとする（米津孝司「ドイツ労働契約法理における法的思考」西谷古稀↗

法律の文言解釈に固執して結果的妥当性を軽視する判例だけをみると，判例の問題はむしろ利益衡量論の対極にある概念法学的な方法にあるとの印象を受ける。しかし，法律の文言解釈に固執する裁判も，実は文言解釈の結果を妥当と見る実質的な判断にもとづいているのであって，概念法学的な方法よりもむしろ利益衡量論的な立場にたっていると見ることもできるのである[70]。

　多くの判例は，結論を示すのみで，そうした判断に至った法解釈の方法や思考過程を丁寧に示すという態度をとっていない。法的判断にあたって，「結論を導くに至った根拠につき，価値判断に由来する面と，『理論構成』を考慮した面とをはっきりわけて示す」のが利益衡量論の求めるところだとすれば，判例のとる立場は利益衡量論でさえないともいえる[71][72]。しかし，仮にそうだとしても，判例が事案ごとの結果的妥当性に最高の価値を置いているとすれば，それは利益衡量論と共通する態度であり，その方法論上の適切さについて利益衡量論と同じ次元で検証を受けなければならない。

　いずれにしても，法的判断の方法が明示されないこと自体が一つの大きな問題であるともいえる。なぜなら，仮に法解釈の方法は多様でありうるとしても，法解釈者，とりわけ裁判官がいかなる方法によって一定の判断に至ったかを明示することによってはじめて，それに対する批判的検討の土台が形成され，裁判に対する民主的コントロールが可能となるからである[73]。

　ゝ（下）498頁以下）。
70）笹倉・前掲注34) 28頁は，条文の「文字通りの適用」も，多くの場合「落としどころ」に対する裁判官の判断が先行しているとする。
71）星野・前掲注12) 6頁。
72）笹倉・前掲注34) 235頁は，最高裁判決の根拠づけがきわめて簡単であること自体がその政治的性格を表すとしている。
73）Preis, a.a.O. (41), S. 415f. は，裁判官やその他の法適用者は，正しい法を発見しようとするならば，法的判断に至った方法的な道筋を説明すべきであり，それによってはじめてその判断が間主観的に追体験しうるものとなり，透明性をもって根拠づけられ，かくして批判可能なものになるとする。Rüthers, Wozu auch noch Methodenlehre?, JuS 2011, S. 869 も，三権分立を逸脱する裁判所の越権をコントロールするために法学方法論が重要な意味をもつことを強調する。

Ⅲ　法解釈方法論から見た労働法の特質

　利益衡量論者のうちでも，星野は議論の範囲を注意深く民法に限定していたが[74]，加藤は，利益衡量論が他の分野でも——その特殊性を考慮しつつ——適用されるべき一般的な方法論であるとしていた[75]。しかし，その相違はここでは重要ではない。なぜなら，ここで問題にするのは，星野や加藤の議論自体の妥当性ではなく，労働法の解釈において利益衡量論ないし類似の方法をとることの当否だからである。以下においては，法解釈の方法という観点から見て有意な労働法の特質を整理し，労働法解釈において利益衡量論ないしそれに類似する方法をとることがもつ意味について考えることにしたい。

1　労働法と利益の衡量

　労働法分野で実際に利益衡量論を支持する論者が多いかどうかはともかく，労働法における解釈が利益衡量論のような方法に傾きやすいのは事実であろう。

　まず，労働法は，後発の分野であるだけに，民法などの伝統ある法領域に比較して，対象となる労働関係を規整する明文の規定が乏しい。民法の雇用に関する規定が労働関係に適用されるとしても，それはわずか9ヶ条にすぎない。1985年以降多数の労働立法が制定され，2007年には労働契約法が制定されたが，なお空白は大きいのである。

　労働関係の基礎は労働契約であるから，それに対して契約に関する規定の適用を一般的に否定することはできないが，労働関係は契約法が予定する対等当事者の関係ではなく，労働者の従属性を基本的特徴する独特の関係であり，契約法の無媒介的な適用が妥当でない結果をもたらす場合が少なくない。たとえば，労働者の過失によって使用者に巨額の損害が生じた場合，民法415条以下にもとづいてその全額を労働者に賠償させるのはきわめて不当な結果を招く（第3章Ⅳ5(1)参照）。また，労使間の合意には使用者の有形・無形の圧力が働く

---

[74]　星野・前掲注12) 3頁。
[75]　加藤・前掲注16) 34頁以下。

のが通常であるが，それに対して民法上の錯誤（95条）や詐欺・強迫（96条 1 項）の規定で対応するには大きな限界がある。労働法的には，その合意が労働者の真意にもとづいて成立したかどうかについて慎重な判断が求められる（第 6 章 V 2）が，その判断にあたっては，合意内容がどの程度客観的に当事者の「利益」を反映しているかの実質的考慮が欠かせない[76]。こうして労働法上の法規が欠けている領域では，法律（とくに民法）規定の文言解釈によるよりは，当事者の利益を適切に考慮した判断が望ましいといえる場合が多いのである。

さらにもう一つの事情もある。集団的労働関係においては，しばしば市民法の枠を越えた労働組合の活動が展開されてきた。たとえば，生産管理，ストライキの際のピケッティング，職場占拠，企業施設へのビラ貼付などである。これらの団体行動は，民法や刑法の諸条項や基本原則に照らして判断すれば，所有権侵害，威力業務妨害などとして違法評価を免れないが，労働法的には，憲法28条の団体行動権に基礎をもつ行動として，「正当」性（労組法 1 条 2 項，8 条，7 条 1 号）の範囲を越えないかどうかの問題となる。それは，行為の態様，使用者が被った損害の程度，そうした行動の目的，使用者の態度などそれがなされるに至った経緯など多様な要素を総合して判断されなければならない。まさに事案に即した諸事情の考慮が重要なのである。

こうした事情からすれば，労働法分野においては利益衡量論こそが適切な法解釈方法論であるかに見える。しかし，前述のとおり，当事者の利益を衡量すべきことと，法解釈方法として利益衡量論をとることとは別個の事柄であり，上のような事情は直ちに利益衡量論を正当化するものではない。

労働法は，すでに，労働者の「人たるに値する生活」（労基法 1 条 1 項），人間の尊厳（憲法13条），団結権保障（憲法28条）などを基本理念とする独自の法領域をなしている。労働法は，もはや民法という海に浮かんだ個々の「島」[77]と

---

76) 西谷・規制415頁以下，同「労働契約法の性格と課題」西谷敏・根本到編『労働契約と法』（2011年，旬報社）17頁以下。
77) Krebber, Der Einfluß der Rechtsdogmatik auf Wissenschaft und Praxis des Arbeitsrechts, in: Stürner (Hrsg.), Die Bedeutung der Rechtsdogmatik für die Rechtsentwicklung, 2010, S. 294. セバスチアン・クレッバー・根本到訳「労働法における学問と実務への法解釈学の影響」松本博之・野田昌吾・守矢健一編『法発展における法ドグマティークの意義』（2011年，信山社）337頁。

いうようなものではない。仮に法律規定そのものは点在するにすぎないにしても，それは独自の原則が支配する労働法という海域に浮かぶ島であり，島の存在しないところでも労働法の基本原則が妥当しなければならない。つまり，労働法上の法規が欠けている場合，基本的には法律の欠缺が認められるべきであり，それは，憲法などの基本理念をふまえて，労働法的なスクリーニングを経た民法の諸規定や，従属的関係を扱う他の法律（借地借家法，消費者保護法など）の類推適用，一般条項の具体化などによって補充されることになる。[78]

こうして，労働法は，制定法を基礎としつつ，判例や法ドグマティーク（Rechtsdogmatik）によって補充されて体系的に構成されるべき法領域（全法体系中の一小体系）であり，事案ごとの判断もこうした体系と関係づけてなされなければならない。そうだとすれば，労働法において当事者の利益の衡量がいかに重要であるにしても，それを独立に先行させる利益衡量論という方法が正当化されるわけではない。むしろ，利益衡量論のような方法は，労働法の以下の特質からして不適切というべきである。

2 労働法の特質と利益衡量論
(1) 労働者保護のための強行規定

労働法のなかでも，労基法に代表される労働者保護法は，使用者への従属的状態にある労働者の保護のために，労働条件の最低基準や使用者が遵守すべきルールを定めるものであり，当然強行規定を中心とする。そこでは，法的判断にあたって法律が設定する「枠」が強く意識されるべきは当然であり，[79]まず利益の衡量を行い，第二次的に説得のために法規を援用するといった方法は基本的になじまないのである。

(2) 立場の互換性の欠如と異質な利益の対立

大部分の労働紛争は，労働者（個人もしくは集団）と使用者の間で生じる。こ

---

78) 一般条項に依拠した判断が，欠缺の補充と法規にもとづいた判断のいずれであるかは争いがあるとされる（磯村・前掲注21）98頁以下）が，欠缺の補充と解するのが妥当であろう（広中俊雄『民法解釈方法に関する十二講』〈1997年，有斐閣〉73頁以下参照）。
79) 加藤・前掲16）34頁以下も，「労働法では，経済的強者である使用者に対して，経済的弱者である労働者の権利を擁護しなければならない」ので，自由な解釈が強者の自由にならないよう十分な配慮が必要，と指摘する。

の両者の間には基本的な利害の対立が存在し，法もそのことを前提にしている。それは，憲法28条が勤労者に団体行動権（争議権）を含む労働基本権を保障していることからも明らかである。しかも，労働者と使用者の間には，一般の取引の場合とは異なり，立場の互換性が欠けている。

　さらに，労働紛争においては異質な利益が対立する場合が多い。集団的紛争においてはそのことは明確であるが，個別的紛争においても，対立するのは当事者の経済的利益に限られない。たとえば，労働紛争の中心をなす解雇問題では，労働者側では金銭的利益のほかさまざまな人格的利益が関係しており，経営者側においても，職場秩序や職場の人間関係の保持といった，金銭に換算しにくい利益が関係していることが多い。

　このような労働紛争の特質からして，利益の衡量によって労働者と使用者を含む多数の人々を納得させる結論を引きだすには大きな困難が伴う。ここでは，利益衡量の基準となるべき「常識」が成立しにくいのである。

(3) 規範と現実・常識

　労働法上の判断が「常識」に依拠できないもう一つの理由がある。労基法などの労働者保護法は，労働者の生存権や人間の尊厳理念の実現のために，労働条件の最低基準を設定し，それに反する労働現場の状況を変革するという役割を担っている。1947年に成立した労働基準法は，ILOの諸条約を考慮して，当時としては相当に高い基準を設定した。戦争による経済的混乱から立ち直っていなかった日本企業にとってその基準を遵守することは容易ではなかったが，労基法はあえてそうした基準を設定することによって，労働条件の改善を促進しようとしたのである。労基法などの労働者保護法は，本質的にこうした現実変革的な性格をもっている。こうした分野では，労働現場の「常識」に依拠するよりも，その「常識」を変えることが必要とされる場合が多い。

　たとえば，不払い残業という労基法37条に違反する状態が，今日でも官公庁を含めて職場の「常識」となっているのは周知の事実である。判例は，さすがに不払い残業一般を容認するような態度はとらないが，基本給がかなり高額で時間管理もきちんとなされていなかったという事案では，基本給に時間外割増賃金を含ましめる合意も許されるという――労基法37条に反する――「常識」

に従った例がある。また，連続した長期の年次有給休暇は取得できないという職場の「常識」も判例に規定的な影響を及ぼしている。

　集団的労働法の分野でも，法的原則と常識の乖離は大きい。たとえば労働組合を結成することが労働者の基本的人権（憲法28条）であることを知る者が国民の22％にとどまるとの調査がある。ましてや，ストライキともなれば，それが憲法で保障されていることを知る者はもっと少数であろう。ストライキの件数が近年極端に少なくなったこともあり，ストライキそれ自体を不当視する風潮が強まっているのである。

　こうして，労働法の分野では，「常識」に依拠する法的判断が法の基本原則に反する結果となる危険性が，おそらく他の分野よりも強い。沼田稲次郎が早くから，労働「常識」ではなく，規範的評価を媒介とした「労働良識」を判断基準とすべきことを説いてきたのはそのためである。この意味でも，利益衡量論の方法は労働法分野では不適切といえる。

(4) **憲法との密接な関係**

　憲法で示された価値体系があらゆる法解釈と法適用に枠をはめそれを領導すべきであるのは，いずれの法領域でも異ならない。しかし，労働法は憲法ととくに深い関係をもっている。というのは，労働法分野の個別法規の多くは，憲法の付託にもとづいて制定され（憲法27条 2 項にもとづく労働者保護法），もしくは憲法の人権条項を具体化する（憲法28条と労働組合法の関係）ものだからである（第 1 章Ⅲ 3 参照）。

　そこで，労働法では，法的判断にあたって憲法的な価値がとくに強い拘束力

---

80) モルガン・スタンレー・ジャパン事件・東京地判平 17.10.19 労判905号 5 頁。
81) 時事通信社事件・最三小判平 4.6.23 民集46巻 4 号306頁。
82) NHK 放送文化研究所編『現代日本人の意識構造［第八版］』（2015年，日本放送出版協会）86頁以下。
83) 2014年に行われた争議行為は80件（うち半日以上のストライキは27件）となっている（厚生労働省「平成26年労働争議統計調査の概況」）。
84) 沼田理論における「労働良識」の意義については，片岡曻『現代労働法の理論』（1967年，日本評論社）209頁以下参照。労働法解釈にあたって実態を重視すべきことを強調する萬井が，『「実態」を重視するということは実態の容認でもそれへの追随でもない。実態の把握は分析，法理論化と一体である』（萬井隆令「労働法解釈の在り方について——実態の把握，分析，法理論化——」日本労働法学会誌126号〈2015年〉10頁以下）というのも，同じ趣旨であろう。

をもつと考えるべきである。もちろん，憲法の解釈には一定の幅がある。労働者にかかわる基本的人権が，財産権（29条1項）や営業の自由（職業選択の自由＝22条1項）などとの関係でいかなる制約に服するのかについては，見解の対立も生じうる。しかし，それにもかかわらず，憲法規範はひとつの「枠」として，個別法規およびその解釈を拘束するし，さらに明文規定が存在しない場合にも，一般条項に依拠した判断の内容を規定する（基本的人権の私人間効力。第5章Ⅱ2参照）。

　こうした憲法による拘束という観点からしても，憲法条項を含めた法規よりも裁判官による当事者の利益の衡量を優先させる法解釈方法は労働法になじみにくいのである。

(5) **予測可能性の意義**

　裁判官による事案ごとの利益衡量を優先させる方法が裁判結果の予測を困難にし法的安定性を害することは，利益衡量論の重大な欠点であるとされてきた。それは，当然労働法の分野にもあてはまる。

　しかも，予測可能性が重要な意味をもつのは，たえず費用計算にもとづいて行動する使用者にとってだけではない。むしろ，多大の費用，時間，精神的負担をかけ，場合によっては人生のすべてをかけて訴訟に挑む労働者にとってこそ，予測可能性が重要なのである。また裁判結果の予測可能性が高まれば，それが労働現場における行為規範として定着し，紛争を予防する効果をもつことも期待される。

　たしかに，判例が蓄積されていけば，それを事案の性格によって類型化する作業を通じて裁判の予測可能性を高めることができるが，裁判が法律の拘束の下になされる場合に比較すれば，その予測可能性の程度は低いといわざるをえない。また，裁判所が法律に拘束されるそのあり方，つまり法解釈方法論（たとえば立法者意思をどのように位置づけるのか）が確立されなければ，新たな紛争類型に関する裁判結果の予測は困難となる。その意味でも，より高い予測可能性を保持しうる法解釈方法論が必要なのである。

(6) **労働関係紛争の社会的・政治的性格**

　労働関係から生じる紛争は，一般にその影響範囲が広く，その意味で社会的・政治的性格が強い。個別的労働関係と集団的労働関係のいずれから生じた

紛争であれ，それに関して確立された判例は，労働者生活と企業経営に，また問題によっては政治的に多大な影響を及ぼす。最高裁判所の裁判官は，判決の影響を考慮に入れつつ判断せざるをえないのは当然であり，実際そうした考慮は多くの判決から明瞭に読み取ることができる。

しかし，それだけに，裁判官のこうした「政治的」判断が制定法（憲法を含む）の拘束から離れて不適切になされた場合の悪影響は深刻である。われわれは，その典型例を，憲法28条の明確な文言から逸脱して公務員の争議行為の全面否定を認めた判例[85]，労働条件の決定・変更は労使合意によるとする原則（労基法2条1項の労使対等決定原則，労基法15条1項の労働条件明示義務）を無視ないし軽視して，安易に使用者の配転命令権を認めた判例[86]，また終業時刻直前になされた残業命令にも従う義務があることを認めた判例[87]などに見ることができる。裁判官が法律の拘束から自由に判断することによって三権分立の原則に抵触しうるとの利益衡量論への批判は，労働法分野においても，あるいは労働法分野においてこそ重要な意味をもつのである。[88]

おわりに

裁判官による利益の衡量は，当事者のいずれの側からも，裁判所が相手方の

---

85) 全農林警職法事件・最大判昭48.4.25刑集27巻4号547頁。
86) 東亜ペイント事件・最二小判昭61.7.14労判477号6頁，日産自動車村山工場事件・最一小判平元.12.7労判554号6頁。
87) 日立製作所武蔵工場事件・最一小判平3.11.28民集45巻8号1270頁。
88) もちろん，最高裁は，「政治的」考慮から労働者の利益を重視した判断を下すこともある。たとえば，労働省告示の定める労災認定基準を満たさない条件下での過労死を労災と認め，それによって認定基準の変更を促した横浜南労基署長〈東京海上横浜支店〉事件・最一小判平12.7.17労判785号6頁や，精神的な不調のために欠勤を続けている労働者については，精神科医による健康診断を実施したうえで，治療の勧奨，休職などの措置をとり経過を観察すべきなのに，それをせずに，欠勤を無断欠勤扱いしてなした諭旨退職処分は無効とした日本ヒューレット・パッカード社事件・最二小判平24.4.27労判1055号5頁などが注目される。最高裁は，企業社会の規範を基本的に容認しつつ，そのいきすぎに一定の歯止めをかけようとしたものと考えられる（吉田美喜夫「労働事件と最高裁」市川正人・大久保史郎・斉藤浩・渡辺千原編著『日本の最高裁判所──判決と人・制度の考察──』〈2015年，日本評論社〉98頁）。

利益を過度に重視しているとの不満を呼び起こす。研究者も，独自の立場から裁判官の利益衡量の仕方を批判的な検討の対象とする。しかし，裸の利益衡量という次元では，議論は水掛論に終わり，結局は決定権限をもつ裁判所の利益衡量が貫徹するほかはない。当事者のそれぞれの権利・利益が憲法を頂点とする法が選択した価値体系においていかに評価され位置づけられるかが明確にされて初めて，利益の衡量が法的判断となり，それをめぐる議論が法的議論となる。その場合に初めて，敗訴した当事者の不満もやわらげられる。したがって，われわれは，利益の衡量をたえず現行法の価値体系と関連づけて行うような方法をとらなければならない。

しかし，適切な法解釈方法を見出すことは決して容易ではない。本章では，裁判官の利益衡量にもとづく判断を優先させ，法律構成を第二次的なものと位置づける利益衡量論が労働法分野では重大な問題をはらむことを指摘してきたが，他方，法律の無欠缺性を前提として，法律の条文ないし論理構造からすべての問題の適切な解決を導こうとする概念法学的な方法も不適切であることは明らかである。われわれは，いずれの方法にも問題があることをふまえて，評価法学を軸として現在もなお熱心に戦わせられているドイツの方法論論争[89]なども参照しつつ，また労働法の独自性を十分意識して，妥当な方法を模索しなければならない。[91]

それとの関連で強調しておくべきは，立法の重要性である。裁判官や研究者による現行法の解釈が，法律による拘束を受けつつ，なお当事者の利益の適切な衡量にもとづく結果的妥当性を保持しうるためには，解釈を拘束する法律そ

---

89) 米津は，評価法学を，「法における外的体系たる憲法，労働法規，民法規定等の背後に存在する法原理の内的体系へと遡行し，階梯的な構造をもって成立しているこの法の内的体系における評価矛盾を回避しつつ，具体的な問題ごとに法的諸原理間における衡量の最適化を図ることで，個別的な正義と法的安定性のバランスのとれた発見を確保することを目指す」ものと規定する（米津・前掲注69）489頁以下）。

90) 磯村・前掲21) 85頁以下, 青井秀夫『法理学概説』(2007年，有斐閣) 第二部など。

91) 笹倉・前掲34) 4頁以下は，法解釈という作業を，参照事項（法文自体の意味，条文同士の体系的連関，立法者の意思，立法の歴史的背景，「法律意思」）と条文の適用の仕方（文字どおりの適用，宣言的解釈，拡張解釈，縮小解釈，反対解釈，もちろん解釈，類推，比附，反制定法解釈）とに区別して整理する。法的判断の構造分析として有益である。

のものが適切であり，状況の変化に的確に対応したものでなければならない。労働法分野では憲法の諸条項が個々の法解釈を指導する理念を提供し，さらに民法や労働契約法の一般条項の内容となって裁判官や研究者の判断を拘束するが，これらはなお抽象的であり，憲法の要請や一般条項の内容を具体化する法律の整備が重要である。とくに，貧弱な内容で成立した労働契約法を充実させることは急務である。もちろん，いかに立法化が進展したとしても，法解釈とその方法論の意義が失われることはありえないが，適切な立法化は，無理のない法解釈によって妥当な結論を得るために不可欠の前提条件である。

＊　本章は，西谷敏「労働法の特質と法解釈方法論」杉原泰雄・樋口陽一・森英樹編『戦後法学と憲法——歴史・現状・展望（長谷川正安先生追悼論集）』（2012年，日本評論社）262頁以下に大幅に加筆し修正を加えたものである。

第11章
労働関係の法化と紛争解決

はじめに——「法化」の光と陰

「法化」(legalization, Verrechtlichung) の概念は，アメリカやドイツでは，否定的な脈絡で用いられることが多い。トイプナーの整理によれば，次のような意味においてである[1]。

第一は，規範の氾濫 (Normenflut) である。とくに産業・労働の分野であまりに多くの法律が制定され，その全体的認識と統一的解釈が困難となり，ひいては法への信頼感を喪失させているという。

第二は，紛争の収用 (Konfliktenteignung) である。すなわち，社会紛争を当事者の手から奪って裁判所に引き渡すことにより，時間と費用をかけてかえって紛争の適切な解決の可能性が奪われるとされる。

第三は，非政治化 (Entpolitisierung) である。労働関係を法律的に形式化することによって，本来は政治的であるはずの階級闘争を中立化し，石化するとして批判される。

第四に，実質化 (Materialisierung) である。すなわち，現代の社会国家において，古典的な法の実定性，一般性，形式性が失われ，法が産業・労働への国家的介入の誘導手段に転化する。そこでは，形式的合理性に代わって実質的合理性が優位に立つ。

別の角度から，「法化」を法の拡張と法の細密化・特殊化に分ける議論もある[2]。法の拡張とは，従来は単なる社会現象ないし政治現象と理解されていた領

---

1) Teubner, Verrechtlichung – Begriffe, Merkmale, Grenzen, Auswege, in: Kübler (Hrsg.), Verrechtlichung von Wirtschaft, Arbeit und soziale Solidarität, 1984, S. 293ff.
2) Voigt, Verrechtlichung in Staat und Gesellschaft, in: Voigt (Hrsg.), Verrechtlichung. Analysen zu Funktion und Wirkung von Parlamentarisierung, Bürokratisierung und Justizialisierung sozialer, politischer und ökonomischer Prozesse, 1980, S. 16.

域が規範化され，法的現象になること[3]をさし，法の細密化・特殊化は，すでに法的に把握された領域において，法的手段が細分化・特殊化され，法的誘導手段の正確性が増大していくことをさす。

要するに，「法化」とは，全体として国家機能が肥大化し，従来は社会や経済に委ねられていた領域にまで国家＝法が介入するほか，法そのものがますます細分化・精密化され，人間の社会・経済生活を網の目のように支配しているという事態を表現する概念といってよい。こうした現象を否定的にとらえるアメリカやドイツの議論はもちろん日本においても参考になる[4]。

しかし，日本社会においては，当事者の関係を権利と義務の法的関係として把握し，そこから生じる紛争を裁判所などの公的機関において解決するという意味での「法化」は決して十分とはいえない。とくに労働関係が展開される企業という小社会では，労働者・使用者の権利と義務が予め明確にされる度合いが低いために，使用者の恣意的な支配が貫徹しがちである。労働者・使用者関係が「法化」されることは，労働者が権利主体として認められるための前提条件である。総じて，日本では，「法化」は，否定されるべき悪弊である以前に，まず実現されるべき課題なのである[5]。

---

[3] 日本では隣人訴訟がその典型的な例である。隣人訴訟については，星野英一編『隣人訴訟と法の役割』(1984年，有斐閣)，小島武司他『隣人訴訟の研究』(1989年，日本評論社) 参照。

[4] 「法化」を問題にする場合，当然，「法」の概念に関する一定の理解が前提となる。とりわけ，いかなる社会的基盤にもとづく規範を「法」とみるかが重要である。たとえば，研究室における禁煙のルールは「法」といえるか。それは，「法」の社会的基盤は国家か少なくとも「全体社会」でなければならないとする立場（加藤新平『法哲学概論』〈1976年，有斐閣〉345頁以下）からすれば「法」とはいえないが，すべての社会の規範を法と認める立場（末弘厳太郎『法学入門』〈1934年，日本評論社〉83頁以下）からすれば「法」となりうる。しかし，ここでは，「法」の最も典型的な形態である国家法を念頭に考える。

[5] 笹倉秀夫『法思想史講義〈下〉』(2007年，東京大学出版会) 354頁，広渡清吾『比較法社会論研究』(2009年，日本評論社) 117頁以下。1999年から進められてきた司法制度改革は，日本社会の「法化」を志向するものであったと見ることができる。すなわち，『司法制度改革審議会意見書──21世紀の日本を支える司法制度──』(2001年6月12日) は，「法の精神，法の支配がこの国の血となり肉となる，すなわち，『この国』がよって立つべき自由と公正を核とする法（秩序）が，あまねく国家，社会に浸透し，国民の日常生活において息づくようになる」ことが司法制度改革の根本的課題であるとする。司法制度改革のそれぞれの内容については賛否が鋭く対立しているが，現在の日本において「法化」の促進が重要課題であることについては広く共通の認識が形成されているように思われる。

また，「法化」に対する上記の批判ないし懐疑は，グローバル化を背景とする規制緩和の本格化という新たな事態のなかで再検討される必要がある。規制緩和がすでに存在する規制の大枠を維持しつつ例外を積み上げていくという方法で行われる場合には，法的規制網は細密化，複雑化し，「法化」が進行する。この場合，規制緩和批判は，「法化」批判につながる。しかし，規制緩和のために国家がある領域から撤退する場合には，その領域では「非法化」（Entrechtlichung）の現象が生じるのであり，規制緩和反対論は「非法化」を批判し「法化」を要求しなければならない。

　このように，規制緩和は，事情によって「法化」もしくは「非法化」を進行させるのであり，そのことは，「法化」問題が国家機能論とは別次元で検討対象とされるべきことを意味している。

　本章では，今日の労働関係において，以上の意味での「法化」がいかなる状況にあるかを検討し，それとの関連において労働関係の紛争解決の問題について検討する。

I　労働契約の性質と労働関係の法化

　近代社会においては，労働者・使用者関係の法的基礎は労働契約であり，その意味では，労働者・使用者関係は本来法的関係である。しかし，そのことは直ちに労働者・使用者関係の法化を意味するわけではない。労働者・使用者関係は，それが法的関係（とりわけ契約関係）であることが広く意識され，その関係から多くの法的紛争が現実に生じる場合にはじめて，法化したといえる。

　むしろ，労働者・使用者関係は一般に法化しにくい関係である。たしかに，雇い入れ（労働契約の締結）と退職・解雇（労働契約の解約）の段階では，それが契約関係であることは明確である。しかし，労働者・使用者関係の存続期間中の就労関係は，法的関係，すなわち労働契約上の義務履行の過程であるとは意識されにくい。労働者は，協同作業のために形成された集団の一員として，事業主が作成した作業規則（就業規則）と事業主のその都度の指揮命令に従って就労するのが当然と考える。末弘厳太郎が日本の労働契約を地位設定契約と説明した（第6章I2）のは，ある程度は資本主義的経営における普遍的な労

者・使用者関係のあり方を表現していたのである。

　19世紀ヨーロッパの労働契約のとらえ方も，こうした労働関係観を反映していた。労働契約を労務の賃貸借と構成した1804年ナポレオン民法典においては，労働過程はモノ（労働）の使用の過程であり，単なる事実的な関係にすぎなかった。ナポレオン民法典が労働契約について，ほとんど固有の規定を設けなかったのもそのためである。労働契約を労働（力）の売買とみる労働契約観においても同様である。労働過程は，使用者が買った商品を消費する過程であり，それは基本的には非法的であった。1900年に施行されたドイツ民法典は，労務供給契約に関する20か条の規定をもうけ，ナポレオン民法典よりは多少個別労働関係に踏み込んだが，労働関係の細部を法的に規律するというにはほど遠いものであった。

　20世紀初頭から，労働契約の性質に関する研究が進んでくる。たとえばロトマールは，民法典の諸規定を基礎として労働者・使用者の権利と義務を解明する作業によって，労働契約理論の確立に大きく貢献した。[6] ギールケも，労働関係を，中世以来の伝統にもとづく保護と忠誠の相互関係から成る人法的共同体関係（personenrechtliches Gemeinschaftsverhältnis）と構成する立場から[7]，ロトマールとは異なった形で労働者・使用者の権利・義務を解明し，ジンツハイマーなどその後の労働法理論に多大の影響を及ぼした。

　とはいえ，これらの労働契約法理の研究は，個別的労働関係を法化するための準備作業であっても，法化自体をもたらしたわけではない。労働関係の規律において実際に大きな役割を果たしたのは，1891年の営業法改正（いわゆる労働者保護法）によって使用者に作成が義務づけられた就業規則であり，20世紀初めから普及し始めた労働協約であり，1920年従業員代表委員会法によって創

---

6) ロトマールの労働法理論への貢献については，Rückert, "Frei" und "sozial": Arbeitsvertrags-Konzeptionen um 1900 zwischen Liberalismus und Sozialismus, ZfA 1992, S. 245ff.

7) Gierke, Die zwei Wurzeln des Dienstvertrages, in: Festschrift für Heinrich Brunner, 1914, S. 40ff., 和田肇『労働契約の法理』（1990年，有斐閣）23頁以下，西谷敏『ドイツ労働法思想史論——集団的労働法における個人・団体・国家』（1987年，日本評論社）205頁以下，皆川宏之「オットー・フォン・ギールケにおける雇用契約の法理（1）（2）」季刊労働法238，239号（2012年）参照。

設された従業員代表委員会（Betriebsrat）であった。個別的労働関係は，さしあたりはこうした集団的関係の背後に隠れていたのである。

個別的労働関係の法化は，ワイマール時代に，労働協約の規範的効力の承認やいくつかの労働者保護立法の成立によって，個々の労働者の権利が明確化されたことを前提として，とりわけ労働裁判所の創設（1926年）によって，労働者の権利を比較的容易に実現する道が開かれて以来，ようやく本格的に展開するのである。そして，ドイツは現在，労働分野においても，年間約50万件の訴訟が労働裁判所に提起される法化社会となっている。

II　日本的企業社会と法化

1　日本的企業社会の特質

長期雇用慣行，年功的賃金・人事制度，企業内労働組合などの日本的雇用慣行を背景として日本に特有の企業社会が形成されてきた。企業社会の特徴は，労働者・使用者関係が容易に法化しないという点にある。労働者が契約意識をもちにくいのは，ある程度までは労働契約というものの普遍的な性質によるが，長期雇用慣行が支配的であった日本的企業社会では労働者の契約意識は一層稀薄であり，企業社会の構成員としての意識が支配的となる。

企業社会を実際に支配する規範によれば，正社員たる労働者は企業に対して全身をあげて奉仕することを求められる。労働者は，頻繁な配置転換や突然命じられる長時間の残業に，私生活を犠牲にしてでも応じることを期待される。それに対する報償は，安定した雇用，生活に配慮した賃金制度（年功制，多額の賞与，住宅手当，家族手当など），ほぼ定期的な昇格，退職金・退職年金，社宅などの各種の企業内福利厚生，そして使用者（上司）の温情であり，それが労働者の企業忠誠心を支えていた。多分に前近代的性格を残していたこの忠誠と

---

8)　なお，ドイツにおける集団的労働関係の展開を「法化」の過程として描き出すことは，西谷・前掲注7）のモチーフであった。

9)　「企業社会」については，田端博邦「序論・現代日本の企業・社会・国家」東京大学社会科学研究所編『現代日本社会5 構造』（1991年，東京大学社会科学研究所）1頁以下，広渡清吾「序論・いま，何が問題か」東京大学社会科学研究所編『現代日本社会6 問題の諸相』（1992年，東京大学社会科学研究所）3頁以下，西谷・規制5頁以下参照。

配慮の関係は，高度成長期に次第に洗練されて，日本的雇用慣行として定着していったのである。

もちろん，企業社会の労働関係も，労働基準法などの適用を受け，また就業規則もしくは労働協約によって規整される限りでは，法的関係である。しかし，企業内では通常は独自の社会規範が支配しており，それは，ときに労働者に法的な義務以上の負担を強いるという意味で非法的であり，ときに法律に反して労働者の権利を侵害するという意味で反法的である。不払い残業は，これらの両側面をもっている。

日本企業は，また，解雇という明確な法的手段をできるだけ避け，退職勧奨（強要）にもとづく労働者の退職という，法的紛争になりにくい方法をとってきた。配転・出向・降格などの人事上の諸問題は，使用者が本来的に有する人事権（経営権）の行使と意識され，容易に法的問題として扱われなかった。そして，企業内労働組合がまだ一定の影響力をもち，組合員個々人の就業条件への発言権を保持している場合には，個別的人事問題も団体交渉で解決される可能性があり，それ自体として法化される必要はなかったのである。

2 法化の進行

日本的企業社会は，しかし，次第に労働関係の法化を促進する方向に変化してきた。すでに70～80年代からその傾向が見られたが，とくに顕著となったのは1990年以降の平成不況期である。

第一に，1980年代中頃以降，均等法，派遣法の制定，労働時間に関する労基法の改正などの法改正が進み，全体として労働法への関心が高まってくる。労働法学の関心も，集団的労働法から個別的労働関係法に大きくシフトし，労働

---

10) 企業社会における労使関係観は，労働関係を保護と忠誠が対応する人法的共同体関係ととらえたギールケの理解と共通する面がある。しかし，ギールケの労働関係観が，中世の領主―騎士関係という一対一の契約関係を基礎に据えていたのに対して，企業社会の労働関係観は，労働者の企業＝「イエ」への所属という集団的な性格が強い点に特徴がある。
11) この問題に関する議論の展開については，渡辺裕「配置転換・転勤と出向の法理」労働法文献研究会編『文献研究・労働法学』（1978年，総合労働研究所）15頁以下参照。
12) 西谷・規制17頁以下，西谷・人権57頁以下参照。

者・使用者の権利・義務に関する理論的な検討も進んでくる。これらは，労働関係の法化を推進する前提条件となった。

　第二に，バブル崩壊後の長期不況期には，使用者自身がそれまでの忠誠と保護を柱とした日本的雇用慣行を大きく転換し，リストラ解雇，退職強要，非正規労働者への転換，労働条件のドラスティックな切り下げなどの措置を断行した。また，これらの措置は，全体として職場を荒廃させ，セクハラ，いじめなどの温床となった。さらに，長時間労働はますます深刻となり，過労死，過労自死，メンタルヘルス不全の問題を多発させた。こうして，労働者・使用者間で多くの新たな紛争が発生することになったのである。そして，もはや上司や使用者の温情に期待しえないことを悟った労働者（および家族）は，泣き寝入りするよりも，紛争を公的機関に持ち出して争うという積極的行動をとるようになった。それは，使用者の姿勢転換に対する労働者の自然な反応というべきものであった。

　第三に，平成不況期に，労働者全体における非正規労働者の比率が大きく上昇した。その上昇の仕方は，1990年の約20％から15年の間に40％近くまで上昇するというドラスティックなものであった。一般に非正規労働者は，勤続年数が比較的短いことや職務内容と労働条件の変化が少ないことから，労働条件が労働契約書で明記される場合が多く，その意味で使用者との関係は相対的に法化しやすい。そうした非正規労働者の急増は，企業の労働関係全体を法化する方向に作用したのである。

　第四に，長期不況のなかで，企業別組合は一層その機能を低下させ，個人加盟の地域ユニオンが活動力を高めてきた。この両者の傾向がともに，労働関係の法化に寄与したといえる。すなわち，労働者が解雇やセクハラ等の深刻な問題に直面したとき，企業内組合が団体交渉によって問題を解決することが以前より一層困難となり，法的手段の意義が増大した。他方，問題に直面した労働者の支援を重要な役割とする地域ユニオンは，使用者との団体交渉によって問題解決に努力するほか，当事者による訴訟や労働局あっせん申請のなどの支援に力をそそいだ。そのことも，訴訟件数の増加などの労働関係の法化に寄与したのである。

　第五に，2007年に制定された労働契約法も，労働関係の法化を促進した。と

りわけ，法律の制定を契機として，使用者が，労働契約上の紛争の予防もしくは有利な解決を目的として，労働条件を予め労働契約書で詳細に規定したり，労働条件の引き下げ等について労働者の書面同意をとりつける傾向が強まった。

最後に，個別紛争の増加に対応するために，裁判以外の労働紛争解決制度が整備され，法的紛争の受け皿となった。とくに，都道府県労働局のあっせんを制度化した個別労働関係紛争解決促進法（2001年）と，裁判と調停の間に位置する労働審判を中核に据えた労働審判法（2004年）が重要である。これらの制度の整備は，公的機関にもち出される個別労働関係紛争の数を飛躍的に増大させ，労働関係の法化に寄与した。

こうした背景のもとで，公的機関に持ち出される個別労働紛争は，1990年以来急増している。1990年当時，裁判所に新たに提起された訴訟は，本訴と仮処分を合計して年間約1,000件であり，しかも当時は，個別労働紛争を扱う公的機関は裁判所に限られていた。ところが，2014年度には，労働関係通常民事訴訟の新受件数3,254件，労働審判の申立件数3,496件となっており，これに労働局における個別紛争あっせん5,010件，都道府県労働委員会の個別紛争あっせん319件，都道府県労政主管部局等のあっせん845件を加えると，年間合計約1万3,000件の個別紛争が公的機関で争われていることになる。25年間で約13倍となっているのである。

3　法化の限界

公的機関に持ち出される個別的労働紛争件数は，このように飛躍的に増加したが，それでも，ヨーロッパ諸国における労働裁判の件数（たとえばドイツでは年間50万件）には遠く及ばない。今後の趨勢について確実な予想は困難であるが，日本の紛争件数が近い将来ヨーロッパ並みになる可能性は乏しいように思われる。

何よりも，日本の労働者の権利意識はヨーロッパ諸国の労働者に比較してなお高いとはいえず，しかも権利意識は短期間に変化するものではないからである。労働者が諸々の人事措置やセクハラ・いじめなどを法的に争いうることは今や理論的に明白であり，そのことの知識も普及しつつあるが，それを法的に

争うのを躊躇させる風潮にはなお根強いものがある。

　労働者・使用者関係を契約関係ととらえる意識が稀薄な企業社会においては，労働関係は企業内部の問題であり，それを法的問題として外部に持ち出すべきでないとの規範が支配する。企業社会の構造が相当大きく変化した後にも，そうした意識はなお払拭されていない。労働者の多くが，訴えの提起とともに企業を退職せざるをえなくなるか，解雇・退職の後に初めて訴えを提起しうるのはそのためである。労働者は退職して初めて自己の権利を主張する市民となり，そのときに初めて労働関係が真の意味で——しかし事後的に——法的関係となる。日本の企業社会においては，法化を進める条件が整ってきたが，現実的な法化は決して十分とはいえないし，近い将来にそれが飛躍的に進行すると予測することも難しい。

Ⅲ　法化の諸形態

1　規範・ルールの種類

　労働関係が法的関係として扱われ，生じた紛争を裁判等で争うことが可能とされている場合，労働関係は一応法化しているといえる。当事者の紛争が裁判所などの紛争解決機関に持ち出された場合，その機関は，法律，労働協約，就業規則，労働契約，労使慣行などによる解決基準を探り，それにもとづいて当該紛争について判断する。

　その際，紛争解決の基準は，実体型，手続型，使用者の裁量型の三つに分類することができる。実体型とは，予め当事者の権利義務の内容が具体的に決定されているものであり，最も標準的な基準である。手続型とは，労働組合などの関与によって決定するという手続だけを事前に決めておくという方法である。使用者の裁量型とは，使用者の裁量＝決定権を定めておき，裁判所等はそれの濫用の有無について審査するという方法である。

　それぞれの方法に応じて，紛争解決の予測可能性や紛争解決の方法について相違が生じるので，こうした分類に意味がある。

2 実体型

　ある事項について，法律，判例法理，労働協約，就業規則，労働契約の条項などによって当事者の権利義務が具体的に決定されている場合，いうまでもなく，その事項をめぐる法的紛争はその実体的基準に即して判断される。

　実体的基準は，賃金その他の労働条件については一般的に見られる基準であるが，転勤などの人事についても問題となりうる。たとえば勤務場所が労働契約によって具体的に特定されている場合がその典型例である。この場合，転勤は合意された労働条件の変更であり，当然労働者の同意が必要である。転勤については労働者の個別的同意を必要とする旨の条項が労働協約や就業規則等に存在する場合も，同様の結果となる。

　転勤にあたって労働者の個別同意が必要という基準は，次に述べる手続型に該当するともいえそうであるが，本人の同意という要件は，憲法13条に基礎を置く自己決定の理念にも深く関係するところであり，単なる手続を越えた実体的な意味をもつと見るべきであろう[13]。

　本来，労働条件そのものや生じうべき紛争の解決基準は，できる限り明確かつ具体的に決定しておくべきである。それはまず，労基法や労契法その他の法規の任務であり，判例法理がそれを補う。また，労働条件に関する就業規則や労働契約の規定は，採用時の労働条件明示義務（労基法15条1項）の趣旨からしても，可能な限り明確かつ具体的でなければならない。これらの具体的な基準は，当事者の予測可能性を高め，紛争を事前に防止しうるとともに，法的紛争が生じた後にもそれを迅速に解決する役割を果たす。裁判所が，紛争の解決にあたって，「合理性」といった法律の規範的要件（たとえば労契法10条）や，就業規則における「正当な事由」といった一般的な基準を適用して判断すべき場合には，紛争解決の予測可能性が低下するし，実際の紛争解決手続においても，双方がその立証と反証のために余分な時間と労力を要することになる。

　当事者の権利義務の内容やその決定基準があまりに詳細に決定されると，そ

---

13) いずれにしても，労働者が与えた変更の同意が労働者の真意にもとづくかどうかについて慎重な審査が必要である。その真意性は単なる書面や署名・押印といった形式によって担保されるのではない（第6章V2参照）。

の適用にあたって弾力性が欠け，労働関係の円滑な展開を妨げる危険があることは一般論としては否定できない。しかし，日本では，労基法や労契法などの法律が解決基準を詳細に規定していないこと，使用者が就業規則の作成にあたって自分の手を縛るような規定を避けようとすることなどの事情から，解決基準が不明確であることの方がより重大な問題である。

3　手続型と法の手続化

　紛争解決のために，あらかじめ，権利義務の内容ではなく，労働者集団の関与による権利義務の決定方法や紛争解決手続を定めておく方法がある。勤務場所・転勤の例でいえば，労働協約の人事同意・協議条項がこれに近い。

　人事同意条項のもとで労働組合が転勤に同意を与えなかった場合，あるいは人事協議条項のもとで，労使間で転勤について十分協議が行われなかった場合には，当該転勤命令は原則として無効となる[14]。したがって，労働組合が組合員の利益を擁護する意欲と能力を有する限り，手続型の規制は，労働者の望まない転勤を阻止するのに有効である。

　ところで，こうした労働組合の関与をポストモダン論（脱近代化論）がいう「法の手続化[15]」に類似した現象ととらえて，積極的に評価する水町勇一郎の見解がある[16]。水町によれば，日本では，企業内の労使協議による問題解決が広く普及しているが，判例は，就業規則による労働条件変更や整理解雇の有効性判断にそれを取り込もうとしているし，労基法は，労働時間規制に労使協定や労使委員会決議を組み入れて，規制を当事者による分権的で柔軟な協議・調整に委ねる制度を導入している。こうした「法の手続化」の背景には，ヨーロッパと共通の「ポスト工業化」の状況と同時に，日本社会に固有の分権的な共同体社会（その典型としての「企業共同体」とそこでの柔軟な話合いによる問題解決）の残存という二つの事情が存在するという。そして，水町は，こうした労働法の手続化の方向を，多様化・複雑化する社会状況への適応を可能にするものとし

---

14)　ただし，その理論構成については，人事協議条項に規範的効力を認める見解（西谷・組合法350頁以下）と，それを否定しつつ，重要な手続違反として権利濫用になるとする見解（菅野・労働法882頁）に分かれている。
15)　法の「プロセス化」ともいわれる。たとえば，笹倉・前掲注5）354頁以下参照。
16)　水町勇一郎『労働社会の変容と再生』（2001年，有斐閣）279頁以下。

て，積極的に評価するのである。

　その際，水町は，「『近代化』が必ずしも徹底されていない日本における法の『手続化』は，『脱近代（ポストモダン）』ではなく，『前近代（プレモダン）』への回帰となってしまう可能性をはらんでいる」[17]ことに注意を促し，協議・交渉の開放性・透明性の確保と，協議・交渉における多元的・析出的調整の必要性にとくに留意して制度化することが必要，とする[18]。

　しかし，日本の前近代性を意識した水町の慎重な留保にもかかわらず，私は，こうした法の手続化という「方向」そのものに賛成できない。法の手続化は，たしかに，水町のいうとおり，「規制の緩和ではなく，規制のあり方の変化」[19]であろうが，それは，実体的規制を緩和させて手続的規制に比重を移すことにほかならない。しかし，日本における労働条件の実体的規制は，労働時間規制や非正規労働規制に典型的に見られるように，EU諸国に比較してすでにきわめて緩やかである。社会状況の多様化・複雑化が進行しているとしても，日本における実体的規制をこれ以上緩和させてよいとは思われない[20]。これが労働法の手続化に賛成できない第一の理由である。

　第二に，法の手続化が適切に機能するためには，手続の担い手が適切に形成されることが必須の条件である。この点，水町は，多様な価値・利益が反映される民主的な選出方法と，集団的協議・交渉の場で少数者の価値・利益をふまえた多元的・析出的な調整がなされたかどうかの審査を提案している。たしかに，労働者の利益代表を労働条件にかかわる事項の決定に関与させるという法政策を前提とした場合には，こうした配慮が必要であろう。しかし，こうした慎重な考慮を加えてもなお，日本の現実では，労働者の代表が多様な労働者利益を適切に代表して，使用者に対してそれを十分強力に主張しうるのかどうか，疑問を払拭することができない。少なくとも，こうした手続が，実体的規制の緩和に代替しうる適切な規制方法とは思われないのである。

---

17) 水町・前掲注16) 284頁。
18) 水町・前掲注16) 286頁以下。
19) 水町・前掲注16) 287頁。
20) 矢野昌浩「構造改革と労働法」法の科学34号（2004年）50頁は，「日本の労働法の現状においては，実体的規制による法化を進めることが，利害関係者の対等な交渉のインプットされた公共圏を形成するために，依然として重要である」とする。

上述の人事同意・協議条項は，使用者の配転などの命令が有効かどうかの法的審査に代替するものではない。労働組合との協議等は，人事に関する命令が有効であるために，実体的要件に加えて課される手続的要件である。したがって，労働組合が仮に組合員の利益を十分に擁護せず，組合員の希望に反して人事に同意するようなことがあっても，直ちに有害とはいえない。しかし，実体的規制を緩和して手続的規制に重心を移すことは，それとは意味が異なる。その場合には，手続の主体や実際の協議・交渉の展開によっては，本来裁判所によって厳格になされるはずの司法審査を後退させ，企業内で支配している非法的（もしくは反法的）な社会規範に優位を与える結果となりかねないのである。

4　使用者の裁量型

　使用者の裁量型とは，以上のいずれとも異なり，一定の労働条件について使用者の裁量的決定の権限を予め定めておくという方法である。それは，人事については一般的な方法である。たとえば，「使用者は業務上の必要があれば労働者に転勤を命じることができる。労働者は正当な事由なしにこれを拒否してはならない。」といった条項は，最も広く普及したものである。

　こうした使用者の権限は，労働協約で決められることもあれば，就業規則で規定されることもある。後者の場合には，使用者は，自らが単独で決定しうる就業規則によって，転勤に関する単独決定権を設定するのであり，二重の単独決定を行うことになる。裁判所の審査は，まずこうした条項の「合理性」（労契法7条）について行われ，次いで実際になされた転勤命令が権利濫用に該当しないか否かの点についてなされるので，形式的には二重の審査がなされることになる。しかし，判例による就業規則条項の「合理性」審査は一般にきわめて緩やかなので，転勤について最も代表的といえる上記のような条項について「合理性」が否定されることは考えにくいし，転勤命令が権利濫用と判断されるのは，例外的な場合である[21]。

　結局，こうした就業規則の条項は，現実には，使用者の転勤命令権の行使を裁判所が法的に追認するための形式以上の意味をもたない場合が多い。労働者は，たしかに転勤命令を裁判で争うことができるので，転勤問題は法化してい

---

21)　東亜ペイント事件・最二小判昭61.7.14労判477号6頁参照。

るといえる。しかし，何らかの形で使用者の命令権が明記されていれば，労働者には命令権の濫用という狭い出口しか残されていない。それを知る労働者は，いかに不利益な転勤命令でも，法的な争いを早々に断念してそれに従うほかないであろう。そうすると，転勤問題は，形式上は法化しているものの，実質的には法化していない，あるいは低い次元でしか法化していないことになる。同様の問題は，使用者の裁量権が就業規則等で認められている時間外労働命令や，能力・成果主義賃金の決定についても生じる。[22]

　労基法が使用者に対して，採用にあたっての労働条件の明示（15条1項，労基法施行規則5条1項）と，詳細な労働条件を記した就業規則の作成を義務づけている（89条）のは，労働者の権利・義務を明確にし，将来の労働条件に関する予測可能性を高めることが労働者保護に資するとの趣旨による。内容が空疎な，単に使用者の権限を根拠づけるにすぎないような就業規則条項や同様の労働条件明示は，明らかに労基法の趣旨に反し，労働関係の法化の要請にも逆行するものである。監督署はこうした就業規則条項や労働条件「明示」への指導・監督を強化すべきであるし，裁判所はこうした就業規則条項の「合理性」を厳しく審査すべきである。労働関係の真の法化のためには，使用者の単独決定の適法性・妥当性を法的に判断するなんらかの具体的基準の設定が不可欠なのである。

Ⅳ　労働紛争とその法的解決

1　公的紛争解決制度の意義

　労働紛争とは，労働関係の当事者間で労働条件その他の事項をめぐる争いが顕在化することである。当事者間で対立があっても，それが感情的なしこりや口論にとどまり外部化しない限り，紛争とはいえない。

　労働者と使用者の利害は本来共通するものという企業社会特有の観念を前提にするならば，紛争の勃発はゆゆしき病理現象である。しかし，労働者と使用者の利害は対立するのが当然であり，紛争の発生はその自然な帰結にすぎない

---

22)　西谷敏「日本的労使関係と紛争解決システム」片岡曻・萬井隆令・西谷敏編『労使紛争と法』（1995年，有斐閣）249頁以下。

とも考えられる。むしろ労働者の権利・利益が使用者によって侵害されているのに，労働者がそれを堪え忍んでいるために紛争として表面化しないという状態こそ不健全である。

しかし，労働紛争が，その展開によって労働者・使用者の双方にとって大きな負担となりうることも事実である。それが争議行為にまで発展する場合には，社会全体にも大きな影響を及ぼす。そこで，紛争当事者や国家が，利害対立が紛争に発展するのを防止することや，紛争が発生した場合にそれを迅速かつ適切に終息させることに強い関心をもつのは，これまた当然である。

紛争の解決を促進するためには，第三者が介在して，当事者双方の言い分を聞いて妥協点を探り，場合によっては解決案を提示するといった方法が有効である。日本では，私人による仲裁は普及しておらず，紛争解決に助力を与える第三者機関は，通常は，裁判所，労働局，労働委員会などの公的機関である[23]。それが日本の伝統であるが，その伝統はおそらく公的権威に頼りがちな日本人の法意識に関係しているのであろう。

2 労働紛争の類型と特徴

(1) 個別紛争の集団紛争化と集団紛争の個別紛争化

紛争の労働者側の当事者が労働者個人である場合には個人紛争，労働組合（ときには従業員代表）である場合には集団紛争という。これは，紛争の対象事項の性質ではなく，紛争当事者による分類である。したがって，解雇や配転など労働者個人にかかわる紛争（個別紛争）も，労働組合が団体交渉で解決しようとし，使用者が交渉を拒否するような場合には，集団紛争となる。諸外国では，裁判による法的解決が可能な事項は労働組合の団体交渉や争議行為の対象事項と認めない場合が多いが，日本では，個人の問題も義務的団体交渉事項であり[24]，したがってそれをめぐる争議行為は目的において正当と認められている[25]。

---

23) 日本における公的紛争機関の種類と特徴については，山川隆一『労働紛争処理法』（2012年，弘文堂）22頁以下参照。
24) たとえば，組合員の解雇に関する日本鋼管鶴見造船所事件・東京高判昭 57.10.7 労判 406号69頁（最三小判昭 61.7.15 労判484号21頁）。
25) 西谷・組合法418頁参照。

実際に個人の権利・利益をめぐる紛争の当事者となることが多いのは地域ユニオンである。地域ユニオンの主要な活動目的は，労働条件の集団的決定よりも，労働者の個別的権利・利益の救済である。地域ユニオンが組合員個人の問題にかかわる団体交渉を申し込んで拒否されたことが紛争になることが多い。労働委員会は，団交拒否の不当労働行為救済申立事件においても，団交応諾あっせん申請事件においても，団体交渉の内容である個別紛争の問題に立ち入らざるをえない場合が多い。こうして，この種の事件においては，個別紛争が集団紛争化し，集団紛争が個別紛争化するのである。

(2) 権利紛争の利益紛争化

　一般に，紛争は権利紛争と利益紛争に分けられる。権利紛争は，当事者の権利・義務の存否を争う紛争であり，利益紛争は，当事者の将来の利益をめぐる紛争である。集団紛争のうち，使用者による組合抑圧，団体交渉拒否などをめぐる紛争や，組合活動・争議行為をめぐる紛争などは権利紛争であり，賃上げをめぐる紛争は利益紛争である。個人紛争は，基本的には権利紛争であるが，次年度の年俸の決定をめぐる紛争などは利益紛争である。権利紛争は，裁判，労働審判，労働委員会審査などで扱われ，利益紛争は労働局や労働委員会のあっせん等で扱われる。

　このように，権利紛争と利益紛争は一応概念上区別されるが，労働者・使用者の権利意識が十分に浸透していない日本では，権利紛争と利益紛争の境界は必ずしも固定的ではなく，権利紛争が利益紛争として，もしくは利益紛争の感覚で扱われることが少なくない。たとえば，解雇は本来は明らかに権利紛争であるが，紛争当事者もしくはあっせん担当者が当初から解決金の額にしか関心をもっていない場合が多く，この場合には，紛争は解決金の額をめぐる利益紛争の様相を呈する。[26]

---

[26] 当事者が解決金にのみ興味をもつのは，労働者の就労請求権を原則として否定する判例（読売新聞社事件・東京高決昭33.8.2労民集9巻5号831頁）の影響もあって，解雇が無効である場合にも原職復帰が容易でない現実にその一つの原因がある。したがって，解雇紛争については金銭解決が多いという現実を根拠にして，解雇の金銭解決制度（解雇が無効である場合にも使用者による一定の解決金の支払いと引き換えに労働関係の解消を認めるという制度）を導入することには賛成できない。そうした制度はまた，解雇の費用計算を容易にし，使用者の解雇への誘惑を強めることになろう。

また，使用者による正当な事由のない団体交渉拒否は不当労働行為（労組法7条2号）であり，本来は労働委員会への救済申立てや損害賠償請求などによって解決されるべきであるが，実際には労働委員会に団交応諾をあっせん事項とするあっせんの申請がなされることが多い。労働組合は，団体交渉拒否という攻撃を受けてもなお，使用者と正面切って争うことを避けたがるということであろうか。労働組合が，公的機関の仲介によって団交事項そのものが解決されるのを期待するということもあろう。いずれにしても，これも権利紛争の利益紛争化というべき現象である。

3　紛争解決の方法
(1)　調整的解決の意義とあり方

　公的機関における紛争解決の方法は，判定的解決と調整的解決に分けられる。判定的解決とは，裁判における判決・決定，労働委員会における救済命令などであり，当事者の権利・義務を明確化することによって紛争を解決しようとする方法である。

　調整的解決は，第三者が当事者の間に入って合意の成立に助力を与える方法であり，労働局のあっせん，労働委員会におけるあっせん・調停・仲裁などが代表的なものである。当事者が当初から調整的解決を求めている場合だけでなく，判定的解決を求めて提起された裁判が和解で解決する場合や，労働審判の申立が調停で終了する場合も，調整的解決に数えられる。いずれも当事者の合意が前提となり，「当事者の互譲により，条理にかない実情に即した解決を図ること」がめざされる（民事調停法1条）。

　労働審判制度における労働審判は，「個別労働関係民事紛争について当事者間の権利関係を踏まえつつ事案の実情に即した解決をするために必要な審判」と定義されている（労働審判法1条）とおり，判定的解決と調整的解決を折衷した制度ということができる。

　裁判所における和解は，裁判官が一定の心証（事実と法的判断に関する）を内心にもって，あるいはそれを当事者に開示して進めるので，当該事件に関する法的判断が一つの「軸」をなしている点に特徴がある。これに対して，労働局などにおけるあっせん制度では必ずしもそうした法的な基準が明確であるとは

いえない。

　しかし，裁判上の和解における法的な「軸」もいつも確実かつ明確であるとは限らないし，逆に，あっせんの場合にも，権利・義務の存否に関するあっせん員の判断が「軸」をなしている場合が少なくない。むしろ，あっせんにおいても，法的判断抜きの「足して二で割る方式」には弊害があり，法的判断にもとづくなんらかの「軸」は必要であるともいえる。さらに，裁判上の和解とあっせんのいずれの場合にも，裁判官もしくはあっせん員による解決の「押しつけ」があってはならない。こうして見てくると，裁判上の和解とあっせんとの差異は相対的なものといえよう。

　調整的解決は，判定的解決に比較して通常は解決水準が低いというデメリットがあるが，他方，解決に要する時間が短く，また当事者の合意にもとづく当該紛争の終局的解決として，解決内容の履行を期待できるというメリットがある。とくに，継続的関係である労働関係において，紛争後も労働者と使用者の円滑な関係を維持しようとすれば，当事者の合意は——不可欠とまではいえないが——重要な役割を果たす。

　調整的解決にあたっては，紛争当事者がこのメリットとデメリットをよく考量して，裁判官もしくはあっせん員からの提案に同意するか否かの判断ができるということが重要である。そのためには，当事者がとくに紛争が裁判に至った場合の勝訴の可能性についてある程度の見通しをもつことが必要である。医療におけるインフォームド・コンセントと同じく，紛争当事者はできるだけ十分な情報の提供を得たうえで，自由な意思で合意することが必要なのである。

(2)　**紛争のアドホック型解決とルール形成型解決**

　紛争解決のあり方はまた，アドホック型（その都度の）解決とルール形成型

---

27)　元裁判官の瀬木氏は，裁判官による和解の強要が日本の民事裁判の大きな問題であるとし，裁判官が和解に固執する理由として，事件の処理を急ぐことと，判決を書きたくないことをあげている（瀬木比呂志『絶望の裁判所』〈2014年，講談社現代新書〉133頁以下）。

28)　もっとも，公的機関に持ち出される紛争は，解雇をめぐる紛争か労働者の退職後の紛争が圧倒的に多く，また解雇紛争についても労働者の退職と解決金の支払いを内容とする和解で終了することが多い。これは，当事者が紛争状態に陥った場合，和解の場合でも労使関係を元に戻すことが容易でないことを示している。しかし，だからといって，解雇の金銭解決制度を導入することには大きな問題がある（前掲注26)）。

解決とに区別することもできる。

　紛争当事者が公的機関に紛争の解決を求めるとき，当事者が自分が直面した具体的な紛争の解決に主要な関心をもつのは当然である。しかし，たとえば，労働災害で被害を受けた労働者・遺族が，「二度と同様の被害が起こらない」ことを願って裁判を提起する場合，直接の被害救済と同時にルール形成が期待されているといってよい。また，当事者がアドホックな解決を欲している場合にも，公的機関による解決が客観的にルール形成に寄与するという場合が少なくない。

　裁判においては，裁判官は当然まず何よりも当該事件の妥当な解決を心がけるが，意図してルールを形成することもあり，また裁判の結果がルール形成の役割を果たすこともある。とりわけ最高裁は，具体的事件の係属を契機として，時に意識的に当該問題（および関連問題）に関する判例法理を形成しようとする。日本の最高裁は，必ずしも一般的ルールの形成に積極的とはいえず，判例法の形成が求められている場合でもあえて事例判断（アドホック型解決）ですませることが多いが，それでも最高裁が形成した判例法理は，労働法の発展に重要な役割を果たしてきた（第9章Ⅱ2(2)参照）。また，最高裁が事例判断として示した判断が，実際に先例として一人歩きすることも少なくない（第9章Ⅱ2(4)）。下級審の判断も，最高裁判決ほどではないが，上級審の裁判例が少ない場合などには一般的意義をもつ場合がある。このように，裁判所による判定的解決は，一応アドホック型とルール形成型に分けられるが，実際の機能においては両者の区別は相対的である。

　次に，調整的解決においては，より明確にアドホック的解決が意図される。調整的解決において，裁判官やあっせん担当者が過度にルール形成を意識するのは，当事者の希望に適うとはいえない。

　しかし，にもかかわらず，調整的手続におけるアドホック的解決の積み重ねが，結果として一つの「相場」＝基準を形成していくことは避けられない。たとえば解雇紛争については，一定の解決金の支払いと労働者の「自主退職」を内容とする和解もしくは合意が成立することが多いが，この解決金の水準については一定の相場に近いものが形成されており[29]，それはあっせん等の担当者の

---

29) 菅野和夫・仁田道夫・佐藤岩夫・水町勇一郎編著『労働審判制度の利用者調査――↗

みならず紛争当事者にも大きな影響を及ぼしていると推測できる。また、ある公的機関が、調整的解決にあたって、両当事者の主張を足して二で割る方式の解決を繰り返している場合には、そうした方式が一般化して、他の紛争の調整にも影響を及ぼす可能性がある。

　紛争の解決にあたって最も重要なのは、当該紛争当事者が最大の満足を得られることであるが、調整的解決の積み重ねが結果的に一種のルールを形成するとすれば、紛争調整にあたる担当者もそのことに無関心であってはならないであろう。具体的な解決が「相場」からかけ離れていることは問題であるが、同時に、「相場」そのものが法的原則からかけ離れたものとなっているのも問題である[30]。その意味では、調整担当者は、アドホック型の解決にあたっても、たえず法的原則を意識しなければならないのである。

＼実証分析と提言──』（2013年、有斐閣）102頁以下［高橋陽子］は、雇用終了事件について、個別労働紛争あっせん、労働審判、裁判上の和解、判決の解決金の比較を試みている。これらはまだ「相場」とまでいえないにしても、それに近いものであろう。

30) 裁判外紛争処理における個々の処理内容がどの程度法に沿ったものでなければならないかは、理論的に検討を要する問題である（垣内秀介「裁判外紛争処理」岩波講座『現代法の動態5・法の変動の担い手』〈2015年、岩波書店〉233頁以下参照）。なお、労働審判制度の一つの問題として、審判員の構成から、その運用が大企業で支配的な慣行を基準としたものになりやすく、それはそこから逸脱する中小企業の慣行を是正する役割を果たしうる反面、大企業のスタンダード自体を批判的な法的吟味の俎上にのせにくいことが指摘されている（佐藤岩夫「労働審判制度利用調査の概要と制度効果の検証」日本労働法学会誌120号〈2012年〉29頁以下）。

第12章 労働法の将来

はじめに

　本書は，労働法の将来の展望について論じるものではない。労働法の未来にかかわるさまざまな議論を念頭に置きつつも，労働法の核心部分を確認し，部分的には再構成しながら，労働法の基礎構造を解明するのが本書の課題であった。そうした検討が，労働法のあり方に関する腰の据わった議論のために不可欠と考えたからである。しかし，そうはいっても，労働法の基礎構造そのものが動態的である以上，労働法の将来にまったく触れないわけにはいかない。ここでは，いくつかの基本的視点について述べておく。

I　労働の意義と労働権

1　労働の意義

　まず前提として確認しておくべきは，現在および将来における労働（とくに賃労働）の意義である。日本では，雇用，社会保険，生活保護などのすべてのセーフティ・ネットが破綻をみせるなかで，国家の直接的給付によってすべての国民の生活保障を図ろうとするベーシック・インカム論が力をもちつつある[1]。それは，従来から根強く存在していた雇用中心の福祉国家（論）への批判，

---

1) ベーシック・インカム論にも広い幅があるが，その純粋型は，すべての個人に，所得や資産とは無関係に，生活に必要な所得を保障しようとするものである。ベーシック・インカム論については，山森亮『ベーシック・インカム入門――無条件給付の基礎所得を考える――』（2009年，光文社新書），宮本太郎『生活保障――排除しない社会へ――』（2009年，岩波新書）128頁以下，立岩真也・斉藤拓『ベーシック・インカム――分配する最小国家の可能性――』（2010年，青土社），職場の人権64号（2010年），POSSE 8号（2010年）特集など参照。

すなわち，雇用中心の発想は高齢者や障害者など働けない者にスティグマ（烙印）を押すことになる，無償労働を無価値と考えるのはおかしい，といった批判を受け継ぎ，とりわけ，ワークフェア（workfare．就労への強い誘導を伴う福祉政策）の展開を契機として影響力を強めてきた。雇用中心論へのこうした批判に，聞くべきものが多々あるのは事実である。

　しかし，ベーシック・インカム論については，実現可能性に強い疑問があるうえ，労働の意義を過小評価している点に根本的な問題がある。労働の意義については，すでに別の機会に多少論じたことがあるが[2]，簡単に要約しておこう。

　労働は単なる生活のための苦痛なのか，それともそれ自体が「喜び」でもある人間的な営みなのかについては，古代ギリシャ・ローマ時代から現在に至るまで争われてきた[3]。古代ギリシャ・ローマにおいて奴隷が担うべき汚らわしい仕事とみなされた労働は，次第に，キリスト教道徳の浸透や[4]，資本主義の発展のなかで積極的に評価されるようになり，マルクスも[5]，人間は労働においてはじめて動物とは異なる類的存在として確認されるとして，労働が本来有する意義を高く評価した。たしかにその後も，労働の礼賛に異議を唱え，むしろ労働者はもっと「怠惰」であるべきだとの主張もなされてきたが[6]，それは資本主義の発展とともに深刻化した失業問題や長時間労働への批判であり，必ずしも労働が本来有する価値自体を否定するものではなかった。

---

2) 西谷・人権19頁以下。
3) 今村仁司『近代の労働観』（1998年，岩波新書），ユルゲン・コッカ・西谷敏訳「労働の歴史と未来——ヨーロッパの視点——」季刊労働法194号（2000年）6頁以下，橘木俊詔編著『働くことの意味』（2009年，ミネルヴァ書房）第1，2章参照。
4) とくに，勤勉で禁欲的な生活態度こそが神に選ばれた者であることの証と説くプロテスタンティズム（とくにカルヴァン派）の浸透が，資本主義の発展に大きく寄与したとするウェーバーの主張が有名である。マックス・ウェーバー・阿部行蔵訳「プロテスタンティズムの倫理と資本主義の『精神』」『世界の大思想23』（1965年，河出書房）121頁以下。
5) マルクス・長谷川宏訳『経済学・哲学草稿』（2010年，光文社古典新訳文庫）102頁以下。マルクスの主眼は，資本主義における疎外労働の批判であったが，それは労働が本来重要な価値を有することを前提とした議論であった。
6) ポール・ラファルグ・田淵晋也訳『怠ける権利』（2008年，平凡社ライブラリー），バートランド・ラッセル・堀秀彦・柿村峻訳『怠惰への讃歌』（2009年，平凡社ライブラリー）10頁以下。

現代社会において，労働は何よりもまず生活の手段であるが，さらにそれを越えた精神的な価値をもつ。第一に，労働がそれ自体としてその担い手に喜びを与える場合がある。とりわけ創造的な仕事がそうであるが，単純な労働も，労働者に自由な裁量が与えられると働きがいの源泉となる。第二に，自分の仕事が社会に役だっているとの意識，すなわち労働の社会的有用性の意識が生きがいとなる。第三に，仕事を通じての人的関係，すなわち同僚や顧客等との関係が，労働者の社会的所属意識の源泉となり，また労働者を社会的人間に成長させる。

もちろん，労働者が現実に労働に喜びと生きがいを感じられるかどうかは，労働の種類によるし，労働の条件（労働時間，報酬，職場環境など）にも規定される。単純に労働の価値を礼賛してすむ問題ではない。しかし，それにもかかわらず，労働が本来上述のような意義をもつとすれば，労働の基本的重要性を確認したうえで，労働内容とその条件の可能な限りの改善，労働へのアクセスにおける平等な機会と自己決定権の保障の方途を探るのが社会の課題であり，労働法の基本的な任務と考えるべきである。

2　労働権の保障

労働法学においても，憲法27条1項の労働権の意義を改めて強調する傾向が強まっている。しかも，そこでは，労働権は単なる生活保障の手段としてではなく，就労自体に意味のある権利として把握されている。諏訪康雄が力説する「キャリア権」の構想[7]，すなわち，働く人々が自分なりに職業生活を準備し，開始し，展開することを労働者の基本的な権利ととらえ，それを根底に据えて政策展開を図ろうとする構想がその代表的なものであるが，それとは別の角度から労働権の意義を強調する者も多い[8]。こうした議論においては，労働者の人

---

[7] 諏訪康雄「キャリア権の構想をめぐる一試論」日本労働研究雑誌468号（1999年）54頁以下，同「労働市場法の理念と体系」日本労働法学会編・講座21世紀の労働法第2巻『労働市場の機構とルール』（2000年，有斐閣）16頁以下。

[8] 三井正信「労働権の再検討と労働法システム」西谷古稀（上）105頁以下，有田謙司「労働法における労働権の再構成」毛塚古稀5頁以下，同「『就労価値』論の意義と課題」日本労働法学会誌124号（2014年）111頁以下，長谷川聡「『就労価値』論の今日的展開と労働契約法理」毛塚古稀33頁以下など。

間の尊厳に値する生活が労働の機会の保障を通じて確保されるべきであると主張されるのみならず，労働という営為そのものが人間の尊厳に不可欠な価値を担うものと理解されている。そのことは，たとえば，法解釈論において，就労請求権を肯定する議論につながっていく[9]。

のみならず，これらの議論において重要なのは，労働権あるいは就労の権利が，労働の内容との関係において理解されていることである。憲法27条1項によって権利として保障される労働は，いかなる内容の労働でもよいというわけではなく，憲法27条1項の基礎にある人間の尊厳理念（憲法13条の個人の尊重・幸福追求権）にもとづいたディーセントワークでなければならないと考えられるが，これらの議論はそれと共通の発想にもとづくものである[10]。こうした観点は，今後の労働法のあり方を考える際の出発点でなければならない。

II 雇用の保障と職の保障

労働法の将来を考えるにあたって，労働の意義を出発点に据えることについては，多くの論者の間で共通理解が成立すると思われる。そのうえで問題となるのは，雇用の保障と職の保障の関係である。すなわち，労働者がいずれかの使用者のもとで就労の機会を得ること（雇用の保障）を政策の中心目標とするのか，それとも，雇用の保障に加えて，現在の使用者のもとでの労働関係を可能な限り継続させること（職の保障）もあわせて重視するのか，の問題である。これは，解雇制限の位置づけに関係する。

第1章で簡単に紹介したヨーロッパにおけるフレクシキュリティ論は，①柔軟な労働契約（解雇の容易化），②包括的な生涯学習戦略，③積極的労働市場政策，④現代的な社会保障制度の組み合わせによって，できるだけ無理なく，職

---

9) 就労請求権については，注8) 所掲の文献のほか，諏訪康雄「就労請求権」村中孝史・荒木尚志編『労働判例百選（第8版）』(2009年，有斐閣) 52頁以下，唐津博『労働契約と就業規則の法理論』(2010年，日本評論社) 85頁以下，西谷・人権224頁以下など参照。なお，労働契約の締結強制も就労請求権の観点から根拠づけられる（鎌田耕一「労働法における契約締結の強制――労働者派遣法における労働契約申込みみなし制度を中心に――」毛塚古稀543頁以下）。

10) 西谷・人権44頁以下，本書第4章VI参照。

の保障から雇用の保障への転換を促進しようとするものであった（第1章Ⅳ1）。日本においても，「失業なき労働移動」の促進をスローガンにして，助成金と人材ビジネス業を利用した職の保障から雇用の保障への政策転換が推進されようとしている。[11]

こうした政策転換は，企業間の，また産業間の労働移動を促進することによって，労働力のより効率的な活用を図ろうとするものである。グローバル化を背景とした企業間の厳しい競争，企業再編の進展，技術革新の急速な発展のなかで，労働者の企業間または産業間の移動をすべて否定することはできないであろう。問題は，その移動をいかなる方法とテンポで進めるのか，とりわけ移動の促進のために解雇を容易にする政策をとるのか否かである。フレクシキュリティ策の一つ，デンマーク・モデルは解雇制限の緩和を重要な構成要素としていたが，日本でも，解雇の金銭解決制度の導入によって雇用終了をより強力に促進しようとする動きが急である。[12] それは，①雇用→②失業・職業訓練→③再就職という労働移動の過程において，①から②への移行を強権的に進める意味をもつ。

仮に，企業間，産業間の労働移動が避けられないとしても，人間の尊厳の理

---

11) 2013年に閣議決定された『日本再興戦略』は，「行き過ぎた雇用維持型から労働移動支援型への政策転換（失業なき労働移動の実現）」を打ち出し，具体的には，雇用調整助成金から労働移動支援助成金に資金を大胆にシフトさせる方針を示した。「失業なき労働移動の実現」は，『『日本再興戦略』改定2014』および『『日本再興戦略』改定2015』でも繰り返し強調されている。それを実現するための具体的施策としては，民間人材ビジネスの活用，キャリアチェンジのためのキャリアコンサルティング技法の充実，多様な正社員制度の活用，働き手自らの主体的なキャリアアップの取組支援などがあげられている。こうした政策については，脇田滋「雇用保障をめぐる法的課題──『身分差別的』労働者概念批判──」西谷古稀（上）38頁以下参照。

12) 『『日本再興戦略』改定2014』以来，「予見可能性の高い紛争解決システムの構築」のタイトルのもとで，解雇の金銭解決制度の創設の方向が示され，実現がもくろまれている。この制度は，解雇が無効と判断されても原職に復帰しうる労働者が少なく，多くは金銭解決で終わっているという現実をふまえ，それを正面から法制度化しようとするものである。たとえば，大内伸哉『解雇改革──日本型雇用の未来を考える──』（2013年，中央経済社）191頁以下は，悪質な解雇は無効とし，悪質ではないが正当性のない解雇については金銭解決制度を導入することを提案する。この制度がどの程度解雇を促進することになるかは，「金銭」の基準にもよるが，現在の解雇制限を「行き過ぎた雇用維持型」とみなす政府の考え方からすれば，解雇を容易にするような新制度が構想される可能性が高い。解雇の金銭解決制度については，第11章Ⅳ2(2)注26）も参照。

念やそれにもとづく労働権，ディーセントワークの理念からすれば，労働移動については最低限二つの条件が満たされる必要がある。第一は，上記②の充実，すなわち，公共職業安定所を中心とした職業紹介制度の確立，十分な失業保障，適切な職業訓練機会の提供であり，そのことが同時に②から③へのスムーズな移行を保障することになる[13]。

　第二に，移動についてできるだけ労働者自身の自己決定を尊重することである。まず，①から②への移行について，解雇はできるだけ避け，退職は労働者自身が決定すべきである。そのためには，②が充実していること，もしくは①から直接③に移行できることが前提条件となる。そして②から③への移行についても，労働者の自由な意思が尊重されなければならない[14]。

　解雇制限の正当化根拠については，労働者の自己決定権[15]，雇用のもつ人格的意義[16]，信義則上の雇用維持義務[17]などがあげられる[18]。これらは，いうまでもなく相互に排斥しあうものではないが，私見では，労働者の自己決定権の観点が最も重要である。労働者の雇用についてしばしば国家の責任が強調されるが，個別使用者も，雇用の終了について可能な限り労働者の自己決定権を尊重すること，すなわち，労働者に退職を強要してはならないのはもとより，解雇によって失業を生み出すことをできるだけ回避することを義務づけられると考えるべきである。

---

13) つまり，「ディーセントな失業を保障しつつ，ディーセントな雇用への移行を促進する」という観点が重要なのである（矢野昌浩「半失業と労働法──『雇用と失業の二分法』をめぐる試論──」西谷古稀（上）176頁）。

14) 諏訪は，キャリア権構想における「個人の主体性と自由意思」の尊重を強調する（諏訪「労働市場法の理念と体系」前掲注7）17頁）が，それは，職業選択の自由，つまり②から③への移行という文脈においてである。①から②への移行における自己決定，つまり解雇制限についてどのように考えられているのか，必ずしも明確ではない。

15) 米津孝司「解雇法理に関する基礎理論的考察」西谷敏・根本到編『労働契約と法』（2010年，旬報社）261頁以下，西谷・人権74頁以下。

16) 村中孝史「日本的雇用慣行の変容と解雇制限法理」民商法雑誌119巻4・5号（1999年）602頁以下，吉田克己『市場・人格と民法学』（2012年，北海道大学出版会）231頁以下，和田肇「整理解雇法理の見直しは必要か」季刊労働法196号（2001年）20頁。

17) 本久洋一「解雇制限の規範的根拠」日本労働法学会誌99号（2002年）20頁以下，川口美貴『労働法』（2015年，信山社）520頁以下。

18) 議論状況については，山本陽太「解雇規制をめぐる法理論」季刊労働法245号（2014年）189頁以下参照。

しかも，解雇が適切に制限され，特定の使用者のもとでの労働関係が安定することは，労働者が自らの権利を行使し，義務でないことを拒否しうるための不可欠の条件である。それはまた，労働条件の変更等に際しての労働者の意思表示が真意にもとづくものであることを保障する条件でもある。現職における安定した地位の保障は，労働関係が労働法上の原則に従って形成されるための必須の条件であり，労働法の実効性にとって基本的な重要性をもつ。その意味で，解雇制限は，正当事由説と解雇権濫用説のいずれによるにせよ，労働者の自己決定権を保障するために使用者の単独決定を規制するという，労働法の本質的な役割が最もよく発揮されるべき領域である

　フレクシキュリティ・モデルにもさまざまな批判があるが，少なくともそれは，解雇制限の緩和，積極的雇用政策，生涯学習，現代的社会保障の総合的な体系によって，産業構造の変化に対応しようとするものである。しかも，こうした政策を推進するにあたっては，政・労・使三者の合意が前提とされている。これに対して，フレクシキュリティの体系的政策のうち経営者や政府にとって好都合な部分だけをつまみ食いするような政策は，最悪の結果を招くであろう。「失業なき労働移動」が「労働移動なき失業」に転化するか，そうでなくても，労働者が労働条件が劣悪な職場への再就職を強いられ，全体として雇用の劣化が促進されるからである。

Ⅲ　法体系における労働法

　労働法の究極の目的は，働く者の幸福の最大化であり，その主要な手段は使用者の単独決定の規制とそれを補助する国家政策である。しかし，労働者とその家族の幸福を実現するためには，労働法だけで十分でないのは明らかである。労働法の隣接領域である社会保障制度，税制，住宅政策，消費者保護制度，保育所政策，教育政策，環境政策などが労働法とあいまって，労働者と家族の生活を支えることになる。労働法を含めたこれらの総合的な施策を生活保障制度と呼ぶとすれば，生活保障制度全体のなかで労働法がいかなる位置を占めるべきかは，労働法の将来を考える際の一つの重要な視点である。

　1980年末まで隆盛を誇った日本型雇用慣行においては，賃金には相当多額の

賞与，退職金，扶養家族手当，住宅手当等が含まれ，また，使用者は労働者に住宅，社員食堂，診療所，保育所，保養施設などを提供し，さらに企業年金制度によって労働者と家族の生活を長期的に保障しようとしてきた。大企業の男性正社員をモデルとするこうした企業内福利厚生は，ある程度まで中小企業にも普及していたが，多くの女性労働者や圧倒的多数の非正規労働者は，こうした恩恵から排除されていた。

そして，1990年代以降の平成不況のなかで，企業内福利厚生から排除される非正規労働者が急増し，また，企業は正社員についても企業内福利厚生を整理・縮小してきた。全体として，労働者福祉の相当部分を企業が担うという日本的企業社会の構造的欠陥が露呈したのである。こうした状況において，本来は，企業が担ってきた労働者の生活保障機能の相当部分を国家・社会が引き受けるべきであった。それは，労働法の機能範囲の一定の縮小と，他の生活保障制度によるそれの代替を意味したはずである[19]。しかし，長期不況の時代は，社会保障制度などの公的な生活保障制度がかえって大幅に後退する時期でもあった。そして，企業も国も放棄した生活保障制度の相当部分は，営利を目的とする民間企業が担うこととなり，そのことが労働者の貧困化を一層促進する結果となった。

こうした状況を考慮に入れて，公的な生活保障体系のなかで労働法が占めるべき位置を考えなければならない。その際，少なくとも次のような視点が不可欠である。

第一に，労働法は，公的な生活保障制度の一環として位置づけられ，労働法上の諸問題の検討に際して，たえず他の公的生活保障制度との関係が検討されるべきである[20]。しかし，それは，決して労働法が生活保障法体系のなかに溶解

---

19) 島田陽一「これからの生活保障と労働法学の課題——生活保障法の提唱——」西谷古稀（上）56頁以下は，「日本型」生活保障の仕組みは崩壊過程に入り，今後は労働法と社会保障法が連携して生活保障のための法（生活保障法）を樹立することが不可欠になるとする。もっとも，ここでは，「生活保障法」の概念は，労働法と社会保障法の連携に関する法として狭くとらえられている（68頁）。
20) たとえば三井・前掲注8）117頁以下は，労働者の「ワーキングライフサポート」という観点から，保育所サービス，育児・介護支援，ひとり親の就労支援，福祉手当などを含めて，労働法と社会保障法が連携すべきことを主張する。

していくべきことを意味するものではない。使用者の単独決定の規制を中核とする労働法は、独自の存在意義をもち続けるのであり、ただ他の生活保障制度との関係がより意識的に考慮されるべきだということである。

　第二に、検討されるべき労働法と他の生活保障制度との関係には、両者の連携と同時に、役割分担の問題も含まれる。両者の役割分担は歴史的に決定されてきたものであり、社会的・経済的諸条件の変化の中でたえず見直されるべきである。しかし、労働者を雇用しそれによって利益を得る使用者は、労働者とその家族の生活の保障について、賃金の支払いを越えた責任をすべて国家に押しつけることはできない。たとえば、疾病・障害や出産・育児の期間中労働者の就労を免除し、公的社会保険制度による給付と並んで労働者生活の保障に協力するのは使用者の責務である。また、高年齢者雇用や退職金支給の形で高年齢者の生活保障に貢献するのも、長年労働者を使用してきた使用者の責任である。しかも、使用者がそうした保障の対象を正社員に限定する根拠はない。非正規労働者も生活する生身の人間であり、その人間から労働力だけを切り離して利用することが許されないとすれば、非正規労働者についても、使用者はその特性に適合する範囲で生活の保障に配慮することを義務づけられる。

　第三に、とはいえ、日本的雇用慣行が行き詰まっている今日、非正規労働者を含む労働者全体の生活保障のために国家がより積極的な役割を果たすべきは当然である。そして、各種の公的生活保障制度が確立していけば、企業が担ってきた制度の一部をそれに移行させることも考えられる。しかし、公的生活保障制度が十分整備されない状況で使用者が従来の制度を一方的に放棄するのは、無責任のそしりを免れないであろう。

　経済・社会変動のなかで労働者・国民の人間の尊厳に値する生活を保障するために、隙間のない生活保障の体系が構築されるべきであり、国と使用者の責任分担や責任の移行は、この体系の中に整合的に位置づけられなければならない。こうした生活保障体系の全体を視野に入れつつ、主として使用者の責任領域の諸問題と雇用保障の分野を扱うのが労働法である。

事項索引

あ 行

アーク証券（本訴）事件 …………… 178
ILO ………………………… 14, 25, 233
朝日火災海上保険（高田）事件 …… 284
朝日新聞西部本社事件 ……………… 285
朝日放送事件 ………………………… 261
アドホック型解決 …………………… 320
安全配慮義務 …………… 57, 76, 215, 286
違憲立法の審査 …………………… 248〜
いじめ ……………… 111, 186, 204, 259, 309
一般条項 ………………… 79, 215, 296
一般的拘束力宣言制度 ……………… 224
INAX メンテナンス事件 ……… 261, 291
茨城石炭商事事件 …………………… 77
入口規制 ……………………… 191, 192
岩手県教組事件 ……………………… 250
打切補償 ……………………………… 285
NTT（西日本）事件 …………… 129, 288
NPO …………………………………… 15
大阪大学事件 ………………………… 127
大浜炭鉱事件 ………………………… 241
大曲市農協事件 ……………………… 171
オプトアウト ………………………… 163
オランダ・モデル …………………… 21

か 行

階級的従属性 …………………………… 5
解雇権濫用（法理） ……… 73, 76, 78, 215, 256
解雇制限 …………………… 212, 326, 328
　　――の潜脱 ……………………… 191
解雇制限法 …………………………… 73
解雇の金銭解決制度 ……… 318, 320, 327
会社分割 ………………………… 153, 255
概念法学 ………………… 279, 282, 293, 301
開放条項 ……………………………… 23
合　併 ………………………………… 153
過労死・過労自死 ………… 110, 207, 309
川義事件 ……………………………… 287
関係的契約 …………………………… 156
官公労働者の労働基本権 ………… 249〜
関西電力事件 ……………… 154, 155, 287
間接雇用 ……………………………… 192
間接的効力説 …………………… 124, 126
貫徹スト ……………………………… 222
関与権 ………………………………… 100
官　吏 ………………………………… 184
管理監督者 ……………………… 202, 203
管理職 ……………………………… 202〜
ギールケ ………………………… 57, 306
議会制民主主義 ……………………… 16
企業社会 ………………… 55, 102, 307
企業制度論 ……………………… 66, 148
企業秩序 ………………………… 154〜, 287
企業内福利厚生 …………… 159, 200, 307, 330
企業別（労働）組合 … 146, 238, 241, 244, 309
企業変動 ……………………………… 152
擬似パート ………………… 188, 189, 195
規制緩和（論） …… 1, 5, 20, 26, 112, 259, 305
偽装請負 ………………………… 129, 283
北九州市交通局事件 ………………… 250
基本権保護義務 ………………… 109, 131
基本的人権 ……………………… 84, 234
　　――の私人間効力 …… 29, 119, 123〜, 299
キャリア権 …………………………… 325
休業中の解雇 ………………………… 285
休業手当 ……………………………… 80
協愛事件 ………………………… 172, 180
競業避止義務 ………………………… 288
強行法規 …………………………… 162〜
協同体思想 …………………………… 88
強　迫 ………………………………… 176
協約自治の限界 ……………………… 168
協約の不利益変更 …………………… 168
ギルド ………………………………… 217
近畿コカ・コーラボトリング事件 … 182

均等待遇……………………198〜
グローバル化………………22,24〜
群馬県教組事件……………………285
経営権………………………………155
警告スト……………………………222
経済的基本権………………………126
経済的従属性………… 5,75,107,212,214
継続雇用制度…………………129,288
経歴詐称……………………………287
ゲゼルシャフト……………………236
ゲマインシャフト…………………236
原生的労働関係………………………10
現代市民法論………………33,46〜,49〜
限定正社員………………………158,205
権利紛争……………………………318
コアリシオン……………15,218,221
合意解約……………………………175
合意による相殺…………………166,285
公共の福祉……………………………98
公序良俗………………………138,176
工場法……………………………4,13
更正会社三井埠頭事件……………178
公正代表義務………………………224
厚生労働省事務官事件……………252
公的団体……………………………223
高度成長（期）…42,46,93,95,101,112,242
高度プロフェッショナル労働制………207
高年齢者雇用安定法（高年法）…129,137,288
神戸弘陵学園事件…………………257
公法・私法二元論………118,119〜,127,131
公務員の政治活動…………………252
合理的限定解釈（論）…………249,251
効力拡張（制度）………………146,224
コース別雇用管理………………158,205
国際連合………………………………25
国際労働組合総連合…………………28
国鉄郡山工場事件………………165,258
国鉄札幌駅事件………………154,155,269
国鉄中国支社事件………………155,287
国鉄の分割民営（化）…………253,283
国鉄檜山丸事件……………………249
国鉄弘前機関区事件………………249
個人請負……………………………185

個人主義……………………………239〜
個人の尊重……………………………98
個人紛争……………………………317
個別紛争……………………………317
雇用形態による差別（の禁止）……115,198〜
雇用の保障…………………………326〜
雇用保障法……………………………8

さ 行

罪刑法定主義……………………128,143
最高裁判所調査官…………………267
済生会中央病院事件……………203,284
最低賃金制……………………………8
最低賃金法…………………………141
錯　誤………………………………176
差別禁止…………………………114,198〜
猿払郵便局事件……………………252
産業別組合…………………………219
三権分立……………………………248〜
産前産後休業………………………164
JR東海事件…………………………203
JR北海道事件……………253,269,283,289
ジェンダー差別……………………206
事業譲渡………………………154,255,260
自己決定（権）
　………………103〜,106〜,113,161,312,328
自己責任…………………………110,113
時事通信社事件……………………298
失業なき労働移動…………………327
実体型………………………………312
私的自治……………………………105
司法反動……………………………248
「市民社会」論………………………51
市民法…………………………32〜,56
社会国家………………………………19
社会主義取締法………………………59
社会政策本質論争……………………9〜
社会連帯主義…………………………65
自由意思の虚偽性…………………149
従業員代表制………………………227〜
就業規則…………………………147,257
　——と労働契約…………………168〜
　——の合理性……………………170〜

──の不利益変更……………169
自由（権）…………………101
自由権の基本権……………88,126
従属性………34,38,43,59,71,106,144,151
集団主義……………………38,42,239～
集団紛争……………………317
自由な意思…………………160,166,178,183
秋北バス事件………………170,257,268
就労請求権…………………287,326
出　向………………………68,175
準労働者……………………214～
試用期間……………………125
使用者の裁量型……………315
使用者の利益代表…………203
消費者契約…………………75
消費者保護…………………132
情報・システム研究機構（国情研）事件
　………………………127,283
職業訓練……………………328
職業紹介……………………328
職能組合……………………219
職の保障……………………326～
職務専念義務………………287
所得政策……………………220
ジョブ型正社員……………158,205
「ジョブ型」労働契約………148
自律にもとづく連帯………243
白石営林署事件……………165,258
真　意………………………150,160,161,163
信越郵政局長事件…………127
シンガー・ソーイング・メシーン事件
　………………………166,178
人格権………………………111
新国立劇場運営財団事件…261,291
人材活用の仕組み…………201
人事同意・協議条項………313,315
人事権………………………308
新自由主義…………………112～,234
駸々堂事件…………………176
ジンツハイマー……………3,34,61,151
人的従属性…………5,58,71,75,107,212,214
新日本製鐵（日鐵運輸第二）事件……68,257
ストライキ…………………221～,232

ストライキ権………………229
生存権………38,43,44,47,53,86～,90,107,110～
生存権的基本権……………88～
正当事由説…………………78,256
制度的契約…………………157
性別役割分担………………196,197
セクハラ……………………111,186,204,259,309
積極的承認…………………91,231～
戦後啓蒙主義………………104,240
全司法仙台安保事件………250
専修大学事件………………286
全遞東京中郵事件…………250
全遞名古屋中郵事件………93,250
全農林警職法事件…………93,127,250,269,300
争議行為の民事免責………94
総資本の理性………………11～,27
組織的従属性………………5

た　行

第一次的自己決定…………161,163,168,175,181
第三者効力…………………119,123
第四銀行事件………………171
代償措置……………………93
退職勧奨……………………308
退職の自由…………………68
第二次的自己決定…………161,163,175
大日本印刷事件……………257,261
第二鳩タクシー事件………269
ダイハツ工業事件…………257
第四の産業革命……………30
タケダシステム事件………171
多国籍企業…………………26～
多様な正社員………………205
団結権保障…………………6
炭研精工事件………………287
短時間労働…………………195
男女雇用機会均等法………258
団体交渉……………………48,53
団体交渉権…………………44
単独決定……………7,107,109,162,169,315,329,331
──の規制…………………6～,31
地域ユニオン………………235,238,245,309,318
地位設定契約………………147,152,157,305

事項索引　335

チェック・オフ……………………………284
中間搾取…………………………………193
調整的解決……………………………319～
直接的効力説………………………123,124
賃金債権の放棄…………………………166
ディーセントワーク
　……………………115,137,189,192,206,326
定　年………………………………129,138
テックジャパン事件……………………167
手続型……………………………………313
転　勤……………………………………312
転　籍……………………………………175
電通事件…………………………………258
電電公社帯広電話局事件………………287
電電公社近畿電通局事件………………257
デンマーク・モデル………………20,327
ドイツ基本法…………………97,104,121,123
ドイツ民法典…………………………57～,306
東亜ペイント事件…………158,257,300,315
同一価値労働・同一賃金（原則）
　…………………………………195,196,200～
東京都教組事件…………………………250
東京都中野区保育士事件………………283
東芝柳町工場事件………………………258
東武スポーツ（宮の森カントリー倶楽部）事
　件…………………………………176,179
同盟罷業…………………………………284
都道府県労働局のあっせん……………310
都南自動車教習所事件…………………284
取締法規…………………………………130
「努力」義務……………………………142

な 行

納　得…………………………………179～
名ばかり管理職…………………………202
ナポレオン民法典………………57,64,306
二元的解釈………………………………143
20世紀型憲法……………………………88
日産自動車村山工場事件……………257,300
日新製鋼事件………………………166,178,285
ニッパーダイ………………………123,134,266
日本アイ・ビー・エム事件……………153
日本鋼管事件……………………………287
日本食塩事件…………………………94,228,257
日本的雇用慣行…………………258,308,309,331
日本ヒューレット・パッカード社事件……300
日本文化論……………………………239,243
人間の尊厳
　…94～,104,107,115,163,189,233,326,331
沼津交通事件………………………142,269
年次有給休暇……………………………15,165
年俸制……………………………………159
能力・成果主義…………………………159
ノース・ウェスト航空事件……………80

は 行

パート・アルバイト………………188,189,195
排他的交渉代表制（度）…………223,235
配置転換……………………………158,175
配　慮……………………………………142
派遣労働………………………………192～
8時間労働制……………………………14,165,207
パナソニックプラズマディスプレイ（パス
　コ）事件…………………………130,193,283
ハルツ改革………………………………22
半失業者…………………………………186
判定的解決……………………………319～
反法的………………………………308,315
判例実証主義………………………269～,270,272
判例の拘束力……………………………247
判例法理の明文化……………………261～
ビクターサービスエンジニアリング事件
　……………………………………261,291
ピケッティング…………………………285
非正規化……………………………185,209
非正規労働者……110,115,159,188,309,330,331
日立製作所武蔵工場事件……………258,300
日立メディコ事件………………………258
人たるに値する生活……………………90
非法化……………………………………305
非法的………………………………308,315
評価法学…………………………………301
標準的の労働関係………………23,187～,197
平　等……………………………………114
非労働者化…………………………186,209,210
広島中央保健生活協同組合事件………167

フィラデルフィア宣言 …………………… 25
ファシズム ……………………………… 233
福祉国家 ………………………………… 46
福島県教組事件 ………………………… 285
複数組合 ………………………………… 234
不更新条項 ………………… 180,181〜,260
付随義務 ………………………………… 286
不当労働行為 ……………… 118,145,214,234
不払い残業 ………………………… 297,308
ブラック企業 …………………………… 10
フラッシュ・モブ ……………………… 222
フレクシキュリティ（論）… 2,20〜,326,329
プロセス化 ……………………………… 313
文理解釈 ………………………………… 283
平成不況（期）……………………… 110,308,330
ベーシック・インカム論 …………… 323,324
便宜供与 ………………………………… 229
法意識 …………………………………… 83〜
法　化 ……………………… 18,102,272,303
　　──の限界 …………………………… 310
　　──の諸形態 ……………………… 311〜
　　──の進行 ………………………… 308〜
法解釈論争 ………………………… 275,276
法科大学院 ……………………………… 273
法形成的実践 …………………………… 277
法　源 ……………………………… 247,271
法実証主義 ………………………… 83,270
法曹社会主義 …………………………… 57
法治主義 ………………………………… 85
法ドグマティーク ………………… 265,296
法における人間 ………………………… 33
法の欠缺 …………………………… 77,246,296
法の手続化 …………………………… 313〜
法の理念 ………………………………… 82〜
補充的効力 ……………………………… 140
北海道国際航空事件 …………………… 166
堀越事件 ………………………………… 252
ホワイトカラー ……………………… 4,208
ホワイトカラー・イグゼンプション …… 207
本採用拒否 ……………………………… 125
本田技研工業事件 ………………… 180,182

ま　行

マタハラ ………………………………… 111
松江郵便局事件 ………………………… 249
マッカーサー書簡 ……………………… 249
松下電器産業グループ事件 …………… 286
松下電器産業事件 ……………………… 286
丸子警報器事件 ………………………… 201
みちのく銀行事件 ……………………… 171
三井倉庫港運事件 ……………………… 228
三菱樹脂事件 ……………… 119,125,257,268
身　分 …………………………………… 188
身分契約 ………………………………… 147
三佳テック事件 ………………………… 288
ミル ………………………………… 101,103
民法改正案 ……………………………… 69
民法の社会化 ……………………… 58,74
無期契約への転換 ……………………… 192
無限定正社員 …………………………… 206
無効力説 …………………………… 124,126
目黒電報電話局事件 …………………… 155,287
メンガー ……………………………… 57,86
メンタルヘルス不全 ………… 110,207,309
メンバーシップ契約 …………………… 148
黙示の合意 ……………………………… 177
目的論解釈 ……………………………… 284

や　行

約　款 ……………………………… 76,171
有期雇用 ……………………………… 190〜
有利原則 ………………………………… 168
ユニオン・ショップ
　　… 94,146,225,226,228,235,238,241,243〜
横浜南労基署長（旭紙業）事件 ……… 210
横浜南労基署長（東京海上横浜支店）事件
　………………………………………… 300
予測可能性 ………………………… 299,312
呼び出し労働 …………………… 196,197
読売新聞社事件 ……………………… 287,318

ら　行

ラートブルフ ……………………… 33,82
利益衡量論 ………………………… 278〜,292

利益紛争……………………318	――の意思……………………162～
陸上自衛隊八戸事件………215, 258, 286	――の従属性……………………5
リステイトメント………………262	――の損害賠償責任……………77
リストラ…………………204, 309	「労働者」概念……65, 184～, 208～, 261, 291
立憲主義……………19, 85, 246, 249	労働者供給事業………………193
立法者意思………………263, 288	労働者派遣……………………192～
ルール形成型解決………………320	労働者派遣法………129, 138, 259
労災保険法……………………213	労働者保護法……………5, 145, 296
労使対等決定原則……149, 151, 169, 172, 268	労働者類似の者………………214
労働関係の法化………………305～	労働条件の明示………………312, 316
労働基準法…………69, 90, 118, 297	労働審判………………310, 319
労働基本権……………………91～	労働の意義……………………323～
労働協約単一化法………………225	労働紛争………………………316～
労働協約の規範的効力…………167	――の類型……………………317
労働協約の効力拡張……………284	労働法典…………………59, 66
労働組合	「労働法」の概念………………3
――の経済的機能………………218	労働法の柔軟化…………………22～
――の生成……………………217	労働保護法……………………133～
――の代表性…………………223～	労働良識………………………298
労働契約………………58, 65, 144～	労務供給契約…………………58, 71
――の意義……………………152～	
――の現実的機能………………156	**わ　行**
――の性質……………………305～	
――の締結強制…………………109	ワーキング・プア……………110
労働契約承継法………………153	ワーク・ライフ・バランス…206
労働契約法……73, 81, 133, 145, 172, 302, 309	ワークシェアリング……14, 21, 196, 199
労働権……………107, 115, 287, 325	ワークフェア…………………324
労働時間短縮……………………14	ワイマール憲法……3, 60, 87, 120, 222
労働市場（の）法………………8, 137	ワイマール労働法……………233
労働者化………………………209	和　解…………………………319
労働者	割増賃金………………………166

▶著者紹介

西谷 敏(にしたに さとし)

　1943年　　神戸市生まれ
　1966年　　京都大学法学部卒業
　1971年　　京都大学大学院法学研究科博士課程単位取得満期退学
　1971〜2007年　　大阪市立大学法学部（法学研究科）勤務
　2007〜2010年　　近畿大学法科大学院勤務
　現在　　大阪市立大学名誉教授
　　　　　法学博士，フライブルク大学名誉博士

［主要単著］
『ドイツ労働法思想史論――集団的労働法における個人・団体・国家』（1987年，日本評論社）
『労働法における個人と集団』（1992年，有斐閣）
『ゆとり社会の条件――日本とドイツの労働者権』（1992年，労働旬報社）
『労働組合法』（有斐閣）［初版］1998年，［第2版］2006年，［第3版］2012年
"Vergleichende Einführung in das japanische Arbeitsrecht" (2003, Carl Heymanns Verlag)
『規制が支える自己決定――労働法的規制システムの再構築』（2004年，法律文化社）
『労働法』（日本評論社）［初版］2008年，［第2版］2013年
『人権としてのディーセントワーク――働きがいのある人間らしい仕事』（2011年，旬報社）

労働法の基礎構造

2016年6月5日　初版第1刷発行

著　者　西谷　敏
発行者　田靡純子
発行所　株式会社 法律文化社
　　　　〒603-8053
　　　　京都市北区上賀茂岩ヶ垣内町71
　　　　電話 075(791)7131　FAX 075(721)8400
　　　　http://www.hou-bun.com/

＊乱丁など不良本がありましたら、ご連絡ください。
　お取り替えいたします。

印刷：㈱富山房インターナショナル／製本：㈱藤沢製本
装幀：前田俊平

ISBN 978-4-589-03776-3

© 2016 Satoshi Nishitani Printed in Japan

JCOPY 〈㈳出版者著作権管理機構 委託出版物〉

本書の無断複写は著作権法上での例外を除き禁じられています。複写される
場合は、そのつど事前に、㈳出版者著作権管理機構（電話 03-3513-6969、
FAX 03-3513-6979、e-mail: info@jcopy.or.jp）の許諾を得てください。

西谷 敏著
規制が支える自己決定
―労働法的規制システムの再構築―
四六判・438頁・4800円

自己決定理念と国家的規制は二項対立するものではなく、双方補うことで有機性を持つと一貫して説いてきた著者の主張の集大成。労働法分野のみならず、経済、政治など他分野にも共有される問題点の解明を試みる。

遠藤昇三著
「戦後労働法学」の理論転換
Ａ５判・366頁・6600円

著者の長年にわたる「団結権保障」の研究の集大成。労働者個人の「団結権論」を徹底して展開させ、労働法学界のみにとどまらず、労働者へのメッセージをあわせもつ問題提起の書。

高橋賢司著
解 雇 の 研 究
―規制緩和と解雇法理の批判的考察―
Ａ５判・360頁・7200円

失業対策と労働市場活性化を名目として唱えられた解雇法制の規制緩和論を、EU法・ドイツ法の比較研究を踏まえて批判的に考察。社会的包摂を包含する法理の発展を探求するとともに、日本の解雇法制への規範的視座を提示する。

山田 晋・有田謙司・西田和弘・石田道彦・
山下 昇編
社会法の基本理念と法政策
―社会保障法・労働法の現代的展開―
Ａ５判・356頁・7500円

少子高齢社会のもと労働・社会保障問題への対策が急務である。社会法の理念、自治と規制、市場と規制、権利擁護と救済の４部構成で、社会法におけるアクチュアルな課題に応答し、今後の社会法を展望する。

藤内和公著
ドイツの従業員代表制と法
Ａ５判・506頁・10000円

ドイツの従業員代表の法制、運用の実際と意義を総合的に解明した論文集。近時、議論されている労働者代表法制など、日本の集団的労働条件法理への示唆を与える著者の研究の集大成。実務家・研究者必携の書。

岩佐卓也著
現代ドイツの労働協約
Ａ５判・228頁・3900円

「理想像」に祭り上げられがちなドイツでの労働協約の現実の姿を、2000年以降を中心に描きだす。「労働組合運動と政党をまたがった政治過程を丁寧に跡づけていて、法政策研究としても一級」(濱口桂一郎氏)。

―法律文化社―

表示価格は本体(税別)価格です